BASTEI
LÜBBE
TASCHENBUCH

Über die Autoren:

Eric T. Hansen wuchs in Hawaii auf, studierte in München. Er lebt seit den frühen 80ern in Deutschland. Sein zweites Buch, *Planet Germany*, stand 6 Wochen lang auf der Bestsellerliste. Hansen schreibt zusammen mit der Deutschen *Astrid Ule*, studierte Ethnologin und unter anderem Autorin des preisgekrönten satirischen TV-Magazins »Kaos«.
Mehr über Hansen: www.ethansen.de
Mehr über Ule: www.astrid-ule.de

Eric T. Hansen
mit Astrid Ule

Ein Ami erklärt sein Land

BASTEI
LÜBBE
TASCHENBUCH

BASTEI LÜBBE TASCHENBUCH
Band 60 692

1. Auflage: September 2012

Dieser Titel ist auch als E-Book erschienen.

Bastei Lübbe Taschenbuch in der Bastei Lübbe GmbH & Co. KG

Originalausgabe

Copyright © 2012 by Bastei Lübbe GmbH & Co. KG, Köln
Textredaktion: Dr. Matthias Auer, Bodman-Ludwigshafen
Titelbild: © shutterstock/Joshua Haviv; shutterstock/Roman Sotola;
shutterstock/Cherkas; shutterstock/deskcube; shutterstock/wanchai;
shutterstock/Pedro Nogueira; © Ralf Ilgenfritz, Berlin
Umschlaggestaltung: Christina Seitz, Berkheim
Satz: hanseatenSatz-bremen, Bremen
Gesetzt aus der Serifa light
Druck und Verarbeitung: GGP Media GmbH, Pößneck
Printed in Germany
ISBN 978-3-404-60692-4

Sie finden uns im Internet unter
www.luebbe.de
Bitte beachten Sie auch: www.lesejury.de

Der Preis dieses Bandes versteht sich einschließlich
der gesetzlichen Mehrwertsteuer.

Für Ruby Wednesday,
falls du eines Tages mal auf deine »andere« Heimat
neugierig wirst

INHALT

DANKSAGUNG

INTRO

Wir sind anders

*W*arum glaubt der Ami[1] bloß, dass alles sich um ihn dreht?

Wie kommt er eigentlich auf die Idee, den Weltpolizisten zu spielen und zu erwarten, dass jedermann nach seiner Pfeife tanzt?

Weshalb lehnt er soziale Gerechtigkeit ab, duldet im reichsten Land der Welt so viel Armut und verweigert bedürftigen Mitbürgern so grundlegende Dinge wie eine Krankenversicherung?

Und wieso ist er so dick, so dumm und so dreist?

Die Deutschen können sich nicht entscheiden, ob sie Amerika lieben oder hassen, bewundern oder verachten, sich davon angezogen fühlen oder schreiend wegrennen wollen. Einerseits sind da die Hollywood-Filme, Jazz und Pop, die weite, wilde Landschaft, das Gefühl, dass alles möglich ist; andererseits diese Arroganz, die Brutalität, die … Andersartigkeit.

Ich lebe als Amerikaner nun seit über 25 Jahren in Deutschland und habe lange nicht verstanden, wieso man hier solch zwiespältige Gefühle meinem Land gegenüber hegt. Die leicht genervte Haltung der Deutschen fand ich rätselhaft. Nur langsam begriff ich: Wir wirken auf sie zugleich ähnlich und fremd, und das macht uns so verwirrend.

Wenn ein Deutscher nach Afrika reist und dort seltsame

---

[1] Mit »Ami« meine ich einen Bürger der Vereinigten Staaten von Amerika, des einzigen Landes, das das Wort »Amerika« im Namen führt; in diesem Buch schreibe ich also »Ami« statt, wie anderswo üblich, »US-Ami«.

Bräuche, Einstellungen und Mentalitäten beobachtet, tut er es als Ethnologe: »Interessant, was es alles auf der Welt gibt«, sagt er, und wundert sich nicht, dass die Menschen dort so anders sind. Er erwartet, dass sie anders sind.

Reist er jedoch in die USA, sieht er Menschen, die fast so aussehen wie Europäer. Sie sprechen eine europäische Sprache, sie gehen meist in Kirchen, die indirekt aus Rom oder Wittenberg stammen, sie leben in einer Demokratie, fahren VWs, trinken Weißbier, essen Gummibärchen und gehen gern zum Oktoberfest. Da erwartet man doch, dass sie sich auch wie Deutsche bzw. Europäer verhalten. Aber wir Amis denken nicht daran.

Darauf können sich die Deutschen keinen anderen Reim machen, als dass wir wohl dumm oder durchgeknallt sein müssen – oder einfach gern Europäer verarschen.

Es handelt sich um ein riesiges Missverständnis: Wir Amerikaner haben so wenig mit Europäern gemein wie die Afrikaner. Man merkt das nur nicht gleich. In Wirklichkeit aber leben wir tatsächlich auf einem anderen Planeten. Wer das verstehen will, muss seine Erwartungen über Bord werfen und, ganz Ethnologe, die Amerikaner wie wilde Tiere, wie eine andere Spezies oder gar wie Aliens von einem anderen Planeten betrachten.

Anfangs habe ich es auch nicht verstanden. Selbst wer in Hawaii aufwächst, lernt, dass die amerikanische Kultur zum größten Teil aus Europa stammt. Erst nach und nach fiel mir auf, wie anders Europäer doch sind. Noch als Mormone – lange, bevor ich die Kirche verließ – bemerkte ich, dass die Europäer kleinere Kirchen, solche, für die der Staat keine Kirchensteuer eintreibt, als »Sekten« betrachten. Wir nicht. Europäer verorten ihre Regierung »rechts« oder »links«; wir beurteilen unseren Staat danach, ob er sich »einmischt« oder eben nicht. Europäer setzen »Gleichheit« mit »sozialer Gerechtigkeit« gleich; wir Amis halten soziale Ungerechtigkeit für stinknormal und »Gleichheit« für das Recht, mit denjenigen konkurrieren zu können, die über uns stehen.

Bald begann ich, über die Deutschen aus amerikanischer Sicht zu schreiben, in Büchern wie *Planet Germany*. Das Einzige, worum ich einen großen Bogen machte, war die Betrachtung Amerikas aus europäischer Sicht.

Dabei wurde ich täglich Zeuge davon. In deutschen Zeitungen erscheinen oft genug Artikel über Amerika, in denen sich der Autor über unsere exotischen Verrücktheiten auslässt, selten aber die Gründe dahinter beleuchtet. Einmal schlug ich einer Redakteurin eines angesehenen deutschen Polit-Magazins eine Kolumne vor, in der ich solche Hintergründe erklären würde. Sie machte mir klar: »Die Leute wollen die Hintergründe nicht kennen, nur die skurrilen Geschichten lesen.«

Dabei hatte sie nur eines übersehen: Die Hintergründe sind oft genauso skurril!

In diesem Buch widme ich mich nun hemmungslos solch größeren Zusammenhängen. Vieles davon war, ehrlich gesagt, mir selbst neu: Ich wusste, dass wir anders ticken, aber woher das kommt … Als ich es endlich verstand, hat es mich selber überrascht.

Ich gehe auf eine virtuelle Erkundungsreise, um mein Land noch einmal – aus der deutschen Perspektive – neu zu betrachten. All unseren Rätseln, Seltsamkeiten und Eigenarten, die bei den Deutschen so oft Verwunderung auslösen, werde ich nachspüren. Ich habe hier die Gelegenheit ergriffen, auf all die Fragen, die meine Freunde mir über die Jahre zur amerikanischen Mentalität gestellt haben, Antworten zu suchen. Und ich lade Sie ein, mir dabei über die Schulter zu schauen.

Dafür werde ich mal tief in die Geschichte abtauchen und dann wieder die aktuelle Lage beleuchten, denn obwohl Amerika sich täglich ändert, bleiben die Einstellungen doch die alten: Wir teilen noch viel mehr Überzeugungen mit unseren Vorfahren, den ersten Einwanderern aus Europa, als wir zugeben. Ich werde so ehrlich sein wie möglich: Unsere Sünden in Sachen Sklaverei, Indianer und Imperialismus werde ich nicht verschweigen, doch die Motive dahinter einmal genauer aufzeigen. Ich werde Moral außer Acht lassen: Manch einer glaubt, dass ein Amerikaner, der sich kritisch mit seinem Land auseinandersetzt, sich in Folge von diesem abwenden muss. Bei mir ist das nicht passiert, auch wenn das in manchen Kapiteln vielleicht anders klingen mag. Ich pendle da immer noch zwischen Stolz und Scham hin und her, wenn es um die Verrücktheiten meiner Landsleute geht. Dabei ist genau das, was uns am peinlichsten ist, unser größtes Kapital – und das werde ich in diesem Buch beweisen!

Ich werde unsere stürmische Beziehung zum Staat, zur Verfassung, zum Kapitalismus, zu Gott und der Welt unter die Lupe nehmen. Wir Amerikaner lieben die Wirtschaft vielleicht ebenso innig wie die Deutschen die soziale Gerechtigkeit, und wer uns verstehen will, muss wissen, warum uns das Geldverdienen so am Herzen liegt und warum wir den Kapitalismus so verehren wie … na ja, eigentlich genau so, wie wir die Demokratie vergöttern.

Während die meisten Deutschen sich keine großen Gedanken über ihr Grundgesetz machen, zerbrechen wir uns ständig den Kopf über unsere Verfassung und halten sie im Übrigen so hoch wie die Bibel. Viele der hirnlosen Sprüche von US-Politikern im Wahlkampf klingen in europäischen Ohren wie purer Nonsens – kein Wunder, denn diese Typen benutzen einen Code: Es dreht sich in Wahrheit immer um irgendeine Frage nach der richtigen Interpretation der Verfassung. Und diese wird in Wahlkampfzeiten eben immer besonders leidenschaftlich und von allen Seiten interpretiert, ohne dass die Arme sich dagegen wehren kann.

Wenn Sie also das nächste Mal von einem amerikanischen Politiker hören, der die Evolution, den Klimawandel oder den Sinn der Gleichstellung von Mann und Frau anzweifelt oder gleich eine amerikanische Kolonie auf dem Mars errichten will, verzweifeln Sie nicht: Er ist weder dumm noch durchgedreht, er weiß genau, was er tut.

Und sollten Sie immer noch glauben, dass wir Amerikaner spinnen, verrate ich Ihnen ein Geheimnis:

Erstens, Sie haben natürlich recht. Zweitens, es ist noch schlimmer, als Sie es sich in Ihren kühnsten Träumen vorgestellt haben ...

1

Wir sind durchgeknallt

Amerika macht mehr Geld als alle anderen Länder der Welt. Es hat die größten Firmen, die modernsten Universitäten, die ambitioniertesten Forscher mit den meisten Nobelpreisen, die besten Museen und die coolsten Stars.

Aber woran erkennt man einen Ami in den Straßen von London, Paris oder Köln?

Er trägt ein Schlabber-T-Shirt mit einem blöden Spruch drauf; wenn er sich in der Kneipe mit jemandem unterhält, dann hört der ganze Laden mit; ein Amerikaner muss grundsätzlich schreien, wenn er redet, und brüllen, wenn er lacht. Ein einzelner Ami in einer deutschen Runde kann bereits dazu führen, dass man der Kneipe verwiesen wird.

Diese Typen wissen nicht, wo Berlin liegt oder Afghanistan, und trotzdem marschieren sie da ein. Sie glauben allen Ernstes, die Erde sei erst 5.000 Jahre alt, wie es in der Bibel steht, und Evolution nur so eine Theorie.

Und dann wundern sie sich, dass die ganze Welt sie nicht bedingungslos liebt.

Amis fallen auf die blödesten Ideen rein, wenn sie nur verrückt genug klingen. Beispiel gefällig? Eine Frau in Louisiana vertraute ihren Freunden, Nachbarn und Verwandten an, sie sei CIA-Agentin und arbeite an hochgeheimen, brandneuen medizinischen Technologien, mit deren Hilfe Menschen über Nacht von allen möglichen Krankheiten geheilt werden könnten. Sie müssten nur an einem bestimmten Abend am Fenster stehen, würden dann per Satellit abgescannt – und in der Nacht, während sie friedlich schliefen, würden CIA-Agenten sich in ihr Schlafzimmer schleichen und sie heilen, ohne dass sie etwas merkten. Das gelte sogar für Krankheiten, die noch gar nicht ausgebrochen, aber bereits in den Genen angelegt seien. Mit diesen Fantastereien hat die Dame ihren Freunden über Jahre hinweg insgesamt eine Million Dollar abgeschwatzt – gleichsam als kleiner Obolus, um an diesem geheimen Programm teilnehmen zu dürfen –, bevor einer von ihnen endlich mal nachdachte und zur Polizei ging.

Amerikaner glauben, sie könnten alles, sie dürften alles, sie bekämen alles, die Welt stünde ihnen offen, es gäbe keine Konsequenzen für das, was sie tun, und wenn sie mal nicht bekommen, was sie wollen, könnten sie einfach vor Gericht ziehen und es verlangen. Wie sonst ist es zu begreifen, dass in Amerika eine ehemalige Studentin sechs Monate nach ihrem Abschluss ihr College verklagte, weil sie nicht sofort einen Job fand? Und der Richter hat die Klage auch noch zugelassen.

Was folgt als Nächstes? Kinder, die ihre Eltern vor den Kadi zerren, weil sie nicht genug Geschenke zu Weihnachten bekommen? Menschen, die vor Gericht ziehen und besondere Rechte bzw. eine Entschädigung fordern, weil sie hässlich sind?

Alles schon geschehen!

2011 klagten zwei Erwachsene gegen ihre Mutter, weil sie ihnen als Kinder nicht genügend Weihnachtsgeschenke und neue Klamotten gekauft habe. Seelische Grausamkeit sei das gewesen.

In Kalifornien wird Hässlichkeit heute schon als Behinderung betrachtet. Wenn ein Arbeitgeber jemanden mit Segelohren oder Knollennase nicht einstellt, kann dieser vor Gericht behaupten, aufgrund seines Aussehens diskriminiert worden zu sein. Nun plädiert ein findiger Anwalt sogar dafür, dass dieses Gesetz auf sämtliche Bundesstaaten ausgedehnt wird und hässlichen Menschen ein besonderer steuerlicher Status und weitere spezielle Rechte eingeräumt werden. Es ist nur eine Frage der Zeit, bis man vor Gericht gehen kann, weil man Pickel hat, einem der Schwanz nicht groß oder die Ehefrau nicht blond genug ist …

Amis müssen alles übertreiben. Erst schmeißen sie Konfetti, als gäbe es kein Morgen, weil sie fast 150 Jahre nach Abschaffung der Sklaverei endlich einmal einen Präsidenten mit einer anderen Hautfarbe haben, dann behaupten sie plötzlich, Obama sei ein neuer Hitler, ein neuer Stalin oder gar ein Affe.

Im Sommer 2009 – ich war wieder einmal zu Besuch in den USA – hatte ich gerade eingekauft und verstaute meine Tüten, als ich dieses Auto auf einem Supermarkt-Parkplatz in Salem, Oregon, sah. Der Typ hatte sein Campmobil mit selbstgemalten Sprüchen vollgepflastert und parkte es überall, damit die Leute seinen Quatsch lesen konnten. Da stand, dass Obama ein Affenhirn, ein Moslem, ja, der Satan persönlich sei und ein kompletter Idiot in militärischen Angelegenheiten obendrein, dass es sich bei ihm um gar keinen Amerikaner handle, da er nicht in den USA geboren sei – und außerdem, dass der Autobesitzer, schon mehrfach von Aliens entführt worden sei und übrigens mehr Rechte für Entführungsopfer von Aliens fordere.

In Amerika wimmelt es nur so von Irren. Vor allem auch von religiösen.

Dass die amerikanischen Geistlichen noch nicht an ihrer eigenen Dummheit krepiert sind, grenzt an ein Wunder. Man würde meinen, dass die Kirchenmänner einen gewissen Vorteil darin gesehen hätten, als die Regierung ein recht fortschrittliches Gesetz erließ und das Mitführen von Waffen beim Kirchenbesuch verbot.

Doch wie haben die Pfarrer tatsächlich auf das neue Gesetz reagiert? Mit Protest! Sie sind bis vor das oberste Gericht gezogen, um für ihre Gläubigen das Recht auf den Revolver in der Kirche zu verteidigen. Hatten sie Angst, dass noch weniger Schäfchen in den Gottesdienst kommen, wenn sie sich eine Stunde lang von ihren Gewehren trennen müssen? Oder lieben sie einfach den perversen Kitzel, da sie wissen: Ist die Predigt heute nicht mitreißend, muss der Prediger dran glauben?

Wenn ich zufällig gerade drüben in Amerika bei meiner Familie bin und so etwas in den Nachrichten kommt, wenden sich meine Verwandten mir zu und flüstern mit besorgter Miene: »Was denkt man in Deutschland darüber? Lachen sie uns aus?«

Was soll ich darauf antworten? Natürlich lachen sie über uns. Wer würde es nicht tun? So sieht uns die Welt: Für sie sind wir ein Haufen Spinner.

Und wissen Sie was? Es stimmt. Wir spinnen. Wir bemühen uns ja, so manierlich, gebildet und zivilisiert zu sein wie die Europäer, aber es gelingt uns einfach nicht, und manchmal möchten wir selbst nicht hinschauen.

Die amerikanische Spinnerei ist wie Sex: eine urtümliche, barbarische und amoralische Kraft, die Schaden und Opfer nicht scheut, die aber immer zum Neuen, zum Eigenen, zum Unerprobten, zum Unerlaubten drängt.

Vor allem lieben wir dumme Ideen.

Guten Ideen zum Erfolg verhelfen kann jeder. Die wahre Herausforderung sind dumme Ideen. Sie sind der unerforschte Kontinent, auf den sich keiner – na ja, fast keiner – traut.

Niemand weiß zum Beispiel, wie John R. Brinkley auf seine dümmste und zugleich erfolgreichste Idee gekommen ist. Ich vermute, es begann als Witz.

Brinkley war einer der ambitioniertesten Quacksalber der amerikanischen Geschichte. Gleich nachdem er sein Diplom von einer Scheinuniversität namens »Kansas City Eclectic Medical College« gekauft hatte, begann seine atemberaubende Karriere, die ihn zum Pionier in Sachen Medizin, Medien und Scharlatanerie machte. Als falscher Arzt experimentierte er zunächst mit Radiowerbung, dann versuchte er sich an ganzen Radiosendungen; 1923 schließlich baute er in Kansas einen eigenen Radiosender auf, der aufmunternde Musik spielte und von wo aus er kranken, verzweifelten Patienten nutzlose Heilmittel andrehte.

Bald schon war er Multimillionär mit mehreren Villen und schicken Autos. Das Volk liebte ihn. Zweimal kandidierte Brinkley sogar für das Amt des Gouverneurs von Kansas. Er verlor zwar, aber nur knapp. Immer wieder versuchten die Behörden, ihm den Garaus zu machen, aber er zahlte so viele Steuern – und vielleicht mehr als dies –, dass der Bundesstaat Kansas seine schützende Hand über ihn hielt. Und warum auch nicht? Er war ein Star, und Kansas konnte Stars gebrauchen. Waren Sie schon mal in Kansas?

Brinkleys berühmtester Schwindel war der mit den Ziegenhoden.

Er betrieb schon eine Weile eine Klinik für Grippe-Patienten, die recht erfolgreich und respektiert war, als sich ein Herr mit einer diskreten Bitte an ihn wandte: Ob er, Brinkley, einem Freund helfen könne, der »sexuell schwach« sei. Da rutschte dem falschen Doktor ein Witz über die Lippen: »Mit den Hoden eines Ziegenbocks hätten Sie da keine Probleme mehr!«

Eine dumme Idee war geboren. Brinkley fing in seiner Klinik sofort damit an, Männern den Hodensack aufzuschlitzen und Ziegenhoden hineinzustopfen. Einfach so: Öffnen, Ziegenhoden reinlegen, wieder zunähen.

Erstaunlicherweise starben die Patienten nicht. Im Gegenteil: Ein glücklicher Zufall half dem Quacksalber sogar. Nach einer der ersten Transplantationen wurde die Ehefrau des Patienten tatsächlich schwanger. Das schlachtete Brinkley gnadenlos aus. Plötzlich war die Ziegenhoden-OP nicht nur Heilmittel gegen Impotenz, sondern gleich gegen 27 Leiden, inklusive Demenz und Flatulenz. Er verlangte 750 Dollar pro Eingriff. Bald standen »sexuell schwache« Herren Schlange vor seiner Klinik.

Natürlich versuchte man, ihn aufzuhalten. Und als einige seiner Patienten dann doch starben, sah es kurzzeitig auch so aus, als ob man ihm das Handwerk legen könne. Man fand schließlich jedoch heraus, dass nicht die Fremdkörper im Hodensack die Todesursache waren – die stellten kein Problem dar, der Körper absorbierte sie einfach –, sondern die recht lässigen Hygienestandards, die in der Fließband-Klinik herrschten. Ihm wurde insgesamt über ein Dutzend Mal der Prozess gemacht, und er musste einen nicht unerheblichen Teil seines Gewinns in Anwaltskosten und in Werbekampagnen zur Schadensbegrenzung stecken. Trotzdem lohnte es sich nach wie vor für ihn.

Dann machte er einen Fehler.

Immer wieder wurde er in der Öffentlichkeit wegen Quacksalberei angeprangert, und immer wieder überlebte er es. Bis es ihm eines Tages zu bunt wurde. Er klagte gegen einen seiner Kritiker wegen Verleumdung.

Das hätte er besser nicht tun sollen. Zum Tatbestand der Verleumdung gehört in Amerika mehr, als nur jemanden öffentlich zu beleidigen. Man muss dabei auch noch die Unwahrheit sagen. Brinkley hatte wohl nicht kommen sehen, dass das Gericht im Zusammenhang mit seiner Klage gleich auch noch der Frage nachgehen würde, ob der Vorwurf der Quacksalberei denn zu Recht geäußert wurde. Was muss es für eine Überraschung für den armen Brinkley gewesen sein, als der Richter am Ende feststellte, dass er tatsächlich ein Quacksalber war.

Das Urteil löste natürlich eine Flut von Klagen aus, die Brinkley über die nächsten Jahre an die drei Millionen Dollar kosteten. Er verlor seinen Radiosender, wurde von Bundespolizei und Finanzamt in die Mangel genommen und schließlich krank. Sein letzter Herzinfarkt brachte ihn um. War auch besser so: Er hätte die Krankenhausrechnung sowieso nicht mehr bezahlen können.

Die inoffizielle Schutzheilige aller unserer Spinner heißt allerdings Annie Edson Taylor.

Der Niagara River fließt vom Eriesee in den USA bis zum Ontariosee in Kanada und stürzt an der Grenze mit rund 2.800 Kubikmetern Wasser pro Sekunde über gleich drei

Fälle in die Tiefe. Von diesen sind die Horseshoe Falls auf kanadischer Seite mit 53 Metern die höchsten und imposantesten – und aus irgendeinem mysteriösen Grund übt dieser Wasserfall auf uns Amerikaner eine magische Anziehungskraft aus. Er ist unser Mount Everest: Er ist da, also müssen wir ihn besiegen.

Annie Edson Taylors Leben verlief als Lehrerin in recht geregelten Bahnen. Dann starb ihr erstes Kind als Säugling, und ihr Mann fiel im Bürgerkrieg. Sie driftete von Lehrerjob zu Lehrerjob, mäanderte von Texas bis nach Mexico City und zurück, machte ein Tanzstudio auf, gab Musikunterricht. Irgendwann muss ihr gedämmert haben, dass es nicht ewig so weitergehen konnte. Vielleicht erhoffte sie sich Geld und Ruhm. Vielleicht versprach sie sich innere Zufriedenheit. Wir wissen nicht, was ihr genaues Problem war, aber wir kennen ihre Lösung: Sie würde der erste Mensch sein, der in einem Holzfass die Niagarafälle hinabstürzt.

Annie ließ ein besonderes Fass aus Eichenholz und Eisen bauen und polsterte es mit einer Matratze aus. Als es endlich fertig war, erklärte sich ihre Katze bereit, die Testfahrt zu übernehmen. Sie überlebte den Sturz. Zwei Tage später, am Morgen des 24. Oktober 1901, stieg auch Annie mit einem Kopfkissen in Form eines Herzchens in das Fass. Es war ihr 63. Geburtstag. Ein Ruderboot zog sie hinaus aufs Wasser, dort wurde das Fass vom Boot gelöst.

Zwanzig Minuten später fischten die Retter das Fass unten aus dem Wasser und brachen es auf: Annie Edson Taylor war noch drin. Blutig zwar von einem Schnitt an der Stirn, aber sie lebte.

Annie starb erst zwanzig Jahre später – mittellos, aber am richtigen Ort: in Lockport, im Bundesstaat New York, gleich um die Ecke der Niagarafälle. Das machte es möglich, dass einige nette Leute sie auf dem »Cemetery of Daredevils«, dem »Friedhof der Waghalsigen«, direkt an den Fällen beerdigen konnten, wo eine Handvoll ihresgleichen liegt.

Heute kennt kaum noch ein Amerikaner ihren Namen, aber ein jeder kennt die Redewendung: »Going over the Niagara Falls in a barrel.«

Das ist unser geflügeltes Wort für eine Verrücktheit, die sinnlos, blöd, selbstmörderisch gefährlich – aber zugleich auch irgendwie einmalig cool und mutig ist.

Wenn ein Angestellter seinen gut dotierten Job hinschmeißt, um in seiner Garage an einem fliegenden Auto zu basteln, oder eine Hausfrau nach 20 Jahren Ehe, vier Kindern und ohne berufliche Aussichten trotzdem die Scheidung einreicht … dann darf sie oder er mit Recht behaupten: »Es war, als hätte ich mich in einem Fass die Niagarafälle hinabgestürzt.«

Seit Annie Edson Taylor haben das rund 20 weitere so genannte »daredevils« tatsächlich getan – in Fässern aus Holz, Stahl und Plastik, in Gummibooten, in einem mannshohen Ball aus Gummi, in Alu-Booten, einer Kapsel aus LKW-Reifenschläuchen, einem Kajak, auf Wasserskiern oder auch nur in einem Badeanzug und sonst gar nichts. Und ihre Überlebensrate ist erstaunlich gut: Etwa drei Viertel von ihnen schafften es.

Irgendetwas in unserem tiefsten Inneren flüstert uns ein, es sei erlaubt, ja notwendig, ach was, geradezu patriotische Pflicht zu spinnen – und wir nehmen die Einladung gerne an. Von Kindheit an werden wir heimgesucht von einem unruhigen, treibenden Gefühl – der Sehnsucht, etwas Außergewöhnliches, noch nie Dagewesenes, ganz und gar Unerhörtes zu vollbringen. Wir wollen zeigen, wer wir sind, beweisen, dass wir da sind. Wir sind ständig auf der Suche nach einer neuen Idee, die noch keiner vor uns hatte. Wir müssen Kontra geben, wo es nicht notwendig ist, wir müssen etwas bauen, etwas zerstören, müssen auffallen, selbst wenn das bedeutet, dass wir nur als Spinner auffallen.

Amerika ist nichts anderes als ein riesiges Spielfeld, auf dem jeder mit jedem konkurriert. Wettbewerb gehört zur amerikanischen DNA wie Lügen zum Sex.

Um im Leben voranzukommen, muss ein Amerikaner etwas leisten. Am besten etwas Dummes. Dumme Ideen sind die Demokratisierung der menschlichen Leistungsfähigkeit. Mit ihrer Hilfe kann sich jeder von der Masse abheben! Wer sich selber sagt: »So weit werde ich bestimmt nicht gehen«, ist ein Loser. Wer sagt: »He, das ist die blödeste Idee, die ich je gehört habe – probieren wir es aus«, ist einer von uns. Das ist das Geheimnis der Spinner – sie haben den Mut, alle Grenzen zu überschreiten. Sie richten vielleicht Schaden an, aber sei's drum. Das nehmen wir in Kauf. Uns ist das zwar nicht angenehm, eher peinlich, aber wir sind so. Waren wir schon immer.

Wenn wir spinnen, sind wir in unserem Element. Dann wissen wir, dass wir anders sind als die anderen. Erst wenn die restliche Welt unser Verhalten als überkandidelt oder unanständig empfindet, atmen wir auf: Gott sei Dank, wir sind nicht wie die.

Sicher, die Welt hätte gut auf das Hula-Hoop verzichten können – aber ohne diese Erfindung der Spielzeugfirma Wham-O in den 1950ern wäre sie weniger verspielt. Und was, wenn der Werbemanager Gary Dahl 1973 nicht Millionen von Steinen in Geschenkkästchen gepackt und sie als »pet rocks« – als Haustiersteine – verkauft hätte? Man hätte nie erfahren, wie viel Humor Otto Normalverbraucher besitzt.

Dumme Ideen machen oft keinen Unterschied zwischen »putzig«, »selbstmörderisch« und »innovativ«: Benjamin Franklin knotete einen Schlüssel an einen Drachen, den er im Sturm steigen ließ, und lernte, die Elektrizität zu bändigen. John F. Kennedy entschied kurzerhand: »Wir fliegen das ganze Essen einfach nach Berlin – wie viele Flugzeuge bräuchte man dafür überhaupt?« Annie Edson Taylor konnte all das nicht. Aber sie konnte in ein Fass steigen und sich die Niagarafälle hinunterstürzen.

Der Mann, der das Thema »dumme Ideen« regelrecht zu seiner Lebensaufgabe gemacht hat, heißt übrigens Ashrita Furman.

Gewöhnlicher als Mister Furman geht es kaum. Er betreibt einen bescheidenen Bioladen in Queens, New York, und meditiert gern. Er wird zwar nie ein Heilmittel gegen Krebs entdecken, und er wird auch nicht der erste Mensch sein, der einen Fuß auf den Mars setzt, aber er kann besser als jeder andere dummen Ideen zum Erfolg verhelfen.

Er hüpfte drei Meilen weit – mit einem Tiger an der Leine. Er schlug ohne Pause 12 Meilen weit Purzelbäume durch die Innenstadt. (Unglücklicherweise hatte er am Abend zuvor Pizza gegessen, die ihm ziemlich auf den Magen schlug – ihn aber nicht weiter aufhielt.) Auch einen Wettbewerb im Sackhüpfen über die Distanz von einer Meile hat er gewonnen – in der mongolischen Wüste, und zwar gegen einen galoppierenden Yak (der aus Faulheit oder Trotz mitten im Rennen ausstieg, obwohl die Einheimischen auf ihn gewettet hatten, und durch einen frischen Yak ersetzt werden musste). Ashrita hat 27 Stunden am Stück gejodelt. Er hätte es auch länger durchgehalten, aber seine Zeugen nicht. Schneller als sonst irgendjemand auf der Welt hat er es geschafft, sich selbst mit Paketband an die Wand zu kleben. Er hat 27 Äpfel pro Minute mit einem Samurai-Schwert in der Luft zersäbelt und so weiter und so fort.

Es ist nicht so, dass Herr Furman einer dieser Menschen ist, dem einfach alles gelingt. Er hat auch Niederlagen einstecken müssen. Zum Beispiel beim Unterwasser-Jonglieren im Hai-Aquarium. Als ein Hai ihm mit der Schwanzflosse die Bälle aus der Hand schlug, verstand er dies als Hinweis, dass er nicht willkommen sei, und brach die Aktion ab.

Für Furman ist sein Hobby ein Weg zur Spiritualität. Er findet Erfüllung darin, die Herausforderung zu spüren, schließlich zu meistern und dann noch einen Schritt weiter zu gehen. Er bekennt, es sei nicht der Erfolg selbst, sondern der persönliche Fortschritt, der ihn glücklich mache – dass man tatsächlich auf dem Weg zu seinem Ziel vorankommt. Außerdem ist er der Meinung, die Leute nähmen sich selbst viel zu ernst. Man solle einfach mehr Spaß im Leben haben.

Insgesamt hat er mit dieser Haltung schon 300 Weltrekord-Einträge im Guinness-Buch erhalten, einschließlich des Rekords, dass er die meisten Weltrekorde hält. Und er denkt sich jeden Tag weitere Rekorde aus. Ashrita Furman ist 57 Jahre alt und hat nicht vor aufzuhören.

2

Wir machen keine halben Sachen

*E*s gibt Sätze, die Menschen in ihrem Vorhaben nur noch bestärken, und für die meisten ist das die Replik: »Das geht nicht!« Unsere Version davon heißt: »It'll never fly.« – »Es wird niemals fliegen.« Allerdings ist dieser Satz heute zumeist ironisch gemeint: Die Idee ist vielleicht dumm, und es stimmt schon, dass ich nicht daran glaube – aber ich wäre nicht überrascht, wenn es doch funktioniert …

Vermutlich stammt »It'll never fly« aus der Zeit der Brüder Wilbur und Orville Wright: Als die beiden 1903 ihre dumme Idee eines Motorflugzeugs beim Patentamt anmelden wollten, wurde ihr Antrag mit den Worten abgewiesen: »Das Gerät ist nicht in der Lage, seine beabsichtigte Funktion zu erfüllen.« Zu Recht. Damals war der Versuch zu fliegen gleichbedeutend mit Selbstmord. Schon mehrere Verrückte waren bei ihren Flugversuchen unter großem Medientrubel spektakulär ums Leben gekommen, einschließlich des Deutschen Otto Lilienthal im Jahr 1896.

Es war tatsächlich eine dumme Idee. Bis es dann, 1903 in Kitty Hawk, auf einmal doch keine dumme Idee mehr war.

Davor besaßen wir aber auch schon genügend Begriffe, um eine bekloppte Idee angemessen zu beschreiben. Zum Beispiel »madness« – »Wahnsinn«.

»Ein großartiges Projekt, könnte vielleicht in hundert Jahren realisiert werden. Es wäre reiner Wahnsinn, heutzutage schon an so etwas zu denken«, meinte etwa Thomas Jefferson, Gründervater und dritter Präsident der Vereinigten Staaten, recht zurückhaltend, als DeWitt Clinton, Bürgermeister von New York, ihn 1807 um finanzielle Unterstützung aus der Staatskasse für eine besonders dumme Idee bat.

Clinton wollte einen Kanal bauen.

Nicht mal George Washington, dem Kriegshelden, der England den Hosenboden versohlt hatte, war es als Präsident gelungen, dem Kongress das nötige Geld für einen Kanal von damals bloß 48 Kilometern aus den Rippen zu leiern.

Und Clinton wollte nun einen mehr als zehnmal so langen Kanal mit 172 Metern Höhendifferenz anlegen – durch unbewohnte Wildnis, einen ausgedehnten Sumpf und quer über zwei große Flüsse hinweg. Man würde 8,7 Millionen Kubikmeter Erde ausheben müssen: dreimal mehr, als zum Bau der Großen Pyramide nötig gewesen war. Und das in einem Land, das kaum erfahrene Ingenieure aufweisen konnte. Bald sprach man nur noch von »Clintons Grube«.

Das störte Clinton überhaupt nicht.

Er war wie im Fieber. Es war das Fieber der großen Idee. Die Stadt New York nahm Schulden auf und fing einfach an zu bauen. Man passte ahnungslose und völlig unerfahrene Einwanderer gleich am Hafen ab, um die notwendige Anzahl von 50.000 Arbeitern zusammenzubekommen. Um das Projekt zu beschleunigen, entwickelte man nebenher eine neue Art, Bäume zu fällen und abzutransportieren. Anstatt teuren Zement aus Europa zu importieren, suchten und fanden die Macher geeignete Erde in der Umgebung.

Acht Jahre später waren sie fertig, und Investoren und Gläubiger überall auf der Welt beobachteten neugierig, ob »Clinton's ditch« auch benutzt werden würde.

Und was soll man sagen: Die Schulden waren in weniger als fünf Jahren zurückgezahlt. Denn bis dahin hatte es drei Wochen gedauert und 120 Dollar gekostet, um eine Tonne Mehl über die Strecke zu transportieren. Auf dem Kanal dauerte es acht Tage und kostete nur sechs Dollar. Und wichtiger noch: Er machte aus New York City … New York City!

Bis dahin war der Ort nämlich nicht annähernd so wichtig wie Boston oder Philadelphia. Nach dem Bau des Kanals flossen indes 62 Prozent aller amerikanischen Exporte durch New York, und die Bevölkerung wuchs alle zehn Jahre um ein Drittel. Der legendäre Investor John Jacob Astor, seinerzeit der reichste Mann Amerikas, soll sich noch auf seinem Totenbett 1848 geärgert haben, dass er damals, als er noch die Chance besaß, nicht ganz Manhattan aufgekauft hatte.

Der Eriekanal war der Anfang der endlosen amerikanischen Liebe zu gewagten Ideen.

Von dem Moment an, als wir begriffen, dass ausgerechnet in einem Land, das noch ziemlich klein, ausgesprochen unerfahren und erst 45 Jahre alt war, die Umsetzung wirklich großer Ideen möglich war, schlug unser Herz schneller.

Als der deutsche Einwanderer John Augustus Roebling 1883 die Brooklyn Bridge entwarf, fiel sie ein Drittel länger aus als jede andere Hängebrücke, die bis dato gebaut worden war. Sie war schlichtweg zu groß, um realistisch zu sein. Als das Ding nach 13 Jahren Bauzeit und 27 Todesfällen unter den Arbeitern (inklusive Roebling selbst) endlich eröffnet wurde, waren die New Yorker so skeptisch, dass der unbedachte Kommentar eines Fußgängers, die Brücke könne gleich zusammenfallen, eine Massenpanik auslöste, in der 12 Menschen zu Tode getrampelt wurden. Das Misstrauen dem Bauwerk gegenüber hielt an, bis ein Jahr später der Zirkusmogul P. T. Barnum 21 Elefanten darüber schickte. Erst dann war Ruhe.

1923 wiederum stellte sich in South Dakota ein Problem: Keiner wollte dahin. Wieso auch? Da kam Doane Robinson auf die gigantische Idee, einen ganzen Berg in ein patriotisches Denkmal zu verwandeln. Mit Hilfe von etwas Kleingeld aus Washington und 400 Mitarbeitern meißelte der Bildhauer Gutzon Borglum vier 18 Meter hohe Präsidenten-Profile in den Stein: George Washington, Thomas Jefferson, Theodore Roosevelt und Abraham Lincoln. Die finanziellen Ressourcen gingen dann zwar aus, bevor man das Gesicht der Frauenrechtlerin Susan B. Anthony dazusetzen konnte, die maßgeblich dafür verantwortlich war, dass Frauen in fast ganz Amerika ab 1920 wählen dürfen, aber wen kümmern solche Kleinigkeiten? Heute besuchen jedes Jahr zwei Millionen Menschen den Mount Rushmore, und der Tourismus ist die zweitgrößte Industrie South Dakotas.

Manche Ideen hingegen sind einfach zu groß.

Noch heute wollen viele Menschen beispielsweise nicht wahrhaben, dass wir tatsächlich schon mal auf dem Mond gewesen sind.

1961 war der Zweite Weltkrieg gerade mal etwas mehr als fünfzehn Jahre her, und jeder Amerikaner wähnte sich noch als Held, weil er persönlich Hitler den Garaus gemacht hatte. Da wachte man plötzlich eines Morgens auf und hörte im Radio, dass irgendein dahergelaufener Sowjet namens Gagarin, von dem kein Mensch je gehört hatte, soeben als Erster die Welt umrundet hatte. Amerika hatte das Wettrennen im Weltraum verloren.

Na ja, im Grunde war das auch gut so. Es war Zeit, ein bisschen runterzukommen und der Realität ins Auge zu schauen. Der wirtschaftliche Aufschwung nach dem Zweiten Weltkrieg näherte sich rapide seinem Ende: Mit der Industrie ging es gerade bergab, andere Bereiche würden bald folgen. Der »space race« verschlang massenweise Dollars und hatte, wenn man ehrlich war, keinen eigentlichen Zweck. Es handelte sich um ein reines Prestigeprojekt. Da war es doch besser, die NASA dichtzumachen und kein Geld mehr für Unsinn zum Fenster rauszuwerfen.

Also tat John F. Kennedy, was er tun musste – und legte eines schönen Aprilmorgens ein Zettelchen auf den Schreibtisch seines Vizepräsidenten Lyndon B. Johnson, der auch Vorsitzender des Weltraum-Ausschusses war. Darauf stand aber nichts davon, die NASA abzuwickeln, sondern die Bitte, Johnson solle sich doch mal ernsthaft erkundigen, was man tun müsse, um bis zum Ende des Jahrzehnts einen Mann zum Mond zu schicken.

In einer anderen Epoche oder in anderen Teilen der Welt hätte sich Kennedy ganz schnell in einer Zwangsjacke wiedergefunden. Abgesehen vielleicht von Caligula, der einst dem Meer den Krieg erklärte, war bisher von einem Staatsoberhaupt wohl kaum ein größenwahnsinnigerer Plan gefasst worden.

Doch das Land blühte auf.

In den nächsten acht Jahren arbeiteten fast 400.000 Menschen an dem abwegigen Projekt mit: Wissenschaftler, Ingenieure, Unternehmer, Leute, die sich nie zuvor begegnet waren, und sie alle verpflichteten sich diesem unerreichbaren Ziel. Selbst wenn sie insgeheim nicht daran glaubten – sie taten einfach so, als wäre das Projekt machbar. Unterwegs entwickelten sie die Vorläufer des Personal Computers und des Internets sowie die Mikrowellen-Funktechnologie, die später zum Handy führte, sie schrumpften elektronische Baugruppen auf nie gesehene Maße, kreierten neue Kunststoffe und die Solarzelle.

Und am 21. Juli 1969 setzte ein Amerikaner tatsächlich seinen Fuß auf den Mond.

Die Mutter aller amerikanischen Schnapsideen ist allerdings viel älter. An welchem Tag genau es dem durchschnittlichen Ami dämmerte, dass selbst die blasiertesten Europäer vor einem Staat Respekt hätten, der von der Atlantik- bis zur Pazifikküste reichen würde, ist nicht überliefert. Der Gedanke, das rund zwei Millionen Quadratkilometer große Stück Land zwischen dem Mississippi und den Rockies zu besiedeln, war eine so wahnwitzige Idee, dass wir es kaum glauben konnten, als uns die Gelegenheit dazu tatsächlich einfach in den Schoß fiel.

Heute ist Louisiana ein Bundesstaat am Golf von Mexiko, von dem man nicht viel mehr kennt als das berühmte New Orleans. Zur Zeit Jeffersons aber umfasste das »Louisiana Territory« rund ein Drittel des Gebiets der heutigen USA – und zwar das Drittel, das in den Händen der Franzosen lag. Diese nahmen indes kaum Notiz davon, dass es ihnen gehörte. Ihr einzig wichtiger Besitz in Übersee war für sie das Zuckerparadies Haiti, eine nie versiegende Geldquelle.

Kaum war Napoleon an die Macht gekommen, brach in Haiti ein Sklavenaufstand aus. Er schickte Truppen hin, die aber alle sofort Gelbfieber bekamen und starben oder sonst wie außer Gefecht gesetzt wurden. Damit war Haiti unabhängig, und Napoleon hatte nur das zurückbehalten, was ihn nicht sonderlich interessierte – Louisiana: wertloses Hinterland weitab von Paris, voller unzivilisierter Landeier und Eingeborener.

Thomas Jefferson machte sich Sorgen um New Orleans. Die Stadt gehörte den Franzosen, aber praktisch war sie bereits amerikanisch. Die ganzen Waren aus dem Westen wurden den Mississippi hinab bis New Orleans und von dort über den Atlantik verschifft. Nun weilten französische Truppen dort und keiner wusste, ob Napoleon vielleicht mit seinen amerikanischen Besitztümern doch ernst machen würde.

Amerikanische Diplomaten segelten also nach Paris und unterbreiteten dort einen Vorschlag: Sie würden New Orleans für 10 Millionen Dollar kaufen. Napoleon, der kurz vor einem Krieg mit England stand und jeden Franc gebrauchen konnte, machte ihnen einen Gegenvorschlag: Ganz Louisiana für 15 Millionen Dollar.

Als Jefferson das erfuhr, wurde er von Gewissensbissen geplagt. Er hatte seine Präsidentschaft und seinen Ruf sorgfältig auf seiner bedingungslosen Treue zur Verfassung aufgebaut, aber laut jener war er als Präsident gar nicht dazu berechtigt, in solchem Ausmaß einzukaufen. Seine Gegner waren ebenfalls gegen den Erwerb, der zudem auch noch vom Kongress bestätigt werden musste. Überflüssig zu erwähnen, dass auch der Verkauf selbst illegal war – die Franzosen hatten mit den Spaniern nämlich einst abgemacht, dass sie Louisiana nicht weiterveräußern würden. Spanien protestierte folglich auch dagegen. Man fürchtete sogar Krieg.

Jefferson aber wollte dieses Stück Land. Unbedingt.

Er beschloss: Augen zu und durch. Er verhandelte, beschwichtigte und drohte. Als der Kauf endlich vom Kongress genehmigt wurde, war es vermutlich der erste in einer langen Reihe von völkerrechtlich problematischen Unternehmungen seitens unserer Präsidenten.

Interessanterweise wusste Napoleon, der gegen den Ratschlag seines Außenministers Talleyrand gehandelt hatte, genau, was er tat. Nachdem er den Kaufvertrag unterzeichnet hatte, sagte er: »Diese Landnahme besiegelt für immer die Macht der Vereinigten Staaten, und ich habe England damit einen Rivalen gegeben, der es früher oder später demütigen wird.« Ob er dabei kicherte, ist nicht überliefert …

Allerdings sollte es noch lange dauern, bis dieses schier unendlich weite Land zwischen den beiden Ozeanen mit amerikanischen Städten übersät sein würde. Jefferson selbst schätzte, so an die 1.000 Jahre.

Andere fragten sich natürlich, ob es nicht schneller gehen könnte.

Zwar waren schon lange Ströme von Siedlern zu Fuß und per Planwagen in den Westen unterwegs, unter anderem auch rund 14.000 Mormonen, doch die Besiedlung ging nur äußerst langsam voran. Im Grunde musste eine sehr lange Eisenbahnstrecke her. Im Osten gab es bereits ein kleines Eisenbahnnetz, aber niemand hatte das Geld, geschweige denn den Mumm, auf eigene Kosten fast 3.000 Kilometer Gleise quer durch den Kontinent zu verlegen.

Da wandten sich Lobbyisten an die Regierung, und 1862, mitten im Bürgerkrieg zwischen Norden und Süden, unterschrieb Präsident Lincoln ein Gesetz, das Unternehmen ermuntern sollte, besagte Eisenbahnstrecke zu bauen. Zwei Firmen griffen zu: Die Central Pacific Railroad fing in Oakland, Kalifornien, an; die Union Pacific Railroad begann in Council Bluffs, Iowa, von wo aus die Mormonen aufgebrochen waren und sich noch immer regelmäßig Planwagen auf den Weg machten. Sie bauten aufeinander zu.

Niemandem ging es natürlich um die Eisenbahn. So dumm waren sie nicht. Kein vernünftiger Mensch glaubte, dass sich so eine Sache wirtschaftlich rentieren könnte. Es ging allen Beteiligten ausschließlich um das Land. Lincoln hatte den Firmen nicht nur versprochen, den Bau zu finanzieren, sondern sie durften auch noch das Land, auf dem die Strecke lag – eine Gesamtfläche, mehr als zweimal so groß wie New Jersey –, behalten.

Bereits sechs Jahre später wurde die erste, 3.000 Kilometer lange transkontinentale Eisenbahnstrecke eröffnet. Bis dahin dauerte der Treck quer über den Kontinent vier bis fünf Monate – wenn man überhaupt ankam. Nun konnten Siedler die Strecke mit Sack und Pack in acht Tagen hinter sich bringen, und das für schlappe 65 Dollar pro Person.

Wer die USA heute betrachtet, meint einen modernen Staat vor sich zu haben: Pop, Jeans, Coca Cola, geschäftige Flughäfen, Megastädte mit vielen Highways, dicken Autos und Wolkenkratzern. Es ist das Amerika, das man nach dem Zweiten Weltkrieg kennengelernt hat. Entstanden ist es aber erst in den zwei Generationen vor dem Ersten Weltkrieg.

Während europäische Städte gemütlich über die Epochen gewachsen sind und bis heute alle hundert Jahre zum Feiern ihre mittelalterliche Gründungsurkunde rausholen, existierten die meisten amerikanischen Ortschaften 1869 noch gar nicht. Von den aktuell 482 Städten Kaliforniens gab es vor dem Bau der Eisenbahn gerade einmal 31. Los Angeles, Seattle und Dallas hatten je eine Bevölkerung von zwei- oder dreitausend Leutchen. Die Gesamtbevölkerung der USA lag bei 38 Millionen. Bis 1900 verdoppelte sich die Einwohnerzahl, und seitdem hat sie sich alle 50 Jahre noch mal verdoppelt.

Man sagt, dass Amerika jung ist. Damit meint man aber nicht die Staatsgründung im Jahr 1776, sondern die Erschließung des Kontinents. Das Amerika von heute entwickelte sich nicht über einen längeren Zeitraum, sondern buchstäblich von heute auf morgen, und zwar weil jemand eine große Idee hatte.

Wir wissen natürlich, dass große Ideen auch schiefgehen können. Und dass irgendjemand immer dafür bezahlt. Fragen Sie die Indianer mal, wie sie die Eisenbahn fanden …

Als George W. Bush auf die glorreiche Idee kam, ohne echten Grund und rechten Plan im Irak einzumarschieren, war er vorgewarnt. In Reden vor dem Kongress, in Diskussionen im Fernsehen, in Zeitungskommentaren war immer wieder auf das Desaster in Vietnam hingewiesen worden. Man zitierte sogar wiederholt die weisen Worte unseres ersten Präsidenten George Washington, der alle Nachfolger vor politischem Engagement in anderen Ländern warnte: »Als Richtlinie, was unser Verhalten gegenüber fremden Nationen betrifft, sollen wir unsere wirtschaftlichen Beziehungen ausbauen, aber so wenig politische Verstrickungen eingehen wie möglich.«

Es war, als ob man Bush Junior direkt ins Gesicht gesagt hätte: »It'll never fly.«

Und Sie wissen ja, was dann passiert …

Amerikaner gelten zwar als pragmatisch, und hielten wir uns an George Washington, wären wir auch so, aber wenn wir uns in eine große Idee verlieben, werfen wir alle Bedenken über Bord. Es liegt am Land selbst, an seiner Weite. Der Kontinent selbst ist zwar bis zur kalifornischen Küste erschlossen, aber die verrückte Idee – die ist noch Neuland, und das will von uns einfach erobert werden. Wer hier geboren ist, ahnt schon als Kind, dass es immer auch noch eine Nummer größer geht. Plötzlich ist die Geschichte wie weggeblasen, und man ist gleichsam der erste Mensch auf Erden und darf alles von vorn ausprobieren. Die Warnungen, die vielen Male, da etwas versucht wurde und misslang – all das spielt keine Rolle mehr, und wir sagen uns stattdessen: »Warum eigentlich nicht?«

Wie immer hat die Popkultur es auf den Punkt gebracht. Der bekannte Spruch aus der alten TV-Serie *Raumschiff*

Enterprise beschreibt die Lust – und Pflicht – eines jeden Amerikaners, irgendetwas anzupacken, das noch niemand sonst bisher gewagt hat: »To go where no man has gone before« – »In Galaxien vorzudringen, die nie ein Mensch zuvor gesehen hat« eben.

Und Spinner erfüllen diesen Auftrag auf ihre ganz persönliche Art und Weise. Wir fühlen uns dann wie Pioniere, die in guter alter Tradition eine wilde und bedrohliche Terra incognita betreten.

3

Wir wollen nicht regiert werden

*W*ir Amerikaner sprechen oft von Recht und Ordnung.

In unseren Western beispielsweise spielen wir das stets aufs Neue durch. Immer wieder geht es um einen Sheriff, der allein gegen einen reichen, mächtigen und kriminellen Rancher antreten muss. Er kämpft allein auf weiter Flur, weil er weiß, Fairness, Gerechtigkeit und Moral können nur siegen, wenn das Gesetz siegt. Wir nennen es »rule of law« – das Prinzip, dass nicht der Stärkere oder der mit der größten Waffe das Sagen hat, sondern das Gesetz. Wenn wir über den Wilden Westen sprechen, erzählen wir mit nostalgischem Stolz, wie wir damals das Chaos gebändigt, Willkür durch Recht ersetzt und dem ungehobelten Cowboy Manieren beigebracht haben.

Aber tief im Herzen bereuen wir diese Entwicklung. Tief in uns drin haben wir Angst, dass die Zivilisation uns die Lebenskraft und die Fantasie raubt, und wir sehnen uns nach der Wildnis, die Amerika uns einst versprach.

Johannes Kelpius aus Nürnberg etwa war überzeugter Pietist. Im 17. Jahrhundert erfreute sich der Pietismus in Deutschland überaus großer Beliebtheit – bei den Pietisten handelte es sich um die deutschen Puritaner. Allerdings war Kelpius etwas extremer eingestellt als die anderen.

Er war einer der Jünger eines abtrünnigen evangelischen Pfarrers und Astronomen und wurde, als dieser starb, zum neuen Anführer des frommen Grüppchens bestimmt.

Was diese Pietisten von anderen unterschied, war ihre Überzeugung, die sie mit Hilfe von Horoskopen, Sternkarten und Teleskopen gewonnen hatten, dass Jesus genau im Jahr 1694 auf Erden zurückkehren würde. Dies war in der Tat eine sehr nützliche Information, vor allem weil man schon das Jahr 1693 schrieb. Aber damit nicht genug: Um Jesus bei dessen Wiederkehr gebührlich zu empfangen, war es ihrer Meinung nach unbedingt erforderlich, ihn in Amerika zu erwarten.

Sie segelten also nach Philadelphia, damals ein Dorf am Rande des großen Waldes, und pilgerten von dort aus noch ein Stück weiter, bis sie zu einem unbewohnten Tal kamen, das der kleine Fluss Wissahickon durchzog.

Am nächsten Morgen gingen sie an die Arbeit. Sie bauten ein Haus und wohnten dort alle gemeinsam, zölibatär selbstverständlich. Tagsüber, wenn Kelpius keine Hymnen komponierte oder Bücher über die richtige Art zu beten schrieb, ging er in eine nahe gelegene Höhle, die es heute noch gibt, und meditierte. Abends stieg er aufs Dach des Hauses und suchte mit dem Teleskop den Himmel nach Jesus ab.

Ich mache es kurz: Er kam nicht.

Ein paar Jahre danach, mit 35, starb Kelpius, vermutlich an einer Lungenentzündung von den vielen kalten Nächten auf dem Dach, und die anderen verließen das Tal des Wissahickon und kehrten in die Zivilisation zurück.

Die Gruppe hat nichts Nennenswertes hinterlassen. Keine Tradition, keine Legende, kein Erbe, von dem Amerika heute noch zehrt. Das heißt, doch – eines hinterließen sie. Das Geheimnis ihrer Amerikareise.

Denn es stellt sich doch die Frage: Warum mussten sie all das unbedingt in Übersee veranstalten? Zu Hause wurden sie ja nicht verfolgt. Sie stellten keine gesellschaftliche Gefahr dar. Sie wollten keinen neuen Staat gründen, sind keine Selbstmordsekte gewesen. Sie gedachten nur in aller Ruhe auf Jesus zu warten. Das hätten sie doch auch in Deutschland tun können.

Aber es wäre eben doch nicht das Gleiche gewesen. Kelpius hätte immer die Blicke der Nachbarn, des Pastors, des Bürgermeisters im Nacken gespürt. Die Erwartungen, so etwas Verrücktes nicht zu tun, auf jeden Fall nicht in der Öffentlichkeit, wären erdrückend gewesen. Für eine so radikale Aktion wie die seine und die seiner Anhänger braucht man ein gerüttelt Maß an Freiheit, und die findet man nur dort, wo die Zivilisation noch nicht eingekehrt ist – in der Wildnis eben …

Es gibt heute weniger Wildnis als damals in der neuen Welt. Wo im 17. Jahrhundert Wälder voller Bären, Raubkatzen und wilder Truthähne fast den ganzen Kontinent bedeckten, wo Pelzjäger später in der Prärie nur wild um sich ballern mussten, um irgendeinen Büffel zu erwischen, wo wilde Tauben an manchen Orten der Ostküste den Himmel verdunkelten, da gibt es heute überall Millionenstädte und asphaltierte Straßen. Wo man einst monatelang auf keinen Menschen traf, keinem Gesetz gehorchte und keinem Landesherren Tribut zahlte, sind heute die Steuerformulare so kompliziert, dass man (wie in Deutschland) einen Steuerberater braucht, die Gesetze so undurchsichtig, dass keiner mehr weiß, was die Politiker da oben überhaupt wollen – und wer einen Polizisten falsch anguckt, kriegt Pfefferspray ins Gesicht.

In uns aber lebt die Wildnis weiter.

Auf der einen Seite die Realität einer korrupierten Zivilisation, auf der anderen die Utopie einer unberührten Natur, wo noch kein Gesetz herrscht – dieser Gegensatz steckt in jedem Amerikaner.

Deshalb findet man auch die wirklich extremen Spinner so häufig weit draußen im Wald, fernab der Zivilisation.

Während andere Völker ihre Wertschätzung der Natur dadurch zum Ausdruck bringen, dass sie Wanderwege anlegen und sonntags in Goretex-Jacken durch die Wälder streifen, kaufen wir Amerikaner uns eine Schrotflinte, einen Sack Weizen sowie ein Survival-Handbuch und bauen eine Hütte in den Bergen, inklusive Windrad, Dieselgenerator und einem selbst gejagten Hirschbraten in der Gefriertruhe. Die amerikanische Liebe zur Natur ist oft keine Liebe zur Natur, sondern einfach Hass auf die Zivilisation.

Als der Mathematikprofessor Ted Kaczynski mit 27 Jahren zu dem Entschluss kam, dass mit Amerika etwas grundsätzlich schiefgelaufen sein musste, warf er alles hin und zog in die Berge von Montana. Von dort aus schickte er zwischen 1978 und 1995 etliche selbst gebastelte Bomben an 16 Universitäten und Fluglinien und tötete damit insgesamt drei Menschen. Bevor er geschnappt wurde, schaffte er es noch, ein verworrenes 50-seitiges Manifest in der *New York Times* zu veröffentlichen, in dem er darlegte, dass die Industrielle Revolution der Menschheit ihre Autonomie geraubt, ihre Beziehung zur Natur empfindlich beeinträchtigt und sie gezwungen habe, sich auf unnatürliche Art und Weise zu verhalten. Er forderte die gesamte Menschheit auf, sich gegen die Herrschaft der Technologie zu erheben.

Der »Unabomber«, wie man ihn nannte, war zwar ein Versager, was das Ausrufen der Revolution anging, und ein Heuchler obendrein – um Technologie, Massenkommunikation und staatlichem Postsystem ein Ende zu setzen, griff er just zu diesen Dingen –, aber seine Sorge war eine ur-amerikanische: Tief im Herzen glauben wir, die Zivilisation sei unser Verderben. Die Freiheit, die wir meinen, ist nicht die Freiheit einer wohlgeordneten Gesellschaft, in der jeder tun darf, was er will, sondern die Freiheit, zu tun und zu lassen, was man will, weil es keine Gesellschaft gibt.

Auch Henry David Thoreau, ein weiterer Naturfreak, war ein Mann voller Widersprüche.

Er überredete seinen Freund, den Philosophen und Poeten Ralph Waldo Emerson, ihm ein Stück Land in dessen Wald zu überlassen, um zwei Jahre lang so weit weg von der Zivilisation zu leben wie nur möglich. Er wollte wissen, ob er ohne andere Menschen auskommen könnte, ohne Kultur und Stil und Status, die ganze Tretmühle also – und ob er ohne sie glücklicher wäre. Dann kehrte er in die Zivilisation zurück und verwandelte sein Experiment in eine Karriere, indem er Bücher darüber schrieb, vor allem *Walden* und *Über die Pflicht zum Ungehorsam gegen den Staat*.

Thoreau lebte zur Zeit der raschen Industrialisierung der USA in der ersten Hälfte des 19. Jahrhunderts. Viele sehen in ihm den Vater des Anarchismus. Er war es, der das Killerargument formulierte, man solle die Hoheit eines Staates nur dann anerkennen, wenn dieser in moralischer Hinsicht vollkommen ohne Fehl und Tadel wäre. Er war es auch, der den uramerikanischen Satz prägte: »Die beste Regierung ist die, die nicht regiert.« Nicht nur Hippies und Linke lieben diesen Spruch, auch die erzkonservativen Republikaner bis hin zum ungebildeten Hillbilly, der nicht versteht, wieso er keine Waffe tragen darf, wenn jeder Soldat eine hat.

Thoreau machte salonfähig, was seine Landsleute schon immer wussten, aber längst nicht so elegant ausdrücken konnten: Es zeugt von Charakterstärke, die rigiden Strukturen der Gesellschaft hinter sich zu lassen und nur noch zu tun, wozu man Lust hat.

Aber auch er war ein Heuchler: Einerseits positionierte er sich als scharfer Zivilisationskritiker, andererseits konnte er nicht leben, ohne regelmäßig griechische und lateinische Literatur zu konsumieren, und er nörgelte über die tumben Dorfbewohner. Er pries die Einsamkeit, weil er so besser auf seine Seele hören könne, musste aber natürlich alle zwei Tage ins Dorf fahren, um den neuesten Klatsch und Tratsch nicht zu verpassen. Er verdammte Karrieristen, benutzte sein Experiment aber erfolgreich als Sprungbrett zu einer Karriere als philosophisch-gesellschaftskritischer Autor und kehrte sein Leben lang nie wieder in den Wald zurück.

Ausgerechnet diese Widersprüche machen ihn aber zum typischen Amerikaner: Er war voller Sehnsucht nach der Wildnis – und gleichzeitig ein Bändiger der Natur.

In den Siebzigern, als die Hippie-Rebellion auf die Disco-Dekadenz traf, war der Untergang Amerikas bei uns zu Hause oft Thema häuslicher Diskussionen.

Mein Vater machte sich große Sorgen über die Lage des Landes und empfahl uns Kindern ein Buch, das viele Väter ihren Kindern empfehlen: *Verfall und Untergang des römischen Reiches* von Edward Gibbon, ein Klassiker der englischen Geschichtsschreibung des 18. Jahrhunderts.

Meinem Vater waren die Parallelen zwischen den USA und Rom nicht verborgen geblieben. Er hatte als junger Mann den Untergang Europas im Zweiten Weltkrieg hautnah miterlebt und danach verfolgt, wie seine Heimat zu einer Supermacht wurde. Er wusste, wie schnell sie diese Position auch wieder verlieren konnte, und fragte sich immer wieder, was genau am Ende dazu führt, dass ein Weltreich untergeht. In Gibbons Buch über den Fall Roms und dessen Gründe fand er die Antwort: Dekadenz! Ginge das so weiter mit den verweichlichten »Seid-nett-zueinander«-Hippies und den Kokain schnupfenden Discokings, würde Amerika bald zu dekadent werden, um sich zu verteidigen, wenn die Barbaren eines Tages vor den Toren stünden.

Das Wort »Dekadenz« ist just ein Lieblingswort unter amerikanischen Kulturpessimisten, und jeder versteht es anders.

Im Weltbild der Rechten entsteht Dekadenz, wenn man die ur-amerikanischen Werte wie Eigenständigkeit, Geschäftstüchtigkeit, Gott und Familie vernachlässigt. Auch Waffenbesitz, voreheliche Enthaltsamkeit und die Todesstrafe gehören zu den guten alten Werten – sich montags krankzumelden, wenn man sonntags zu viel gesoffen hat, bei jedem Pups gleich zum Arzt zu rennen und überhaupt alles, was im Sündenbabel Hollywood passiert, dagegen nicht. Wenn Amerikaner nicht mehr ums Überleben kämpfen müssen, wenn keine Prioritäten mehr gesetzt werden und alles für einen getan wird, dann geht es mit den USA bald den Bach runter, so ihre Überzeugung.

Die Linken führen denselben Begriff im Munde, meinen aber etwas ganz anderes damit. Wenn es in Amerika nicht mehr möglich ist, so zu leben, wie man leben will, wenn sich alle anpassen müssen und die Gesellschaft das Individuum nur noch in Standardnorm-Ausführung akzeptiert, dann hat das Land seine ursprüngliche Bestimmung verloren und ist nicht mehr überlebensfähig. Zeichen hierfür sind in ihren Augen das Verbot von Homo-Ehe und Abtreibung sowie die Verteufelung des Atheismus – und wenn wir schon dabei sind, über Freiheit zu diskutieren, könnte man eigentlich auch gleich Haschisch legalisieren …

Nur in einem Punkt sind sich alle einig: »Dekadenz« steht für die Über-Zivilisierung des Landes. Alle befürchten sie, dass wir zu viel Fortschritt gemacht haben, dass wir nicht mehr das sind, was wir vormals waren, als das Einzige, was wir mit dem Begriff »Staat« verbanden, die doofen britischen Steuereintreiber waren. »Dekadenz« bedeutet nichts anderes als den Verlust der inneren Wildnis.

Genau genommen hat unser Land ja auch nirgendwo anders als … na ja, als mitten in der Wildnis entstehen können.

Es ist ein Rätsel, wieso die amerikanische Revolution gegen England 1776 eigentlich erfolgreich war. »Erfolgreich« bedeutet ja nicht bloß, dass man die Engländer tatsächlich zu schlagen vermochte. Die Frage ist doch auch: Wie konnte aus dieser Revolution ein erfolgreicher Staat hervorgehen?

Statistisch gesehen ist das nämlich die große Ausnahme. Die allermeisten Revolutionen enden in Chaos, Blutvergießen, Bürgerkrieg und Diktatur.

Nur in Amerika kam alles anders. Aus einer losen Verbindung von Kolonisten, die erst mal bloß auf ihr eigenes Wohl bedacht waren, entwickelte sich die erste funktionierende Demokratie der Neuzeit, die komplett ohne König und Adel auskam – und die hält nun schon über 200 Jahre.

Es kam nicht zum Terror. Weder Könige noch deren Ehefrauen wurden öffentlich enthauptet, weder Prinzen noch Prinzessinnen, ob ehelich oder unehelich, aus dem Land gejagt oder in den Knast gesteckt. Niemand sagte: »Hm, das Volk macht auch Fehler, das Gesocks muss erzogen werden, wir brauchen eine Geheimpolizei, Zensur und Wachen an der Grenze.«

Eines der wichtigsten Ereignisse unserer Geschichte folgte acht Jahre nach Gründung der USA, als George Washington sich nicht zum »President for life« ausrief, was man durchaus befürchtet hatte, sondern sich nach zwei Amtszeiten nicht mehr zur Verfügung stellte. Erst da wurde uns klar, dass wir eine Demokratie bleiben würden.

Warum?

Weil all dies in einer gesellschaftlichen Wildnis stattfand.

König, Adel, die ganzen verstaubten Traditionen, die verfestigten Interessengruppen saßen weit weg in England. Es gab so gut wie keine gesellschaftliche Oberschicht, deren Interessen akut gefährdet waren. Von der Französischen oder Russischen Revolution profitierten die unteren Schichten nur, wenn die oberen ausgeschaltet werden konnten. In Amerika jedoch profitierten die oberen wie die unteren Schichten gleichermaßen. In Frankreich und der Sowjetunion, aber auch in Kuba, im Iran und in den arabischen Diktaturen, stellten die Revoluzzer die neue Oberschicht, die dann bald genauso viel Angst vor der Unterschicht hatte wie ihre Vorgänger. Nicht bei uns: Die Oberschicht in England blieb Oberschicht in England, und die Oberschicht in Amerika blieb Oberschicht in Amerika. Dagegen hatte ja auch niemand was.

In der Sowjetunion wiederum gab es nur Platz für eine Idee – jeder konkurrierende Ansatz stellte eine Gefahr dar. Die Neue Welt jedoch bot Raum für alle möglichen Einfälle. Wer eine andere Vorstellung hatte, musste nicht zum Konterrevolutionär werden und die Regierung stürzen, er zog einfach in die Wildnis und gründete seinen eigenen Staat. Der spielerische Austausch von Ideen ist in einer noch nicht in Konventionen erstarrten »gesellschaftlichen Wildnis« eben leichter möglich …

Als George Washington, Thomas Jefferson, Benjamin

Franklin, John Adams, Thomas Paine und die anderen Gründerväter sich 1776 dazu durchrangen, sich von England loszusagen, standen sie plötzlich vor der Aufgabe, aus dem Nichts einen neuen Staat nach eigenem Gutdünken aufzubauen. Dieses Privileg hatten die anderen großen Revolutionsführer der Welt nicht. Amerika war damals tatsächlich das unbeschriebene Blatt, die unbebaute Fläche, die Wildnis, die Goethe noch 1827 beschrieb:

Amerika, du hast es besser,
Als unser Kontinent, das Alte,
Hast keine verfallenen Schlösser
Und keine Basalte.

Dich stört nicht im Innern,
Zu lebendiger Zeit,
Unnützes Erinnern
Und vergeblicher Streit.

Benutzt die Gegenwart mit Glück!

(Die Indianer mögen das vielleicht etwas anders gesehen haben, aber die saßen nicht im Parlament.)

In seinem Buch *Myths America Lives by* nennt Richard T. Hughes diese Freiheit nicht »Wildnis«, sondern »den Mythos der natürlich entstandenen Nation«:

»Im Kern«, schreibt Hughes, »inspirierte dieser Mythos die Amerikaner, Geschichte und Tradition als Kräfte, die eine Nation formen, einfach zu ignorieren. Hier war eine Nation, die quasi direkt aus der Hand Gottes ins Leben gerufen wurde.«

Oder, wie es der alte Revoluzzer Thomas Paine ausdrückte: »Auf einmal sind wir an dem Punkt angelangt, wo wir den Beginn eines Staates sehen können, als ob wir am Anfang der Zeit leben würden.«

Das ist die innere Wildnis, die wir Amerikaner so lieben und wonach wir uns auch heute noch sehnen: Eine Welt ohne Geschichte und Tradition, ohne das erdrückende Gewicht einer Staatsmacht und ohne die nervigen Erwartungen unserer Nachbarn oder gar der internationalen Gemeinschaft. In unserer Vorstellung hört der Amerikaner in dem Moment auf, ein Amerikaner zu sein, wenn er erfolgreich zivilisiert ist.

Wer nun denkt, dies sei doch längst geschehen, braucht nur den Fernseher anzuschalten. Was man da bei uns zu sehen kriegt, beweist glasklar: Wir wollen gar nicht rational sein, wir wollen lieber auf die Pauke hauen, lieber eine gute Show geboten kriegen, lieber an einer völlig unmöglichen Hoffnung festhalten, selbst wenn wir tief im Innern wissen, dass wir gerade auf den größten Humbug hereinfallen.

Der heute in den USA sehr bekannte TV-Presenter Vince Offer wollte einst als Komiker groß rauskommen. Zu diesem Zweck drehte er mit eigenem Geld und sich selbst in der Hauptrolle seinen ersten Film: *The Underground Comedy Movie*. Manch ein Kritiker meint noch heute, dies sei die schlechteste Komödie aller Zeiten, allerdings sind das nur wenige, denn nur wenige haben den Film überhaupt gesehen.

Konfrontiert mit der harten Realität, dass sein Werk niemals die Bekanntschaft einer Leinwand machen würde, entdeckte Vince Offer das Infomercial. Er kaufte Zeit bei einem TV-Werbekanal, pries dort den eigenen Film an und verkaufte prompt 50.000 DVDs.

Komödie ist schwer, aber Infomercials – das konnte er. Allein, ihm fehlte das richtige Produkt. Da schaute er sich um, und sein Blick fiel auf eine der aufregendsten Erfindungen, die es je gegeben hat – das »ShamWow!«. Schon der Name versprach alles – war sexy, mysteriös; und wie viele Waren gibt es schon, zu deren Bezeichnung ein eigenes Ausrufezeichen gehört?

Er drehte ein Infomercial darüber, kaufte sich Sendezeit

und vertickte Millionen von den Teilen. Sein Erfolg machte ihn über Nacht zum Superstar. Talkshows rissen sich um ihn, Zeitungsartikel und Scharen von Wissenschaftlern diskutierten die Eigenschaften des Superdings, und Offer wurde damit zum Millionär. Was, fragen Sie mit Recht, ist denn nun aber ein »ShamWow!« – immerhin ein Produkt, welches das Wort »Nepp« (»sham«) schon im Namen führt?

Nun, es ist nichts weiter als ein Küchentuch.

Die erste Begegnung mit amerikanischen Infomercials und solch schamlosen Verkaufsgenies wie Vince Offer versetzt Europäern oft einen Schock.

Uns nicht.

Wir lieben diesen hemmungslosen, unregulierten Wildwuchs. Und wir hassen es, wenn »die da oben« uns sagen, was gut für uns ist. Ja, man könnte behaupten, lieber fallen wir ab und zu auf irgendwelche Blender rein, als auch nur ein winziges bisschen in unserer Entscheidungsfreiheit beschnitten zu werden.

Ein Grund, weshalb so viele Amerikaner Ronald Reagan als Präsident mochten, war, dass er diese unsere »innere Wildnis« schützte und viele Regulierungen rückgängig machte. Er war es auch, der die Auflagen für Fernsehwerbung so weit lockerte, dass es keine zeitliche Begrenzung mehr für diese gab. Umgehend tauchten Kanäle auf, die ausschließlich Werbung sendeten und Typen wie Vince Offer erst möglich machten.

Auch wenn diverse Verbraucherschutzgruppen sich seither redlich bemühen, den Infomercial-Gaunern das Handwerk zu legen, hat der Staat selbst also überhaupt erst die Voraussetzungen für deren Erfolg geschaffen. Damit war die Renaissance einer altehrwürdigen amerikanischen Tradition eingeläutet, die im 19. Jahrhundert ihren Anfang nahm: die des Klapperschlangenölverkäufers.

1892 wurde der 400. Jahrestag der Entdeckung Amerikas durch Kolumbus begangen. Um diesen Tag zu feiern, plante das Land die größte, teuerste und spektakulärste Selbstbeweihräucherung aller Zeiten. Die »World's Columbian Exposition« war sechs Monate lang die größte Publikumsmesse, die das Land je gesehen hatte. Es handelte sich um ein Fest der Superlative, angefangen damit, dass das komplette Gelände mit diesem neumodischen Strom versorgt wurde. Im elektrischen Licht konnte man nachts noch die Nachbildungen der Schiffe bewundern, auf denen die Männer reisten, die Amerika entdeckten – die Santa Maria, die Niña und die Pinta sowie ein Wikingerschiff. Ganz zu schweigen vom ersten großen mechanischen Riesenrad.

Auf großen und kleinen Bühnen wurden Neuheiten präsentiert, die die meisten Amerikaner noch nie gesehen hatten: Hier begann der Siegeszug des Hamburgers ebenso wie der einer ganzen Reihe zahnfeindlichen Junkfoods, von der Hershey-Schokolade über das Kaugummi »Juicy Fruit« und das karamellisierte Popcorn »Cracker Jack« bis hin zu den ersten Frühstücks-Cerealien. Hier hörten die meisten Menschen zum ersten Mal Ragtime von Scott Joplin und sahen ihren ersten Hula-Hoop-Reifen. Die Vorstufe zum Reißverschluss wurde gleichfalls einer staunenden Öffentlichkeit vorgestellt.

Auf einer der vielen Bühnen trat auch Clark Stanley auf. Er sah schon recht exotisch aus: ein Mann in bunter Cowboykluft mitsamt Hut, Stiefeln und Revolver.

Und er wusste ihn zu benutzen: Vor den Augen entsetzter Zuschauer ließ er eine Käfigladung Klapperschlangen auf der Bühne frei und knallte sie eine nach der anderen ab.

Jetzt hatte er die Aufmerksamkeit des Publikums gewonnen. Er nahm also die Reptilienleichen und quetschte vor der gebannten Menge das Öl aus den Kadavern in eine Glasschale. Wie man Öl aus einem Klapperschlangenleichnam herausquetscht, weiß ich auch nicht, aber zumindest behauptete Stanley, genau dies da oben zu tun. Dann kippte er einige weitere geheime Zutaten in die Schale und verkündete, als er fertig war, die Herstellung eines Wunderheilmittels: Klapperschlangenöl!

Das Klapperschlangenöl des Clark Stanley konnte Frostbeulen heilen sowie blaue Flecken, Halsweh, Tier-, Insekten- und Reptilienbisse, ja sogar Rheuma lindern, ach was, es konnte jedes erdenkliche Leiden zum Verschwinden bringen, es konnte Schmerzen bei »Mensch und Vieh« geradezu »zerstören«. Und das Beste: Es kostete nur 50 Cent pro Flasche.

Nicht alles, was Clark Stanley behauptete, war gelogen. Er hatte tatsächlich einige Jahre als Cowboy gearbeitet. Ob er allerdings wirklich zwei Jahre lang unter den Hopi-Indianern in Arizona lebte und dort den mystischen Schlangentanz und das Geheimnis des Klapperschlangenöls kennenlernte, ist unklar, aber es könnte schon so gewesen sein. Es stimmt schon, dass manche Indianerstämme Klapperschlangenöl als Heilmittel schätzten, so wie die Chinesen.

Jetzt aber entdeckten auch die Amerikaner Klapperschlangenöl, und Clark Stanley wurde reich. Es war der Beginn eines seltsamen, ur-amerikanischen Widerspruchs, der wie für Betrüger gemacht war: Einerseits sah man Indianer als unverbesserliche, ungebildete und ungläubige Primitive an, die niemals zivilisiert werden könnten; andererseits glaubte man sofort, dass sie irgendwelche mystischen Heilkenntnisse besaßen, von denen die moderne Medizin nur träumen konnte. Während die Kavallerie im Westen Indianer jagte, kaufte man im Osten Medizin: »Dr. Morse's Indian Root Pills«, »Kickapoo Indian Sagwa«, »Monster Brand Snake Oil« und anderes mehr.

Es sollte über 20 Jahre dauern, bis die staatlichen Behörden Clark Stanleys »snake oil« genauer untersuchten. Erst mit dem »Pure Food and Drug Act«, der ab 1906 die Inhaltsstoffe von Medizin regulieren und genau solche Leute wie Mr. Stanley aus dem Verkehr ziehen sollte, um das Volk vor seiner eigenen Dummheit zu schützen, tat sich langsam etwas.

1917 griffen die Behörden dann endlich zu. Sie konfiszierten eine Ladung seines »snake oils« und stellten fest, dass es tatsächlich aus Öl bestand – und zwar aus Mineralöl mit ein wenig Chili und einem Hauch von Terpentin, um den typischen Medizingeruch hervorzurufen.

Mannomann, waren die Behörden auf Clark Stanley wütend. Er muss gezittert haben. Auf einmal spürte er die ganze Wucht der Regulierungsbehörden der Vereinigten Staaten – und musste 20 Dollar Strafe zahlen.

Man könnte fast behaupten, die amerikanischen Behörden waren letztlich gar nicht so bedrohlich, wie man sie sich gewünscht hätte. Damit hätte man auch recht. Zu ihrer Verteidigung kann man jedoch anführen, dass sie allerhand zu tun hatten. Denn bis die Regierung endlich auf die Idee kam, gefährliche medizinische Betrügereien ein klein wenig einzudämmen, war die Produktpalette von Clark Stanleys Konkurrenten bereits explodiert:

Medizin auf Basis von Opium wurde verkauft, um temperamentvolle Kinder ruhigzustellen; ADHS war also wohl schon vor der Erfindung von Ritalin ein drängendes Problem. Ein besonders erfrischender Schnupftabak enthielt Kokain.

Bald nach der »Columbian Exposition« verbreitete sich die Elektrizität durch die Staaten wie heute der iPod. Man kaufte futuristische Schuheinlagen, die elektromagnetische Impulse in die Füße jagten, und stimulierende Elektro-Mützen, die versprachen, Männer endlich von ihren Glatzen zu befreien.

Als Strom zum alten Hut wurde, entdeckte man radioaktive Strahlung: »Radithor« war mit Radium angereichertes Wasser und wurde von dem falschen Arzt und Harvard-Abbrecher William J.A. Bailey als Heilmittel gegen etliche Leiden von Geisteskrankheit bis Kopfschmerzen verkauft. Der kranke Stahlerbe Eben Byers trank 1.400 Flaschen des leckeren Atommüllgetränks. Als sein Kiefer vermutlich schon im Dunkeln leuchtete, entfernte man diesen, aber das half auch nichts mehr. Er starb 1932.

Zu seiner Entschuldigung könnte man anbringen, dass

kein Mensch damals von den Nebenwirkungen der Radioaktivität wusste, aber das wäre nicht ganz richtig: Der Nobelpreisträger Hermann Joseph Muller veröffentlichte schon 1927 den Beweis, dass diese Strahlung lebensgefährlich ist. Byers wurde entsprechend in einem Bleisarg beerdigt, und das *Wall Street Journal* titelte: »Das Radiumwasser funktionierte prima, bis sein Kiefer abfiel.«

Trotzdem konnte man Bailey nichts anhaben. Im Gegenteil: Obwohl die Behörden ihn den Rest seines Lebens jagten, machte er ein neues Geschäft nach dem anderen auf und verkaufte radioaktive Gürtelanhänger, fluoreszierende Papierbeschwerer und strahlungsverseuchtes Wasser für Männer mit Potenzproblemen. Er starb als reicher Mann – und kein bisschen atomverseucht.

Heutzutage ist der Einfluss unserer Regulierungsbehörden wie zum Beispiel der »Food and Drug Administration« (FDA), die unter anderem Medikamente zulässt, natürlich größer. Sie sind sogar in der Lage, radioaktive Medizin, Kokain- und Heroin-Mixturen sowie rein aus Mineralöl bestehende Medikamente vom Markt zu werfen. Das wäre auch toll, wenn diese Ingredienzien heute noch Verwendung fänden. Mittlerweile sind jedoch ganz andere zwielichtige Mittelchen en vogue, zum Beispiel ein Kraut namens Meerträubel oder Ephedra.

Kaum fanden sich ernst zu nehmende Hinweise, dass Meerträubel beim Abnehmen helfe, wurde schon eine ganze Reihe von Meerträubel-Abnehmpillen auf den Markt geworfen. Die Leute rissen sie sich förmlich aus der Hand. Dann tauchten ebenso ernst zu nehmende Hinweise auf, dass Meerträubel auch unangenehme Nebenwirkungen hervorrufe, einschließlich der Kleinigkeiten Herzinfarkt, Schlaganfall und Tod. Was allerdings am Gewichtsverlust selbst nichts ändert.

Die Meerträubel-Pillen-Industrie trat sofort verantwortungsbewusst auf den Plan und rief umgehend eine kostspielige »Aufklärungskampagne« ins Leben, in der die Nebenwirkungen als lächerlich gering eingestuft wurden. Je mehr die negativen Hinweise sich häuften, umso eifriger wurde aufgeklärt. Als herauskam, dass die Firma Metabolife 14.000 schriftliche Klagen wegen gefährlicher Nebenwirkungen erhalten und dies weder der FDA noch während der offiziellen Untersuchung durch den Kongress irgendwem gemeldet hatte, musste der Chef von Metabolife, das inzwischen vier Millionen Dollar in so genannte Aufklärung investiert hatte, in den Knast.

Allerdings hatte die FDA bis dahin die Untersuchungen eingestellt. Der Grund: Meerträubel sei keine Medizin, sondern ein Kraut, also ein Lebensmittel, dessen Verbreitung nicht reguliert werden müsse. Man verbiete ja auch Pfeffer nicht.

Drei Jahre später starb dann der Baseballspieler Steve Bechler, der bei den Baltimore Orioles in Diensten stand, nach einem Hitzschlag. Bei der Obduktion wurde festgestellt, dass die Einnahme von Meerträubel eine signifikante Rolle bei seinem Tod gespielt hatte.

In Amerika ist der Tod eines Baseballspielers nun natürlich eine ernsthafte Sache. Die FDA wurde böse, richtig böse. Selbst der Kongress, selbst diejenigen im Kongress, deren Kinder beruflich mit den Herstellern von Meerträubel zu tun hatten und die bis dahin Meerträubel mit Herz und Seele verteidigt hatten, wurden böse. Endlich wurde Meerträubel verboten.

Laut Dan Hurley werden heute in den USA jährlich Nahrungsergänzungsmittel im Wert von 21 Milliarden Dollar verkauft, die nicht in den Kontrollbereich der Regierungsbehörden fallen. Das heißt, keiner überprüft ihre Wirksamkeit, und niemand informiert die Verbraucher, dass es sich nicht um echte Wundermittelchen handelt, sondern um – »snake oil«.

Grund hierfür ist, dass es die amerikanische Gesetzgebung nicht als ihre Aufgabe ansieht, uns vor unserer eigenen Dummheit zu schützen, sondern lediglich, uns davor zu bewahren, an unserer eigenen Dummheit zu krepieren. Dieser feine Unterschied markiert die kaum wahrnehmbare Grenze zwischen Zuständigkeit und Nicht-Zuständigkeit unseres Staates. Heroin verbieten – das muss der Staat. Aber wirkungslose Zuckerkügelchen zu untersagen, die als Verjüngungskur, als Mittel zur Potenzstärkung oder gar als Heilmittel gegen Krebs angeboten werden – das geht zu weit!

Sicher, könnte man eindeutig beweisen, dass die Hersteller dieser Nahrungsergänzungsmittel bewusst betrügen – dass sie also genau wissen, was sie tun –, könnte man einen Prozess gegen sie anstrengen. Nur leider ist das schwer nachzuweisen. Man kann höchstens aufzeigen, dass die Mittel selbst wirkungslos sind, nicht aber, dass der Verkäufer das weiß. Und uns vor wirkungslosen Mitteln zu schützen, ist eben nicht Aufgabe der Regierung.

Das wäre ja so, als würde man Dummheit verbieten wollen. Dumm zu sein aber ist das Recht eines jeden Amerikaners, und das lassen wir uns nicht nehmen!

4

Wir wollen alles, und zwar umsonst

*W*ir Amis können andererseits aber auch ganz schön prüde sein, sobald ein bisschen Spaß droht.

In meiner alten Kirche etwa, bei den Mormonen, sind Kartenspiele jeder Art verboten. Selbst Solitaire gilt als potentielle Einstiegsdroge. Denn wo gepokert wird, wird auch gesoffen, betrogen und, weil es eine Sucht ist, bald geklaut und gemordet, das weiß doch jeder. Im amerikanischen Volksmund heißt ein Satz Spielkarten: »Das Bilderbuch des Teufels«.

Die allgemeine Einstellung lautet: Wir Amerikaner haben vielleicht Fehler, aber Glücksspiel gehört nicht dazu. Bis auf den Sündenpfuhl Las Vegas (die glamouröse Ausnahme von der Regel) ist es in den meisten Bundesstaaten selbst im eigenen Wohnzimmer verboten, um Geld zu pokern. Nicht nur aus moralischen, sondern auch aus kapitalistischen Gründen lehnen wir Amerikaner das Glücksspiel ab, denn es untergräbt das natürliche Prinzip der freien Marktwirtschaft: Ein anständiger Kapitalist verdient sein Geld, indem er etwas produziert, nicht, indem er einfach mehr Glück hat als andere.

Was war ich als braver Amerikaner da schockiert, als ich zum ersten Mal nach Deutschland kam. Eine Spielhalle an jeder Ecke, einarmige Banditen in den Imbissstuben, wo jedes Kind rankann, und Skat ein Nationalsport. Aber das Schlimmste: Der Staat verdiente sich dank der Dummheit seiner Bürger eine goldene Nase: Ohne mit der Wimper zu zucken, zeigte das öffentlich-rechtliche Fernsehen beispielsweise die Ziehung der Lottozahlen, und keiner regte sich darüber auf! Das war für mich der Gipfel der Heuchelei. Ein solcher Staat konnte nur durch und durch korrupt sein.

Gott sei Dank war das bei uns in Amerika nicht so.

Dachte ich. Bis ich herausfand: Das Gegenteil ist wahr.

Virginia war nicht die erste englische Kolonie in Amerika, aber die einzige, die nicht sofort einging. Sie zu etablieren war richtig teuer. Immer wieder gingen den etwa 200 englischen Abenteurern am James River die Lebensmittel, die Werkzeuge, das Geld aus, und die Investoren zu Hause in England mussten nachschießen. Bis sie es nicht mehr wollten, und die Virginia Company ein ernstes Problem hatte. Da kam jemand auf eine verzweifelte Idee: eine Lotterie.

Die Company in London gründete eine Reihe von Lotterien mit Gewinnen bis zu 5.000 Pfund Sterling. Diese wurden so beliebt, dass die Kolonisten jahrelang davon leben konnten. Virginia entwickelte sich in der Folge rasch zu einer der wichtigsten Kolonien in der neuen Welt, zum Herzen des amerikanischen Südens, und war später einer der Hauptinitiatoren des Unabhängigkeitskrieges und der Gründung der USA.

Die Idee machte Schule – irgendwann in ihrer frühen Geschichte haben dann sämtliche 13 Kolonien, aus denen später die USA hervorgingen, Lotterien eingerichtet. Mit Lotteriegeldern wurden Kirchen und Bibliotheken gebaut und die ersten Universitäten gegründet, darunter Harvard, Yale und Princeton. Zeitweise war der Kauf von Lotterieschinen für die Kolonisten patriotische Pflicht, und Gründerväter wie Benjamin Franklin, John Hancock und George Washington haben bei bestimmten Lotterieprojekten die Schirmherrschaft übernommen.

Ohne das unmoralische Glücksspiel wären die USA nie gegründet worden.

Ich gehe sogar noch einen Schritt weiter und behaupte: Alle Amerikaner sind Glücksspieler – selbst diejenigen, die das Glücksspiel verteufeln. Amerikaner kommen nämlich schon mit dem Gefühl auf die Welt, ihnen stehe eigentlich viel mehr zu, als sie haben. Jeder von uns, nicht nur Mark Zuckerberg, will die eine Geschäftsidee haben, die bombastisch einschlägt, mit einem einzigen Hit reich und berühmt werden, oder bei Starbucks von einem Hollywood-Produzenten entdeckt werden. Einfach so.

Wir nennen es »something for nothing« – wir wollen etwas bekommen, ohne etwas dafür tun zu müssen. Das beste Beispiel dafür ist der Goldrausch:

Bis dort 1848 Gold entdeckt wurde, war Kalifornien eine unattraktive spanische Kolonie am Ende der Welt, ein wertloses Stück Wüste. Innerhalb von sieben Jahren wanderten dann 300.000 Menschen dort ein. Sie alle wollten etwas umsonst. Einige bekamen es auch. Teilweise konnte man das Gold einfach vom Boden aufheben. Aber nicht nur die Goldsucher erkannten die einmalige Gelegenheit, über Nacht reich zu werden: Die Unternehmer, die mitkamen, wurden noch reicher. Samuel Brannan zum Beispiel kaufte ganz am Anfang des Goldrausches sämtliche Schaufeln und Eimer, die in San Francisco zur Verfügung standen, und verkaufte sie nach und nach zu überteuerten Preisen weiter. Bald war er der reichste Mann Kaliforniens.

Die meisten Einwanderer machten sich nach Amerika auf, weil sie hörten, hier gäbe es Land umsonst. So ganz stimmte das zwar nicht – ein wenig musste man dafür schon bezahlen –, aber von diesen Menschen, die »something for nothing« wollten, stammen wir ab. Der Historiker John M. Findlay nennt in seinem Buch *People of Chance* vier typische Eigenschaften der Menschen, die erst von Europa nach Amerika und dann weiter nach Westen zogen: hohe Erwartungen, Opportunismus, Risikofreudigkeit und Bewegungsdrang.

Die Deutschen nennen Amerika »das Land der unbegrenzten Möglichkeiten«, wir nennen es »the land of opportunity« – »das Land der einmaligen Gelegenheit«. Wir warten auf diesen Moment. Wir hoffen darauf. Als Junge hat mir mein Vater die Wichtigkeit der »opportunity« eingebläut. Direkt nach »Stets ordentlich frühstücken«, »Mädchen nicht schlagen« und »Immer nett zum Koch sein« kam: »opportunity knocks but once.« – »Die große Chance klopft nur einmal an.«

Es gibt tatsächlich kaum etwas, das ein Amerikaner mehr schätzt als das Risiko. Schon der Franzose Alexis de Tocqueville schrieb 1835 in seinem heute noch aktuellen Buch *Über die Demokratie in Amerika*: »Menschen, die mitten im demokratischen Wandel leben, entwickeln ein Auge für den glücklichen Zufall, und das führt dazu, dass sie riskante Unternehmungen lieben, in denen Glück eine Rolle spielt.«

Stimmt. Den Kern unseres Spieltriebs bildet die Wette: Ich wette, ich kann es in einem anderen Land schaffen; ich wette, wir können das mächtigste Land der Welt, Großbritannien, besiegen; ich wette, es werden genug Immigranten kommen, um uns zur Weltmacht zu machen; ich wette, ich kann Präsident werden. Die ganze Geschichte Amerikas kann man als eine Reihe von Wetten auffassen.

Das macht auch Poker zum ur-amerikanischen Spiel. Poker war anfangs gar nicht das wichtigste Glücksspiel im Wilden Westen, wie Hollywood-Filme das oft irrtümlich zeigen: Das war das heute vergessene Spiel Faro. Poker, wie es in Amerika gespielt wird, entwickelte sich erst um diese Zeit herum mehr oder weniger mitten auf dem Mississippi, und nahm dabei eine ganz neue Eigenschaft an: die Wette.

Poker dreht sich weniger um die Karten selbst als um die Wette, die man unabhängig von seinem Blatt eingeht. Das eigentlich Spannende, das eigentliche Spiel sind die Blicke, die sich die Beteiligten am Tisch zuwerfen. In Spielen wie Roulette wettet man gegen das Schicksal, beim Poker gegen seine Mitspieler.

Kaum einer ahnt, wie viele Begriffe aus diesem Spiel seither in die amerikanische Sprache eingeflossen sind. Hier nur eine kleine Auswahl:

»Put your money where your mouth is«: So teilt man mit, dass der Bluff nun vorbei ist. Wer nur große Sprüche klopft, aber seinen Worten keine Taten folgen lässt, ist bloß ein Großmaul.

»Blue chip«: Beim Pokern haben die blauen Chips den höchsten Wert – entsprechend sind auch die wertvollsten Firmen, Sportler oder Börseninvestitionen »blue chip investments«.

»Pass the buck«: die Verantwortung jemand anderem zuschieben. Ein »buck« ist ein Marker, der anzeigt, wer mit dem Austeilen an der Reihe ist. Wer nicht austeilen wollte, konnte den »buck« weitergeben. Kriegspräsident Harry S. Truman hatte bekanntermaßen ein Schild auf seinem Schreibtisch stehen mit den Worten: »The buck stops here.«

In Europa dient der Cowboy, Revolverheld oder Sheriff als Symbol des typischen Amerikaners. Realistischer aber wäre der Profi-Spieler.

Dieser gab schon immer ein eigenartiges Bild ab: Mit hocherhobenem Kopf und stolzgeschwellter Brust spaziert er beispielsweise über das Deck eines Dampfers, die Weste mit goldenen Stickereien übersät, dazu ein perfekt sitzender Anzug und Hut, eine Diamantnadel in seiner seidenen Krawatte, eine goldene Uhr und Ringe an den Fingern. So kleideten sie sich wirklich, die Profi-Spieler damals. Alles schrie: Edel! Heute würde man sagen: Bling bling!

Das ansprechende Äußere bedeutete alles. Das Outfit war es, das ihren Opfern Vertrauen einflößte. Es konnte gut sein, dass der Profi keine feste Bleibe hatte, keinen Cent in der Tasche, weder Pferd noch Frau noch Kind. Aber einen teuren Anzug besaß er, eine Uhr an einer Kette und immer eine dicke Zigarre.

Die amerikanische Tradition des Glücksspiels war eine Fortsetzung der englischen Tradition, nur dass in Amerika nicht der Adel spielte, sondern der Pöbel. Indem sich ein amerikanischer Spieler aber besonders edel kleidete, vermittelte er das Gefühl, bei ihm habe man es mit einem besonderen Menschen zu tun. Er strahlte Erfolg aus. Man glaubte gern, dass er irgendwelche tiefgründigen Geheimnisse des Lebens durchschaut hatte. Besonders das größte von allen: Wie man des Risikos Herr wurde. Wir erwarten im Übrigen das Gleiche von den großen Börsenspekulanten heute: Unsereins verdient ja nie was an der Börse, aber die Großen, die Reichen, die Gewitzten, die kennen Wahrheiten, die uns verschlossen bleiben. So war es auch mit den Profi-Kartenspielern. In Wahrheit jedoch gab es keine Profi-Spieler, sondern nur Profi-Betrüger.

Durch die Bank handelte es sich um Nepper und Bauernfänger: Diese Menschen konnten sicher besser mit Karten umgehen als gewöhnliche Sterbliche. Trotzdem bestand die einzige Möglichkeit, mit Kartenspielen Geld zu verdienen, darin, zu betrügen.

Nehmen wir nur den Ort Natchez Under-the-hill am Mississippi, auch »wahres Gomorrha«, »Zentrum des Lasters« und »Nest der Sünder« genannt. Er war ein wichtiger Umschlagplatz für Pelze und andere Güter sowie Anlaufstelle für alle Abenteurer, die aus dem Westen kamen und am Mississippi ein Schiff nach New Orleans besteigen wollten.

Die Stadt Natchez selbst, hoch auf einem Hügel gelegen, war reich, aber langweilig. Am Ufer spielte die Musik, dort, wo die Boote – Hunderte – anlegten. Natchez Under-the-hill war nichts als ein großes Bordell, eine überdimensionale Spielhalle, eine einzige riesige Kneipe. Wenn man tippen dürfte, wo auf der Welt der Beruf des Profispielers entstanden ist, dann tippe ich auf diesen Ort.

Der Journalist William C. Hall beschrieb einen kurzen, schmerzlichen Besuch in Natchez Under-the-hill um 1820 mit folgenden Worten:

Die Straße war voller »modisch gekleideter junger Männer, verlebter Frauen, Seemänner, Kentucky-Bootsmänner, Neger, Mulatten, Schweine, Hunde und schmutziger Kinder«. In einem Saloon wurde er von jungen Frauen zum Tanz aufgefordert; ein junger Schwarzer, kostümiert wie ein

Ottomane, spielte Musik. Die Rouletteräder drehten sich, Männer gruppierten sich um die Faro-Spieltische.

Hall beobachtete das Treiben erst wenige Minuten, als sich eine typische Szene vor seinen Augen abspielte: Der Eigentümer des Ladens versuchte gerade, einen Besoffenen zu überzeugen, doch lieber nach Hause zu gehen. Der Besoffene aber wollte lieber spielen – er habe noch 500 Dollar zu verwetten. Also bat der Betreiber den gut gekleideten, offenbar vertrauenswürdigen Journalisten um Hilfe: Er würde ein Spiel vorbereiten, bei dem der Besoffene (natürlich) verliere, aber der Journalist, sofern er mitmache, (natürlich) gewinne. Auf diese Weise könne man dem Besoffenen das Geld abnehmen und es dem Herrn Journalisten anvertrauen, der es dem Besoffenen am nächsten Morgen dann mit einem weisen Spruch auf den Lippen und einem Klaps auf die Schulter wiedergeben solle. Eine gute Tat.

Hall war skeptisch. Da trat ein einfach gekleideter Mann dazu, offenbar ein Farmer aus der Gegend, und meinte, er mache mit, wenn der Journalist auch mitmache.

Da beging Hall den entscheidenden Fehler. Während er noch über die Offerte nachdachte, schaute er in die eigene Brieftasche und zählte sein Geld: genau 500 Dollar. Und bevor er seine Brieftasche wieder zumachen konnte, lagen schon alle seine Scheine auf dem Tisch neben dem Geld des Farmers und dem des Besoffenen. Die Karten wurden gemischt und ausgeteilt, aber doch nicht ganz so, wie abgesprochen. Wenige Minuten nach Betreten der Kneipe jedenfalls war der Besoffene nicht mehr besoffen, der Farmer weg, der Eigentümer gar nicht mehr so freundlich, wie er anfangs schien, und William C. Hall sein Geld los. Beim Gehen bekam er verächtlich die Information hinterhergerufen, der Trick, auf den er gerade reingefallen sei, stamme von »meiner Großmutter«.

Die Erfindung des Dampfschiffes revolutionierte dann nicht nur das Transportgewerbe auf dem Mississippi und die amerikanische Wirtschaft ganz allgemein, sondern auch das Leben des Profi-Spielers. Auf den Schiffen vermehrten sie sich wie die Fliegen. Nach einer Schätzung befanden sich 1835 auf den 250 Dampfschiffen des Mississippi rund 2.000 Profi-Spieler.

Nachdem der Russe Alexander Borisovich Lakier Nordamerika bereist hatte, berichtete er 1859 in seinem Buch *The Travel Through North American States, Canada and Cuba* von einem Abend im Salon eines Dampfschiffes:

Das Spielen, das Wetten, das Austeilen der Karten, schrieb er, hörten nie auf. Kaum war das Frühstück abgeräumt, wurden die Karten herausgeholt. »Geld hatte kaum einen Wert. Die Tische bogen sich unter dem Gold.« Außer den Frauen nahm jeder teil, und wenn es nur darum ging zuzugucken. Auch Sklaven standen um die Tische herum und nahmen regen Anteil am Glück ihrer Herren – kein Wunder, konnte sich doch der Name ihres Herrn unvermittelt ändern. Profis gingen sogar unter Deck, wo sich die armen Passagiere aufhielten, und versuchten, diese auch noch auszunehmen. Als einer verlor, griff er den Gewinner an, und beide zogen Pistolen – den Umstehenden gelang es gerade noch, sie zu beruhigen, sonst hätte es, schrieb Lakier, mit Blutvergießen geendet.

Obwohl die Kleidung der Spieler und die Dekoration des Salons sich an Eleganz gegenseitig übertrafen, sah das Szenario am frühen Morgen weniger schön aus: Der Fußboden war übersät mit zerrissenen, zerknüllten Karten und Tabakasche; einige Spieler waren in ihren Sesseln eingenickt und schnarchten vor sich hin, ein furchtbar muffiger Gestank hing in der Luft.

Alle arbeiteten sie in Teams. Der edel gekleidete Spieler hatte fast immer mindestens einen Partner im Hintergrund, manchmal aber auch bis zu sechs: das naive Landei, den irischen Immigranten, den fahrenden Prediger, den Yankee-Kaufmann, den dummen Cowboy.

Dem berüchtigten Canada Bill Jones wird das geflügelte Wort zugeschrieben: »Es ist doch unmoralisch, einem

Dummkopf sein Geld nicht abzunehmen!« Er besaß eine seltene Gabe: ein Gesicht, dem einfach jeder vertraute.

Sein Partner George H. Devol beschrieb ihn folgendermaßen: »Stellen Sie sich einen mittelgroßen Typen mit blondem Haar und blauen Augen vor – und einen Hühnerkopf mit einem Mund, der von Ohr zu Ohr reichte, der einen schlurfenden, fast entschuldigenden Gang hatte, und wenn sein Gesicht sich entspannte, wie ein Idiot aussah. Seine Kleidung war immer zwei Nummern zu groß und sein Gesicht so glatt wie das einer Frau. Er hatte eine hohe, knabenhafte Stimme und unbeholfene Manieren und eine Art, mit einem gutmütigen Grinsen dumme Fragen zu stellen, dass jeder glaubte, er sei das größte Landei und dümmer als die Polizei erlaubt. Aber wehe dem Mann, der in seine Fänge geriet.«

Es gibt einen Spruch aus der Welt der Betrüger, den der Komiker W.C. Fields berühmt machte: »You can't cheat an honest man.« – »Einen ehrlichen Mann kann man nicht reinlegen.« Gemeint ist das Gegenteil: Das beste Opfer für eine Betrügerei ist derjenige, der gierig wird und glaubt, er könne seinerseits den Betrüger ausnehmen.

Canada Bill inspirierte die Menschen einfach dazu, ihn auszunehmen. Wenn er einem Opfer irgendein Märchen auftischte von wegen einer bombensicheren Sache und ein Kartenspiel anbot, bei dem man nicht verlieren könne, oder eine einträgliche Wette, die selbstverständlich schon gewonnen sei, zu der ihm aber noch der halbe Einsatz fehle – da sagte niemand nein. Dann führte er den armen Schlucker an den Tisch, wo Devol die Karten austeilte, und das war's.

Zusammen bildeten sie ein großartiges Team. Bis Canada Bill dahinterkam, dass Devol es nicht lassen konnte, selbst ihn zu betrügen. Danach gingen sie getrennte Wege. Devol machte vor niemandem halt. Er gab sich zum Beispiel als Plantagenbesitzer aus und hatte zum Beweis einen Sklaven dabei – vermutlich einen Assistenten. Einmal nahm er einem Plantagenbesitzer sein ganzes Bargeld ab sowie vier Sklaven, die er in New Orleans für 1.000 Dollar pro Kopf weiterverscherbelte. Er betrog einen Pastor um die Spenden seiner Schäfchen. Er nahm einem Zirkusbesitzer, der eine Ladung Tiere den Mississippi entlang transportierte, sämtliche Alligatoren weg.

Devol, der seine Profikarriere schon mit 14 Jahren begann, behauptete, dass er über 2 Millionen Dollar in seinem Leben erspielt habe; Canada Bill soll es im Jahr auf durchschnittlich 150.000 Dollar gebracht haben. Alles, was sie gewannen, verloren sie umgehend wieder, meist an andere Betrüger, und sie starben am Ende völlig verarmt. Als Devol seinen Kumpel einmal warnte, dass bei einem bestimmten Faro-Spiel falsch gespielt werde, soll Canada Bill erwidert haben: »Ich weiß, dass es Betrug ist, aber es gibt in der ganzen Stadt kein anderes Spiel!« (»It's the only game in town.«)

Immerhin war Canada Bill unter Spielern beliebt genug, dass sie ihm am Ende die Beerdigung spendierten.

Laut Legende soll ein Kumpel am Grab den anderen eine Wette angeboten haben: »1.000 Dollar, dass Bill nicht im Sarg liegt!«

Keiner nahm die Wette an, denn, so meinte einer: »Bill hat sich schon aus engeren Löchern herausgewunden.«

Robert B. Reich, Ökonom und ehemaliger Arbeitsminister unter Bill Clinton, erklärte unsere Mentalität einmal so: »Die amerikanische Kultur ist wie keine andere anfällig für die ›Zu-gut-um-es-zu-verpassen‹-Falle. ›Chance‹ ist unser Lieblingswort. Was anderen Leuten anderswo auf der Welt als leichtsinnig und verantwortungslos erscheint, halten wir für ein angemessenes Risiko.«

Damit hat er den Nagel auf den Kopf getroffen.

5

Wir sind ein Freiluftcasino auf
10 Millionen Quadratkilometern

Wer auf die bescheuerte Idee kam, die Formulierung »Leben, Freiheit und das Streben nach Glück« 1776 in die amerikanische Unabhängigkeitserklärung zu schreiben, sollte standrechtlich erschossen werden.

Wahrscheinlich war es Thomas Jefferson.

Wenn man den USA Heuchelei vorwerfen kann, so muss man bei diesem Typen, einem der genialsten der 1776er-Revoluzzer und später Amerikas dritter Präsident, anfangen.

Jefferson war Tabakfarmer und einer der reichsten Männer der damaligen britischen Kolonie Virginia. Es war aber nicht nur Land, das ihn reich machte, es waren vor allem die billigen Arbeitskräfte, handelte sich bei ihm doch um einen der größten Sklavenhalter seiner Zeit mit teilweise bis zu 700 Sklaven. Seine Einstellung war mehr oder weniger auch typisch für einen solchen: Er hielt alle Menschen für grundsätzlich gleichwertig – falls es sich bei ihnen um weiße Männer handelte. Dennoch unterhielt er jahrelang eine Liebschaft mit seiner Haussklavin Sally Hemings und zeugte sechs Kinder mit ihr, natürlich ohne es jemals zuzugeben.

Jefferson hielt das aristokratische System Europas, bei dem eine Minderheit in Saus und Braus lebte und über die Mehrheit verfügte wie … na ja, wie über Sklaven, für korrupt und verlogen. Er selbst jedoch lebte in Virginia ebenfalls in Saus und Braus, zeitweise auch in Frankreich, war bekannt als Gourmet, großer Freund französischer Weine und der Partylöwe unter den Reichen und Schönen.

Nun braucht jede Revolution jemanden, der sich gut ausdrücken kann, und der belesene Jefferson konnte das zweifelsohne. Also wurde er mit der Aufgabe betraut, die Unabhängigkeitserklärung zu schreiben.

Die hätte eigentlich ein ganz einfaches Dokument werden sollen. Die amerikanischen Kolonisten, die ja britische Staatsbürger waren, hatten sich gerade mit Ach und Krach dazu durchgerungen, sich von der Heimat zu trennen, und wollten dies der englischen Krone bloß mitteilen. Ein treffender Satz hätte schon gereicht. Was jedoch am Ende herauskam, als Jefferson endlich den Schlusspunkt setzte, war ein viel zu langes Dokument, in dem die ganzen Ideale einer freien, selbstbestimmten Menschheit formuliert wurden. Drei Tage lang wurde der Text im Kongress hitzig diskutiert und umgeändert und am Ende um ein Viertel gekürzt, vor allem um die von Jefferson selbst verfassten Absätze, die den Sklavenhandel verdammten.

Nur die völlig an den Haaren herbeigezogene Behauptung, dass »Leben, Freiheit und das Streben nach Glück« von Gott gegebene Rechte aller Menschen seien, blieb drin.

Seit einiger Zeit war es in Europa in Mode gekommen, über die Idee »Glück« zu sinnieren. Der englische Philosoph John Locke hatte es getan, auch der deutsche Gottfried Wilhelm Leibniz. Glück schien den europäischen Intellektuellen zum ersten Mal etwas Erstrebenswertes zu sein. Aber keiner von ihnen hatte bis dahin zu behaupten gewagt, dass die Suche nach Glück ein »unveräußerliches Recht« des Menschen sei. Auch seit Jeffersons Tagen hat kaum ein Staat es mehr riskiert, dies in seine Verfassung aufzunehmen. Selbst in der Allgemeinen Erklärung der Menschenrechte der UNO von 1948 steht nur, dass jeder Mensch das Recht auf »Leben, Freiheit und persönliche Sicherheit« habe.

Man sollte sich darüber im Klaren sein, was der Satz nicht sagt.

Er sagt nicht, dass Glück ein Menschenrecht sei, sondern nur, dass jeder das Recht habe, sein Glück zu suchen. Jeffersons Satz steht zwar nicht in der Verfassung, sondern nur in der Unabhängigkeitserklärung, dennoch wurde er zum eigentlichen Grundsatz Amerikas und bestimmt klar und deutlich die Aufgabe unseres Staates: nicht das Volk glücklich zu machen, sondern den Bürgern bei ihrer Suche nach Glück ganz einfach nicht im Wege zu stehen.

Dieser Satz macht ganz Amerika zu einer Art riesigem Freiluftcasino. Jeder kommt in anderer Kleidung, mit einer anderen Vorgeschichte und mit verschieden großen Geldsummen in der Tasche zur Tür herein, aber alle haben den gleichen Traum: am Spieltisch ihr Glück zu finden.

Das erklärt ziemlich genau die amerikanische Mentalität.

Wir wollen gewinnen. Wir wollen den Jackpot. Wir wollen am Tisch stehen und die Chips einkassieren. Deswegen haben wir Geschäftsideen am laufenden Band, deswegen probieren wir alles aus, was uns in den Sinn kommt, ohne lange nachzudenken. Deswegen lieben wir unsere Spinner – sie sind ein Zeichen, dass Amerika noch immer ein Casino ist, wo jeder wetten kann, auf was er mag.

Deswegen sind wir keine Freunde eines sozialen Sicherheitsnetzes: Wer ins Casino geht, braucht doch so was nicht. Er glaubt, er werde schon gewinnen. Das ist auch der Grund, warum sich so viele Amerikaner in ihrer Jugend Krankenversicherung und Altersvorsorge sparen. Sie sind überzeugt, mit ihren Ideen, ihrer Schaffenskraft und dazu mit ein bisschen Glück im Alter sowieso reich zu sein. Wenn sie dann alt und arm und zahnlos sind, tut ihnen das manchmal leid, aber bis dahin hatten sie immerhin eine tolle Zeit, Prost!

Deswegen haben wir es auch nicht so mit Recht und Ordnung: Zu viele und zu eng formulierte Gesetze empfinden wir als hinderlich. Das stört unseren Spieltrieb. Sicher, wir haben Gesetze, aber wir haben auch viele Schlupflöcher. Wir mögen natürlich keine Kriminellen – aber wir verherrlichen sie dennoch ganz gern mal, in Filmen wie *Der*

Pate und anderen. Der Brite Adam Smith hatte Schmuggler gar als die heimlichen Helden der Wirtschaft gepriesen, weil sie den staatlichen Protektionismus durchbrechen, und wir stimmen darin mit ihm überein. Wir verstehen Menschen, die die Regeln des Staates umgehen. Sie sind eben auch nur auf der Suche nach Glück.

Manch außenstehender Beobachter schaut hingegen eher auf einen anderen Satz in unserer Unabhängigkeitserklärung – dass alle Menschen gleich seien. Er fragt sich mit Recht: Wenn manche Menschen so viel reicher sind als andere und viele wiederum so arm wie nur in der Dritten Welt, was hat das noch mit Gleichheit zu tun?

Doch so war der Satz nicht gemeint. Er wurde ja auch von einem Sklavenhalter geschrieben. Mit »Gleichheit« meinte Jefferson »Chancengleichheit« – dass es auch einem arm geborenen Menschen erlaubt sein müsse, seine ureigene glorreiche Idee, reich zu werden, auszuprobieren, ohne dass sein adliger Herr oder irgendwer mit etwas mehr Grips in der Birne ihm das verbieten kann. Überhaupt, es darf vom Staat aus so wenig verboten werden wie nur möglich. Ein möglichst unbegrenztes Spiel- und Experimentierfeld für jeden soll er garantieren. Nicht soziale Gerechtigkeit, nicht Sicherheit, auch nicht Menschenwürde sind das Ziel unseres Staates, sondern allein das »open playing field«. Er hat lediglich sicherzustellen, dass auch jeder einen Platz am Roulette-Tisch bekommt.

Wenn ich meinen deutschen Freunden das erkläre, sind sie ob unseres barbarischen Systems schockiert: »Was glaubst du, wie viele Leute den American Dream wirklich erleben?«, empören sie sich.

Sie haben natürlich recht: Viele finden das Glück nie. Sie gehen arm nach Hause. Das ist so in einem Casino. Wenn es anders wäre, wäre es kein Casino. Und wir hätten das Gefühl, das Spiel sei nicht echt.

Vater Staat bleibt uns deswegen immer ein wenig suspekt. Wenn er anfängt, die Casino-Regeln zum Vorteil einiger zu verändern, dauert es nicht lange, bis deren Vorteile uns zum Nachteil gereichen. Wir glauben, der Staat wolle uns, wenn wir nicht aufpassen, am Ende heimlich noch das Spiel verderben.

Diese Idee, dass der Staat den Einzelnen in seinem Tun eher behindert als unterstützt, ist in den USA tiefer verwurzelt, als sich die meisten Menschen in anderen Ländern vorstellen können. Wer die rätselhaften, oft selbstzerstörerisch wirkenden Aktionen der Amerikaner begreifen will, muss dieses Grundprinzip verstehen: Dass unser Staat nur dazu da ist, uns Handlungsfreiheit zu ermöglichen, und nicht dazu, um für irgendwen Partei zu ergreifen. Jedes Einmischen des Staates in die Handlungsfreiheit des Einzelnen wird von einem Amerikaner als latent bedrohliche, ja unlautere Einflussnahme verstanden, die den natürlichen Lauf der Dinge stört.

Wie von meiner Familie befürchtet, haben meine deutschen Freunde schallend gelacht, als sie von den anfangs erwähnten Pfarrern im Bundesstaat Georgia hörten, die 2010 gegen ein neues Gesetz protestierten, nach dem man keine Waffen mehr in die Kirche mitnehmen darf. Die Geistlichen haben vor dem Senat verlangt, das Gesetz für nichtig zu erklären. Es war schwer für meine Freunde und für mich zu entscheiden: Waren die Pfarrer von Georgia verrückt oder bloß Idioten?

Weder noch. Sie werden staunen: Sie waren politisch engagiert. Sie sorgten sich nicht um das Wohl ihrer Gemeinde, sondern um die grundsätzliche Ausrichtung des Staates.

In Georgia und auch in anderen Bundesstaaten war wieder einmal ein halbherziger Versuch unternommen worden, des Missbrauchs von Feuerwaffen Herr zu werden. Mit großem Tamtam wurde also ein Gesetz verabschiedet, das besagte: In öffentlichen Gebäuden und in Kneipen sind Waffen nicht erlaubt. Die armen Kneipen! Wer weiß, wie viele Eckkneipen in Georgia das Rauchverbot überlebt haben, aber nach dem Waffenverbot dichtmachen mussten?

Aber nicht nur Kneipen waren von diesem Waffennarren diskriminierenden Gesetz betroffen, sondern eben auch Kirchen. Ob der Gesetzesgeber Kirchen und Kneipen in einen Topf warf, weil an beiden Orten Alkohol ausgeschenkt wird oder weil an beiden Orten Dinge zur Sprache kommen, die man am nächsten Tag gerne verdrängt, ist unklar. Wahrscheinlich waren aber die Pfarrer noch empörter als die Wirte, und sie pochten auf die amerikanische Verfassung. Darin ist nämlich ganz klar die Trennung von Staat und Kirche vorgeschrieben. Mit ihrem neuen Gesetz hatten die Vertreter des Staates sich in religiöse Belange eingemischt, die sie nichts angingen. Da standen einige mutige Pfarrer auf und sagten: »Jetzt reicht's! Lieber lasse ich mich von meinen Schäfchen abknallen als vom Staat bevormunden.«

Das Casino-Prinzip war es übrigens auch, das Sarah Palin publikumswirksam verteidigte, als sie in Pennsylvania Kekse verteilte.

Das geschah, kurz nachdem im Senat ein Gesetz vorgeschlagen wurde, das gesünderes Essen in öffentlichen Schulen mit 4,5 Milliarden Dollar subventionieren sollte. Da erschien ein Artikel in einer Zeitung in Pennsylvania, dass die Schulleitungen darüber hinaus auch die Menge an Süßigkeiten bei Schulfesten – an Weihnachten zum Beispiel – aus gesundheitlichen Gründen zu begrenzen gedachten.

Weihnachten ohne Plätzchen? Das ging zu weit. Sarah Palin erschien umgehend vor einer Schule in Pennsylvania und verteilte vorbeugend Hunderte von Keksen an die armen hungrigen Kinder. Vor den Eltern protestierte sie gegen den Anti-Zucker-Terror: »Ist das Essen unserer Kinder Sache der Regierung oder Sache der Eltern?«

Es war natürlich nur Show – politisch hat Sarah Palins Auftritt nichts bewirkt, und sie hatte die verschiedenen Gesetzesinitiativen sowieso falsch verstanden. Wen wundert's. Dennoch war ihr Auftritt publikumswirksam. Sie traf einen Nerv. Man sollte den Idealismus der Amerikaner nicht unterschätzen. In diesem Land geht es fast nie um das eigentliche Gesetz – das meist ganz vernünftig ist –, sondern um die Verteidigung des grundlegenden Casino-Prinzips. Unsere Nackenhaare sträuben sich automatisch bei dem Gedanken, dass der Staat zu dem werden könnte, was Palin »a nanny state run amok« nannte – »einen durchgedrehten Kindermädchenstaat«.

Die Schüler übrigens ließ das alles ziemlich kalt. Sie fanden es bloß schade, dass der Staat nicht versucht hatte, das Telefonieren mit Handys auf dem Klo zu verbieten – dann hätte Sarah Palin ihnen bestimmt eine Ladung Handys durch die Klofenster geschmissen …

Ich selber habe schon als Kind von heute auf morgen mit dem Casino-Prinzip Bekanntschaft gemacht.

Das Erste, was mein Vater von seinen Freunden und Verwandten zu hören bekam, als er 1966 verkündete, er werde mit sechs Kindern und ohne Job nach Hawaii ziehen, war: »Du spinnst!«

Objektiv gesehen war da was dran. Er war pleite. Er hatte gerade sein Geschäft verloren. In Bellingham, Washington, wo er und meine Mutter (und wir Kinder) geboren wurden, betrieb er mit einem Partner eine Linsenschleiferei. Er importierte Qualitätslinsen aller Art aus Deutschland, schliff sie nach Wunsch zurecht und verschickte sie weiter, überallhin. Das war seine tolle Geschäftsidee, das sollte ihn reich machen. Nur, Bellingham, Washington, liegt in der entferntesten Nordwestecke der USA, direkt an der kanadischen Grenze, ein bisschen weit weg vom Schuss. Das Geschäft lief dementsprechend schleppend, und eines schönen Tages war sein Partner mit sämtlichen Rücklagen verschwunden.

Die Verwandtschaft hatte Geld in das Unternehmen gesteckt. Nun machten sich einige von ihnen Sorgen, mein Vater würde die übrig gebliebenen Geräte verkaufen und ebenfalls verschwinden. Also wechselten sie die Schlösser des Ladens aus, damit er gar nicht erst auf die Idee kam.

Nun, Bellingham ist kein Paradies. Es ist zwar bergig und

grün und voller Natur, es ist aber auch eine Kleinstadt, bevölkert von sturen skandinavischen Immigranten, die sehr gut darin sind, Bäume zu fällen, Zement zu mischen und Sardinen in Dosen zu stopfen – und ansonsten unter sich zu bleiben. Es ist grau dort, stürmisch, regnerisch und kalt. Und es stinkt nach Sardinen, Tag und Nacht. Als reicher Linsen-Unternehmer ließe es sich bestimmt gut aushalten in Bellingham, Washington, nicht aber als Pleitier.

Bis dahin hatte mein Vater sein Bestes getan, nach den »Bellingham Rules« zu leben, wie meine große Schwester das beengte Leben in dem Kleinstädtchen später nannte: bescheiden, verantwortungsbewusst, höflich, nur nicht auffallen. Im Moment der traurigen Wahrheit schaute er sich seine Lage etwas genauer an und sagte sich: »Pleite bin ich so oder so, da habe ich wohl keine Wahl. Ich kann aber hier in Bellingham pleite sein, oder ich kann irgendwo pleite sein, wo es Spaß macht.«

So verkaufte er alles, was er hatte. Er kratzte seine letzten Dollars zusammen und setzte Frau, Kinder und sich selbst ins Flugzeug nach Hawaii. Dort angekommen, schlug er das Telefonbuch auf und suchte nach Arbeit.

Mein Vater ist nie reich geworden. Er arbeitete in Hawaii als Ingenieur, ging jeden Sonntag in die Kirche und erzog sechs Kinder. Nebenbei versuchte er sich ohne Erfolg in der lokalen Politik und machte zusätzlich zu seinem Acht-Stunden-Job einen Laden auf, der mehr schlecht als recht lief. Sein Leben war alles in allem eher mäßig erfolgreich, auf jeden Fall nicht das große Ding. Wohl so ähnlich wie das Leben derjenigen, die in Bellingham geblieben sind und sich keine »Hawaii Rules« geleistet haben. Man kann letztlich nicht sagen, dass – abgesehen vom Wetter – die eine Art zu leben eindeutig »besser« ist als die andere.

Nicht nur meinem Vater erging es so. Auch Henry David Thoreau bekam in seiner Einsiedelei in Waldens Wald am Ende keine Belohnung. Er gewann keine große Erkenntnis, fand durch sein kleines Experiment keine schlagenden Beweise für irgendwas, wurde weder zum Dauerwaldschrat noch zum weisen Einsiedler. Dafür entdeckte er etwas, das er nicht erwartet hatte.

In seinem berühmten Buch schreibt er: »Eines habe ich schließlich doch aus meinem Experiment gelernt: dass man, falls man vertrauensvoll der Richtung seiner Träume folgt und es in Angriff nimmt, tatsächlich das Leben zu leben, das man sich vorgestellt hat, eine Art Erfolg erleben wird, den man sich in gewöhnlichen Zeiten nicht vorzustellen vermag.«

Diese eine Übertretung der »Bellingham Rules« änderte auch für meinen Vater alles. Er wurde nicht im Sinne des amerikanischen Traums mit Reichtum belohnt, aber dafür bekam er ein anderes Leben. Das ist der eigentliche Gewinn, auf den wir Amerikaner hoffen, wenn wir das Casino betreten. Egal, was dort passiert, wir sind andere, wenn wir wieder herauskommen.

So kam es, dass ich unter Palmen aufgewachsen bin.

6

Wir lieben Geld

Es gibt einen ganz einfachen Grund, warum kein Mensch da draußen versteht, warum wir Amerikaner so ticken, wie wir ticken: Wir lügen.

Wir erzählen die Geschichte von der Gründung unseres Landes gern als hehre Saga von religiöser Verfolgung, Flucht in die Freiheit und Errichtung eines Staates, in dem alle Menschen gleich sind. Kommt die Rede auf den Bürgerkrieg, sprechen wir von der Befreiung der Sklaven, und beim Thema Zweiter Weltkrieg heißt es, es sei um die Bekämpfung der Tyrannei und die Verbreitung der Demokratie gegangen.

Was wir nicht sagen, ist: Mit »Freiheit« meinen wir »Geld«.

Geschätzte 413 Milliardäre leben heute in Amerika und so viele Millionäre, dass die Schätzungen hier weit auseinandergehen: Es sind wohl mindestens 10 Millionen. Das gab es noch nie in der Weltgeschichte.

In seinem Buch *Richistan* teilt Robert Frank die Superreichen in drei Kategorien ein:

In der untersten Kategorie gibt man jährlich 5.300 Dollar für Wellness aus. In der mittleren steigen die Ausgaben für Wellness auf 42.000 an. Diese Megareichen können aber nur mit Neid auf die Gigareichen blicken, die sich ihr Wohlbefinden 169.000 Dollar im Jahr kosten lassen. Was genau der Unterschied zwischen einem 5.300-Dollar-Masseur und einem für 169.000 Dollar ist, weiß ich auch nicht. Aber ich würde es gern mal erfahren. Vielleicht findet die Massage ja auf dem Glasboden eines Zeppelins statt, der gerade über einen ausbrechenden Vulkan fliegt, begleitet von live eingespielter Beruhigungsmusik.

Man wirft den Superreichen gern vor, sie nähmen nur, gäben aber nichts zurück. Das stimmt nicht ganz. Auch nicht mit Blick auf die Wirtschaft. Immer mehr Firmen sind in den letzten Jahrzehnten aus dem Boden geschossen, die nur dank der neuen, wachsenden Klientel der Superreichen möglich sind.

Zum Beispiel Mojave Aerospace Ventures, ein Konsortium, das mit anderen Firmen zusammen daran arbeitet, Raumflüge für Privatpersonen anzubieten. Der erste erfolgreiche Testflug wurde 2004 mit dem 25 Millionen Dollar teuren SpaceShipOne absolviert.

Ganz normale Jets mögen dagegen poplig wirken, sind aber immer noch der Renner. 2005 verkauften Jet-Hersteller wie Gulfstream, Bombardier und Dessault 750 Flugzeuge, zweimal so viel wie 1995, und die Wartezeit für einen eigenen Gulfstream dauert heute geschlagene zwei Jahre. Das führt wiederum zu einem regen Schwarzmarkthandel um die Platzierung auf der Warteliste – ein guter Platz kann bis zu einer Million Dollar kosten. Ich gehe jede Wette ein, dass es irgendwo in Amerika eine Handvoll Millionäre gibt, die ihre Millionen allein dadurch verdienen, dass sie Plätze auf solchen Wartelisten kaufen und sie dann gewinnbringend an eiligere Interessenten weiterverscherbeln.

International Jet Interiors wiederum ist in der Lage, die Innendeko eines Jets nach den ausgefallensten Wünschen seiner Kunden zu gestalten. Für den Eigentümer einer Challenger 604 installierte man eine Toilettenbrille aus Alligatorenleder. Dass diese unheimlich gut zu den goldenen Türknöpfen passte, brauche ich wohl nicht zu erwähnen.

Ein Analytiker der Citigroup, Ajay Kapur mit Namen, hat ausgerechnet, dass etwa 70 Prozent des gesamten Umsatzes für Konsumgüter in Amerika allein von den reichsten 20

Prozent der Amerikaner generiert werden. Finanzkommentator Dan Gross schätzte, dass das vermögendste Prozent der Berufstätigen in New York City etwa 153.000 Jobs im Dienstleistungssektor finanziert. »Ein Hedgefonds-Manager, der jährlich eine Million für Dienstleistungen ausgibt – für seinen Fahrer und die Bediensteten, seine Broker, Restaurants und Therapie –, sichert vermutlich ganz allein bis zu 25 Familieneinkommen«, schrieb er.

Das ist ein großer Markt. Unter die Rubrik »Nur-für-Reiche« fallen auch solche neuen Trends wie Butler-Schulen, wo masochistisch veranlagte Personen lernen, sich von Reichen herumkommandieren zu lassen, ohne dabei die Champagnerflasche explodieren zu lassen, eine Cohiba-Línea-1492-Siglo-III-Zigarre mit einer Macanudo-Crü-Royale-Zigarre zu verwechseln oder gar mit einem Küchenmesser auf den Arbeitgeber loszugehen. Sollten Sie also je eine gute Idee für ein Produkt oder eine Dienstleistung haben, die nur Reiche sich leisten können – zum Beispiel eine noch teurere Massage –, ist jetzt die Zeit zu handeln: Gehen Sie nach Amerika und werden Sie wohlhabend.

Dafür müssen Sie noch nicht mal Englisch sprechen:

Der ungelernte Mexikaner Félix Sánchez de la Vega Guzmán zum Beispiel kam 1970 nach Amerika und arbeitete in Restaurants als Küchenhilfe. Er sparte. Eines Tages bemerkte er, dass die mexikanische Gemeinde in New York immer stärker wuchs. Und er kannte ein Geheimnis der Community: Hamburger, würzige Chicken Wings, Sushi oder gute deutsche Würste waren nicht so ihr Ding. Es sei denn … sie wurden in eine leckere Tortilla eingerollt. Da nahm er seine Ersparnisse von 12.000 Dollar und kaufte sich eine Tortilla-Maschine. Tagsüber arbeitete er weiter als Aushilfe, abends verkaufte er fortan seine Tortillas von Tür zu Tür an die mexikanischen Einwanderer. Bald besaß er Tortilla-Fabriken in mehreren Städten von New York bis Los Angeles. Heute macht seine Firma einen jährlichen Umsatz von 19 Millionen Dollar.

Zhang Yulong kam 1994 aus China, sah sich in den USA kurz um und ging sofort wieder zurück, um sich Geld zu borgen und eine Firma zu gründen, die Handy-Etuis aus Leder herstellte. Diese verschiffte er dann nach Amerika, Kanada und Lateinamerika. Heute lebt er in einer Villa in Queens, fährt ein teures Auto, hat Lagerhäuser in mehreren Städten der USA und macht mit Handy-Zubehör 30 Millionen Dollar Umsatz im Jahr.

Sánchez und Zhang stehen damit nicht allein. Heute leben rund 35.500 Menschen in Amerika, die über 200.000 Dollar im Jahr verdienen und kein oder nur sehr wenig Englisch sprechen.

Wie man sieht, handelt es sich bei Amerikas neuen Reichen nicht nur um Leute wie Bill Gates, Super-Investor Warren Buffett, Oracle-Mitbegründer Lawrence Ellison oder die Erbin der Walmart-Supermarktkette Christy Walton – die vier reichsten Amerikaner. Es sind auch nicht bloß Superstars wie Brad Pitt und Lady Gaga, die geschätzte 150 Millionen bzw. 110 Millionen Dollar wert sind, oder Politiker wie George W. Bush (über 26 Millionen Dollar), Mitt Romney (bis 250 Millionen) und Barack Obama (ach, nur 1,3 Millionen schwer) oder Promi-Chirurgen, Star-Anwälte, Banker, Spekulanten und Boni-Manager.

Ed Bazinet zum Beispiel wuchs in einer Arbeiterfamilie auf und schaffte nicht mal das zweite Jahr an der Uni. Er landete in einem dieser ausweglosen Jobs, in denen so viele Menschen wie er stranden: als Aushilfe in einem Blumen- und Geschenke-Laden.

1971 lernte er jedoch einen älteren Töpfer kennen, der selbst gebastelte Keramik aus seinem Van heraus verkaufte. Darunter war auch eine Keksdose in Form eines knuffigen Häuschens im viktorianischen Stil, mit Giebeln und Sprossenfenstern und Schornsteinen, das Dach mit einer speziellen Glasur schneebedeckt und alles handgemalt.

Ed verliebte sich sofort in das kitschige Unding. Und er hatte eine Idee. Er fragte den Töpfer, ob er nicht die Fenster rausschneiden und eine elektrische Birne einsetzen könne, damit sie leuchteten.

»Dann wäre es aber keine Keksdose mehr«, meinte der, ob seines künstlerischen Selbstverständnisses leicht pikiert. Ed bestand jedoch darauf und konnte zum nächsten Weihnachtsfest sechs Stück ins Schaufenster des Ladens stellen, in dem er immer noch seine Brötchen verdiente. Die Frage war bloß, welchen Preis man verlangen sollte. Immerhin handelte es sich um billige kleine Dinger, die kein Mensch brauchte. Das erforderte schon eine besondere Vermarktungsstrategie. Also klebte er völlig an den Haaren herbeigezogene Fantasiepreise zwischen 150 und 200 Dollar drauf – und schon waren sie begehrte Sammlerobjekte.

Sie gingen weg wie warme Semmeln.

Die nächsten Jahre verbrachte Bazinet damit, Billiglohnarbeitern in einer Fabrik in Taiwan beizubringen, wie man die leuchtenden Häuschen herstellte: Die Türchen, die Dachziegel, die Fensterbretter, alles musste perfekt sein. Der Verkauf – besonders zu Weihnachten – lief bald wie geschmiert, sodass er seine zweite gute Idee bekam: Warum Einzelhäuser anbieten, wenn man ganze Dörfer verkaufen kann? Er entwarf Szenerien: Feuerwachen, Post, Bahnhöfe, Läden, Restaurants, Friseurläden, Kirchen, alles mit einer kuscheligen, nostalgischen Weihnachtsatmosphäre versehen. Wer eines hatte, wollte das ganze Dorf.

Heute gehören Bazinets »Ceramic Villages« neben Steiff-Teddybären und Hummel-Figuren aus Deutschland zu den meistgesammelten Kitsch-Objekten Amerikas. Mit 53 Jahren verkaufte Bazinet seinen 20 Prozent-Anteil an der Firma, die er zusammen mit seinem Arbeitgeber gegründet hatte, für 50 Millionen Dollar und ging in Rente.

Doch der extreme Reichtum, dem man in Amerika heute begegnet, ist noch jung.

Gleich nach dem Zweiten Weltkrieg wurde zwar auch schon eine Menge Vermögen produziert, aber es war relativ gleichmäßig auf die verschiedenen sozialen Klassen verteilt.

Das änderte sich erst ab den 1980ern. Die Regierungen Reagan, Clinton und George W. Bush förderten massive Steuervergünstigungen und die Deregulierung der Finanzmärkte. Die Schere öffnete sich: Die Reichen wurden immer reicher, und die anderen Schichten profitierten nicht davon.

Inzwischen gibt es so viele Exklusiv-Clubs für Millionäre, dass sie immer häufiger miteinander in Konflikt geraten. Zu einem regelrechten Skandal kam es zwischen den benachbarten Clubs »Bath and Tennis Club« und dem »Mar-a-Lago« in Palm Beach, als einigen Reichenkindern aus Ersterem aufgefallen war, dass der Rapper P. Diddy (oder wie auch immer er sich aktuell nennen mag) auf einer Chaiselongue am Mar-a-Lago-Strand irgendwelche Spiele mit einer nackten Dame vollzog, die verdächtig nach Geschlechtsverkehr aussahen. Als man ihn bat aufzuhören, beschwerte er sich in klarer Rap-Sprache, dass man ihn störe. Seitdem herrscht frostige Disharmonie zwischen den benachbarten Clubs.

Reich zu werden ist inzwischen viel schneller möglich als früher. Traditionell musste ein Vermögen ein Leben lang mit viel Umsicht angehäuft werden, meist über Generationen hinweg. Heute, vor allem mit den Möglichkeiten an der Börse und mit Hilfe windiger Finanzinstrumente, wird Reichtum so gut wie über Nacht gewonnen. Wer zur rechten Zeit kommt, kann in bestimmten Branchen eine Firma innerhalb weniger Jahre aufbauen, an die Börse bringen, Investorengelder in Millionenhöhe einsammeln und für weitere Millionen wieder verkaufen, noch bevor die Firma überhaupt rentabel ist. Und dann folgt der nächste Streich.

Oder man kann auch alles verlieren und auf der Straße landen. Sie werden staunen, wie viele Millionäre das schon durchgemacht haben. Das mag als Schattenseite unserer »Freiheit« erscheinen – in Amerika aber genießt Armut einen etwas anderen Stellenwert als in Europa.

Wir sind unsozial

Dreieinhalb Millionen Amerikaner schlafen auf der Straße. Das ist mehr als die Gesamtbevölkerung von Uruguay. Eine erschreckende Zahl, die immer wieder gern zitiert wird, aber der Verweis darauf ist auch ein kleiner Trick, den Zeitungen anwenden, um bei Lesern das Adrenalin in die Höhe zu jagen. Es handelt sich dabei um die Gesamtzahl von Menschen, die in einem Zeitraum von einem Jahr jeweils mindestens eine Nacht auf der Straße verbracht haben. In jeder x-beliebigen Nacht des Jahres 2010 hingegen schliefen in den USA laut »Department of Housing and Urban Development« insgesamt 649.917 Personen unter freiem Himmel, weil sich ihnen keine andere Möglichkeit bot. In der nächsten Nacht – oder in der übernächsten – waren es schon wieder andere Personen.

Die Gruppe der »chronisch Obdachlosen«, die jeweils mehr als zwei Monate obdachlos bleiben, umfasst rund 100.000 Menschen – für ein Land mit einer Gesamtbevölkerung von über 300 Millionen eher wenig. Obdachlosigkeit ist nicht unser eigentliches Problem.

Im Jahr 2011 lebten jedoch 15 Prozent aller Amerikaner unterhalb der Armutsgrenze – also mindestens 45 Millionen Menschen. Das ist tatsächlich viel.

Ja, das ist beschämend – und wird kontrovers diskutiert. Seitdem man weiß, dass so viele Amerikaner arm sind, wird zwischen rechts und links heftig darüber gestritten, ob diese Zahlen realistisch sind. Die Linken glauben, die Zahl der Armen sei in Wahrheit noch höher, die Rechten behaupten, sie sei bestimmt viel niedriger.

Die Armutsgrenze liegt im Moment bei einem Jahreseinkommen von 22.350 Dollar für ein Elternpaar mit zwei Kindern. Unter Umständen, argumentieren die Rechten, ist das gar nicht so wenig. Zum Beispiel, wenn das Haus abbezahlt ist und man keine Miete zahlt. Oder wenn man dazu staatliche Zuschüsse erhält, zum Beispiel Essensmarken, die das Gesamteinkommen eigentlich über die Armutsgrenze heben, aber in der Statistik nicht mit eingerechnet werden. Überhaupt: Was ist mit den ganzen Bankern, die ihre Jobs bei Lehmann Brothers verloren und zwar Millionen auf der Bank haben, aber kein Einkommen – offiziell werden auch sie zu den Armen gezählt und dürfen sogar Essensmarken beziehen (allerdings nicht mehr lange, 2011 wurde doch tatsächlich endlich ein Gesetzesvorschlag eingebracht, nach dem niemand mehr Essensmarken beziehen darf, der ein Vermögen von einer Million Dollar oder mehr besitzt). Andererseits, sagen die Linken, wer in einer Stadt wie New York lebt und ein Jahreseinkommen von nur 22.350 Dollar hat, kann damit kaum die Miete zahlen.

Diese Kontroverse führte schließlich dazu, dass das Amt für Statistik (das »Census Bureau«) 2011 die Anzahl der Armen mit Hilfe anderer – besserer – Parameter neu berechnete. So kam es, dass nun nicht mehr 15, sondern sogar 16 Prozent aller Amerikaner unterhalb der Armutsgrenze leben. Die Rechten haben sich übrigens noch nicht dazu geäußert …

Unter den Armen gibt es eine Subkategorie, die uns besonderes Kopfzerbrechen bereitet: die Geringverdiener. Wir nennen sie »working poor« – arbeitende Arme. Für uns birgt der Begriff einen schrecklichen Widerspruch. Wir bringen es leicht fertig, die Armen, die von staatlichen Zuwendungen leben, als Taugenichtse zu beschimpfen. Zu arbeiten und trotzdem unterhalb der Armutsgrenze zu leben – das widerspricht jedoch dem amerikanischen Traum.

Die »working poor« schuften in Fabriken, Fastfood-Ketten und im Restaurant an der Ecke, sie putzen privat oder für Agenturen, sie füllen Regale in großen Supermarktketten wie Walmart – der größten der Welt – und tanken Autos auf. Und sind arm.

Viele haben gleich zwei Jobs, denn sie arbeiten für den Mindestlohn. Den gibt es seit 1938, und 2011 lag er bei 7,25 Dollar pro Stunde. Wer also 40 Stunden die Woche für den Mindestlohn arbeitet, kommt gerade mal auf 1.160 Dollar brutto im Monat. Die Armutsgrenze für den Einzelnen liegt aber bei 1.800.

Also arbeiten sie in zwei Jobs gleichzeitig. Und wenn sie krank sind, kommen sie trotzdem zur Arbeit, weil Krankentage nicht in ihrem Vertrag stehen. Am Feierabend können sie es sich kaum leisten, ins Kino oder ins Restaurant zu gehen. Stattdessen hängen sie bei Freunden und zu Hause herum, rauchen, trinken, sehen fern.

In diesem Billigsegment des Jobmarktes scheint das Gesetz von Angebot und Nachfrage ausgehebelt zu sein. In Gegenden, wo die Nachfrage hoch ist, bleiben die Stundenlöhne genauso niedrig wie in Bundesstaaten, in denen es zu viele Arbeitskräfte gibt. »In jeder Stadt, in der ich gearbeitet habe, wurden dringend Arbeitskräfte gesucht, aber die Stundenlöhne blieben relativ gleich«, schrieb die Journalistin Barbara Ehrenreich in ihrem Buch *Nickel and Dimed*, für das sie recherchehalber zwei Jahre unter den »working poor« lebte.

In Zeiten, in denen sie dringend Arbeitskräfte brauchen, bieten Arbeitgeber fast alles an – kostenlose Mahlzeiten, Gleitzeit, Shuttle-Service zur Arbeitsstelle, Warenrabatte im Laden –, um bloß eine Lohnerhöhung zu vermeiden. Extras können sie nämlich leichter streichen, wenn die Nachfrage wieder sinkt.

Der Mindestlohn ist für viele Betroffene eine Falle, die dazu führt, dass sie am falschen Ende sparen:

Weil sie die Kaution für eine eigene Wohnung nicht aufbringen können, weichen sie in Motels aus, wo sie die Miete wöchentlich bezahlen können. Diese Motels sind langfristig aber teurer als eine Mietwohnung, denn Sparen ist selbst dann nicht drin, wenn man das Zimmer mit einem Freund teilt. Ohne eigene Küche können sie dort keine Mahlzeiten zubereiten oder gar auf Vorrat kochen. Sie weichen also auf Fastfood aus. Dadurch sind sie mangelernährt und anfällig für Krankheiten wie Diabetes. Nichtversicherte sparen dann Medikamente ein, was dazu führt, dass Krankheiten chronisch werden können.

Die größten Feinde sind die Arbeitgeber. Nicht, weil sie einem Böses wollen – ganz im Gegenteil, jeder Arbeitgeber bietet auch die Chance, Karriere zu machen und damit langfristig der Mindestlohnfalle zu entkommen –, sondern weil sie ihre Interessen viel besser durchsetzen können als Arbeitnehmer die ihren.

Vor allem die großen Einzelhandelsketten und Fabriken, die auf billige Arbeitskräfte angewiesen sind, investieren eine Menge Geld in die Effektivität ihrer Personalpolitik. Das fängt mit den vielen Bestimmungen an, die den Arbeitgeber schützen sollen und ganz nebenbei den Arbeitnehmer so weit schikanieren, dass er gefügig bleibt:

Der Arbeitgeber hat das Recht, einem jederzeit die Taschen zu durchsuchen; jedwedes Persönliche während der Arbeitszeit – Plaudern, Telefonieren oder Ähnliches – wird als »geklaute Arbeitszeit« ausgelegt; manche großen Firmen wie Walmart behalten den ersten Wochenlohn als Kaution zurück. Und natürlich verfehlen die verkürzten Kündigungsfristen, zum Teil nur zwei Wochen, ihre Wirkung nicht.

Dem Mindestlohnarbeiter wird täglich vorgeführt, dass er auf der untersten Stufe der sozialen Leiter steht. Schon die bizarren Einstellungsverfahren gewöhnen ihn daran. Diese Einstellungstests sind eigentlich Persönlichkeitstests. Auf eine Reihe von Behauptungen soll der Arbeitswillige mit »stimmt« oder »stimmt nicht« antworten:

- »Wenn etwas schiefläuft, liegt die Schuld beim Manager.«
- »Es ist in Ordnung, zu spät zur Arbeit zu kommen, solange man eine gute Ausrede hat.«
- »Manche Leute arbeiten einfach besser, wenn sie ein wenig high sind.«

Es geht hier nicht um Qualifikationen, nicht mal um richtige Antworten, sondern darum, den Arbeitnehmer zu belehren, wo in diesem Unternehmen sein Platz ist. Dass jemand von den »working poor« vielleicht von Haus aus ein verantwortungsbewusster, professionell eingestellter Mitarbeiter sein kann, erwartet niemand.

Um unmissverständlich klarzustellen, dass der Arbeitnehmer von vornherein verdächtig ist, wird oft ein Drogentest von ihm verlangt: Er muss drogenfreien Urin abliefern, um überhaupt für den Job in Frage zu kommen. Was natürlich zur Folge hat, dass es heute in Amerika einen regen Schwarzmarkt für in Kondome abgefüllten drogenfreien Urin gibt.

Die »working poor« haben drei wichtige Verbündete in ihrem Überlebenskampf – der Staat indes gehört eher nicht dazu.

Anlaufstelle Nummer eins ist die Familie. Erste Anzeichen einer bevorstehenden Rezession bemerke ich immer, wenn irgendwelche Nichten, die jung verheiratet sind und ein oder zwei kleine Kinder haben, wieder mal vorübergehend bei ihren Eltern eingezogen sind. »Ich dachte, ich wäre sie mit achtzehn los!«, witzelt dann meine Schwester, oder: »Jetzt kann ich endlich wieder mehr Zeit mit meinen Enkeln verbringen.«

Gleich danach kommen die Freunde – die springen dann ein als Mitbewohner, Geldverleiher, Babysitter, die auch mal eine Mitfahrgelegenheit oder im Notfall eine Couch übrig haben.

Schließlich die Kirche.

Wenn man in eine neue Gegend kommt, wo niemand aus der Familie wohnt, sucht man als Erstes eine Kirche auf. Egal, welche. Manchmal helfen die Gemeinden mit Lebensmitteln aus, aber noch wichtiger ist: Sie wissen, welche Hilfe man vom Staat bekommt. Sie fahren einen zu den Behörden und helfen, für die Kinder eine Schule oder eine Kita zu finden. Sie unterstützen einen dabei, eine neue persönliche Infrastruktur aufzubauen.

Zum Beispiel Lisa:

Auf der High School waren wir noch befreundet. Schon im letzten Jahr dort fehlte sie jedoch immer wieder, und nach dem Abschluss tauchte sie ganz ab. Später erfuhr ich, dass ihre Krankheit in einer Art Schizophrenie bestand.

Es war schrecklich. Ihre Eltern gaben ihr ganzes Geld und ihre ganze Energie für Psychiater und Krankenhäuser aus, bis sie nicht mehr konnten. Ein Selbstmordversuch folgte dem nächsten. Lisa wurde wieder klar im Kopf, dann brach die Krankheit erneut aus.

Irgendwann schaffte sie es, alleine zu leben, sogar das Studium abzuschließen, zu heiraten und ein Kind zu bekommen. Dann war die Krankheit wieder da. Bei der Scheidung hörte man die wildesten Vorwürfe vor Gericht. Niemand war sicher: Stimmte es? War es Einbildung?

Ihre Eltern waren pleite, und dann kam heraus, dass sie bei ihnen geklaut hatte. Die Eltern brachen den Kontakt ab. Sie überwarf sich mit ihrem Arbeitgeber, sie verlor das Kind an ihren Exmann. Sie wurde zur Alkoholikerin und schließlich aus der Wohnung geschmissen.

Wiederholt hatte sie staatliche Unterstützung bekommen – in Form von Wohngeld, medizinischer Hilfe und Zugang zu Therapien. Aber immer wieder verletzte sie die Auflagen, die damit verknüpft waren: Das Geld erreichte den Vermieter nie, sie trank wieder, nahm ihre Medikamente nicht, erschien nicht zur Therapie und flog regelmäßig aus den diversen Förderprogrammen.

Wie sie dann überlebte, bleibt ihr Geheimnis. Sie muss

zumindest eine Weile im Auto übernachtet haben, zeitweise auf der Straße. Wie sie das Geld heranschaffte, weiß kein Mensch, und heute spricht sie nicht darüber.

Aber wir erfuhren, wie sie aus dem ganzen Schlamassel wieder herausgekommen ist: Sie fand eine Kirchengemeinde.

Man begleitete sie bei Behördengängen und brachte sie zur Therapie; man ermunterte sie, ihre Miete zu bezahlen, man verlangte von ihr, dass sie in ihren freien Stunden vor Ort aushalf. Man ließ sie fallen, wenn sie die Vereinbarungen nicht einhielt, und nahm sie wieder auf, wenn sie bereit war, es wieder einmal zu probieren.

Heute geht es ihr zwar nicht blendend, sie hat noch keine feste Arbeit und trinkt ab und zu, aber sie hilft bei der Kirche aus, arbeitet bei kleinen Projekten mit und ist selbständiger als je zuvor. Es sieht fast so aus, als würde sie es diesmal tatsächlich schaffen, eine Art eigenes Leben zu leben.

In meinem Land wird viel über das Problem Armut diskutiert: Was funktioniert, was funktioniert nicht, was sind die Ursachen? Der Tonfall ist immer aufrichtig, dennoch beschleicht mich ab und zu der Verdacht, dass niemand Armut wirklich abschaffen will. Arm zu sein ist einfach eine zu weit verbreitete, ja geradezu ur-amerikanische Erfahrung, als dass wir sie wirklich ernst nähmen. Denn fast die Hälfte von uns war einmal ganz unten. Mindestens.

Armut ist unsere Feuertaufe.

Statistisch gesehen verbringen 40 Prozent aller Amerikaner irgendwann im Leben eine Zeit lang in Armut. Das ist schon immer so gewesen. Die wenigsten Einwanderer kamen nach Amerika, weil es ihnen in Europa zu gut ging, ganz im Gegenteil. Bereits unsere Geschichte hat uns an Armut gewöhnt. Wir haben das verinnerlicht: Man muss da durch, bevor man zu einem echten Amerikaner wird.

Und wer das übersteht und seine schweren Zeiten nicht vertuscht, ist für uns ein Held. Die Liste der ehemaligen Obdachlosen, die heute zur gehobenen Gesellschaft gehören, ist viel länger, als man glaubt:

Der Milliardär John Paul DeJoria war in Los Angeles zweimal obdachlos, bevor er John Paul Mitchell Systems, die angesagte Kette von Friseurläden, mitbegründete. »Colonel« Harland Sanders, mit Kentucky Fried Chicken Begründer einer der größten amerikanischen Fastfood-Ketten, lebte während eines Teils seiner Jugend und selbst später noch als angehender Geschäftsmann in seinem Auto. Bestsellerautor Steven Pressfield *(Die Legende von Bagger Vance)* hauste nach seinen Erfahrungen im Vietnamkrieg ebenfalls lange Zeit in seinem Auto, zusammen mit seiner Katze. Die viel beachtete feministische Autorin Andrea Dworkin residierte vorübergehend unter einer Brücke.

Stars gehören gleichfalls dazu: Sängerin Jewel lebte als 18-Jährige mit ihrer Mutter in einem VW-Bus; Jazzlegende Ella Fitzgerald verbrachte ihre Jugend auf den Straßen von Harlem; Rockstar Kurt Cobain von Nirvana lebte eine Weile unter einer Brücke in Aberdeen, Washington, später in einem Pappkarton auf der Veranda eines Freundes, dann auf einer Couch in der Garage eines etwas netteren Freundes.

In Hollywood gilt Obdachlosigkeit in der Anfangsphase geradezu als Initiationsritus. Der Komiker Jim Carrey wuchs vorwiegend im Zelt auf, Sylvester Stallone schlief eine Weile im zentralen Busbahnhof Port Authority in New York, und der von mir verehrte William Shatner musste vorübergehend wieder in seinem Auto vegetieren, nachdem *Raumschiff Enterprise* abgesetzt worden war. Das nur als kleine Auswahl.

Armut ist in Amerika so normal, dass wir sie sogar romantisieren.

King of the Road, der Hit des Country-Sängers Roger Miller aus dem Jahr 1964 über das Leben auf der Straße, war kein Protestsong über die dunkle Seite des amerikanischen Traums und das Fehlen eines sozialen Netzes. Im Gegenteil: Er beschrieb das Obdachlosendasein geradezu als das ideale Leben in Freiheit – und feierte ganz nebenbei die amerikanische Einstellung, trotz widriger Umstände das Leben genießen zu wollen:

I smoke old stogies I have found
I know every handout in every town
And every lock that ain't locked
When no one's around.
I'm a man of means by no means
King of the road.

Ich paffe alte Zigarettenstummel von der Straße,
Ich kenne jede Suppenküche in jeder Stadt,
Und jedes Schloss, das nicht verriegelt ist,
wenn gerade keiner guckt …
Ich bin ein Mann von Welt ohne Geld –
Ein König der Straße.

Es gibt wenige Kulturen auf dieser Welt, die das Obdachlosenleben so positiv darstellen.

Interessanterweise musste das Lied aber doch zensiert werden, als es in den 60ern in der Familiensendung *The King Show* vorgestellt wurde. Es war nicht der tendenziell antikapitalistische Text über ausweglose Armut oder die positive Darstellung von Kriminalität, die Anstoß erregt hatten, nein – das Wort »cigarettes« kam darin vor. Kein Problem: aus »Ain't got no cigarettes« wurde kurzerhand das weitaus subversivere »Ain't got no regrets« gemacht – »Ich bereue nichts« …

Unser Lieblingsobdachloser ist der Hobo, der Wanderarbeiter.

Seit über 100 Jahren ruft die kleine Stadt Britt in Iowa im August die »National Hobo Convention« aus, bei der Hobos und deren Fans zusammenkommen, um die Kultur der Straße zu feiern. Die Hobos erzählen Geschichten, ein Hobo King und eine Hobo Queen werden gekürt, man marschiert in der Hobo-Parade mit und isst den traditionellen Hobo-Eintopf »mulligan stew« – im Freien natürlich.

Das Erstaunliche daran: Auch heute noch ist das Treffen so gut besucht wie eh und je. Und zwar auch von Hobos.

Der ohne Fahrschein mit dem Zug reisende Hobo ist kein Mythos. Die ersten tauchten im 19. Jahrhundert auf, als die Eisenbahn quer durch Amerika gebaut wurde, und die Subkultur erlebte ihren Höhepunkt zu Zeiten der »Großen Depression«.

Die Hobos besitzen tatsächlich eine eigene Kultur und eine eigene Sprache:

Im Hobo-Jargon ist eine »angellina« ein Hobo-Kind, das noch grün hinter den Ohren ist, ein »banjo« kein Instrument, sondern eine tragbare Bratpfanne; »boil up« – aufkochen – bedeutet, »sich schick machen«, weil man die Kleidung zuerst kochen musste, und »crumbs« sind keine Krümel, sondern Läuse.

Unterwegs hinterließen die Hobos gern auf dem Bürgersteig eingeritzte Zeichen: Ein Kreuz hieß »angel food« – ein Essen also, das man bekommt, nachdem man eine Predigt hat über sich ergehen lassen. Ein Dreieck mit Händen bedeutet: »Hauseigentümer ist bewaffnet«. Ein Kreis mit zwei parallelen Pfeilen meint: »Hau bloß ab hier!« Dagegen zeigt eine Katze an, wo eine nette alte Dame wohnt.

Gerade Obdachlose gehören zu unseren beliebtesten Mythen und Helden.

Die Legende von Johnny Appleseed hört jedes Kind in der Schule. Er wird in Liedern besungen und in Filmen gefeiert. Wir sehen ihn als lustigen Typen, der barfuß durch Amerika wandert, immer gut gelaunt, immer ein Lied auf den Lippen, als Hut eine Eisenpfanne auf dem Kopf, und statt mit seinem Schicksal zu hadern oder gar gegen einen herzlosen Staat zu protestieren, der ihm keine Arbeitslosenunterstützung gewährt, pflanzt er aus reiner Dankbarkeit für das schöne Leben hier auf Erden überall, wo er hingeht, Apfelbäume: »Und so kam der Apfel in den Wilden Westen, Kinder.«

Was die meisten nicht wissen: Die Realität war ein wenig anders als die Legende.

Bürgerlich hieß Johnny Appleseed John Chapman, lebte von 1774 bis 1845 und wurde in seiner Kindheit und Jugend vor allem von zwei Dingen geprägt: von der Baumschule, in die seine Eltern ihn als Kind gaben, damit er eine Lehre absolvierte, und von den Swedenborgianern.

Emanuel Swedenborg war ein schwedischer Erfinder, Wissenschaftler, Mystiker und Theologe, der behauptete, mit Geistern von allen damals bekannten Planeten von Venus bis Jupiter gesprochen und von ihnen die wahre christliche Lehre erfahren zu haben. Im Reich der Geister habe er auch das Zweite Kommen Christi mitbekommen, das wir hier auf Erden leider verpasst hätten. Er war halt ein höchst kreativer Kopf, und seine vielfältigen wissenschaftlichen, theologischen und philosophischen Schriften haben, so sagt man, auf die eine oder andere Weise Goethe, Dostojewski, Balzac, C.G. Jung, ja sogar Joseph Beuys und viele mehr beeinflusst.

Im Vergleich zu seinen Visionen wirkt die Kirche, die aufgrund seiner Schriften gegründet wurde und die es mit rund 2.000 Mitgliedern in Amerika heute noch gibt, recht gemäßigt: Die Lehre wird weniger gepredigt als diskutiert, und jeder ist selbst dafür verantwortlich, was er glauben will und was nicht. Swedenborgianer sind, in typisch schwedischer Manier, allen sozialen Streitthemen gegenüber – als da wären Sexualmoral, Frauen im Priesteramt, Homosexualität, Abtreibung – recht aufgeschlossen. Der Kernpunkt ihres Glaubens scheint für sie der zu sein, dass man nett zueinander ist. Es handelt sich wirklich um eine sehr nette Kirche. Zufälligerweise passte das gut zu Johnny Appleseed: Auch er war ein sehr netter Mensch.

Warum er fast sein ganzes Leben auf der Straße verbrachte, weiß niemand mehr. Aber er tat es tatsächlich barfuß: Mit kaum Hab und Gut auf dem Rücken durchstreifte er immer wieder die Bundesstaaten Ohio, Indiana und Illinois. Später behauptete er, über 6.500 Kilometer erwandert zu haben. Und unterwegs pflanzte er Apfelbäume.

Abends schlief er draußen oder kehrte bei Fremden ein, wo er Abendessen und ein Bett oder auch nur einen Platz auf dem Boden bekam. Im Gegenzug erzählte er von seinem Leben unterwegs, von der Bedeutung der Natur, von dem symbolischen Wert der Äpfel – und er predigte den Swedenborgismus.

Er liebte die Natur so sehr, dass es ihm leidtat – so damalige Berichte –, selbst einer Mücke wehzutun. Eines Nachts saß er am Lagerfeuer und merkte, dass Moskitos in die Flammen flogen und verbrannten. Da machte er das Feuer aus. Später erklärte er: »Gott bewahre, dass ich mich an einem Feuer erfreue, das das Leben seiner anderen Schöpfungen zerstört.« Selbstverständlich war er Vegetarier.

Bald war er berühmt – nicht nur als Spinner, sondern als überaus höflicher und netter Spinner. Seine Persönlichkeit überzeugte. Er war Amerikas erster Umweltschützer und das, ohne penetrant zu wirken. Da sind wir ja ein bisschen empfindlich.

Doch Johnny Appleseed wäre kein Amerikaner gewesen, wenn das schon alles gewesen wäre. Dass er überall Apfelbäume pflanzte, war Teil eines Geschäftsplans.

Überall, wo er hinging, gab es noch unbesiedeltes Land, das er billig kaufte, pachtete oder schlicht in Anspruch nahm. Dort, auf seinen eigenen Grundstücken, pflanzte er seine Bäume, und zwar gleich ganze Baumschulen. Er pflegte sie, bevor er weiterzog und neue Baumschulen gründete, und kehrte nach einiger Zeit auf seinen Runden immer wieder zurück und hegte und pflegte sie weiter.

Er baute Amerikas erste Kette auf – eine Baumschulkette. Er wusste, dass die Amerikaner den Westen immer weiter besiedeln würden, und wenn sie kamen, wäre er da, um ihnen Äpfel zu verkaufen.

Es gibt sogar eine etwas weniger unschuldige Theorie über seinen Geschäftsplan. In seinem Buch *The Botany of Desire* untersuchte Michael Pollan die Geschichte von Johnny Appleseed und behauptete, dass seine bevorzugte Apfelsorte gar nicht zum Verzehr geeignet war – viel zu sauer. Allerdings konnte man daraus einen hervorragenden Apfelwein herstellen: »Was Johnny Appleseed wirklich tat, und der Grund, warum er in jeder Hütte in Ohio und Indiana gern gesehen war – er brachte das Geschenk des Alkohols in den Westen.«

Leider war er ein besserer Gärtner als Geschäftsmann. Er führte schlecht Buch und verlor so viele seiner Baumschulen wieder. Überhaupt, er besaß nie ein eigenes Haus. Er hatte offenbar vor, Geld zu verdienen, aber vermutlich keine feste Vorstellung davon, was er damit tun würde, wenn es endlich in Strömen floss. Als er starb, hinterließ er seiner Schwester 490 Hektar Baumschulen in bester Lage. Es wären noch mehr gewesen, wahrscheinlich viel mehr, aber ihm waren die entsprechenden Papiere verloren gegangen …

Im Grunde liebte er einfach das Wandern, ständig neue Leute kennenzulernen, zu predigen und Apfelbäume zu pflanzen. Und ich schätze, ein gutes Glas Apfelwein auch.

8

Wir merzen unsere Mittelklasse aus

*W*as uns Amerikanern wirklich Angst macht, ist jedoch weder Obdachlosigkeit noch Armut. Es gibt nur einen einzigen Grund, warum in den USA so viel über das Leiden der Armen gestritten wird: Die Mittelklasse befürchtet, auch sie werde bald dazugehören.

Und ihre Befürchtungen sind gerechtfertigt. Einen »middle class squeeze« – das Schrumpfen der bürgerlichen Mittelklasse – beobachtet man seit den 1980ern, als der anhaltende Trend der Steuervergünstigungen für Vermögende und der Deregulierung der Finanzmärkte begann. Seitdem ist die Mittelklasse zwar noch existent, aber sie muss mit immer weniger Geld auskommen. Etwa 85 Prozent des Reichtums in Amerika liegen mittlerweile in den Händen der wohlhabendsten 20 Prozent der Bevölkerung. Der Rest muss die übrig gebliebenen 15 Prozent unter sich aufteilen. Derart ungleiche Verhältnisse gibt es auf der Welt nur noch in der Schweiz.

Manche Theoretiker meinen, dass die Mittelklasse noch gerettet werden kann, indem man den Steuersatz der Reichen wieder erhöht und die Finanzmärkte stärker reguliert.

Andere sagen, dass sich das Schrumpfen der »middle class« völlig unabhängig davon fortsetzen wird.

Die Rezession, die Amerika 2007/8 erlebte und die man schon 2010 voller Respekt »die große Rezession« nannte, wirft nämlich in der Tat Rätsel auf. Zum Beispiel: Warum erholt sich inzwischen die Wirtschaft wieder, der Arbeitsmarkt aber nicht? Folgt das eine denn nicht auf das andere:

anziehende Konjunktur = mehr Jobs? Irgendwie schafft es Amerika zwar wieder, mehr Geld zu machen, ohne jedoch die Arbeiter wieder einzustellen, die man zu Beginn der Krise gefeuert hat.

Dann schaut man genauer hin und erkennt, welche Stellen nicht wieder besetzt werden: Ungewöhnlich viele davon sind in der Industrie.

Das ist neu. Seit Jahrzehnten verliert zwar der industrielle Sektor kontinuierlich an Bedeutung, aber bis jetzt waren hier doch immer noch sehr viele Arbeiter beschäftigt.

Nun aber braucht man anscheinend keine neuen Arbeiter mehr. In den letzten zehn Jahren hat die US-Industrie etwa ein Drittel ihrer Arbeitsplätze abgebaut, eine Art Radikaldiät, die sie schon lange in Angriff nehmen wollte, für die sie bis dahin aber nie Zeit fand. Rein rechnerisch ist zu erwarten, dass der Kahlschlag auch weitergeht: Der Ökonom Alan Blinder schätzt, dass bis zu 29 Prozent aller momentan noch vorhandenen Arbeitsplätze in Amerika in den nächsten paar Jahrzehnten problemlos ins Ausland verlagert werden könnten.

Das bedeutet nicht, dass die Industrie in Amerika verschwindet. Die USA sind immer noch der zweitgrößte Hersteller von Industrieprodukten weltweit und werden es vermutlich auch noch einige Zeit bleiben. Es findet aber eine merkliche Verlagerung statt, ähnlich wie zu Anfang des 20. Jahrhunderts in der Landwirtschaft: Heute ist Amerika zwar nach wie vor der weltweit drittgrößte Produzent von landwirtschaftlichen Produkten, aber nur noch zwei Prozent der amerikanischen Arbeiter sind in diesem Sektor beschäftigt. Es hat im Laufe der Zeit eine so umfassende Automatisierung stattgefunden, dass schlichtweg nur noch wenige Arbeitskräfte notwendig waren. Das Ende vom Lied war damals die wohlbekannte »Große Depression«.

Amerikanische Wirtschaftswissenschaftler hoffen, dass es aktuell bei einer großen Rezession bleibt und nicht noch »Die Große Depression, Teil 2« folgt.

Der Kahlschlag im Jobbereich betrifft vor allem die untere Mittelklasse. Böse Zungen behaupten, es sei auch irgendwie ihre eigene Schuld.

Wer zu welcher Klasse gehört, hat nicht nur bei uns eine Menge mit Bildung zu tun. Statistisch gesehen kann man sogar ziemlich genau vorhersagen, welcher junge Amerikaner später zu welcher Klasse gehören wird:

– Wer die High School nicht schafft, wird sein Leben lang mit einem Jahreseinkommen von 26.500 Dollar oder weniger auskommen müssen. Das betrifft ein knappes Drittel aller Amerikaner – gar nicht so wenige.

– Wer auf die Uni geht und nach vier Jahren den Bachelor macht, kann mit 43.000 Dollar rechnen – 28 Prozent aller Amerikaner.

– Um das amerikanische Durchschnittseinkommen von 51.500 Dollar zu erreichen, braucht man aber inzwischen einen höheren Universitäts-Abschluss und muss mindestens zwei Jahre mehr an der Uni verbringen.

Das ist neu.

»Mein Vater hatte nicht mal einen High-School-Abschluss und konnte eine Frau und vier Kinder durchbringen«, klagt etwa Autor Jim Goad in *The Redneck Manifesto*. »Meine Frau und ich haben beide Uni-Abschlüsse und keine Kinder. Wir arbeiten beide Vollzeit und kommen kaum über die Runden.«

Es war einmal, dass man schon nach vier Jahren College in der Mittelklasse willkommen geheißen wurde. Das meinte die besseren Jobs in der Industrie – Facharbeit, Wartung und Maschinenbetrieb bis hin zu Bürojobs wie Verkauf, Einkauf und Sachbearbeitung. Heute werden diese Stellen rar – und sind auch nicht mehr besonders gut bezahlt. Mit einem Bachelor gehört man oft nicht einmal mehr zur unteren Mittelklasse, sondern eher zur oberen Unterklasse. Das ist der wahre »middle class squeeze«.

Die Welt sieht Amerika auch heute immer noch so, wie sie es aus den 50ern kennt: Sehen Sie ein Bild von einem

Mann mit kurzen Haaren, strenger Brille, weißem Hemd und Krawatte, denken Sie doch sofort: ein Ami.

Ja, das war der Mittelklasse-Amerikaner, der nach dem Zweiten Weltkrieg erschaffen wurde: fleißig, kapitalistisch geprägt, Vorstadt-Bewohner, firmen-, familien- und kirchentreu, ein wenig prüde. Ich denke da an Cary Grant in einem Hitchcock-Film oder Don Draper aus der TV-Serie *Mad Men*. Er war eine neue Erscheinung und ein Symbol für ein neues, starkes Bürgertum. Das aber ist der Ami, der jetzt verschwindet, ja, langsam ausstirbt. Deswegen gucken wir auch *Mad Men* so gerne: Es ist ein opulentes Abschiedsfest für den gepflegten Mittelklasse-Mann.

Wer ihn ersetzen wird, steht noch in den Sternen, aber ein paar vage Umrisse seines Nachfolgers zeichnen sich schon ab.

Ich muss dazu nun leider sagen, es sind meine Geschlechtsgenossen, die in den letzten 30 Jahren karrieretechnisch am wenigsten kapiert haben: Während der Jobmarkt für Männer im oberen Segment immer weiter expandierte, ist die Zahl der Herren, die sechs Jahre an der Uni zubrachten, leider nicht mitgewachsen. Dafür ist die Gruppe von Männern, die als Lebensziel die untere Mittelklasse anpeilen, gleich groß geblieben. Die Einzigen, die erkannt haben, woher der Wind weht, sind die Frauen.

Immer mehr Frauen gehen auf die Uni und bleiben dort länger als vier Jahre. Dann buhlen sie um die besseren Jobs im Dienstleistungssektor. Laut dem Wirtschaftsjournalisten Don Peck von *The Atlantic Monthly* gibt es seit dem Jahr 2000 etwa vier Millionen neue Jobs in den Bereichen, die von Frauen dominiert werden, einschließlich des Gesundheitswesens und des Bildungssektors.

Das verändert die Verhältnisse zu Hause. Diese Frauen sind zwar bereit, Männer zu heiraten, die weniger Bildung und schlechtere berufliche Chancen haben als sie, aber sie sind nicht bereit, ewig mit ihnen verheiratet zu bleiben. Rund die Hälfte von ihnen lässt sich spätestens nach zehn

Jahren wieder scheiden, denn ein hübsches Muskelpaket daheim auf dem Sofa reicht ihnen offenbar nicht mehr. (Das eröffnet übrigens auch umtriebigen Unternehmern neue Möglichkeiten, denn diese Frauen werden zu alleinerziehenden Müttern mit guten Vollzeitjobs. Wenn Sie also eine gute Idee für eine innovative Art von Kinderbetreuung haben, die sich am besten gleich zur Kette ausbauen lässt, ist jetzt die Zeit zu handeln ...)

Wie immer sind es die Sitcom-Macher – nicht die Soziologen oder gar Journalisten –, die den Trend erkennen. Das ist fast immer so: Sitcoms lügen nie. So wurde zum Beispiel schon in den 80ern die schwarze Mittelklasse-Familie gefeiert, unter anderem in der *Bill Cosby Show*, während der Rest der Nation erst mit der Wahl Obamas überhaupt wahrnahm, dass es eine »schwarze Mittelklasse« gibt.

Der neue Trend ist an den Sitcoms schon vage abzulesen. 1998 war der fette Komiker Kevin James in *King of Queens* als ungelernter Paketauslieferer mit einer Chefsekretärin verheiratet, deren Karriereziele weit über die seinen hinausgingen. Auch in den Kindern der Simpsons spiegelt sich das Phänomen wider: Aus dem Rabaukensohn Bart wird offenbar nichts. Er weiß das auch und findet es cool. Seine kleine Schwester Lisa hingegen, die unter der Dummheit ihres Vaters und Bruders leidet und sich nach intellektueller Betätigung sehnt, wird eines schönen Tages in einem Mercedes zu Hause vorfahren.

Wie die amerikanische Gesellschaft dann aber wirklich aussieht, wenn der »middle class squeeze« vorbei ist, können wir erst wissen, wenn Lisa und Bart ihre eigene Serie bekommen. Matt Groenig, übernehmen Sie!

9

Wir glauben an den Kapitalismus

Amerika existiert, um Geld zu machen. Ein Amerikaner wächst auf mit dem Ziel, Geld zu verdienen. Demokratie ist für uns die Gleichheit aller auf dem Marktplatz. Das Wort »Gott« steht auf unseren Dollarscheinen, weil wir glauben, Gott will, dass wir reich werden.

Die ersten Einwanderer aus England – fast zweihundert Jahre vor der eigentlichen Staatsgründung – kamen zwar aus den unterschiedlichsten Gründen, eines aber hatten sie alle gemeinsam: Sie wollten in der neuen Welt reich werden.

Neuengland wurde maßgeblich von Puritanern gegründet und geprägt. Für sie war süßes Nichtstun eine offene Einladung an den Satan, doch mal auf Seelenfang vorbeizuschauen. Wer dagegen immer fleißig arbeitete, stand dem Teufel fern und Gott nah. Dafür gab es keinen besseren Beweis als Profit: Geld war die Belohnung Gottes für ein gottesfürchtiges Leben. Das ist wohl auch der Grund, warum es unter Puritanern weit verbreitet war, in ihren Kassenbüchern zu vermerken: »Im Namen Gottes und im Namen des Profits«.

Lachen Sie nicht: Geldverdienen ist tatsächlich der moralische Imperativ Amerikas. Es ist immer noch ein Zeichen dafür, dass man etwas richtig gemacht hat. Wenn wir einem reichen Menschen begegnen, stellen wir uns nicht vor, dass er reich geboren wurde oder sonst wie Glück im Leben hatte. Wir denken auch nicht, dass er über Leichen gegangen ist. Wir glauben einfach, dass er fleißig und klug war.

Für einen Amerikaner ist der reiche Mensch meist auch der bessere Mensch.

1890 verfasste Russell Conwell, Baptisten-Pfarrer und Gründer der Temple University in Philadelphia, eine Rede mit dem Titel »Acres of Diamonds«, die so beliebt wurde, dass er sie ganze 6.000-mal halten musste. Darin beschwört er seine Landsleute, dass es ihnen nicht nur möglich sei, reich zu werden, sondern es sich dabei geradezu um ihre wichtigste Aufgabe handle: »Es ist eure Pflicht, reich zu werden. Männer, die reich werden, gehören zu den ehrlichsten Männern, die ihr finden werdet. Lasst mich das klar und deutlich sagen: 98 reiche Männer aus einem Hundert in Amerika sind ehrlich. Deswegen sind sie auch reich. Das ist der Grund, warum man ihnen Geld anvertraut.« Na gut, er kannte ja nicht die Manager von AIG und Lehman Brothers, aber auch heute glauben wir noch grundsätzlich daran, dass diese Typen die Ausnahme von der Regel sind.

Umgekehrt lässt sich dann natürlich auch sagen – und wir würden es zwar nicht öffentlich zugeben, aber die meisten von uns glauben es nichtsdestotrotz aus tiefstem Herzen –, dass wer arm ist, auch faul sein müsse oder es sonst wie selbst versiebt habe.

Das hat bei uns Tradition. Henry Ward Beecher beispielsweise war einer der einflussreichsten Prediger und Autoren des 19. Jahrhunderts, Befürworter des Frauenwahlrechts und der Abschaffung der Sklaverei, Anhänger des Darwinismus und ganz nebenbei Bruder der Autorin von *Onkel Toms Hütte*. Fünf Jahre nach dem Bürgerkrieg umschrieb er den moralischen Imperativ zum Geldverdienen so: »Die Wahrheit ist, niemand in diesem Land leidet unter Armut, es sei denn, es ist seine eigene Schuld und er hat gesündigt.«

Heute sind solche Bekenntnisse zum nackten Raubtier-Kapitalismus zwar politisch inkorrekt, trotzdem hängen wir irgendwie noch daran.

Mit den Jahren hat der Glaube an den Kapitalismus geradezu den Charakter einer Naturreligion angenommen. Richard T. Hughes beschreibt es in seinem Buch *Myths America Lives By* so: »Viele Amerikaner finden es selbstverständlich, dass die Entstehung von freien Märkten überall auf der Welt und der gewachsene Wohlstand, der damit einhergeht, irgendwann ein goldenes Zeitalter einläuten werden.«

Andrew Carnegie, der sich vom ungelernten Arbeiter hocharbeitete, bis er die größte Stahlproduktion der Welt besaß und einer der reichsten Männer des 19. Jahrhunderts war, veröffentlichte 1889 einen Artikel mit dem simplen Titel *Wealth – Wohlstand –*, in dem er den Kapitalismus kurzerhand mit dem Darwinismus gleichsetzte: Ungleichheit verstand er als Teil der Natur. Genauso, wie manche Arten unfairerweise von ihrer Umwelt bevorzugt würden, genössen auch die wirtschaftlich Erfolgreichsten zwangsläufig mehr Wohlstand, Privilegien und Freiheiten als andere. Und der gebürtige Schotte ging noch einen Schritt weiter: Ließe man dem natürlichen Kapitalismus freien Lauf, würde er irgendwann alle Probleme Amerikas lösen, ach was, der ganzen Welt, einschließlich des Problems des ungleich verteilten Wohlstands, und ein goldenes Zeitalter einläuten, in dem Frieden auf Erden herrsche.

Wenn das keine Religion ist!

Die Kirche des amerikanischen Kapitalismus hat zwei große Propheten vorzuweisen:

Es gehört zu den merkwürdigsten Ironien der Geschichte, dass ausgerechnet in dem Jahr, als Amerika sich von England lossagte, 1776 also, ein epochemachender Leitfaden zur Gestaltung der Wirtschaft erschien: Adam Smiths *Der Wohlstand der Nationen*.

In Europa betrachtete man die Wirtschaft bis dahin als Stiefkind der Politik. Genauso wie der Adel für Krankenhäuser, Kriege und Kultur zuständig war, hatte er sich um die Wirtschaft zu kümmern. Smith wies indes nach, dass eine Wirtschaft, die von oben verwaltet wird, schlechter funktioniert als eine, die quasi »von unten« geregelt wird: Der Ladenbesitzer weiß besser, was seine Kunden kaufen wollen, als der Fürst. Die Einmischung des Landesherrn in die freien Märkte schadet mithin mehr, als sie hilft.

Das passte zu einer Demokratie wie die sprichwörtliche Faust aufs Auge. Die Gründerväter erkannten die einmalige Gelegenheit sofort: Während in England die politischen und wirtschaftlichen Gewohnheiten nur langsam aussterben würden, konnten sie die Smith'sche Lehre von Anfang an praktisch anwenden und ausprobieren. Seitdem ist der Traum vom freien Markt und ungebremsten Kapitalismus in Amerika so wichtig wie der Traum von der Demokratie selbst. Auch ein Amerikaner, der keine Ahnung von Wirtschaft hat und nicht einmal weiß, wer Adam Smith war, wird die Grundprinzipien des freien Marktes lautstark verteidigen und bei Gott schwören, er würde lieber sterben, als davon abzuweichen.

Der andere große Prophet hieß Horatio Alger.

Wie bitte? Nie gehört? Macht nichts, niemand kennt ihn mehr, und keiner liest seine Bücher. Das ist auch gut so, denn es waren schlechte Bücher. Die zahlreichen Parodien auf Algers Machwerke sind besser als diese selbst. Trotzdem war der Mann ein Genie.

Horatio Alger schrieb rund 100 Jugendromane, angefangen 1867 mit *Ragged Dick*, und alle nach dem gleichen Muster:

Der 14-jährige »Ragged Dick« (»Lumpen-Richard«) lebt vor dem Bürgerkrieg auf den Straßen New Yorks, hängt mit Halbstarken rum, raucht und trinkt und steht bereits mit einem Bein im Gefängnis. Doch er träumt davon, anständig zu werden, und bekommt seine Chance, als Mr. Greyson ihn eines Tages in die Kirche mitnimmt und ihm als Bezahlung für eine kleine Gefälligkeit fünf Dollar gibt. Dieses Geld bringt Dick auf die Bank. Er arbeitet, spart, bald kann er sich eine eigene Wohnung leisten; er lernt fleißig und bessert sich, erwirbt anständige Manieren, rettet ein Kind vor dem Ertrinken, bekommt einen Anzug als Belohnung und einen Job in einer richtigen Firma. Fortan gehört er zur Mittelklasse. Er ist ein respektierter Bürger geworden.

Die Deutschen nennen die »Ragged Dick«-Legende den Aufstieg »vom Tellerwäscher zum Millionär«; wir nennen sie »from rags to riches« – »von den Lumpen zum Reichtum«.

So ein Quark schreit geradezu nach Parodien. Mark Twain hat gleich mehrere geliefert, eine zynischer und erbarmungsloser als die andere, aber die beste Alger-Parodie von allen ist F. Scott Fitzgeralds Roman *Der große Gatsby*. Es ist schwer zu glauben, dass Jungs im 19. Jahrhundert so einen langweiligen, betulichen Schmarrn gelesen haben. Aber sie verschlangen die Bücher regelrecht. Schon mit 14 träumt der Amerikaner den amerikanischen Traum, er weiß es bloß noch nicht.

Das gilt übrigens auch für diejenigen, die es nicht zugeben. Selbst die politisch Korrekten unter uns, die vorgeben, die »rags to riches«-Mentalität nicht zu teilen, weil sie andere, höhere Werte verfolgen – auch sie haben schon als Kind die Botschaft von *Ragged Dick* verinnerlicht. Als Mark Twain, das Gewissen der Nation, reich wurde, verbriet er sein Geld sofort im Rahmen hirnrissiger Investitionen, um noch reicher zu werden. Und auch der »Kapitalismuskritiker« F. Scott Fitzgerald hat nur dafür gelebt, von einer Party der Reichen und Schönen zur nächsten zu jagen.

Horatio Alger haben wir inzwischen vergessen, vielleicht, weil er uns auch ein wenig peinlich ist. Trotzdem handelt es sich bei uns allen noch um »Ragged Dicks«.

Ehrlich gesagt sind wir heute sogar noch besser dran, denn seitdem waren wir nicht faul und haben einiges dazugelernt. Wir haben studiert, analysiert, nachgedacht, und wissen heute viel besser als damals, wie man es schafft, von einem Lumpen-Richard zu einem Steve Jobs zu werden.

Theoretisch.

10

Wir sind süchtig nach Erfolg

Hier sind einige sehr schmutzige Geheimnisse über unsere ganz eigene Art des Kapitalismus, die wir Amerikaner nur ungern verraten:

1. Wir hatten mehr Rezessionen als Präsidenten;
2. Wir können nicht leben, ohne Schulden zu machen;
3. Eigentlich lieben wir Spekulanten und:
4. Wir versuchen nicht, Privat- und Geschäftsleben zu trennen, sondern, ganz im Gegenteil, das eine in den Dienst des anderen zu stellen.

Erstens: Amerika hat mehr Rezessionen überlebt als Präsidenten. Barack Obama ist unser 44. Präsident. Die so genannte »große Rezession« der Jahre 2007/8, die unter George W. Bush begann und unter Obama mehr schlecht als recht endete, war unsere 47.

Warum so viele, ist unklar. Möglicherweise hängt es mit unserer Risikofreudigkeit zusammen, unserer Lust auf starkes Wachstum und unserer Abneigung gegen die Regulierung der (Finanz-)Märkte. Unter den vielen interessanten Theorien findet sich auch die, dass es ausgerechnet mit dem Hass auf Banken zusammenhänge.

George Washingtons Finanzminister Alexander Hamilton gründete gleich nach dem Unabhängigkeitskrieg trotz lautstarkem Protest Amerikas erste Zentralbank, die Bank of the United States. Sie überlebte nicht lange. Viele hassten Banken als Werkzeug von Spekulanten und anderen dreckigen Parasiten. Darunter befand sich auch Thomas Jefferson, einer der reichsten Männer Amerikas.

Für ihn war ein Dollar ein Dollar und nicht ein Dollar und zehn Cent, wenn ich ihn dir leihe und du ihn mir morgen mit Zinsen wiedergibst. Wirtschaftlich dachte er immer noch wie ein mittelalterlicher Landbesitzer. Für ihn war die Wirtschaft dann in Ordnung, wenn der Herr auf seiner Veranda saß und dichtete, während seine Sklaven die Arbeit verrichteten. »Ich war schon immer ein Feind der Banken«, beharrte er noch im hohen Alter auf seinem Standpunkt.

Als er 1801 Präsident wurde, musste als Erstes die frischgebackene Zentralbank dran glauben. Damit zerstörte er aber auch das einzige und beste Werkzeug der Regierung, um die Finanzmärkte zu regeln. Laut dem Historiker John Steele Gordon (An Empire of Wealth) war das der Beginn einer langen Geschichte von explosiven Aufs und Abs in der amerikanischen Wirtschaft. Die USA brauchten zwei weitere Anläufe, bis sie wieder eine Zentralbank besaßen – die Federal Reserve –, mit der auch unsere Finanzgenies von Politikern einverstanden waren.

Die Aussicht, dass wir unsere Gewohnheiten ändern und so vernünftig werden wie manche europäischen Länder, die weniger risikofreudig sind, ein etwas langsameres Wachstum akzeptieren und dafür vielleicht etwas seltener Rezessionen erleben, kann man sich abschminken. Wir werden uns nicht ändern. Wir können ohne das Risiko, ohne die Schnelligkeit, ohne die großen Träume vom schnellen Geld nicht leben. Und nicht ohne den Konsum. Wir lieben Konsum. Hatte ich das schon erwähnt?

Erstaunlicherweise gibt es aber doch Licht am Ende des Tunnels. Einige Wirtschaftshistoriker glauben, einen positiven Trend erkannt zu haben: Ganz langsam treten unsere Rezessionen weniger häufig auf. Von 1790 bis 1934 gab es 34 Rezessionen bzw. Depressionen – eine alle vier Jahre. Seit der »Großen Depression« von 1934 bis heute waren es aber nur noch 13 – das ist eine alle 5,7 Jahre.

Es kann sein, dass Amerika langsam lernt, mit Rezessionen besser umzugehen.

Vielleicht ist diese Einstellung gegenüber dem Risiko auch der Grund, warum wir abgebrühter auf Rezessionen reagieren als Europäer. In der Rezession 2008/9 gab es in unserer Presse, soweit ich sehen konnte, keine Prophezeiungen vom Ende des Kapitalismus. Zur selben Zeit waren der *Spiegel* und die *Zeit* voll von solchen Befürchtungen, und während der Griechenland-Krise konnte man jeden zweiten Tag irgendwo den Ruf nach der guten alten D-Mark vernehmen.

Die Neigung der labilen Europäer, bei jeder Krise gleich das ganze System in Frage zu stellen, zeigte sich im Übrigen schon in den 1930ern. Die Antwort der Deutschen und Italiener auf die Finanzkrise war damals, das Kind mit dem Bade auszuschütten: Das ganze unzuverlässige demokratische System wurde rausgeschmissen und kurzerhand durch den Faschismus ersetzt.

Das hielten wir Amerikaner für eine Überreaktion und zudem für ganz schön unpragmatisch. Die Antwort der USA auf die »Große Depression« war, einfach einen anderen Präsidenten zu wählen und eine Börsenaufsicht ins Leben zu rufen. Statt uns einzubilden, mit einem anderen System wäre das alles nicht passiert, gingen wir daran, das bestehende System vorsichtig und unter großen Diskussionen zu verbessern (wobei manch doofe Idee dann später wieder zurückgenommen wurde), wie ein Geschäftsmann oder Erfinder, der unaufhörlich an der Optimierung seines Produktes feilt.

Zweitens: 1982 stieg das US-Haushaltsdefizit auf eine Billion Dollar an. Das ist eine »1« mit zwölf Nullen hinten dran. Amerikanern wie Europäern brach der Schweiß aus, und es hieß: »Jetzt kommt der große Knall.« 1986 wurden aus einer Billion zwei Billionen, 1996 fünf Billionen. Immer wieder titelten die Zeitungen sachlich und besonnen: »Jetzt kommt der große Knall.«

2008 überschritt das Defizit dann die 10-Billionen-Grenze.

Irgendwann fragten einige Politiker zaghaft an, wie hoch nationale Schulden denn eigentlich steigen dürften, bis alles zusammenbreche? 2010 antworteten die Ökonomen Kenneth Rogoff und Carmen Reinhart vor dem Senat auf diese Frage, dass die Wirtschaft vermutlich dann in ernsthafte Gefahr gerate, wenn das Defizit höher sei als 90 Prozent des Bruttoinlandsproduktes.

Ein Jahr später betrug das US-Haushaltsdefizit 15 Billionen Dollar – 100 Prozent des amerikanischen Bruttoinlandsproduktes. Heute ist es amtlich: Amerika schuldet seinen Gläubigern mehr, als es insgesamt pro Jahr verdient.

Das ist nicht zum ersten Mal der Fall. Schon während und kurz nach dem Zweiten Weltkrieg nahmen wir Schulden in Höhe von 100 Prozent unseres Bruttoinlandsproduktes auf. Und die Wirtschaft ist nicht zusammengebrochen. Im Gegenteil: Es folgte eine Zeit derartigen Wohlstandes, wie ihn Amerika bis dahin noch nie erlebt hatte.

Der Nobelpreisträger Paul Krugman glaubt gar, dass es überhaupt keine gefährliche Schuldenobergrenze gebe. Ein hohes Defizit bedinge keine schwache Wirtschaft, sagt er, sondern umgekehrt: Die schwache Wirtschaft verursache Schulden. Es geht seiner Meinung nach nicht in erster Linie darum, dass der Staatshaushalt in Ordnung ist, sondern darum, die Wirtschaft wieder auf Trab zu bringen, indem man Schulden aufnimmt und diese klug investiert, damit die Wirtschaft wächst.

Dies ist eine sehr amerikanische Theorie. Der Rest der Welt findet sie unverantwortlich – aber er kauft trotzdem fleißig amerikanische Schuldscheine.

Und warum auch nicht? Es war bei uns nämlich nie anders. Schon 1776 mussten wir Geld borgen, um unsere Unabhängigkeit von England zu erkämpfen. Danach waren unsere Schulden so hoch, dass der erste Präsident, George Washington, als er sein Kabinett zusammenstellte, fünf Angestellte ins neu geschaffene Außenministerium berief – und 40 ins Finanzministerium.

Man könnte sogar behaupten, dass Amerikaner besser mit Schulden umgehen als mit Überfluss.

Der »southern gentleman« Andrew Jackson kam 1829 ins Präsidentenamt mit dem Versprechen, das Haushaltsdefizit zu begleichen. Das tat er auch, indem er Investitionen in Infrastruktur wie Straßenbau stoppte. 1834 wies der Haushalt dann sogar einen Überschuss von fast einer halben Million Dollar auf. Alle waren glücklich. Vor allem Jackson, der sich wohl wie ein Finanzgenie fühlte. Nun kam er richtig in Schwung. Diesmal wollte er mit den Spekulanten aufräumen:

Seit Jahren stand im Westen Land zum Verkauf, und es sprach sich natürlich schnell herum, dass das eine gute Investition sei. Die Spekulanten stürzten sich darauf wie die Geier. Dabei hatten sie nie vor, dort zu leben. Sie ließen das Land brachliegen, bis die Preise stiegen, ohne New York auch nur einen Tag lang zu verlassen.

Und nicht nur das – sie kauften auf Pump. Sie liehen sich Geld von der Bank, kauften das Land und benutzten es als Sicherheit für das geliehene Geld. Echtes Geld wurde nie auf den Tisch gelegt. Es waren völlig imaginäre Transaktionen. Es war wie … na ja, genau wie heute.

Jackson drückte also ein Gesetz durch, nach dem alle Landkäufe nur noch in Gold und Silber abzuwickeln waren. Also nicht mehr auf Pump. Vernünftig, eigentlich. Endlich ein Politiker, der den Mut hatte, den miesen, parasitären Spekulanten Einhalt zu gebieten.

Prompt brach alles zusammen.

Die Banken schrieben ihre Spekulanten an, sie sollten gefälligst ihre Schulden begleichen, und zwar mit echtem Geld. Es gab aber kein echtes Geld – das Land war ja noch nichts wert. Innerhalb von zwei Monaten machten 343 Banken dicht – fast jede zweite in Amerika. Über Nacht war alles anders geworden. Der Staatshaushalt war zwar noch in

Ordnung, aber das ganze Land verarmte. Es dauerte zwei Jahre, diese Rezession zu überwinden.

Seitdem sind Politiker vorsichtiger dabei geworden, sich in die Angelegenheiten von Banken einzumischen.

Drittens: Wenn Amerikaner den Kapitalismus kritisieren (doch, doch, das gibt es), dann knöpfen sie sich mit Vorliebe die »corporation« vor – die Aktiengesellschaft. Alles, was am Kapitalismus böse ist – verantwortungslose und raffgierige Spekulanten, grausame Ausbeutung der Beschäftigten, kurzsichtiges Profitdenken –, lässt sich an dieser Institution festmachen.

Die »corporation« wird von Managern geführt, die wiederum bloß ihren Shareholdern verantwortlich sind – und diese wollen nur Profit, und zwar schnell. Niemand trägt Verantwortung – eine Aktiengesellschaft kann Schaden in Milliardenhöhe anrichten, der Shareholder verliert höchstens seinen Einsatz.

Es passt wie die Faust aufs Auge, dass unser Land aus genau diesen Ungeheuern entstanden ist:

England wurde schon langsam neidisch, als sich um 1600 herum Spanien, Portugal und Frankreich zu Weltreichen entwickelten. Spanische und portugiesische Konquistadoren gründeten fröhlich eine Kolonie in Südamerika nach der anderen und schickten tonnenweise Schiffsladungen voller Gold und Silber nach Hause.

Obwohl der Zug längst abgefahren war, wollte die englische Krone auch gern im Spiel der großen europäischen Mächte mitmischen. Sie hatte nur ein Problem: nämlich kein Geld.

Also musste die Privatwirtschaft ran. Einige Investoren hatten da eine Idee. Sie erwähnten jene neue Erfindung, von der die Holländer die ganze Zeit schwärmten: die Aktiengesellschaft.

Diese besaß nicht unerhebliche Vorteile. Wer nicht genug Geld hatte, ein Schiff zu kaufen und nach Amerika zu schicken, konnte sich mit anderen Investoren zusammentun und das Ding gemeinsam bauen. Und das Beste war: Ging das Schiff zu Bruch, musste der Investor nicht für den ganzen Schaden aufkommen, er verlor bloß seinen Einsatz.

Die Virginia Company (ja, die mit der Lotterie) bekam also von der englischen Krone die Erlaubnis, eine bestimmte Region in Amerika zu besiedeln, und begann Anteile zu verkaufen. Ein Anteil kostete etwas über 12 Pfund, rund sechs Monatslöhne eines Arbeiters. Fast 1.700 Investoren meldeten sich, darunter einfache Männer und Frauen, adelige Gentlemen und ganze Handwerkerzünfte.

1606 landeten 144 Personen mit drei Schiffen in Chesapeake Bay – und merkten schnell, dass hier kein Gold zu holen war. Damit war die ganze Investition, wie so oft bei großen, hochfliegenden Plänen, futsch. Der Beginn einer langen und noblen amerikanischen Tradition ...

Es sei denn – die Kolonisten konnten etwas finden, das Profit abwarf.

So hat das mit Amerika begonnen: nicht mit hehren Idealen, nicht mit dem Auftrag, zur Herrlichkeit und Macht des Königshauses beizutragen, auch nicht mit religiöser Verfolgung, wie wir das immer behaupten. Wir waren schlichtweg eine Aktiengesellschaft, die nach Profit suchte.

Seitdem ist für Amerikaner die Aktiengesellschaft so normal wie ein romantisches Fertiggericht vor dem Fernseher am Abend.

Während Menschen in anderen Ländern ihre Ersparnisse auf Sparbücher packen, investieren wir an der Börse. Selbst unsere Rente. Und wenn »corporations« wie Enron, Tyco, WorldCom oder Lehman Brothers, die von Kriminellen oder einfach nur von Idioten geführt wurden, baden gehen, geht unsere Rente eben mit den Bach runter.

Mein Vater zum Beispiel fertigte in Hawaii in seiner Freizeit Bilderrahmen. Zuerst in unserer Garage, dann in einem kleinen Laden. Der Laden lebte davon, dass seine Frau und seine Kinder (also wir) mitarbeiteten, wenn er tagsüber seiner eigentlichen Beschäftigung nachging. Das Geschäft warf kaum Profit ab. War seine Kleinstfirma ein Familienunternehmen? Eine GmbH? Eine »Ein-Euro-Firma«? Nein, es war natürlich eine Aktiengesellschaft.

Auch New York selbst, Heimat so vieler gefürchteter Wall Street-Corporations, wurde durch eine Aktiengesellschaft gegründet.

New York war die einzige nicht-britische Kolonie in Neuengland. Sie gehörte den Holländern, und im 17. Jahrhundert verstand niemand vom Kapitalismus so viel wie sie. Der Rest der Welt wusste noch gar nicht recht, was Aktien, Börse und Versicherungen waren, die Holländer aber hatten es darin bereits zu Meistern gebracht.

Allen voran die mächtige, weltumspannende Aktiengesellschaft Dutch West India Company. Sie war sehr am lukrativen nordamerikanischen Pelzhandel interessiert und kaufte den Manahatta-Indianern ihre Insel für 60 Gulden ab (in Waren natürlich – das entsprach rund 1.000 Dollar heute). Dort, am Hudson River, gründete sie die Kolonie New Netherlands.

Im Gegensatz zu ihren englischen Konkurrenten waren die Holländer sofort erfolgreich: Schon im ersten Jahr verschifften sie Pelze im Wert von 45.000 Guilders nach Europa.

Nieuw-Amsterdam war mit weniger als tausend Einwohnern schon damals durch und durch kosmopolitisch. 1640 zählte ein Besucher bereits 18 Sprachen auf den Straßen. Und alle New Amsterdamer waren nur zu dem einen Zweck dort: um Geld zu verdienen. Bevor sie überhaupt auf die Idee kamen, eine Kirche zu bauen, dauerte es 17 Jahre.

Viertens: Europäer haben manchmal den Eindruck, dass wir Amerikaner nur an der Oberfläche und auf den ersten Blick freundlich sind und eigentlich knallhart ganz egoistische Ziele verfolgen. (Man hört zum Beispiel oft die Klage, dass Freundschaften mit ehemaligen Kollegen in den USA schlagartig enden, sobald man den Job gewechselt hat.)

Ich verrate Ihnen ein Geheimnis: Es stimmt. Wir finden auch nichts weiter dabei. Jeder Amerikaner weiß, dass jeder andere mindestens bis zu einem bestimmten Grad genauso ist. Der Grund: Unser Privatleben und unser Streben nach Geld sind längst miteinander verschmolzen. Die Kunst, Freundschaften zu pflegen, verstehen wir als Teil unseres Geschäftsplanes. Nicht nur – aber oft.

Wir nennen das »professionalism«.

»Professionalism« ist eigentlich ein tolles Wort. Es beschreibt nicht nur das innere Engagement, das der Profi für seine Arbeit aufbringt, sondern auch den ständigen und ganz pragmatischen Drang nach Optimierung. Es ist also der Versuch, den Mechanismus des großen Ganzen zu verstehen. Wenn wir verstehen, wie die Dinge funktionieren, können wir sie vielleicht dazu bringen, besser zu funktionieren.

Wir wollen das alles wissen, damit wir besser verkaufen können – aber nicht nur das. Wir wollen auch wissen, wie das Verkaufen selbst funktioniert; wie, wann und warum jemand etwas erwirbt und ob Käufer mit anderer ethnischer Herkunft, in anderen Vierteln, mit einem anderen Glauben etwas anderes kaufen. Gehen mehr Frauen oder Männer ins Kino? Mehr Jugendliche oder Erwachsene? Und wer bestimmt den Film – der Mann oder die Frau? Wer zahlt? Hinter der modernen Wissenschaft des Marketings steckt nichts anderes als unser Drang, ein Produkt dem Kaufverhalten des Kunden genauer anzupassen.

»Professionalism« gilt aber nicht nur für einzelne Produkte und für das Kaufverhalten generell, es gilt für alles! Auch für die Wirtschaft an sich: Die betrachten wir wie ein Puzzle, das gelöst werden muss. Während man in Europa Philosophie studieren muss, um als intellektuell zu gelten, muss es in Amerika schon Wirtschaftswissenschaft sein. Das sieht man an den Nobelpreisen. Von den 69 Gewinnern eines Nobelpreises für Wirtschaftswissenschaften seit der ersten Vergabe 1969 waren 49 Amerikaner.

»Professionalism« ist letztlich auch der Grund, warum wir Amerikaner so begeistert Daten sammeln. Während viele Europäer Volksbefragungen rundweg ablehnen, lieben wir sie. Sie sagen uns, wer wir sind. Wenn wir wissen, welche Religion, welche Hautfarbe, welches Alter die Menschen in unserer Nachbarschaft haben, können wir nicht nur herausfinden, welche coolen neuen Produkte sie am schmerzlichsten vermissen, sondern auch, welche Gesetzesinitiativen ihnen am wichtigsten sind.

Schon vor der Staatsgründung wurden in einzelnen Kolonien Befragungen durchgeführt, aber je stärker die Bevölkerung wuchs und je heterogener sie wurde, desto flächendeckender wurden auch die Erhebungen. 1810 kamen Fragen über Produkte im Haushalt dazu; 1850 wurden zusätzlich Fragen zu Steuern, Kirchgang, Armut und Kriminalität in den Katalog aufgenommen. Die Befragung 1880 war bereits so umfangreich, dass es eine Dekade dauerte, bis sie fertig ausgewertet war.

Auch wenn Facebook und Google die Daten ihrer Kunden sammeln und auswerten, gibt es in Amerika nur wenige, die Böses wittern: Wir gehen sowieso davon aus, dass Google und Facebook diese Daten in dem Sinne verwenden, in dem auch wir selbst sie nutzen würden: um uns etwas zu verkaufen natürlich!

Umfragen sind Teil der amerikanischen Demokratie. Politiker benutzen sie fast täglich, um herauszufinden, was der Wähler denkt. Bill Clinton war legendär darin. Er ließ sogar ermitteln, wo er, zur Steigerung seiner Umfragewerte, am besten Urlaub machen und was für ein Haustier seine Familie besitzen sollte.

Das ging in die Hose: Clinton bekam den Ruf, kein Rückgrat zu besitzen, und das schlachtete George W. Bush im Wahlkampf gnadenlos aus. Er betonte bei jeder Gelegenheit, dass er seine eigenen Entscheidungen selber treffe.

Die Realität sah natürlich ganz anders aus: Man schätzt, dass Bush junior allein 2001 bis zu eine Million Dollar für

Umfragen ausgab. Wahrscheinlich war darunter auch eine, die ihm sagte, dass Wähler Politiker nicht mögen, die sich zu sehr auf Umfragen stützen ...

Es gibt auch eine technische Seite des »professionalism«:

Wir Amerikaner sind stolz wie Bolle auf unsere Erfinder, von Benjamin Franklin über Thomas Edison bis hin zu Steve Jobs. Wie kein anderes Land halten wir sie hoch. Unser wirtschaftlicher Erfolg hatte immer wieder mit den technischen Innovationen zu tun, die sie uns bringen, und selbst in der schlimmsten Rezession ist uns klar, dass bald neue Genies am Horizont auftauchen werden, mit spektakulären neuen Entwicklungen, die der Wirtschaft einen nie da gewesenen Schub verleihen – und das Glücksrad dreht sich wieder.

Was wir nicht zugeben: Die wenigsten sind wirklich Erfinder. Die meisten sind »tweakers«: Das sind diese Typen, die sich eine bereits existierende Erfindung vorknöpfen und bloß noch ein winziges, entscheidendes Detail daran verändern.

Steve Jobs inszenierte sich zwar gern als Erfinder, in Wahrheit war aber auch er ein »tweaker«.

Laut seinem Biographen Walter Isaacson war der Mann ein unausstehlicher Perfektionist. Als er mit seiner ersten Frau ein Haus einrichten wollte, musste sie zuerst wochenlang mit ihm darüber diskutieren, was eigentlich der Sinn einer Couch war. Als er im Sterben lag, schickte er 67 Krankenschwestern weg, bis er endlich mit einer zufrieden war. Und im Übrigen hat er alles von Xerox geklaut!

Heute hat sich Xerox längst auf sein Kerngeschäft, die Fotokopierer, zurückgezogen, aber in den 70ern wollte die Firma noch einen Personal Computer entwickeln. Zu diesem Zweck gründete Xerox eine Entwicklungsabteilung namens PARC im Silicon Valley, Kalifornien, wo man unter anderem den Laserdrucker und fast alles, was heute einen PC ausmacht, auf den Weg brachte. Gerüchte darüber, was man bei PARC tat, schossen rasch ins Kraut, aber niemand kam rein. Steve Jobs jedoch wollte unbedingt da rein.

1979 bot er der PARC-Leitung an, sie dürften einen gewissen Anteil an Apple kaufen, wenn er sich einen Nachmittag lang in der Entwicklungsabteilung ein wenig umgucken könne. Apple war heiß. PARC willigte ein.

Jobs streifte ein wenig herum und machte dann Halt an einem Computer. Er fummelte ein bisschen rum. Die Entwickler zeigten ihm, wie alles funktionierte. Sie nannten das Gerät »Alto«, hatten rund 3.000 Stück davon hergestellt und nutzten es intern. Sie schickten sich E-Mails damit zu. Auf dem Bildschirm machten sie »Fenster« auf und wieder zu. Und den Cursor bewegten sie mit Hilfe eines kleinen Kastens, der nur durch ein Kabel mit der Maschine verbunden war.

Am nächsten Tag schrie Jobs seine Mitarbeiter an: »Eine Maus! Wir brauchen eine Maus!«

Die Maus, »Windows« und noch viel mehr aber hatte PARC schon. Warum Xerox nichts damit gemacht hat? Sie waren nicht in der Lage, das Ding zur Marktreife zu bringen.

Jobs aber schon. Für PARC war die Maus schon fertig – sie funktionierte ja. Für Jobs jedoch noch lange nicht. Er bastelte also so lange daran herum, bis sie kleiner, billiger, schöner und einfacher zu bedienen war. Bis seine Maus nicht mehr die Maus war, die er bei PARC gesehen hatte.

»Tweaking« ist die technische Seite des »professionalism« – wir nehmen etwas, das es schon gibt, finden heraus, wie es funktioniert, und optimieren es. Das iPhone ist eine Weiterentwicklung der Smartphones, die es schon gab; das iPod eine Weiterentwicklung des Sony-Walkmans; der iPad war eine Microsoft-Idee, die Microsoft vermasselte. Und Jobs war einfach in der Lage, all diese Dinge etwas besser zu machen. Er konnte »tweaken«. Und wie …

Bei einem Treffen im Apple-Gebäude warf Jobs einst Bill Gates wütend vor, Microsoft habe von Apple das Windows-Interface geklaut: »You're ripping us off!«, schrie er. »Ich habe dir vertraut, jetzt klaust du von uns!«

Gates blieb ruhig. »Na, Steve«, sagte er. »Ich sehe das so: Wir hatten beide einen reichen Nachbarn namens Xerox, aber als ich in sein Haus einbrach, um seinen Fernseher zu klauen, stellte ich fest, dass du ihn schon geklaut hattest.«

Das Wort »tweak« ist relativ neuen Ursprungs, das Konzept aber alt. Schon im 18. Jahrhundert gab es dafür den passenden Spruch: »Build a better mousetrap and the world will beat a path to your door.« – »Bau eine bessere Mausefalle, und die Welt wird dir die Tür einrennen.«

Die Redewendung wird dem Philosophen Ralph Waldo Emerson, dem Gönner von Henry David Thoreau, zugeschrieben. Was er tatsächlich gesagt hat, war deutlich länger und hatte weniger mit Mäusen denn mit Stühlen, Messern und Kirchenorgeln zu tun. Die »getweakte« Version jedoch ist besser.

Gemeint ist: Man muss nichts Neues erfinden, man muss nur das, was es schon gibt, optimieren. Allerdings ist es nicht immer leicht, eine schon vorhandene Erfindung zu verbessern. Das sieht man schon daran, dass beim amerikanischen Patentamt seit der Zeit von Emerson über 4.400 Patente für neue Mausefallen angemeldet wurden. Damit ist die Mausefalle die meistpatentierte Erfindung der USA. 4.399 Patenthalter haben es aber offenbar nicht geschafft, eine bessere Mausefalle zu bauen, denn noch immer benutzen die meisten Menschen auf dieser Welt die einfache federbetriebene Mausefalle, die William C. Hooker 1894 in Illinois erfand. Man könnte den Spruch also zumindest ergänzen: »Ist aber die bessere Mausefalle schon da, erfinde etwas anderes ...«

Auffällig ist: Wir wollen vor allem uns selbst »tweaken«.

Selbsthilfebücher sind ja keine amerikanische Erfindung – sie gab es schon in der Antike und im Mittelalter, damals jedoch nur für Adelige, manchmal auch für Großbürger. Wir Amerikaner jedoch schreiben sie für jedermann.

Schon George Washington trug ein kleines Buch mit 110 Verhaltensregeln bei sich. Seine *Rules of Civility* lauteten zum Beispiel: Immer jenen kleinen Funken himmlischen Feuers, den man Gewissen nennt, am Leben erhalten! Nicht über andere Personen herablassend sprechen, auch wenn sie selber dazu Anlass geben! Und: Auf gar keinen Fall in Gesellschaft gurgeln!

Zu Zeiten der »Großen Depression«, als der wirtschaftliche Misserfolg eines ganzen Landes verheerende Ausmaße annahm und die meisten Amerikaner zum ersten Mal wirklich schwarzsahen, wurden Selbsthilfebücher fast zu einer Art neuen Religion. Sie machten das Streben nach Erfolg zu einer Lebensauffassung, die alles andere mit einbezog: Freundschaft, Familie und persönliches Lebensglück waren vom Erfolg fortan nicht mehr zu trennen.

Dale Carnegie machte mit seinem Buch *Wie man Freunde gewinnt: Die Kunst, beliebt und einflussreich zu werden* den Anfang. 1936 kam er zu dem Schluss, dass die Misere der Menschen nicht allein auf ihre wirtschaftlichen Verhältnisse zurückzuführen sei, sondern auch darauf, dass sie nicht mehr an den Erfolg glaubten. Wer sich ärgert, dass er in amerikanischen Geschäften immer grundlos von wildfremden Menschen mit breitem Lächeln und schmierigem »How are you doing today?« begrüßt wird, muss einen bösen Brief an Carnegies Verlag schicken: Denn der ist schuld!

Schon im Jahr darauf erschien Napoleon Hills *Denke nach und werde reich*, eine Anleitung, die Schritt für Schritt erläutert, wie man den Erfolg durch die Macht der eigenen Gedanken steuert. 1952 legte dann der Prediger Norman Vincent Peale mit seinem womöglich noch einflussreicheren Werk *Die Kraft positiven Denkens* nach, in dem er Hills Erfolgsmagie auf praktischen Optimismus reduzierte. Ihm verdanken wir solche Sprüche wie: »Wenn es keinen Spaß macht, machst du es falsch« und den heute noch beliebten Kalauer: »Wenn dir das Leben eine Zitrone gibt, mach Limonade daraus«, wobei man wissen muss, dass mit »Zitrone« eine Niete bzw. ein Montagsauto gemeint war.

Auch wenn es cool ist, sich über »positives Denken« lustig zu machen, diese Bücher haben uns geprägt wie die Bibel, ihre Botschaften sind zu einem festen Bestandteil unserer Psyche geworden.

Selbst Erscheinungen wie Scientology hätte es ohne Carnegie & Co. nicht gegeben. Ihr Erfolg beruht auf dem gleichen Versprechen wie die Bücher: Scientology will den eigenen Mitgliedern einerseits praktische Tipps im Umgang mit anderen Menschen geben und andererseits die mentalen Blockaden, die einen jeden von uns vom Erfolg fernhalten, auflösen …

Aber nicht nur »Selbsthilfebücher« wollen uns auf dem Weg zum Erfolg weiterhelfen. Malcolm Gladwell, der seriöse Journalist des *New Yorker*, taucht regelmäßig in den Bestsellerlisten auf mit Werken wie *Tipping Point*, *Blink!* und *Überflieger*. Seine Bücher geben vor, ganz neutral rein wissenschaftliche Recherche, Psychologie und Statistik zu vermitteln, aber man kann problemlos ein Rezept für den besten Weg zum Erfolg aus ihnen herauslesen. Gladwell war es auch, der ermittelte, dass ein Mensch im Durchschnitt 10.000 Stunden üben muss, um sich in irgendeinem Bereich Expertise anzueignen – also erfolgreich zu sein.

Er und seine Leser würden keine Ähnlichkeiten zwischen seinen Büchern und den Werken etwa von Carnegie, Hill und Peale sehen – doch im Kern sind sie sehr wohl vergleichbar: Sie wollen uns alle in unserem Streben nach Erfolg professionalisieren.

Heute ist uns das durchaus selbst ein bisschen peinlich. Dieses ganze übertrieben Positive, das oberflächliche Gute-Laune-Getue, das besitzt doch keine Glaubwürdigkeit mehr. Mindestens nicht unter gebildeten und aufgeklärten Menschen, die einen Ruf zu verlieren haben. Die Sekretärin mit Ehrgeiz darf in der U-Bahn vielleicht Norman Vincent Peale lesen; ihr Chef muss dasselbe Buch hingegen als Kitsch abtun und sich auf Malcolm Gladwell beschränken.

Jedenfalls in der Öffentlichkeit. Insgeheim liegt die Sache ganz anders. Ich bin felsenfest davon überzeugt, dass es heute niemanden in einer führenden Position innerhalb der amerikanischen Wirtschaft oder Politik gibt, der nicht irgendwann mindestens ein Buch von Carnegie, Hill oder Peale gelesen hat. Und selbst wenn Obama es leugnet – ich glaube es ihm nicht. Er hat's getan …

Die amerikanische Mentalität ist von vorne bis hinten von der Faszination für den Kapitalismus geprägt. In kaum einem anderen Land ist der Drang zum großen Geld so weit verbreitet und so selbstverständlich wie in Amerika. Einige – nicht nur Europäer, auch Amerikaner – würden sogar behaupten, dass der Kapitalismus Amerika durch und durch verdorben hat.

Kann sein. Trotzdem sind wir ihm tief im Herzen dankbar, denn er war es, der uns vor einem Schicksal errettet hat, das andere Länder erleiden mussten.

Vor allem in Südamerika ging die Kolonisierung nämlich nicht von Privatinvestoren aus, nein, alles wurde von den Regierungen der Kolonialstaaten aus der Ferne geregelt. Südamerika war nur ein Gold- und Geldsack, den der europäische Adel so schnell wie möglich leeren wollte, um die Scharmützel untereinander finanzieren zu können.

Niemand wollte dort in Übersee, fern der Heimat, eine neue Welt aufbauen. Im Gegenteil: In die spanischen und französischen Kolonien durften sogar nur Personen reisen, die Grund hatten, später wieder nach Hause zurückzukehren. Kriminellen oder Arbeitslosen war die Einreise untersagt, die jeweiligen Länder schickten nur das Allerbeste, was sie zu bieten hatten: Konquistadoren und Missionare.

Ganz anders in Nordamerika. Die englische Krone erhoffte sich ein wenig Steuereinnahmen von drüben, aber sonst mischte sie sich so gut wie nicht ein. Als immer mehr Menschen nach Amerika kamen – Investoren, religiös Verfolgte, Abenteurer, arme Schlucker –, war allen klar, dass sie nur dann Geld verdienen würden, wenn sie vor Ort eine Infrastruktur errichteten, die auch unabhängig vom Mutterland funktionierte. Der Drang, Geld zu verdienen, führte also letztlich dazu, dass wir fern der Heimat eine autonome, funktionierende Welt aufbauten.

Als die Staaten Südamerikas, deutlich später als wir, ihre europäischen Besatzer endlich auch rausschmissen, sahen sie sich hingegen mit der Tatsache konfrontiert, dass ihre Infrastruktur nur eine Einwegstraße nach Europa war. Und während im frühen 19. Jahrhundert dann in Nordamerika die Industrielle Revolution einkehrte, verarmte der ganze südliche Kontinent.

Die Amerikaner wissen sehr wohl, dass der Kapitalismus Nachteile und Gefahren mit sich bringt. Sie wissen aber auch, dass er funktioniert.

11

Wir sind die Unterschicht

Wissen Sie, wie ein Amerikaner feststellen kann, ob er ein Redneck ist? Es gibt einen ganz einfachen Test:

Laut Komiker Jeff Foxworthy sind Sie höchstwahrscheinlich dann ein Redneck …

– wenn Ihr Papi Sie gern jeden Tag in die Schule begleitete, weil Sie beide dieselbe Klasse besuchten;
– wenn Sie mit dem Hund spazieren gehen und Sie beide denselben Baum an der Ecke benutzen;
– wenn »Fastfood« für Sie bedeutet, dass Sie mit 120 Sachen ein Wildschwein überfahren haben;
– wenn Ihr Stammbaum sich nicht verzweigt!

Ja, es stimmt, wir machen uns gern lustig über Rednecks. Wir nennen sie so, weil sie auf dem Feld arbeiten und dabei einen Sonnenbrand bekommen. Wir haben aber noch mehr nette Bezeichnungen für sie: »white trash« – weißer Müll –, wenn sie arm sind, aber nicht schwarz; Hillbillies, wenn sie aus den entlegenen Bergen – »hills« – stammen und kaum richtig Englisch können; »country bumpkins«, »yokels« und »hicks«, weil sie Landeier sind; die Allerärmsten unter ihnen nennen wir »clay-eaters« – »Erdfresser« –, weil sie Erde essen, wenn sie Hunger haben und keine andere Möglichkeit finden, ihren Bauch zu füllen.

Sie leben in den Bergen von Kentucky, in den Sümpfen von Florida, in der Prärie von Kansas und Oklahoma, in den Maisfeldern von Iowa und Indiana, kurz, im ganzen »flyover country« zwischen New York und Los Angeles. Sie fahren Pick-ups – und eine Schrotflinte im Kofferraum spazieren. Sie haben die High School nicht geschafft und wissen nicht, wo Europa liegt; oder sie gehen auf eine Uni, die von einem TV-Prediger betrieben wird – und wissen immer noch nicht, wo Europa liegt. Sie hören Country, Heavy Metal und Tom Petty. Selbst in den *Simpsons* macht man sich über sie lustig – dort sind sie noch dümmer als Homer. Sie heiraten ihre Kusine, hoffentlich erst nach ihrem 13. Geburtstag.

Wenn sie einen Schnapsladen überfallen, kennen sie den Eigentümer und auch den Polizisten, der sie Minuten später abholt. Sie lieben Catchen und Monster-Trucks, sie haben NASCAR zu einem der größten Autorennen der Welt gemacht. Auf ihrer Liste der besten Filmen aller Zeiten steht *Saw IV*; sie gucken ihren Gottesdienst im Fernsehen. Sie haben Verständnis für den Ku-Klux-Klan und die alte Flagge der Südstaaten aus dem Bürgerkrieg im Wohnzimmer hängen, weil sie nicht vergessen mögen, dass sie damals verloren haben. Ihr leidenschaftlichstes politisches Engagement zeigen sie, wenn es um die Todesstrafe und das Recht auf Waffenbesitz geht.

Ach ja: Und es gibt so viele von ihnen, dass sie es sind – und nicht die linken Intellektuellen in New York und Hollywood –, die den Präsidenten bestimmen.

Wir behaupten zwar gern, unsere Vorfahren seien tapfere Rebellen gewesen, die nur religiöse Freiheit suchten, oder gelehrte Autodidakten und Philosophen wie Thomas Jefferson, George Washington und Benjamin Franklin, voller Witz, Weitblick und Mut. Stimmt nicht. Von ihnen stammen die allerwenigsten ab. Die meisten von uns stammen von Leuten ab wie den Hatfields und den McCoys.

Die berüchtigte, wohl aus England stammende Familie Hatfield betrieb ein großes, lukratives Sägewerk auf der Virginia-Seite des Tug Fork River. Auf der Kentucky-Seite des Flusses lebten die aus Schottland eingewanderten McCoys, die finanziell weniger erfolgreich waren, dafür aber sehr kinderreich. Beide Familien waren stolz darauf, im Bürgerkrieg gekämpft zu haben – die mächtigen Hatfields auf der Verliererseite, die McCoys, die teilweise für die Hatfields gearbeitet haben, dagegen für den siegreichen Norden.

1865 wurde ein McCoy bei der Heimkehr aus dem Krieg erschossen. Der Mord wurde zuerst dem reichen und mächtigen Patriarchen des Hatfield-Clans mit dem bezeichnenden Spitznamen »Devil Anse« (Teufel Anderson) angelastet, aber der hatte zu der Zeit krank zu Hause gelegen, und der Verdacht fiel deshalb schnell auf seinen Onkel (Historiker vermuten, zu Recht). Trotzdem hielten sich die McCoys vorbildlich zurück: Einige von ihnen äußerten sogar nicht ohne eine gewisse Selbstkritik, dass jeder, der in dieser Gegend gegen den Süden gekämpft habe, wusste, was er tat.

Dreizehn Jahre später wurde ein weiterer McCoy ermordet. Diesmal ging es um etwas Handfestes: ein Schwein. Da war die Geduld der McCoys zu Ende.

Die Hatfield-McCoy-Fehde dauerte schließlich 25 Jahre und hatte alles, was eine richtig blutige Familienfehde so braucht: 13 Mordopfer, rund dreimal so viele Mörder (sie mordeten gern in Gruppen: Mehrere Brüder lockten einen Einzelnen in einen Hinterhalt und durchsiebten ihn mit Kugeln), sogar eine Romeo-und-Julia-Romanze zwischen Roseanna McCoy und Devils Sohn Johnson Hatfield, die natürlich böse ausging, Verhaftungen, Streitigkeiten vor Gericht, bei dem einer der Hatfields Richter war, unfaire Gefängnisstrafen, noch mehr Blutrache, Überfälle, Prügeleien, Messerstechereien, Selbstjustiz, Brandstiftung, Morde an Kindern und Frauen, Drohungen seitens des Gouverneurs von West Virginia, mit der Armee einzumarschieren – und nicht zuletzt eben den unglaublich zähen Patriarchen Devil Anse, der die Fehde überlebte und erst 1921 mit 81 Jahren aus Altersgründen friedlich von uns gegangen ist.

Das waren die heimlichen Gründerväter: irgendwelche Hinterwäldler-Großfamilien in den Bergen, auf sich selbst und ihre Waffen angewiesen und im Überlebenskampf stets bereit, anderen Gewalt anzutun. Es existiert ein Familienfoto der Hatfields: Der ganze Clan steht oder kniet vor dem Haus, herausgeputzt in ihrem Sonntagsstaat – und fünf von ihnen, einschließlich eines kleinen Jungen, halten stolz ihre Gewehre vor der Brust.

Und seither hat keiner was dazugelernt. Eine der wichtigsten Traditionen des »white trash« besteht nach wie vor darin, irgendwann irgendwas zu tun, das einem letztlich selbst am meisten schadet …

Im 19. Jahrhundert warfen die großen Firmen ein Auge auf die ganze ungenutzte Kohle und das Holz in den Appalachen. Das sind jene malerischen Berge, die sich durch 18 Bundesstaaten an der Ostküste von Kanada bis nach South Carolina ziehen. Die Unternehmen machten den Bewohnern der Berge ein tolles Angebot: »Ihr gebt uns euer Land, und dafür könnt ihr auf eurem Land für uns arbeiten.« Natürlich willigten diese bereitwillig ein. Vermutlich konnten die meisten zwar nicht einmal ihre Unterschrift unter den Vertrag setzen, da sie ihren eigenen Namen nicht zu schreiben vermochten. Aber sei's drum. Seitdem jedenfalls ging es mit den Hillbillies, diesen armen Schluckern in den Bergen Kentuckys und Tennessees, abwärts.

Ein Leben in den Bergwerken, in völliger Abhängigkeit von diesen Großkonzernen, war typisch für den »white trash«: Die Arbeiter mussten in Häusern wohnen und in Läden einkaufen, die den Unternehmen gehörten, und zahlten entsprechend überteuerte Preise. Das Lied *Sixteen Tons* von Tennessee Ernie Ford beschreibt den Teufelskreis der Abhängigkeit im Rahmen des so genannten Scrip-Systems, bei dem ein Bergmann in Kentucky für seine Arbeitsleistung kein Bargeld erhielt, sondern Chips aus Blech, die er nur in konzerneigenen Geschäften einlösen konnte:

Es heißt, der Mensch sei aus Lehm gemacht,
Doch ein armer Mann besteht nur aus Knochen und Blut,
Muskeln und Blut und Knochen und Haut,
Der Rücken ist stark, nur der Geist ist schwach.

Du schippst 16 Tonnen, und was ist der Lohn?
Du bist einen Tag älter und tiefer im Soll.
Sankt Petrus, was willst du? Ich kann hier nicht fort,
Ich schulde meine Seele dem Laden vom Boss.

Some people say a man is made outta mud
A poor man's made outta muscle and blood
Muscle and blood and skin and bones
A mind that's a-weak and a back that's strong.

You load sixteen tons, what do you get
Another day older and deeper in debt
Saint Peter don't you call me 'cause I can't go
I owe my soul to the company store.

Letztlich sind wir alle irgendwie »white trash«. Die allermeisten von uns – vermutlich bis zu 80 Prozent – stammen vom »white trash« ab oder sind es noch.

Ich wuchs in einem ganz normalen Mittelklasse-Haushalt auf. Meine Eltern achteten darauf, dass wir in der Schule fleißig lernten. Wir waren Mitglieder in einer gutbürgerlichen Kirche und gingen sonntags auch dahin. Wir besaßen jede Menge Bücher, und unsere Eltern ermunterten uns Kinder, diese auch zu lesen. Wir malten und musizierten. Ich werde nie vergessen, was für eine Enttäuschung es für meine Mutter war, als ich anfing, Comic-Hefte zu sammeln, *Conan*, *Spiderman*, *Captain America*. Sie versuchte immer wieder, mir *Anna Karenina* unterzuschieben.

Eines Tages besuchten wir das alte Zuhause meines Vaters auf dem Festland in Bellingham, Washington. Es lag weit draußen vor der Stadt – und war nichts weiter als eine verlassene Holzhütte im Wald. Zuerst verstand ich gar nicht, was ich da vor mir hatte.

Als ich es endlich begriff, war es wie ein Schock: Mein Vater war im tiefsten Wald ohne Strom aufgewachsen. Er hat den Sprung in die Mittelklasse nur mit Hilfe der Armee geschafft – als er sich zur Offiziersschule meldete und dort Ingenieurwesen studierte. Sonst wäre er wie sein Vater ein Hillbilly geblieben.

Die meisten unserer Vorfahren sind so oder ähnlich aufgewachsen. Irgendwann haben sie dann den Sprung in die Mittelklasse geschafft – und nie wieder über ihre Herkunft gesprochen. Ihre Kinder wuchsen auf, ohne zu wissen, wo sie wirklich herkommen. Man erzählte ihnen irgendwas von Immigration und Ellis Island und harten Zeiten, aber man vergaß zu erwähnen, dass man einmal zum »white trash« gehörte. Amerika gibt sich gern als bürgerliche Mittelklasse, ist aber im Herzen eine Nation, die aus einer einzigen riesigen Unterschicht besteht.

Wer verstehen will, wie Amerikaner ticken, muss wissen, wo wir herkommen – und bei der Mehrzahl unserer Vorfahren handelte es sich nicht einfach um Menschen aus der Unterschicht, sondern um weiße Sklaven.

Die »indentured servitude« – zu Deutsch »Schuldknechtschaft« – ging aus der Tradition der Leibeigenschaft hervor und ist ein anderer Begriff für Sklaverei auf Zeit. Es funktionierte so: Irgendein armer Schlucker ohne jede Aussicht auf Arbeit in England, Irland oder Deutschland kommt mit Sack und Pack zum Hafen und bittet um ein Ticket nach Amerika, wo es angeblich Arbeit gibt. Natürlich kann er sich die Überfahrt nicht leisten – wer so viel Geld besitzt, hat auch einen Job und muss die Heimat gar nicht erst verlassen. Kein Problem, sagt da der Vertreter der Reederei, die mit genau solchen Fällen ihr Geld verdient, der Emigrant kann die Kosten der Überfahrt auch gern erst in Amerika abarbeiten: So dauert es zum Beispiel nur an die drei bis fünf Jahre, bis die Schuld von rund 15 Pfund beglichen ist. Der Vertrag, der nun aufgesetzt wird, besteht allerdings nicht zwischen Arbeitgeber und Emigrant, sondern zwischen Emigrant und Reederei. Angekommen im Hafen von New York, wird der Einwanderer bzw. sein Arbeitsvertrag von der Reederei dann an den Höchstbietenden verkauft, ganz egal, wer der

Bietende ist und was er mit dem Neuankömmling vorhat – und am besten für viel mehr als 15 Pfund.

Erst da wird dem Einwanderer oft bewusst, was er da für einen Scheiß unterschrieben hat. Was er arbeiten muss und wo, bestimmen andere. Und auch sonst hat er nichts zu melden: Für den Zeitraum des Vertrages verzichtet er auf so gut wie jedes Persönlichkeitsrecht. Er verliert in dieser Zeit jeglichen Anspruch auf eine bessere Behandlung, bessere Bleibe, bessere Arbeitsbedingungen oder gar besseres Essen. Und nicht nur das: Ist auf der Überfahrt seine Ehefrau gestorben, muss er ihren »Arbeitsvertrag« gleich zusätzlich mit erfüllen. Ist er oder sie unverheiratet, darf er in dieser Zeit in Amerika nicht heiraten, und sie darf dazu auch noch keine Kinder bekommen.

Beileibe nicht alle von ihnen kamen freiwillig – vor allem nicht im 17. Jahrhundert, als Amerika noch eine Kolonie war. Jeder Passagier, der an Bord war, wenn das Schiff einen europäischen Hafen verließ, bedeutete bares Geld für die Reederei: Er konnte in Amerika gewinnbringend verkauft werden. In England war es deshalb alles andere als ungewöhnlich, dass unterbeschäftigte Reederei-Agenten Obdachlosen oder Besoffenen eins über den Schädel zogen und sie aufs Schiff schleppten. Und das betraf nicht nur Erwachsene: So viele Waisenkinder wurden auf diese Weise nach Amerika verschifft, dass das englische Wort für »Entführung« gar aus dieser Zeit stammt: »kidnapping« – »sich Kinder schnappen«.

Unter Umständen war das nicht mal illegal: Waisenkinder und Kriminelle wurden oft mit Wissen und unter Tolerierung der Behörden an Reedereien verkauft, weil die Unterbringung in den überfüllten Waisenhäusern und Gefängnissen zu teuer wurde. 1669 forderte das Scottish Privy Council – das Gremium der königlichen Berater – die Polizei auf, sämtliche »gesunden und unbeschäftigten Bettler, Landstreicher, Ägypter (= Zigeuner), bekannten Huren, Diebe und andere zwielichtige und unlautere Personen«

einzusammeln und in die Neue Welt zu verschiffen. Die Diebin Mary Stanford beispielsweise hatte so viel Angst vor der Deportation nach Amerika, dass sie um eine mildere Strafe bat: Sie wollte stattdessen doch lieber erhängt werden.

Der einzige Unterschied zwischen einem »indentured servant« und einem schwarzen Sklaven bestand darin, dass die Weißen nach einigen Jahren wieder frei waren.

Abgesehen davon, dass der Vertrag eines »indentured servant« zeitlich begrenzt war und er ihn in der Regel selbst unterschrieben hatte, war sein Alltag nicht anders als der eines schwarzen Sklaven. (Die Wörter »servant« und »slave« waren sogar eine ganze Zeit lang beliebig austauschbar, Synonyme mithin.) Er bekam Kost und Logis, aber keinen Lohn, wurde in den allermiesesten Baracken gehalten sowie nach Lust und Laune ausgepeitscht (wie seine schwarzen Brüder) und durfte vom Arbeitgeber jederzeit weiterveräußert werden. An ein Gericht wenden konnte er sich meist nicht – auf seine Rechte hatte er mit dem Vertrag ja verzichtet.

Entlaufene »indentured servants« wurden so hart bestraft, als ob sie ihren Käufern etwas von ihrem Besitz geklaut hätten. Hatten sie ja auch, sich selbst. Ihnen wurden die Ohren abgeschnitten, sie wurden gebrandmarkt oder mussten Ketten tragen. Bis es dazu kam, waren sie aber wahrscheinlich schon abgehärtet: Die körperliche Züchtigung der »indentured servants« war irgendwann so weit verbreitet, dass sogar der Staat eingreifen musste. In Virginia verbot man, einen verstorbenen »indentured servant« privat und auf die Schnelle zu beerdigen: Der Staat wollte sich den Leichnam erst mal angucken, weil automatisch der Verdacht bestand, dass der Herr seine Arbeitskraft zu Tode gefoltert hatte.

Rund 25 Prozent der weißen Sklaven überlebten nicht einmal das erste Jahr.

Hielten sie länger durch, hat es sich allerdings gelohnt. Zumindest in vielen Fällen: Hatte ein »indentured servant«

seine Zeit überlebt, bekam er neben seiner Freiheit in der Regel ein bisschen Taschengeld und, je nach Vertrag, oft auch Land. Manchmal bis zu 20 Hektar.

Sir Henry Moore, königlicher Gouverneur von New York, beschrieb 1767 den Vorgang – vielleicht doch etwas beschönigend – folgendermaßen: »… für die ersten drei oder vier Jahre führen sie elende Leben in tiefster Armut. All dies wird aber mit Geduld und mit größter Heiterkeit ertragen, denn die Genugtuung, eines Tages selber Land zu besitzen, lässt jede Schwierigkeit harmlos erscheinen; deshalb wählen sie diese Art zu leben, anstatt zu Hause zu bleiben bei dem bequemen und angenehmen Leben in dem Handwerk und Beruf, in dem sie ausgebildet wurden.«

Heute weiß das kaum einer mehr, aber zu Kolonialzeiten konnten sogar Schwarze auf diese Weise an Land kommen. Im frühen 17. Jahrhundert, bevor die Sklaverei so richtig in die Gänge kam, brachte ein holländisches Schiff eine Ladung afrikanischer »indentured servants« in die Chesapeake Bay und verkaufte sie als Arbeitskräfte auf Zeit in den Tabakfeldern. Wenn sie ihre Zeit abgearbeitet hatten, waren sie, genau wie die Weißen, wieder frei. Einige von ihnen erwarben danach selbst Land und wurden respektierte Farmer mit eigenen Sklaven. Der Schwarze Anthony Johnson zum Beispiel besaß eine 100 Hektar große Tabakplantage in Virginia, die er zum Teil von Sklaven, darunter vermutlich auch »indentured servants«, bewirtschaften ließ. Wir wissen von ihm, weil er erfolgreich sein Recht vor Gericht durchsetzen konnte, als einer seiner Sklaven einmal versucht hatte, abzuhauen …

Na gut – das mit dem Land war dann doch nicht so leicht, wie man sich das jetzt vielleicht vorstellt. Erstens kam nicht jeder »indentured servant« automatisch an Land. Das hing von der jeweiligen Kolonie ab, und die Bestimmungen änderten sich auch mit der Zeit und von Ort zu Ort. In Pennsylvania wurden »indentured servants« zum Beispiel um 1700 herum noch mit zwei Anzügen, einer Axt und zwei

Spitzhacken abgespeist. In Virginia bekamen sie drei Pfund und 10 Shilling. Aber immerhin, man konnte Land kaufen – und billig sogar, je weiter man nach Westen wanderte. Man setzte einfach seinen Fuß irgendwohin und sagte: »Das Land gehört jetzt mir!« Eine Weile funktionierte das.

Jim Goad schätzt in seinem Buch *The Redneck Manifesto*, dass nur ein »indentured servant« von zehn es am Ende schaffte, auf irgendeine Weise, durch Landerwerb oder sonst wie, in die Mittelklasse aufzusteigen. Die anderen sind zu den Nachbarn der Hatfields und McCoys geworden.

Da stellt sich natürlich mit gutem Recht die Frage: Warum blieben sie dann hier, und warum kamen immer mehr von ihnen?

12

Wir sind Träumer

*W*arnungen vor der amerikanischen »Falle« gab es früh.

1750 wanderte der deutsche Organist und Schulleiter Gottlieb Mittelberger nach Amerika aus – und kehrte umgehend nach Hause zurück. Als Allererstes verfasste er dann eine saftige Abrechnung mit dem Titel *Reise nach Pennsylvanien.*

Es fing schon auf dem Schiff an: Die Verhältnisse dort waren unter aller Kanone. Gestank, Gekotze, Seekrankheiten »aller Art«, Fieber, Durchfall, Kopfschmerzen, Verstopfung, Furunkel, Skorbut, Mundfäulnis und Schlimmeres. Das Essen war eine Zumutung, und viele Passagiere, vor allem Kinder und Frauen, die unterwegs niederkamen, starben auf der Überfahrt elendiglich.

In Pennsylvania angekommen, durfte niemand das Schiff verlassen, der nicht schon voll bezahlt hatte oder nicht bereits gekauft worden war, selbst wenn er im Sterben lag.

Jeden Tag kamen Engländer, Holländer oder Deutsche an Bord und suchten sich einen Passagier aus: Erwachsene gingen meist drei- bis sechsjährige Arbeitsverträge ein, je nach Alter und Gesundheitszustand, Jugendliche hatten zu arbeiten, bis sie 21 waren. Manche Eltern mussten ihre Kinder verkaufen, als wären sie Vieh.

Die Arbeit erforderte Malocher: Tagtäglich Bäume fällen und Felder roden. »Gekaufte Europäer müssen den ganzen Tag lang arbeiten, und so lernen sie, dass ein Baumstamm in Amerika genauso schwer ist wie in Deutschland«, schrieb Mittelberger. »Menschen, die sich überreden lassen, die Heimat zu verlassen und den Ozean zu überqueren, sind völlige Narren, wenn sie wirklich glauben, dass ihnen in Amerika gebratene Tauben in den Mund fliegen werden, ohne dass sie dafür arbeiten müssen.«

Und sein Bericht war nicht der einzige. Bis ins 20. Jahrhundert hinein wurden immer wieder solche Warnungen veröffentlicht. Im 19. Jahrhundert versuchten selbst Regierungen, ihre ausreisewilligen Bürger zu warnen. Charles Dickens hat von Amerika abgeraten – und machte aus seiner Warnung einen Bestseller. Viele Einwanderer wussten, was sie in den Slums von New York, in den Minen von Kentucky, auf den Ölfeldern von Texas oder an der Eisenbahnstrecke irgendwo in den Weiten Montanas erwartete.

Trotzdem kamen sie – millionenfach.

Zwei Drittel aller Einwanderer bis zum Zeitpunkt der Staatsgründung 1776 und über die Hälfte der Einwanderer bis zur Mitte des 19. Jahrhunderts kamen als »indentured servants«. 80 Prozent aller britischen Einwanderer insgesamt hatten diesen Status inne und die meisten der irischen und schottischen und der fünf Millionen deutschen Einwanderer ebenfalls.

Warum taten sie sich das an?

Es herrschte damals eine Situation, die wir in Amerika mit dem Begriff »carrot and stick« beschreiben. So wird ein Maulesel angetrieben: Man hängt ihm als Köder eine Karotte vor das Maul, aber weil das bei Mauleseln nicht reicht, peitscht man ihn zusätzlich von hinten.

Die Peitsche war Europa selbst.

Zum Beispiel England:

Als dort das Mittelalter langsam auslief und das industrielle Zeitalter begann, wurden die Fürsten sich plötzlich der ganzen nutzlosen Leibeigenen auf ihrem Land bewusst, die immer noch in der finanziell uninteressant gewordenen Landwirtschaft arbeiteten.

Also vertrieb man sie.

Zwischen 1530 und 1630 wurde die Hälfte der englischen

Leibeigenen obdachlos. Die Landstraßen waren voller Arbeitsloser, die verzweifelt nach irgendeinem Lebensunterhalt suchten und langsam auf die Hauptstadt zumarschierten, was zur Folge hatte, dass die Bevölkerung Londons zwischen 1550 und 1650 auf fast das Dreifache anstieg. Man nannte die Zugezogenen »sturdy beggars« – »robuste Bettler« –, um sie zu unterscheiden von den ganzen Krüppeln, Wahnsinnigen, Besoffenen und Heruntergekommenen, zu denen sie sich jetzt gesellten.

Nun ist England neben Amerika wahrscheinlich das patriotischste Land der Welt, und ich bin sicher, dass auch die armen Engländer damals ihr Land liebten und stolz darauf waren, Engländer zu sein. Aber Patriotismus funktioniert nur so lange, bis man merkt, dass man vom Staat, den man liebt, nichts zurückbekommt. Die neuen Arbeitslosen hatten keinen Grund mehr zu bleiben.

Die Karotte war der Wunsch nach einem eigenen Stück Land.

Im noch mittelalterlich angehauchten Europa, wo die »indentured servants« herkamen, bedeutete Land alles. Land war Sache des Fürsten. Grundbesitz machte einen Menschen zum »Gentleman«. Die »indentured servants« wussten das nur allzu gut, hatten doch viele von ihnen ihr Leben als Leibeigene auf den Ländereien eines Fürsten zugebracht, bis dieser eine bessere Verwendung dafür fand, zum Beispiel als Schafweide. In Europa hätten sie keine Chance gehabt, Land zu erwerben: selbst, wenn sie das nötige Geld zusammengekratzt hätten – der Fürst erlaubte dergleichen nicht. In Amerika aber gab es Land, und damit auch die Chance, selbst zum Grundbesitzer und damit zu einer Art Gentleman zu werden. Solch eine verwegene Idee wäre ihnen in Europa nie gekommen.

Der Grund ihres Kommens lag darin, Geld zu verdienen und aufzusteigen. Wenn unsere Vorfahren von »Freiheit« sprachen, meinten nur die wenigsten »religiöse Freiheit«

damit. Die Mehrheit meinte schlichtweg die Freiheit, ihr finanzielles Los zu verbessern.

Die Loser Europas sahen den Kapitalismus als einen Weg in ein anderes Leben an, und dieser Glaube wurde von Generation zu Generation weitergegeben. Noch heute saugen wir ihn mit der Muttermilch ein, wir haben ihn restlos verinnerlicht.

Die Tatsache, dass die meisten von uns diesen Traum nie verwirklichen können, auch nicht ansatzweise, scheint uns merkwürdigerweise nicht zu stören.

Eine Studie nach der anderen belegt, dass Amerika eines der am wenigsten geeigneten Länder der Welt ist, um dem American Dream nachzujagen. Kanada bietet da viel bessere Möglichkeiten, in den skandinavischen Ländern geht es am leichtesten, sogar in Deutschland kann man viel eher seinen Traum erfüllen als in Amerika, was zum größten Teil daran liegt, dass ein gesellschaftlicher Aufstieg eine höhere Bildung voraussetzt. Und Bildung ist in Amerika bekanntlich teuer.

In ihrem Buch *The American Dream and the Power of Wealth* ging die Soziologin Heather Beth Johnson diesem Sachverhalt nach. In Interviews mit 232 schwarzen und weißen Eltern aus der Mittelklasse sowie mit 20 Eltern aus reichen Familien hakte sie nach: Ob sie glauben, dass eine höhere – und oft unerreichbar teure – Bildung ausschlaggebend für den Erfolg ihrer Kinder sei? Alle antworteten mit Ja. Niemand hegte die Illusion, dass eine gute Universität, zu der meistens nur die Reichen (und gute Sportler) Zugang haben, unwichtig sei. Und sie wussten auch – zumindest die aus der Mittelklasse –, dass ihre Kinder nie in den Genuss einer solchen Ausbildung kommen würden.

Dennoch glaubten alle durch die Bank an den amerikanischen Traum.

Warum?

Alexis de Tocqueville nannte es »den Charme des erwarteten Erfolges«. Jeder in Amerika glaubt jede Sekunde seines Lebens fest daran, dass etwas Wundervolles passieren kann. Hat er eine tolle Geschäftsidee, sieht er sich schon in seiner Traumvilla. Macht er gern Witze und bringt andere damit zum Lachen, hat er das Gefühl, er sollte im Fernsehen auftreten. Verliert er seinen Job und versucht sich an einer neuen Karriere, denkt er sich: »Diesmal bin ich nicht zu stoppen.« Und wenn er auf die Schnauze fällt, ist es zwar enttäuschend, aber er weiß, er ist unter seinesgleichen. Schon am nächsten Tag wird einer sagen: »Hey, diese Idee, die du damals hattest – die fand ich toll. Wieso machst du das nicht?« Amerika ist ein Land der Träumer, aber dafür sind wir unter uns, und es gefällt uns hier.

Andrew Sullivan, gebürtiger Engländer und heute einer der wichtigsten politischen Kommentatoren Amerikas, beschrieb es so:

»Sechs Wochen, nachdem ich nach Cambridge (Massachusetts) zog, schrieb ich an meine Eltern: ›Es mag seltsam klingen, aber ich habe das Gefühl, dass ich endlich zu Hause angekommen bin. Der Umgang miteinander ist hier viel natürlicher und freundlicher als in England.‹ Das hatte ich überhaupt nicht erwartet. Ich liebte es, dass man hier Sachen tun und Dinge sagen konnte, und die Leute reagierten mit: ›Hey, cool.‹ Und nicht mit: ›Was glaubst du, wer du bist? Wo kommst du überhaupt her? In welcher Schule bist du gewesen?‹ Diese ganze typisch britische Negativhaltung. Als enthusiastischer Student in Oxford bin ich immer wieder gegen diese Mauer aus Zynismus und Negativität und Neid und Groll gegenüber jeder Art von Erfolg und Ehrgeiz und Leistung angerannt. Und plötzlich kam ich in eine Gesellschaft, wo diese Dinge geschätzt wurden. Ich wusste sofort, dass ich den Rest meines Lebens hier bleiben will.«

Wir glauben aus dem gleichen einfachen Grund, weshalb auch der gläubige Mensch glaubt: Weil der Glaube unser Leben bereichert. Nichts weiter. Wir lieben es, an den amerikanischen Traum zu glauben.

13

Wir müssen alles kaufen

*W*o ich auch hinschaue: Nichts als antiamerikanische Klischees.

Zum Beispiel: Wir Amis lassen den Fernseher laufen, wenn wir das Haus verlassen. Wir werfen die Klimaanlage an, sobald die Sonne aufgeht. Unsere Kühlschränke sind so groß wie anderer Leute Schlafzimmer, und das ist nur der in der Küche – der im Keller ist noch größer. Wir fahren mit dem Auto zum Supermarkt, obwohl er nur zwei Straßen weiter ist. (Aber wie sollen wir auch sonst dahin kommen? Es gibt ja keine Bürgersteige.) Wir sehen einen Baum friedlich in der Gegend rumstehen und denken: »Hoppla, da würde gut ein ›Dunkin' Donuts‹ hinpassen.« Wir fressen uns an Fastfood tot, und wenn wir endlich satt sind, schieben wir eine Ladung Junkfood hinterher. Wir denken den ganzen Tag lang nur ans Kaufen, Kaufen, Kaufen. Wir wollen alles, wir wollen immer mehr, und wir können nicht genug kriegen, ob wir es brauchen oder nicht.

Ich hasse diese Klischees. Ich finde sie diskriminierend, kurzsichtig, ignorant und grenzwertig völkerverhetzend. Und das Schlimmste:

Sie sind alle wahr.

Wir Amerikaner machen nur 5 Prozent der Weltbevölkerung aus, aber wir verschlingen 20 Prozent des weltweit produzierten Stroms. Ein Amerikaner konsumiert so viel Energie wie 370 Äthiopier. Unser täglicher Ölverbrauch liegt laut »US Energy Information Administration« höher als der von Südamerika, Europa und Asien – zusammen. Laut dem »US

Bureau of Transit Statistics« fahren rund 256 Millionen Autos und 7,7 Millionen Motorräder auf unseren Straßen und geben zusammen 1,5 Milliarden Tonnen CO_2 pro Jahr ab. Während die Hälfte der Weltbevölkerung mit 94 Litern Wasser pro Person täglich auskommt, braucht ein durchschnittlicher Amerikaner 600 Liter. Und derselbe Amerikaner produziert 52 Tonnen Müll, bis er 75 Jahre alt ist.

Wir können einfach nicht aufhören.

Manchmal erschreckt es mich selbst: Ich kehre nach Amerika zurück, nachdem ich ein Jahr oder länger nicht mehr da war, und die ganze Werbung prasselt ungeschützt auf mich ein. Werbung sehe ich ja auch jeden Tag in Deutschland, und zwar genug und auch nicht gerade die allerbeste, aber in den USA ist alles lauter, schriller und aufdringlicher. Und mehr.

Aus dem Fernseher plärrt es unablässig: Dieses Bauch-Weg-Fitnessgerät für fast umsonst wird mein Leben ändern, das sagen wirklich sämtliche Experten. Und da sind sie dann auch, die Experten: Einer nach dem anderen grinst in die Kamera und versichert mir, dass es wirklich wahr ist. Und hätte ich nicht Lust auf ein saftiges Stück Fleisch mit einem riesigen Klumpen Käse obendrauf? Diese goldenen Farben, die züngelnden Flammen unterm Grill, das Brutzeln des Fleisches, da läuft mir schon das Wasser im Mund zusammen. Oder habe ich Rückenschmerzen? Bin ich deprimiert? Leide ich unfairerweise an Übergewicht? Diese Pillen sind ganz neu, ein Durchbruch in der Medizin, und wenn sie nicht funktionieren, gibt's im nächsten Werbespot einen Anwalt, der die Hersteller gerne für mich anklagt, bitteschön. Ich kann mir keinen Anwalt leisten? Kein Problem! Kenne ich denn noch nicht diese brandneue Platinum-Kreditkarte für wirklich jeden?

Als das zum ersten Mal passierte, bekam ich schon nach wenigen Minuten Kopfweh und dachte: Mein Gott, diese Europäer haben wirklich recht, mein Land ist durch und durch verdorben, es ist hoffnungslos, wir sind zu einem Volk von Konsum-Idioten geworden. Wir tun alles, was uns in der Glotze gesagt wird, wir kaufen uns zu Tode, wir fressen uns zu Tode, wir fahren, schauen, unterhalten uns zu Tode.

Verzweifelt ging ich in der Stadt spazieren, um der Berieselung zu entkommen. Auf einem Werbeplakat las ich dann auf schwarzem Grund den weißen Schriftzug: »Demand More.« – »Verlange mehr.« Ich musste gegen ein unheimliches inneres Verlangen ankämpfen, das mich drängte, hinzugehen und mich zu erkundigen: »Mehr was?«

Doch, doch, wir Amerikaner sind ein gieriges Volk. Wir wollen mehr, und wenn wir es bekommen, wollen wir noch mehr, so lange, bis nichts mehr da ist …

Wenn man von den ausgestorbenen Tierarten Amerikas spricht, geht es immer wieder um den Bison. Der ist aber gar nicht ausgestorben, sondern vermehrt sich inzwischen so munter, dass es sogar wieder politisch korrektes Bisonsteak gibt.

Viel tragischer ist das Schicksal der »passenger pigeon« – der amerikanischen Wandertaube.

Als die Engländer ihre ersten Kolonien an der Ostküste gründeten, waren sie erstaunt, wie viele Vögel es hier gab. Vor allem die Wandertaube war überall – eine etwas größere Taube mit roter Brust, die es nur in Amerika gab und die in riesigen Schwärmen umherzog. Ein Beobachter beschrieb 1866 einen Schwarm, der eine Meile breit war und 300 Meilen lang. Es dauerte 14 Stunden, bis er vorübergeflogen war.

Die Amerikaner sahen dieses unglaubliche Spektakel und dachten sich: »Hm, lecker!« Die kommerzielle Jagd begann im frühen 19. Jahrhundert im großen Stil. Mit Schrotflinten, Netzen oder mit in Alkohol getränktem Getreide holte man die Dinger vom Himmel und verkaufte sie als Snack und auch als Tierfutter weiter. In New York kostete ein Paar Wandertauben zwei Cent, und viele Sklaven und »indentured servants« kannten ihr ganzes Leben lang kaum eine andere Sorte Fleisch.

Es gab schon Versuche, dem großen Vogeltöten ein Ende

zu machen. In Ohio wurde ein Gesetz zum Verbot der Jagd vorgeschlagen, woraufhin eine Expertenkommission einberufen wurde, die im Abschlussbericht ausführte: Ach was, es gibt so viele davon, man wird sie nie los, selbst wenn man es wollte. In Michigan wiederum wurde ein Gesetz erlassen, das die Nistplätze der Vögel unter Schutz stellte. Das hat aber wenig bewirkt. Bald wurde dann die Jagd auf die Wandertaube insgesamt untersagt. Bis es aber so weit war, gab es nur noch ein paar kleine Schwärme, und die ängstlichen kleinen Viecher vermehrten sich schlecht, wenn sie sich nicht von einer großen Gruppe geschützt fühlten. Wieder ein paar Jahre später lebte nur noch eine einzige Wandertaube in den USA, und zwar im Zoo von Cincinnati. Sie starb am 1. September 1914 und wurde vom Smithsonian Institute in Washington, D.C., ausgestopft. Sie hieß Martha.

Der Tod Marthas und ihrer ehemaligen Weggefährten war so erschütternd, dass man eine Reihe von ersten Umweltschutzbestimmungen erließ. Mittlerweile in vielfältiger Weise ausgeweitet, gehören sie heute zu den besten der Welt und verfehlen auch ihre Wirkung nicht. Laut der Wissenschaftlerin Miranda Schreuers von der University of Maryland stehen nur noch 10 Prozent der bekannten Warmblüter Amerikas auf der Liste der bedrohten Tierarten, in Deutschland sind es zum Vergleich noch 37 Prozent. Neben Deutschland und Japan gehört Amerika inzwischen zu den internationalen Spitzenreitern, was die Produktion und den Export von Umwelttechnologie angeht, und wir kaufen auch mehr davon als jedes andere Land ein, nämlich 40 Prozent der gesamten weltweiten Produktion.

Manche Regelungen sind so streng, dass man heute weniger von den Umweltschützern hört als von deren Gegnern, die gerne lamentieren, dass man in diesem riesigen Land kaum mehr eine Autobahn, eine Fabrik oder eine Pipeline bauen könne, ohne auf irgendeine bedrohte Tier- oder Pflanzenart zu stoßen, von der bis dahin kein Mensch gehört habe.

Es kommt nicht nur zu Zusammenstößen zwischen Umweltschützern und Bewohnern von Kleinstädten mit schwacher Infrastruktur, die sich verzweifelt nach den Jobs der gewissenlosen großen Investoren sehnen – auch verschiedene Arten politischer Korrektheit prallen aufeinander. Als der am Pazifik beheimatete Indianerstamm der Makah, der genau gegenüber meiner alten Heimat Bellingham am Pudget Sound wohnt, kürzlich auf sein uraltes traditionelles Recht pochte, mindestens einmal im Jahr gemeinsam von Kanus aus einen Grauwal zu erlegen, war es plötzlich nicht mehr klar, wer der Bösewicht war: die naturnahen Indianer, die die Wale ausrotten wollten, oder die Umweltschützer, die die Spiritualität eines Urvolkes mit Füßen traten. Am Ende waren aber doch alle glücklich: Obwohl das Gericht den Indianern das Recht zusprach, ist die spirituell hochwertige Traditionsjagd so schwierig und aufwendig (da keine modernen Waffen erlaubt sind), dass der Stamm es bis heute nur einmal geschafft hat, tatsächlich ein Tier zur Strecke zu bringen.

Es gibt aber immer noch einen großen Unterschied zwischen der Neuen und der Alten Welt: Amerika hat sehr viel mehr unerschlossenen Raum. Die Bevölkerungsdichte in Europa liegt bei 84 Menschen pro Quadratkilometer, in Amerika dagegen sind es gerade einmal halb so viele. Die schiere Größe des Landes hat uns von Anfang an begeistert, wir sahen es als Einladung, ja Herausforderung, zuzugreifen, und das liegt uns noch immer im Blut. Schon als die ersten Kolonisten einen Fuß an Land setzten und mit großen Augen nach Westen blickten, wo es einfach nicht mehr aufhören wollte, geisterte ihnen die Lust auf mehr im Kopf herum. Europa, wo es für uns nichts mehr zu holen gab, lag hinter uns. Vor uns aber lag ein ganzer Kontinent, ein Land des Überflusses, und wir hatten das Gefühl, wir setzten uns an ein magisches Tischlein-deck-dich, das uns all unsere Sünden verzeiht.

Eine der allerersten lukrativen Geldquellen, die wir in

der Neuen Welt erschlossen, war der Pelzhandel. Er war der Grund, warum die Engländer, Russen und Franzosen Anspruch auf Nordamerika erhoben und der Anlass für diplomatische Beziehungen zu den Indianern: die Europäer gaben ihnen Gewehre, sie gingen im großen Stil auf die Jagd und verkauften den Weißen die Pelze. Es gab unglaublich viele Tiere in Amerika, eine beinahe endlose Quelle (bis sie dann doch langsam versiegte). Der Historiker John Steele Gordon schreibt in seinem Buch *Empire of Wealth*, dass die Kolonie Carolina Province schon 50 Jahre vor der Gründung der USA durchschnittlich 53.000 Hirschfelle im Jahr nach England exportierte. Erst im 19. Jahrhundert, als sich die Hutmode in Europa änderte und Pelzmützen plötzlich out waren, brach der Markt zusammen. Gerade noch rechtzeitig für den amerikanischen Biber, der mehr Glück hatte als Martha.

Als Nächstes fiel uns auf, dass sich vor unserer Haustür endlos weite Wälder erstreckten. Nach Gordon standen 1655 schon über 20 Sägemühlen allein am Piscatagua Fluss in New Hampshire – und 50 Jahre später waren es 70. Wieder war es Europa, das das Holzgeschäft so lukrativ machte: Die Wälder Englands waren schon so gut wie abgeholzt, und die dortige Stahlindustrie konnte selber keine Holzkohle mehr produzieren.

Wer von den Anfängen der amerikanischen Wirtschaft spricht, nennt meist nur Baumwolle und Tabak. Die Grundlage aber war das Holz – die ganze spätere Industrie basierte darauf. Dem Reichtum an Holz verdanken wir unseren ersten Erfolg, und wir vergessen das nicht so schnell.

Und die Bedeutung der Ölförderung für Texas muss ich wohl nicht erwähnen. Während viele europäische Länder von ihren natürlichen Ressourcen nicht mehr lange leben können, wächst der Amerikaner mit der Idee auf, sein Land sei ein endloses Füllhorn. Die Ausbeutung unserer scheinbar unendlichen Ressourcen ist amerikanische Tradition wie das Gebet vor dem Abendessen – und auch genauso alt.

So kommt es, dass die Regierung fleißig Naturschutzgesetze macht – und der Konsument seinen Fernseher fleißig den ganzen Tag laufen lässt.

Genauso alt ist aber eben auch unser Bedürfnis, die außergewöhnlichen Landschaften unserer Heimat zu schützen. Schon 1872, als ein Anwalt aus Montana nach langem Kampf den Kongress davon überzeugte, ein riesiges, bizarres Gelände voller blubberndem Matsch, sprudelnder Geysire und versteinerter Bäume in Wyoming unter Naturschutz zu stellen, entstand so der erste Nationalpark der Welt: Yellowstone.

Dabei ist Yellowstone nicht nur das Schönste, was die USA zu bieten haben, sondern auch das Gefährlichste, denn das ganze Gebiet befindet sich auf einem der größten Supervulkane des Planeten. Wenn der irgendwann in den nächsten 260.000 Jahren noch einmal hochgeht, wird er zwei Drittel des Landes in Schutt und Asche legen. Man könnte es fast ironisch nennen, dass der amerikanische Umweltschutz in einer Gegend begann, die uns alle irgendwann zerstören wird.

Nach Yellowstone wurde es zum Trend, Nationalparks einzurichten. Das wurde auch die Spezialität des 1892 gegründeten »Sierra Club«, der ersten und wichtigsten Umweltschutzorganisation der USA. Aus dieser gingen andere, modernere Organisationen hervor.

Als beispielsweise die USA 1964 in Alaska Atomtests durchführten, suchten einige amerikanische und kanadische Mitglieder des »Sierra Clubs« nach einer neuen Art des Protests. Einige von ihnen waren Quäker, und sie dachten an eine ihrer alten Traditionen, die man »bearing witness«, also »Zeugnis geben« nennt: Man steht einfach rum und schaut dabei zu, was die anderen so anstellen. Und allein dadurch, dass diese wissen, sie werden kritisch beobachtet, erreicht man schon Wirkung.

1970 veranstalteten sie ein Benefizkonzert mit Joan Baez, die ebenfalls zufällig Quäkerin war (diese Quäker sind überall, Sie werden noch sehen), und segelten mit dem Geld nach Alaska, wo sie gegen den nächsten Atomtest protestierten. Sie kamen nicht weit: Die Küstenwache verjagte sie.

Besiegt und entmutigt kehrten sie mit hängenden Köpfen heim – wo sie als Helden empfangen wurden. Die Geschichte ihrer Konfrontation mit der übermächtigen Marine war ihnen vorausgeeilt, und die Presse war begeistert. Auf einmal war aus einem Mischmasch von Amerikanern und Kanadiern, »Sierra Club«- und Quäkermitgliedern die größte und einflussreichste Umweltschutzorganisation der Welt entstanden: Greenpeace.

Es ist nun keineswegs so, dass wir Amerikaner nicht wissen, dass wir Umweltsünder sind. Im Gegenteil: Das wird uns vom »Sierra Club«, von Greenpeace und zahlreichen anderen Organisationen tagtäglich vor Augen gehalten. So oft und so drastisch, dass die Sache schon fast zu einem Running Gag geworden ist:

Als Steve Martin in der Kinokomödie *L. A. Story* 1991 seine Freundin besuchen will, geht er aus dem Haus, über den Rasen zum Auto, das am Straßenrand geparkt ist, steigt ein, fährt das Auto drei Meter vorwärts, parkt vor dem Nachbargrundstück, steigt aus, geht über den Rasen und klingelt … Und eine unserer erfolgreichsten Fernsehsendungen ist nicht zuletzt deswegen so beliebt, weil sie uns kontinuierlich und penetrant unsere liebsten Sünden wie Umweltverschmutzung, Konsumwahn und Fastfood-Sucht unter die Nase reibt. Ich rede natürlich von *The Simpsons*.

Das Problem mit dem Thema Umwelt ist heutzutage: Wir Amerikaner haben einen echt kurzen Geduldsfaden, wenn es um Moralapostel geht (außer in der Kirche natürlich). Anfangs lauschen wir ihnen gebannt, begeistern uns für sie und folgen ihnen ein Weilchen, dann reicht es uns plötzlich, und wir können sie nicht mehr ausstehen. Und es gibt eben keine schlimmeren Moralapostel in unserer Zeit als die Umweltschützer.

In den 1970ern waren die Aktivisten Noam Chomsky und Ralph Nader große, respektierte Namen. Heute sind sie eher Witzfiguren – aber nicht, das muss mal klargestellt werden, weil sie die Umwelt lieben, sondern weil sie es ohne jeden Humor tun. Und auch der arme Al Gore – zwar glauben viele, er wäre ein besserer Präsident als George W. Bush gewesen; aber obwohl er für sein Engagement bzw. für seinen Film *Eine unangenehme Wahrheit* den Friedensnobelpreis und (noch besser) den Oscar bekam, ist er in Amerika vor allem dafür bekannt, langweilig zu sein. Selbst als er nach 40 Jahren Ehe die Trennung von seiner Frau bekannt gab, wurde allerorten gewitzelt: »Niemand kennt den Grund«, überlegte etwa der Fernsehkomiker Bill Maher, »aber es geht das Gerücht um, dass er letzte Woche früher nach Hause kam und den ökologischen Fußabdruck eines anderen Mannes fand.« Und er setzte hinzu: »Allerdings hat man schon länger gemerkt, dass er einsam war – immer wenn er einen Baum umarmte, hielt er ihn ein bisschen länger fest als angebracht!«

Das brisanteste Diskussionsthema unter amerikanischen Umweltschützern ist heute nicht mehr, wie man die Menschen auf die bedrohte Natur aufmerksam machen kann, sondern wie es bloß dazu kommen konnte, dass Umweltschutz so uncool wurde. Engagierte Naturfreunde suchen nach immer extremeren Möglichkeiten, um auf sich aufmerksam zu machen. Zum Beispiel der »No Impact Man«:

Ein Jahr lang hat Colin Beavan mit Frau und Kind in seinem kleinen New Yorker Apartment versucht, mit »zero impact« zu leben. Zero impact – das bedeutet: null negativer Einfluss auf die Umwelt, quasi ein schwebender ökologischer Fußabdruck, echt Öko-Engel-mäßig.

Beavan produzierte keinen Müll, verbrauchte keinen Strom und brachte auch andere nicht dazu, für ihn Ressourcen zu verschwenden. Dazu musste die Familie nur eine Handvoll simpler Regeln befolgen: Keinen Müll außer Kompost produzieren; keine Nahrungsmittel kaufen, die nicht innerhalb eines Radius von 250 Meilen gewachsen sind; keinen Brennstoff verbrauchen, weder zum Heizen noch für den Transport (den eigenen Körper inklusive), und Papier war tabu. Darunter fiel übrigens auch »Toilettenpapier«.

Wie muss man sich das vorstellen? Seine Wohnung roch nach Kompost. Der Kühlschrank war nicht eingestöpselt. Olivenöl war verboten, der Essig aus Obstresten selbstgemacht. Keine Kaffeemaschine. Natron statt Zahnpasta. Und was Toilettenpapier angeht: Es gab auch keinen Ersatz. Einfach nichts. Im Bad stand ein Eimer Wasser. Den Rest können Sie sich denken.

Was ist das Schlimmste für ihn gewesen? Die Kleidung mit der Hand zu waschen, sagte er später. Der Zeitaufwand sei enorm, es habe den ganzen Tag durcheinandergebracht. Das Beste? Ohne Fernseher konnte er viel mehr Zeit mit seiner Tochter verbringen – sie sind ständig mit dem Rad durch New York gegondelt und haben die Stadt entdeckt.

Und wie kam seine Frau damit klar? Nun, es wurde irgendwann bekannt, dass sie sich auffallend häufig in den Cafés der Gegend herumgetrieben hat … vor allem in denen mit Klopapier. Gut möglich, dass sie dort sogar die eine oder andere Tasse Kaffee zu sich nahm.

Heute weiß jeder, der einen Fastfood-Hamburger isst, dass er damit nicht nur seine Gesundheit ruiniert, sondern auch eine riesige reiche Firma noch reicher macht und mit dem ganzen Müll, dem Energie- und Wasserverbrauch im Zusammenhang mit der Produktion des Hamburgers die Umwelt schädigt. Konsumkritik geht heute Hand in Hand mit Umweltschutz; das mag uns zwar als Selbstverständlichkeit erscheinen, war aber nicht immer so. Die amerikanischen Proteste gegen Umweltverschmutzung und gegen den Konsumwahn verzahnen sich immer stärker, und beide Lager suchen gleichermaßen nach neuen Wegen, und zwar nicht härtere, asketischere, purere, wahrere Wege, sondern medienwirksamere.

Die »Biotic Baking Brigade«, eine Gruppe von backenden

Protestlern, wählte etwa den Weg, prominente Umwelt- und andere Sünder öffentlich mit Torten zu bewerfen. Zu ihren Opfern zählen der radikal homophobe Prediger Fred Phelps, der einflussreiche Ökonom Milton Friedman, der schwedische König Carl Gustaf und Bill Gates. Und sie haben noch eine Menge Backpulver ...

Die »Yes Men« dagegen kommen gern im Anzug daher und foppen mit ihren Pseudo-Business-Auftritten ganze Wissenschaftskongresse. 2004 gaben sie sich als die Wahlhelfer-Truppe »Yes, Bush Can!« aus und nahmen Bush-Wählern das Versprechen ab, ihre Kinder in den Krieg zu schicken und ihren fairen Anteil an US-Atommüll im eigenen Hinterhof endzulagern.

Man würde es nicht unbedingt vermuten, aber originelle und medienwirksame Aktionen gegen den Konsumwahn sind in Amerika, dem Land der unbegrenzten Experimente, nichts Neues.

Schon 1827 eröffnete Josiah Warren, der Erfinder, Musiker, Autor und Herausgeber der kurzlebigen anarchistischen Zeitschrift *The Peaceful Revolutionist*, ein ganz spezielles Kaufhaus, genannt »Cincinnati Time Store«.

Nein, dort konnte man keine Zeit kaufen, wohl aber mit Zeit bezahlen. Warren war der Meinung, dass kein Produkt mehr kosten sollte, als die Arbeit wert war, die in seine Herstellung investiert wurde. Also entwickelte er ein System, bei dem Kunden ein Produkt kaufen konnten mit dem Versprechen, eine bestimmte Anzahl von Stunden dafür zu arbeiten. Das Versprechen wurde in »labor notes« – also Arbeitsscheinen – eingelöst.

Als er nach einigen Jahren den Laden wieder aufgeben musste, war er jedoch noch lange nicht am Ende. Nun versuchte er es mit der Religion. Er ging nach Utopia, einem kleinen Ort in Ohio, wo eine religiöse Gemeinschaft sich gerade auflöste, weil das erhoffte Ende der Welt doch nicht eingetreten war; mehr als ein Hang zur Apokalypse verband die Gläubigen offenbar nicht. Warren übernahm das Projekt kurzerhand und etablierte dort eine Kommune, in der es zwar Privatbesitz gab, aber die gesamte Wirtschaft aufgrund von Zeitscheinen funktionierte. Die Kommune hielt sich etwas mehr als 10 Jahre und wuchs auf rund 40 Gebäude an, einschließlich mehrerer »Time Stores«.

Als auch das zu Ende ging, zog Warren weiter und etablierte noch eine Kommune namens »Modern Times«. Heute gilt der unverzagte Josiah Warren nicht nur als Urvater des amerikanischen Anarchismus, sondern auch der modernen Tauschringe wie »Swap-Shops«.

Auch wir Amerikaner haben, wie man sieht, ab und zu von dem eigenen Konsumwahn die Nase voll. Wer aber glaubt, wir können davon kuriert werden, der irrt: Es liegt uns im Blut.

Wenn ich heute zu Besuch nach Hause in die Staaten zurückkehre, unterscheide ich zwischen zwei Seelen in meiner Brust:

Die europäisierte bürgerliche Seele schreckt vor dem ganzen Marktgeschrei Amerikas zurück. Für sie steht das Bunte und Schrille für Oberflächlichkeit und Materialismus, für den teuflischen Pakt mit bedeutungslosem weltlichen Tand und für die Abkehr von höheren geistigen Werten.

Das Bürgertum Europas verdient zwar auch nicht gerade schlecht, zeigt es aber anders: durch gepflegten Müßiggang zum Beispiel. Der gehobene Bürger kann was Nettes lesen, in die neueste Oper gehen oder japanische Holzschnitttechnik erlernen – er muss sich nicht für coole neue Produkte oder gar für Spaß und Witz begeistern, sondern für bleibende Werte.

Für ihn hat der konsumbesessene Amerikaner keine Seele und keine Moral, denn der schätzt weder Kunst noch Kultur, denkt nicht selbstlos an die Gemeinschaft, sondern nur an sein eigenes Wohl; er guckt nicht über seinen Tellerrand, plant nicht langfristig … kurz, er verhält sich wie ein kulturloser Neureicher. Und wissen Sie was? Genau das sind wir auch: Neureiche.

Damit sind wir bei der zweiten Seele in meiner Brust angelangt: Der Pöbel mit Geld.

Unsere Vorfahren waren bettelarm, als sie aus Europa kamen. Das prägt. Heute zeigen wir, dass wir die Alte Welt überwunden haben, indem wir ... einkaufen. Lachen Sie nicht, es stimmt.

Im feudalen England des 18. Jahrhunderts – ach was, in ganz Europa damals – galt alles, was nicht unbedingt zum nackten Überleben nötig war, als Luxus. Und dieser war der Obrigkeit vorbehalten. Konsum markierte die Grenze zwischen den oberen und unteren Klassen. »Der Adel musste seinen Status durch Geldausgeben zur Schau stellen, die Pflicht des gemeinen Volkes war lediglich die Produktion, nicht der Konsum«, schrieb Gordon Wood in seinem Buch *The Radicalism of the American Revolution*.

Diese Konsumgrenze wurde im Mittelalter und in der frühen Neuzeit durch strenge Konsumgesetze – in England »sumptuary laws« genannt – festgelegt. Diese gingen bisweilen so weit, dass in manchen Ländern der Nichtadelige gar nur zwei Mahlzeiten am Tag zu sich nehmen durfte, Feiertage natürlich ausgenommen. Im England zur Zeit Elisabeths I. durften lediglich die königliche Familie sowie einige besonders nette Herzöge purpurne Seide oder mit Gold durchwirkten Stoff tragen. Niemand unterhalb des Ritterstandes durfte sich mit Damast, Taft und Ähnlichem schmücken. Die Liste der Kleidungsverbote war lang und detailliert, und die meisten betrafen – raten Sie mal – die Bauern.

Doch Konsum war mehr als das Privileg der oberen Klassen, es war tatsächlich auch ihre Pflicht. Konsum hielt ja die unteren, produzierenden Klassen über Wasser. »Gentlemen reagierten auf Arbeitslosigkeit unter den Arbeitern, indem sie noch ein Paar Stiefel bestellten«, führt Woods aus. So sah die soziale Marktwirtschaft des Adels aus: Bei Konjunkturschwankungen bestellte man noch eine Ladung Äpfel, in der Krise gleich eine Kutsche.

Dieses System der Patronage sorgte dafür, dass »seine

Leute« völlig vom Fürsten abhängig blieben. Der Handwerker überlebte nur, weil sein Gönner zu ihm kam, wenn er noch einen Tanzboden gebaut haben wollte, noch eine lauschige Laube, noch ein Schaukelpferd. Hörte er auf, dem Fürsten Honig ums Maul zu schmieren, war seine ganze Existenz bedroht.

In Amerika überlebten die »sumptuary laws« keine fünf Minuten. Kaum dass die Ladenbesitzer, Handwerker und Kaufleute nicht mehr von der Oberschicht beaufsichtigt waren, kamen sie auf die verwegene Idee, dass sie ihre Produkte einfach jedem verkaufen könnten. Solange sie genug Kundschaft hatten, war es doch egal, wenn der adlige Gönner sich pikiert abwandte. Und tatsächlich: Auch der kleine Mann kam bald auf die neuartige Idee, Kunde zu sein, sich ab und zu etwas zu leisten, das er gar nicht wirklich brauchte, aber einfach schick fand, zum Beispiel – Gipfel der Dekadenz – ein Taschentuch aus Seide.

Unversehens war Shoppen zum Akt der Rebellion und der Befreiung geworden: Das war der Urknall der amerikanischen Konsumgesellschaft.

Es war schon lustig, als ich kürzlich mit meiner deutschen Freundin meine Schwester besuchte.

»Habt ihr was zu waschen?«, war ihre zweite Frage, nachdem festgestellt worden war, dass wir Hunger hatten. Während des Mittagessens lief die Waschmaschine, und als sie fertig war, machte meine Freundin den gleichen Fehler, den so viele Deutsche machen:

»Prima, dass es hier in Kalifornien so warm ist«, sagte sie. »Wo ist denn die Wäscheleine?«

Das Mitleid für die rückständige Europäerin, das aus meiner Schwester herausbrach, war rührend. »Sagt mal, habt ihr in Deutschland keine Wäschetrockner?«

Da beging meine Freundin den zweiten Fehler, den so viele Deutsche machen: Sie stammelte etwas von »umweltfeindlich« und meinte, es sei doch überhaupt nicht nötig, einen Trockner zu benutzen, die Wäsche trockne doch von ganz allein, und um wie viel besser und schneller noch im sonnigen Kalifornien als im kühlen, nebligen Deutschland ...

Die Arme redete sich um Kopf und Kragen, aber es half nichts: In den Augen meiner Schwester waren wir ganz einfach arm – zu arm, um uns Haushaltsgeräte zu leisten. Die nächsten Tage mussten wir es stumm über uns ergehen lassen, dass sie uns zu allem und überallhin einlud.

Konsum in Amerika ist mehr als nur Gier nach mehr – es ist auch ein Statussymbol, und zwar ein Statussymbol der Mittelklasse.

Die Reichen kaufen sich eine Jacht oder zwei, eine 10.000-Dollar-Armbanduhr, eine Flasche Wein, die schon vor Jahrzehnten hätte entsorgt werden müssen. Die Mittelklasse kauft keinen Luxus. Im Gegenteil, sie macht sich lustig über die Verschwendungssucht der Reichen: »Was macht man denn mit einer zweiten Jacht? Rennen gegen sich selber fahren?«

Nein, die »middle class« kauft nur praktische Gegenstände – am besten praktische Gegenstände, die sie nicht wirklich braucht. Von der Kenwood-Küchenmaschine bis hin zum Wäschetrockner, iPhone und iPad, die Mittelklasse hat ihre eigene Definition von Statussymbolen: Sie kommen bescheiden daher, weil sie immer »praktisch« sind. Dennoch müssen sie genauso viel über das Vermögen des Hauptverdieners aussagen wie der 47-Millionen-Dollar-Verlobungsring der Paris Hilton (die Diamantenhersteller De Beers vermarkteten Anfang des 20. Jahrhunderts erfolgreich die Idee, dass ein Verlobungsring das zweifache Monatsgehalt des Bräutigams kosten solle, und so werden heute für den durchschnittlichen Verlobungsring folglich zwischen 2.000 und 3.500 Dollar in Rechnung gestellt).

Mittelklasse-Statussymbole zeigen, dass man es weiter gebracht hat als die Einwanderer-Großeltern.

Wer heute noch seine Wäsche draußen aufhängen muss, wer nur ein Auto hat oder gar keins, weil er zum Supermarkt zu Fuß geht oder mit dem Bus fährt, wer Vegetarier ist, wer Strom spart, der muss wohl am Hungertuch nagen … Er ist auf der Farm der armen Großeltern hängen geblieben, die auch nach Jahren in Amerika nur gebrochen Englisch sprachen und nie im Leben eine Fernsehsendung gesehen hatten; er klebt noch in der Bronx fest, wo die Wäsche von Fenster zu Fenster auf einer Leine quer über die Straße gespannt wurde, wo die Mama aus dem Fenster schrie: »Eric, Essen ist fertig!«, wo die Kinder auf der Straße spielten, wo der irische, jüdische, polnische, deutsche Akzent zum Schneiden dick war.

Das ist noch gar nicht so lange her. Man fuhr mit dem Bus, Zigaretten waren billig, eine eisgekühlte Cola war das Highlight des Tages, und es gab nicht jeden Tag Fleisch auf dem Teller.

Als Kind meckerte ich regelmäßig, wenn meine Mutter uns zum Abendessen Leber servierte. »Mom, du weißt, dass ich keine Leber mag!«

»Wieso denn? Ich denke, du liebst Leber. Das sagst du doch immer. Nur deshalb kommt sie auf den Tisch. Außerdem ist sie gesund.«

»Ein für alle Mal, ich hasse Leber.«

Doch die Woche drauf war die Leber wieder da.

Erst heute verstehe ich: Sie musste sechs Kinder mit dem Gehalt meines Vaters durchbringen. Und Innereien waren nun mal das billigste Fleisch im Supermarkt.

Meine Großeltern sprachen noch Schwedisch. Ich habe mich immer gewundert, warum meine Mutter sich nicht die Mühe machte, die Sprache, die sie als Kind lernte, beizubehalten. Es ist doch schade, wenn so was verloren geht. Jetzt weiß ich: In einer Fremdsprache zu parlieren war eine Eigenschaft der unteren Klassen – der Einwanderer.

Unsere Großeltern mussten noch das Fenster aufmachen, wenn es warm wurde. Sie mussten das Gemüse mit der Hand schnippeln. Sie mussten als Kind in die Schule laufen.

Wir müssen das nicht!

Nach dem Zweiten Weltkrieg wollte jeder der Erste sein, der ein Tastentelefon besitzt; einen Farbfernseher; einen Kühlschrank, der Eiswürfel macht, einen Rasenmäher, auf dem man herumfahren kann. Und natürlich so ein mörderisches Schnipselding im Abfluss der Küchenspüle, das für uns den Biomüll zermalmt! Damit wir ihn nicht selbst aus der Spüle in den Müll werfen, sondern nur den Hahn aufdrehen müssen!

Das waren die Statussymbole während der Hochzeit der Mittelklasse, und heute, da sie langsam, aber kontinuierlich schrumpft, halten wir noch immer daran fest. Wir nennen es »convenience«: Wir lieben einfach Dinge, die das Leben leichter machen! Aber in Wahrheit brauchen wir sie, um zu zeigen, dass wir nicht mehr zur Generation von gestern gehören.

Gegenwärtig bejammert jeder den Untergang der Mittelklasse, als ob sie das letzte große Ideal Amerikas wäre, das Symbol einer besseren Welt, vergleichbar dem letzten Bison in der Prärie. Man vergisst dabei gerne, dass die ganzen amerikanischen Exzesse, das Kaufen, Fressen und Wegwerfen, mit diesen sauberen Durchschnittsbürgern angefangen hat.

Auch Fastfood ist ein Teil davon.

Das hört sich merkwürdig an, weil Fastfood mittlerweile höchstens noch ein Statussymbol für die untere Mittelklasse oder gar für die Typen darunter ist. Aber die Sache begann einst vielversprechend.

Erstens war es »convenient«, bequem und einfach. Das »fast« in Fastfood bezieht sich ja nicht auf das Verschlingen desselben, sondern auf die Wartezeit, bis die Mahlzeit serviert ist. Dass es billig war, kam uns ebenfalls entgegen. Plötzlich konnte jeder auswärts essen – auch eine Familie mit sechs Kindern, wie meine damals. Deshalb gehört Familienfreundlichkeit zur Vermarktungsstrategie vieler Fastfood-Ketten. Jeder Familienvater wollte auf einmal die Kinder ins Auto packen und zum Restaurant fahren; jeder Angestellte wollte auch mit stolzgeschwellter Brust behaupten: »Ich habe morgens einfach keine Zeit, richtig zu frühstücken, ich habe so viel zu tun, also fahre ich durch den Drive-Through bei McDonald's. Hast du den neuen Drive-Through bei der Bank probiert? Man muss nicht mal das Auto verlassen, ich spare Minuten ein.«

Die Mittelklasse verdankte ihren Boom nicht nur der Tatsache, dass die Einwandererkids aufgestiegen waren – gleichzeitig purzelten auch sämtliche Preise. Und alles wurde mit einem Mal erschwinglicher.

Wer die amerikanische Mittelklasse eigentlich erfunden hat, ist schwer zu sagen, aber ich tippe auf Henry Ford.

Ford hatte einige gute Ideen. Sein neues Fließbandverfahren zum Beispiel ermöglichte es, dass seine Arbeiter weniger qualifiziert sein mussten und schneller arbeiten konnten – und plötzlich wurde das ultimative Luxusprodukt Auto spottbillig.

Man nennt dieses Prinzip »Fordism« – durch Massenproduktion werden teure Produkte für jedermann erschwinglich. Mit anderen Worten: Es kam zu einer »Demokratisierung des Luxus«.

Fords Model T (die Models A bis S waren meist Prototypen) revolutionierte 1908 nicht nur Industrie und Wirtschaft, sondern auch die Gesellschaft. Selbst Menschen, die nur einen Bruchteil des Geldes eines Rockefeller verdienten, konnten sich in einer Hinsicht nun den gleichen Luxus leisten wie er. Ford erklärte es so:

»Ich will ein Auto für die breite Masse bauen. Es wird groß genug für eine Familie sein, aber auch klein genug für einen Single. Es wird aus den besten Materialien gebaut werden, von den besten Arbeitern, die der Markt hergibt, nach dem effektivsten Design, das der moderne Maschinenbau erlaubt. Aber es wird so billig sein, dass es keinen Mann geben wird, der einen anständigen Lohn verdient und nicht in der Lage sein wird, sich eines zu leisten.«

Damit beschrieb er die Geburt der Mittelklasse.

Bis zum Jahr 1916 fiel der Preis der so genannten »Tin Lizzie« immer weiter bis auf nur noch 360 Dollar (7.000 Dollar auf heutige Verhältnisse umgerechnet), und bis 1927 verkaufte er traumhafte 15 Millionen Stück davon. In der Öffentlichkeit spielte Ford gern mit den Vorurteilen gegenüber seiner Fließbandproduktion: »Der Kunde bekommt sein Auto in jeder Farbe, die er sich wünscht«, soll er etwa einmal gesagt haben, »solange die Farbe schwarz ist.«

Heutzutage gibt es wenige ehrgeizige Unternehmer, die Ford nicht nachmachen: Das Alpha und Omega in der Wirtschaft heißt »niedrige Preise«. Luxusgüter werden oft gezielt zur Massenware gemacht. Selbst ganz etablierte Marken zielen auf die Masse: Supermarktketten wie Target oder JC Penny verkaufen verbilligte Modeartikel, und Marketingexperten sprechen schon von »masstrige« – der Verschmelzung von Massenware und Prestige. »Mode ist kein Luxus, es ist ein Recht«, brachte es der Chef der Bekleidungskette Steve & Barry's kürzlich auf den Punkt.

Im Film *Frühstück bei Tiffany* knabbert Audrey Hepburn gern an einem Croissant auf dem Bürgersteig vor dem Fenster des exklusiven New Yorker Schmuckladens und stellt sich vor, wie gut die hübschen Ketten doch zu ihrem Kleid passen würden. Heute könnte sie sich wahrscheinlich das eine oder andere dort leisten: Denn die Firma bietet längst parallel zu ihren teuren Artikeln eine Reihe von billigerem Silberschmuck an.

Und heute müsste meine Mutter uns auch keine Leber mehr servieren: Fleisch ist so billig geworden, dass jeder es sich jeden Tag leisten kann. Sogar mehr, als er sollte. Der durchschnittliche amerikanische Mann isst jeden Tag fast 200 Gramm Fleisch. Wir futtern über 226 Millionen Truthähne im Jahr. Dazu verspeist jeder Amerikaner jedes Jahr 22 Kilo Kekse und Kuchen, trinkt 300 Dosen Limonade, kaut 200 Streifen Kaugummi und futtert zwei Kilo Kartoffelchips und ein Kilo Popcorn (das sind übrigens knapp sechs Maxi-Eimer Kino-Popcorn). Ach ja, und als Volk rauchen wir auch acht Millionen Kilo Marihuana im Jahr, aber das ist meines Wissens kalorienfrei.

Insgesamt nehmen wir alle zusammen 815 Milliarden Kalorien am Tag zu uns, rund 200 Milliarden mehr, als wir brauchen. Dazu schmeißen wir noch jeden Tag 200.000 Tonnen brauchbares Essen weg. Leider nicht genug, wie es scheint, denn geschätzte 66 Prozent aller Amerikaner haben Übergewicht, und von denen sind die Hälfte wiederum sogar fettleibig. Dies verursacht zusätzliche medizinische Kosten in Höhe von 75 Milliarden Dollar im Jahr.

Und warum das alles? Weil Essen, genau wie Fords Model T, billig ist.

Der Henry Ford der Agrarwirtschaft hieß Earl Butz.

Als Agrarminister unter Präsident Nixon in den 1970ern schaute sich Mr. Butz die staatliche Förderpolitik für die Landwirtschaft an und sah, dass die Regierung seit der »Großen Depression« Farmer dafür bezahlte, dass sie weniger produzierten, damit die Getreidepreise auch schön hoch blieben. Für Butz, der selbst die Hungerzeiten der »Großen Depression« durchgemacht hatte, fühlte sich das grundverkehrt an. Wäre es nicht angemessener, die Farmer dafür zu bezahlen, mehr zu produzieren? Man braucht doch Vorräte. Und dieses weite Land war auch in der Lage dazu.

Earl Butz hatte den einen großen Vorteil entdeckt, den wir dem Römischen Reich voraushaben: Unsere Kornkammer liegt nicht jenseits des Meeres in irgendeinem politisch instabilen Reich mit einer exzentrischen Königin, sondern auf unserem eigenen Gebiet. Amerika war wie Rom und Ägypten zusammen.

Gesagt, getan: Je mehr Farmer und Rancher produzierten, desto mehr bekamen sie nun auch vom Staat. Das drückte die Preise so sehr, dass eine Farm sich seither nur noch lohnt, wenn sie riesig ist und sehr viele Subventionen bekommt. Kleine Familienbetriebe rentieren sich hingegen nicht mehr. Die Großbetriebe aber wurden unheimlich effizient und produzieren enorm viel. Vielleicht zu viel.

Inzwischen fabrizieren sie sehr viel mehr, als wir essen können. Vor allem die Maisproduktion hat zauberlehrlingsartig überdimensionale Ausmaße angenommen. Fast die Hälfte davon geht in Viehfutter – ein anständiges amerikanisches Steak besteht zu einem guten Teil aus Mais. Über ein Drittel wird zu Bioethanol verarbeitet. Vom Rest wird das meiste exportiert. Das wenigste kommt auf den Esstisch, und nur einen Bruchteil davon erkennen wir noch als Mais. Denn einen Großteil nehmen wir in Form von Sirup zu uns.

Vor wenigen Jahren noch war es so aufwendig, Glukose-Fructose-Sirup (»high fructose corn syrup«) aus Mais zu gewinnen, dass es sich gar nicht lohnte. Inzwischen ist Mais so günstig, dass der Sirup das Süßmittel Nummer eins auf dem US-Markt ist. Er wird bei der Herstellung von Cola, Limonade und fast sämtlicher Fastfood-Produkte von der Salatsoße bis hin zur Tomatensuppe eingesetzt, selbst in vielen salzigen Gerichten ist er drin. Kritiker befürchten, er sei gesundheitsschädlicher als Haushaltszucker, weil er stärker raffiniert ist, und vermuten in ihm einen der Gründe für die Zunahme von Fettleibigkeit und damit auch von Diabetes Typ 2 in der westlichen Welt.

Und warum tut dann keiner was dagegen?

Man hört viel Kritik an der Industrialisierung der Landwirtschaft à la Earl Butz. Wovon man kaum hört, ist der Grund, warum die Politiker noch heute nichts dagegen unternehmen: Dadurch, dass es inzwischen so viel Nahrung gibt, ist unser Essen spottbillig geworden. Ein Amerikaner gibt heute nur noch knapp 7 Prozent seines Einkommens dafür aus. Ein Deutscher muss fast doppelt so viel für Nahrungsmittel hinlegen, ein Franzose investiert noch mehr (allerdings ahnt man, dass diese Typen irgendwelche Geheimnisse über das Essen herausgefunden haben, möglicherweise zum Beispiel, dass Qualität ihren Preis hat). Der Amerikaner hingegen kann das gesparte Geld in andere Dinge investieren, von iPhones bis hin zu einer guten Ausbildung für seine Kinder. Ein Großteil des amerikanischen

Wohlstandes, vor allem auch dem der Mittelklasse, hat folglich seinen Ursprung in der Industrialisierung des Essens. Earl Butz selbst hat sein Werk kurz vor seinem Tod 2008 nicht unzufrieden so zusammengefasst: »Wir leben im Zeitalter der Fülle.«

Ob die Mehrheit der Amerikaner wirklich bereit ist, nur um der Gesundheit willen diesen Überfluss aufzugeben, ist eine interessante Frage. Ich persönlich vermute: Nein.

Es sei denn, dass eine gesunde und umweltfreundliche Lebensweise unversehens zum Statussymbol der Mittelklasse wird, so wie heute zum Beispiel ein Flatscreen, der so groß wie die ganze Wohnzimmerwand ist.

Und genau das ist im Gange.

Zu den schicksten und typischsten Statussymbolen der »middle class« gehört die schlanke Linie. Das hört sich vielleicht merkwürdig an – immerhin herrscht in Amerika eine Fettleibigkeitsepidemie –, aber das Problem des Übergewichts scheint sich immer mehr auf die unteren Klassen zu verlagern, und – verzeihen Sie den Kalauer – die Gesamtrate der Fettleibigkeit hat seit 12 Jahren nicht mehr zugenommen.

Inzwischen essen Amerikaner rund 12 Prozent weniger Fleisch als vor fünf Jahren, und immer mehr begehen den so genannten »meatless monday« – den »vegetarischen Montag«. Aktuell gibt es rund 30.000 Fitnessstudios in den USA mit etwa 42 Millionen Mitgliedern. Die Hälfte meiner Landsleute betreibt mindestens dreimal die Woche irgendeine Art von Sport, egal ob Basketball mit den Kollegen, Aerobic vor dem wohnzimmerwandgroßen Flatscreen-Fernseher oder Jogging im Park.

In der Mittelklasse wurde Fitness erst beliebt, als sie zum vermarkt- und erwerbbaren »Produkt« wurde. Das erklärt vielleicht die lustigen Zahlen, dass 26,5 Millionen Amerikaner mindestens 50-mal im Jahr laufen gehen – und im selben Zeitraum 39,8 Millionen Paar Laufschuhe kaufen. In den 70ern noch war bei McDonald's zu speisen ein Zeichen, dass man als Karrieremensch keine Zeit für so triviale Dinge wie Essen hatte. Heute dagegen symbolisiert Schlankheit die Charaktereigenschaften, die zum Erfolg führen: vor allem eiserne Selbstdisziplin. Nicht umsonst ist der Begriff »lean and mean« (»fit und geht über Leichen«) die typische Umschreibung für jemanden, der auf Erfolg getrimmt ist. Ebenso wenig war es Zufall, dass sowohl George W. Bush als auch Barack Obama es zum Teil ihres Wahlkampfes machten, immer wieder zu betonen, dass sie jeden Tag fleißig trainierten. Inzwischen haben wir sogar eine First Lady, die jeden Morgen um vier Uhr aufsteht, um für ihre ärmellosen Roben zu trainieren, wie jeder weiß. Die muttchenhaften Barbara-Bush-Zeiten sind jedenfalls vorbei.

Ohne die »Unterstützung« der Mittelklasse schrumpft seither ganz langsam die Zahl der traditionellen Fastfood-Restaurants. Dafür legen das »casual dining« und die Subkategorie »fast casual« zu. Man kann den Trend mit »Edelfastfood« übersetzen – die deutsche Kette Vapiano ist ein gutes Beispiel. Inzwischen wird mehr Geld im Sektor »casual dining« verdient als im Bereich Fastfood. Und für den eiligen Gourmet-Apostel hat der Markt sich noch weiter aufgefächert: Heute gibt es Bio-Fastfood und Natural Fastfood und Veggie-Fastfood. Man braucht sich nur in einem durchschnittlichen amerikanischen Flughafen umzusehen: Neben McDonald's und Burger King kriegt man Sushi und Tex-Mex, aber auch Vegetarisches, Gourmet-Salate, »Frozen Yoghurts« und frische Smoothies in allen Farben.

Während sich beim klassischen Flughafenkunden und dem Rest der Mittelklasse nach und nach ein modernes Fitness- und Gesundheitsbewusstsein durchsetzt, fangen die unteren Klassen gerade erst an, in dem Bereich aufzuholen:

Walmart bedient fast ein Drittel der US-Bevölkerung und ist mit 8.500 Läden und einem Umsatz von 422 Milliarden Dollar die größte Einzelhandelskette der Welt. Bei uns ist sie auch als Heimat des »white trash« bekannt. Populäre Seiten im Internet zeigen Fotos von den peinlichen »People of

Walmart«: Senioren, die im Schlafanzug einkaufen schlurfen; aus dem Leim gegangene Herren, deren Hosen viel zu weit unten hängen und die sich trotzdem nach der Butter bücken; Autos auf dem Kundenparkplatz, deren Fenster aus Pappe bestehen – die bizarre, selbst gebastelte Mode, die bizarren Frisuren, die bizarren Menschen.

In den letzten zehn Jahren musste Walmart eine Menge Kritik wegen der Behandlung seiner Billiglohn-Mitarbeiter einstecken. Um sein Image aufzupolieren, hat sich das Unternehmen flugs zum Vorreiter des industriellen Umweltschutzes und der Bio-Bewegung gemausert. Seine riesige Lastwagenflotte fährt heute mit einem Viertel weniger Benzin als noch vor ein paar Jahren, und in den Filialen selbst wurde der Energieverbrauch um 30 Prozent gedrosselt. Auch das Angebot an (bezahlbaren) Bio-Lebensmitteln ist kontinuierlich gestiegen. Auf die Bitte von First Lady Michelle Obama hin versprach Walmart 2011, den Nährstoffgehalt seiner Lebensmittel über die nächsten fünf Jahre zu verbessern, einschließlich der Reduzierung von Zucker, Salz und Transfetten.

Gewerkschaften sind bei Walmart zwar nach wie vor unerwünscht, aber wenn überhaupt jemand in der Lage ist, die Gesundheitsgewohnheiten der Amerikaner zu ändern, würde ich eher auf eine mega-erfolgreiche, turbo-kapitalistische Über-Firma tippen als auf wäscheaufhängende Europäerinnen, baumumarmende Gutmenschen oder politisch korrekte Hipster, die kein Toilettenpapier in der Wohnung haben.

Ich kenne doch meine Pappenheimer.

14

Wir essen alles!

»*I*hr Amerikaner mögt ja nur so zuckersüßes Zeugs«, bemerkte eine alte Freundin, als wir uns in einem Starbucks über den Weg liefen und die Rede dabei auf deutschen Kuchen gekommen war.

»Moment mal«, protestierte ich. »Du wirfst hier wieder mit Vorurteilen um dich, die du nicht beweisen kannst.« Ich erzählte ihr von der Warnung, die ich zu Hause zu hören bekam, bevor ich zum ersten Mal nach Deutschland aufbrach: »Halt dich fern von deutschen Bäckereien! Sie machen süchtig!« Es stimmt: Das ganze leckere Zeug, das man beim Bäcker hierzulande findet, von so genannten Amerikanern bis hin zur Schwarzwälder Kirschtorte, haben wir daheim nicht.

Meine Freundin hörte sich meine Ausführungen seelenruhig an, und als ich endlich fertig war, sagte sie: »Es gibt deutsche Austauschschülerinnen, die sich weigern, ihr Austauschjahr in den USA zu verbringen, aus Sorge um ihre Figur. Und hör auf, mit der Serviette rumzuwedeln, ich hab schon längst den Double Chocolate Butter Frosting Super Glaze Mega Muffin auf deinem Teller gesehen.«

Das ließ mir keine Ruhe. Der würde ich es zeigen! Auf der Suche nach einer Antwort auf die Frage, wer süßer isst, die Amerikaner oder die Deutschen, telefonierte ich überall herum, recherchierte im Internet, las Studien von Agrarinstitutionen. Zwecklos: Es gibt zwar Zahlen über die internationale Zuckerproduktion, aber keine zuverlässigen vergleichenden Studien über dessen Konsum. Also entschied ich mich für einen Selbstversuch: In der eigenen Küche würde ich herausfinden: Wie viel Zucker enthält der Teig eines gewöhnlichen Donuts und wie viel der Teig eines gewöhnlichen Berliner Krapfen?

Nach mehreren Tests mit verschiedenen Füllungen hatte ich die Antwort. Meiner Freundin habe ich sie aber nie mitgeteilt:

Der Donut war süßer.

Da fiel mir erst wieder auf, was wir Amerikaner alles für perverse Süßigkeiten lieben.

Wir grillen Marshmallows. Und nicht nur das, wir machen auch noch »S'mores« daraus: Wir füllen zwei Graham-Cracker mit einem Stück Schokolade und kleben alles mit dem gegrillten Marshmallow zusammen – und freuen uns, wenn es dann beim Draufbeißen seitwärts wieder rausspritzt. Wir krönen unsere heiße Schokolade und unseren Wackelpudding mit dem Zeugs, ja sogar auf unsere Süßkartoffeln kommen sie obendrauf. Wir streuen Minz-Marshmallows auf unseren grünen Salat, zumindest am St. Patrick's Day, wir schmausen »Fluffernutter«-Sandwich mit Erdnussbutter und »Marshmallow-Spread«, und das Neueste ist »Fluffer-Nutella«: Wir ersetzen die »peanut butter« einfach durch Nutella.

Irgendwie haben wir nie gelernt, Schokolade zu produzieren, die schokoladig schmeckt, oder Obstkuchen mit Obstgeschmack, aber süß – das können wir.

Seitdem frage ich mich, woher es kommt, dass wir Amerikaner Zucker so sehr lieben.

Es kann eigentlich nur am einzig wahrhaft amerikanischen Nahrungsmittel überhaupt liegen – am Mais.

Wenn die Rede auf die Entstehung unseres wichtigsten amerikanischen Feiertags kommt – dem Erntedankfest »Thanksgiving« –, erzählen wir die Geschichte meistens so:

Die etwa 100 Pilger in Plymouth, Massachusetts, einer der ersten Kolonien, lebten zwar seit mehreren Jahren in einem Land, das vor Wild, Geflügel, Fisch und Meeresfrüchten praktisch überlief, trotzdem hungerten sie. So gut waren sie wohl auf das Leben als Kolonisten doch nicht vorbereitet gewesen, die Schlaumeier.

Dann stand der Winter von 1621 vor der Tür, und die Indianer von nebenan, die Wampanoag, hatten Mitleid. Sie brachten den unfähigen Gottesfürchtigen das Angeln bei und noch etwas: wie man Mais anbaut. Aus Dankbarkeit den Indianern gegenüber und dass sie überhaupt noch lebten, veranstalteten die Kolonisten ein Fest und luden die Wampanoag dazu ein. Das erste Thanksgiving spielte sich wohl tatsächlich in etwa so ab. Manch böse Zungen behaupten zwar, dass den Indianern, als sie ankamen, Essen vorgesetzt wurde, das wenige Tage zuvor auf mysteriöse Weise aus ihren eigenen Lagern verschwunden war, das ist aber nicht belegt.

Von all den Dingen, die die Amerikaner von den Indianern geliehen oder geschenkt bekamen oder gar klauten, war, abgesehen vom Land selbst, Mais das allerwichtigste. Wir essen Mais als »grits« (eine Art Mais-Grießbrei) zum Frühstück; wir essen ihn als Suppe im cremigen »creamed corn«; wir essen ihn als Gemüse, im Salat und sogar als Brot: Maisbrot ist halb Brot, halb Kuchen, ganz gelb, und schmeckt mit Butter oder Marmelade oder frisch aus dem Ofen auch ohne alles; auf dem Land gilt ein »corn dog«, ein Hot Dog in einer frittierten Maisteighülle, als rustikale Köstlichkeit; wir knabbern Mais »on the cob« – direkt vom gegrillten Kolben, mit ein wenig Butter und Salz. Und natürlich naschen wir Popcorn: zu Hause, im Kino, im Park, im Shopping Center.

Schon die alten Indianer in Mexiko um 3600 vor Christus aßen Popcorn, allerdings wohl als Teil einer religiösen Zeremonie. Sie lehrten uns seine Zubereitung recht früh, und wir entdeckten während der »Großen Depression«, dass man Mais leicht anbauen und billig verkaufen kann. Andere Snacks waren teuer, aber Popcorn konnten sich noch viele leisten, also schwenkten große Teile der Landwirtschaft auf

Mais um. Während des Zweiten Weltkrieges dann wurden Süßigkeiten wieder rar, und erneut knusperten die Amerikaner mehr Popcorn. Heute schmücken sich gleich sechs unserer Städte mit dem stolzen Titel »Popcorn Capital of the World«.

Popcorn ist eigentlich einer der gesündesten Snacks überhaupt – solange man es mit Hilfe von heißer Luft poppt und ohne Butter isst. Allerdings tun das die meisten Menschen eben nicht: Laut einer Untersuchung kann »Movie Popcorn« mehr Fett beinhalten als ein Frühstück aus Eiern und Bacon, ein Big Mac mit Pommes am Mittag und ein Steak zum Abendessen – zusammen. Vor allem in den riesigen Eimern, in denen Popcorn uns mittlerweile im Kino gereicht wird.

Sogar in flüssiger Form lieben wir Mais:

Amerikanischer Whiskey wird aus Roggen, Gerste und Weizen destilliert, doch die beliebteste Sorte ist aus Mais. Maisbasierten Whiskey verbinden wir mit einem kleinen Landkreis in Kentucky. Die Kunst, Whiskey zu destillieren, gelangte wahrscheinlich durch schottische Einwanderer dorthin, und schon damals nannte man die Region nicht mehr »Bourbon« nach dem französischen Landstrich, sondern bereits nostalgisch »Old Bourbon«. So wurden auch die Fässer gebrandmarkt, die die schottischen Wahlamerikaner über den Mississippi exportierten. (Streng genommen darf sich ein Whiskey nur dann »Bourbon« nennen, wenn er im Landkreis Bourbon in Kentucky hergestellt wurde, aber keiner hält sich dran. Auch »Tennessee Whiskey« wird mit Mais destilliert, also meinen die meisten Menschen mit der Bezeichnung »Bourbon« heute einfach »Whiskey aus Mais«.)

Als ich meine Mormonenkirche verließ und den Alkohol kennenlernte, war ich wild entschlossen, ein Snob zu werden, und zwar ein Whiskeysnob. Das bedeutet: Scotch-Trinker. In Europa behauptet auch der überzeugteste Biertrinker, der ein Glenlivet nicht von einem Gimlet unterscheiden kann, hoch und heilig, er trinke nur Single Malt Scotch. Das gehört sich so in Europa, und teilweise auch in Amerika. Ich arbeitete also an meinem Image. Doch irgendwann, als ich es geschafft hatte, dass meine Freunde von mir sagten: »Er trinkt nur Single Malt Scotch«, bemerkte ich etwas anderes: Wie anstrengend das ist.

Diese Europäer werfen sich ganz schön ins Zeug, um sich und anderen zu beweisen, wie viel Kultur sie haben. Scotch ist wie Haute Cuisine, eine Wagneroper oder eine Gerhard-Richter-Ausstellung: gut gemacht, aber auch anstrengend.

Bourbon dagegen ist wie die amerikanische Einstellung zum Essen, zur Kultur, zum Leben überhaupt: Wir strengen uns im Job genug an. Wenn wir nach Hause kommen, wollen wir uns entspannen und das Leben ein wenig genießen.

Mais – vor allem die Sorte, die wir von den Iroquois bekommen haben, »papoon« oder »sweet corn« – ist von allen Getreidesorten die süßeste, auch wenn man es nicht direkt merkt, süßer noch als Babykarotten. Mais macht Bourbon süßer als Scotch, so wie Weißbier süßer ist als Pils. Bourbon ist karamelliger und brennt weniger. Er geht weicher runter und hat einen großzügigen, warmen Kern, wie ein Cognac, aber mit dem robusten Herzen eines wahren Whiskeys. Ich mag Scotch immer noch, aber ich merke, dass ich Bourbon anders trinke. Körperlich anders. Ich lehne mich etwas weiter zurück, sitze etwas bequemer im Sessel, und das »Ahh«, das mir entfährt, dauert ein klein bisschen länger …

Mais ist die Basis. Mit Mais wachsen wir auf, er schmeckt nach Zuhause und nach dem gemeinsamen Abendessen. Lange bevor es Mars und Snickers gab, Coca Cola und »S'mores«, gab es den süßen Mais der Indianer – das hat uns einfach eine höhere Hemmschwelle gegenüber Süßem geschenkt.

So ziemlich alles andere, was wir essen, ist nicht uramerikanisch, sondern von irgendwo anders her importiert. Unseren Donut zum Beispiel haben wir vermutlich aus

Holland. Wie so oft liegt auch beim Donut das typisch Amerikanische nur in einer kleinen Verbesserung, einem »tweak«: in diesem Fall dem Loch in der Mitte. 1847 behauptete der Amerikaner Hanson Gregory, ebenjenes Loch in seiner Jugend erfunden zu haben, weil seine frittierten Krapfen in der Mitte immer roh waren. Ob Gregory ein kulinarisches Genie war oder nur ein Hochstapler, ist jedoch umstritten.

Wenn wir etwas als »typisch amerikanisch« bezeichnen wollen, sagen wir, es ist »so amerikanisch wie ›Mom, Baseball and apple pie‹«. Doch auch der amerikanische Apfelkuchen wanderte aus Holland ein, Baseball entwickelte sich mit ziemlicher Sicherheit aus dem englischen Spiel »Rounders«, und selbst Mom stammt von irgendwelchen Ausländern ab.

Auch der Hamburger und das Amerikanischste aller Fingerfoods, der Hot Dog, wurden nicht in Amerika erfunden. Wie sollte es auch anders sein? Ist denn noch niemandem aufgefallen, dass es sich beim Hamburger um eine Frikadelle im Brötchen handelt, er erst nach der großen deutschen Einwanderungswelle im 19. Jahrhundert populär wurde und zudem auch noch nach einer deutschen Stadt benannt ist?

Was ein »Hamburger« wirklich ist, wissen übrigens die wenigsten: Das Wort bedeutet ja nichts anderes als »Gehacktes«. Will man in einer Metzgerei 500 Gramm Gehacktes bestellen, sagt man: »A pound of hamburger.« Und der »Hamburger« mit dem Sandwichbrot drumherum war ursprünglich genau das: ein »hamburger sandwich«.

Überhaupt Sandwiches: An dieser Stelle möchte ich mich mal ausdrücklich für das amerikanische Brot entschuldigen.

Typisch amerikanisches »Brot« ist eine Plage. Bei uns hat Brotbacken keine solide Tradition. Ein Brot ist bloß dazu da, ein Sandwich zusammenzuhalten – deswegen nennen wir es auch so: »sandwich bread«. Es hat die Funktion und Konsistenz einer dickeren Serviette – und schmeckt auch so.

Die Füllung ist es, die uns interessiert. In Amerika gibt es

Hunderte, vielleicht Tausende Sorten von Sandwiches, und täglich werden neue kreiert.

Eines der besten ist das BLT – das »bacon, lettuce and tomato sandwich«, eine einzigartige Verbindung von würzigem warmem Bacon, knackigem Salatblatt und süßer frischer Tomate.

Ein anderes berühmtes Exemplar ist das »grilled cheese sandwich«: ein Käsesandwich, das in der Bratpfanne – meist mit Butter – gebraten wird, bis der Toast knusprig und der Käse geschmolzen ist, ein echter Seelentröster. Und falls Sie mal in Boston sind, dürfen Sie sich das örtliche Super-Sandwich nicht entgehen lassen: die »lobster roll«, eine Art Luxus-Hamburger mit dem Fleisch eines ganzen Hummers drin. Mein Favorit ist allerdings das Rueben Sandwich mit Pastrami, Sauerkraut und Schweizer Käse, und das schmeckt am allerbesten in einer altehrwürdigen jüdischen Sandwich-Bar in New York wie etwa »Katz's Delicatessen«.

Wir Amerikaner haben eine besondere Beziehung zu Fingerfood. Ich selber habe wahrscheinlich 90 Prozent meiner Mahlzeiten, wie es sich gehört, mit Messer und Gabel zu mir genommen, aber wenn ich ehrlich bin, verbinde ich das Essen am Tisch mit Zwang: Da zischt mir meine Mutter über die Schüsseln hinweg zu: »Sitz gerade!« Mein Vater steht hinter mir und sagt: »Du darfst den Esstisch nicht verlassen, bis das Gemüse aufgegessen ist.«

Keiner sagt mir, wie ich baden, wie ich mich morgens anziehen, auf welcher Seite des Bettes ich schlafen soll – aber sobald es ums Essen geht, gibt's nichts als Regeln.

Deshalb lieben wir Amerikaner Sandwiches und Co. so sehr: Das ganze Geradesitzen und die Tischmanieren und die steife Etikette fallen weg, und wir können uns entspannen.

In Europa glaubt man oft, dass Amerikaner bloß Hamburger mögen. Dieses Klischee ist durch einzelne international erfolgreiche Fastfood-Ketten entstanden und hat wenig mit der Realität zu tun.

In der Alten Welt ist relativ unbekannt, dass New York insgesamt 57 Michelin-Sterne hält und Los Angeles und San Francisco zusammen noch mal 53 (Berlin hat 16). Feinschmecker aber kennen Kalifornien als Heimat einer innovativen, frischen und gesunden Küche, etwa des »Fusion-Cookings«: zum Beispiel als Verbindung zwischen asiatischer und mexikanischer Küche oder als franko-chinesische Cuisine. Ein gutes Beispiel ist auch die kalifornische Pizza mit ihren ungewöhnlichen Belägen oder die »Shrimp Tostada« – ein Shrimpsalat auf einer gebackenen Tortilla.

Als ich Anfang der 1980er nach Deutschland kam, war ich meinerseits schockiert, dass meine Freunde noch nie »dim sum« oder »sashimi« probiert hatten. Zugegeben, in Hawaii fällt es einem Kind auch nicht leicht, zwischen Sushi und Hamburger zu wählen, aber es lernt früh, die richtigen Prioritäten zu setzen. Ende der Achtziger lud ich einen Freund in das damals einzige Chinarestaurant Krefelds ein, und der arme Kerl lehnte alles ab, was ihm vorgesetzt wurde: Das fremde Zeugs machte ihm Angst. Na ja, er hatte ja recht: Ein gutes Chinarestaurant ist hierzulande auch heute noch schwer zu finden, vor allem eines, in dem der Koch weiß, was »crispy gau chee« oder »cantonese sweet sour shrimp« sind. Einen guten Mexikaner, ein Deli oder Barbecue muss man auch ein Weilchen suchen.

Es gibt sie übrigens wirklich, die echte amerikanische Küche, aber kaum einer außerhalb Amerikas kennt sie – und ehrlich gesagt, die meisten Amerikaner auch nicht: Sie ist von Region zu Region und von Einwanderergruppe zu Einwanderergruppe einfach zu verschieden.

Philadelphia mit seinen starken deutschen Wurzeln ist die einzige amerikanische Stadt, in der man eine anständige Brezel bekommt, »soft pretzel« genannt. Hier kriegen Sie sogar noch saftiges »potato bread« (Kartoffelbrot), »hog maw« (Saumagen) und »cup cheese« (Kochkäse), und auch der »cole slaw« – die süße amerikanische Variante des deutschen Krautsalats – schmeckt am besten hier, weil er da natürlich »einwanderte«.

Sollte es Sie allerdings je in den Westen verschlagen, zum Beispiel nach Montana, dann kosten Sie ruhig die regionale Spezialität, die vermutlich ursprünglich aus Spanien stammt: »Rocky Mountain oysters« – auch als »prairie oysters« bekannt –, am besten frittiert, mit einer scharfen Soße. Machen Sie sich keine Sorgen, dass die Austern in den Bergen vielleicht nicht frisch sind – es handelt sich um Kalbshoden, und die sind in der Region immer frisch.

An der nordwestlichen Pazifikküste kriegen Sie das berühmte »beef jerky« – marinierte, geräucherte und getrocknete Fleischstreifen, zäher als Leder, nur viel würziger, für das man echt gute Reißzähne braucht. Dafür macht es süchtig. Der Begriff »jerky« kommt von dem Indianerwort »ch'arki«. Die Indianer des Nordwestens haben gerne Fleisch und Fisch geräuchert, und die europäischen Pelzhändler, die die Gegend jahrhundertelang unsicher machten, übernahmen zahlreiche ihrer Speisen. Man muss sich nur merken, was der Hauptunterschied zwischen »jerky« und dem ebenfalls beliebten »smoked salmon« ist: Letzteres kriegt man in jedem Restaurant, »jerky« dagegen nur am Feinschmecker-Hot Spot: der Tankstelle.

Auch den Ahornsirup haben wir von den Indianern. Sie waren es, die den frühen Kolonisten beibrachten, wie man den Saft aus dem Ahornbaum gewinnt. Ohne diese nach gebrannten Mandeln schmeckende Krönung hätte der europäische Pfannkuchen bei uns womöglich nie so eingeschlagen. Heute gilt der Nordosten als Heimat des Pancake. Ein amerikanischer unterscheidet sich von einem deutschen Pfannkuchen in erster Linie durch die Menge, die gemeinhin auf einem Teller liegt. Sie werden in den USA gern zu hohen Türmen gestapelt – und sind zudem dicker und luftiger und obendrein mit Blaubeeren, Erdbeeren, Bananen, Käse, Äpfeln oder »chocolate chips« gefüllt. Oder werden, falls man den Magen und die Abenteuerlust eines Kindes oder Holzfällers hat, mit Eis, Obst und Schlagsahne obendrauf gegessen. Sollte es dazu auch noch »eggs and bacon« geben, nur keine Berührungsängste – der Schinkenspeck, der sich auf dem Teller mit ein wenig Ahornsirup mischt, schmeckt am besten: süß und salzig zugleich. Der Legende nach mochten auch die Indianer ihren Ahornsirup süß-pikant: Sie sollen sogar Hirschsteaks damit gewürzt haben.

In den 1970ern eroberte die mexikanische Küche auch die nördlichen Bundesstaaten der USA und, seitdem herrscht der Irrglaube vor, der Trend zu Tacos, Burritos und Enchiladas sei mit dem Fastfood gekommen. Im Südwesten aber ist mexikanisches Essen so alt wie ... na ja, so alt wie der Südwesten selbst. Seit dem frühen 18. Jahrhundert gehört es zu Texas, Arizona und New Mexico wie der Kaktus und der Cowboyhut. Die ewigen Bohnen zum Beispiel, die Cowboys in Hollywood-Filmen ständig vorgesetzt kriegen, gelten heute als typisch amerikanisch, obwohl man im Rest des Landes, eher europäisch geprägt, grüne Bohnen aß. Die Cowboyspeise kam aus Mexiko: Für »frijoles refritos« – »doppelt gebratene Bohnen« – benutzte man mit Vorliebe mittelamerikanische Pinto- oder Kidneybohnen. Die vorgekochten Bohnen pürierte man mit viel Salz und Speckfett und briet alles dann noch einmal in ausgelassenem Speck. Dann drapierte man großzügig Spiegeleier und Lamm-, Schweine- oder Rindersteaks obendrauf. Erst wenn man so etwas drei- bis viermal am Tag problemlos essen kann, ist man ein richtiger Cowboy.

Längst hat der Südwesten seine eigene Tradition der »mexikanischen« Küche entwickelt. Wir halten »Tex-Mex« für original mexikanisch, aber es ist inzwischen so anders, dass ein echter Mexikaner den Teller zurückgehen lassen würde. Wir haben inzwischen sogar unsere eigenen Chilis! Der Bundesstaat New Mexico, wo man manchen Gerichten kurz vor dem Servieren Honig hinzufügt und es dann »New Mexican Cuisine« nennt, ist besonders stolz auf seine regionalen Chilischoten, die man sonst nirgends kriegt. Alle unsere Bundesstaaten haben offizielle Flaggen, Blumen, Tiere und Mottos, New Mexico hat aber auch noch eine »offizielle Frage«, und diese lautet: »Rot oder Grün?« Gemeint ist die ewige Frage, ob man zum Essen lieber rote oder grüne Chilis nimmt ...

Ganz zu schweigen vom Barbecue – auch eine Spezialität des Südens, die über die Spanier zu uns kam, welche sie aus der Karibik mitbrachten: Der Begriff stammt von den dortigen Tiano-Indianern. Es bedeutet wahrscheinlich »heilige Feuergrube« und hat wohl ursprünglich einen Erdofen bezeichnet.

In Europa hält sich hartnäckig das Gerücht, ein Barbecue sei eine simple Grill-Angelegenheit, doch damit hat es nicht viel zu tun. Beim Barbecue wird das Fleisch gleichzeitig geröstet und geräuchert. Es kann Stunden dauern, und man braucht dazu riesige geschlossene Grills, die oft von Grillfanatikern in der Garage aus mysteriösen alten Industriebehältern zusammengeschweißt werden. Das Fleisch bleibt saftig darin und bekommt einen zarten Rauchgeschmack. Barbecue unterscheidet sich im ganzen Süden von Region zu Region: In Alabama, Georgia und Tennessee kriegt man es mit einer süßen Tomatensoße serviert; in manchen Memphis-Restaurants und in Kentucky wird das Fleisch mit trockenen Gewürzen eingerieben und über Hickoryholz geräuchert, und in Florida hat das Barbecue einen karibischen Einschlag.

Aber nicht nur Spanier, Mexikaner und Indianer haben die Fusion-Küche des Südens beeinflusst, auch die Franzosen mischten kräftig mit.

Als ein paar renitente Franzmänner in Acadia, Kanada, es 1710 ablehnten, den Briten die Treue zu schwören, wurden sie über die nächsten Jahre kaltherzig den Mississippi hinuntergejagt. Wie so oft in der Geschichte gereichte uns das letztlich zum Vorteil: Sie brachten ihre »cuisine« mit und mixten sie mit der Küche der Spanier und Indianer, würzten alles noch mal feurig und zauberten daraus das »cajun cooking«.

Diese Küche ist einmalig auf der Welt, obwohl sie eigentlich nur aus diversen Eintöpfen de luxe besteht: Für Gumbo oder Jambalaya wirft man Reis, Hähnchen oder Rindfleisch, Shrimps oder die Cajun-Wurst Andouille und na ja, fast alles andere, was einem so einfällt, in einen Topf. Dazu die typische Gewürzmischung mit vielen grünen Paprikaschoten, Zwiebeln, Sellerie und scharfen roten Chilis. Louis Armstrongs Leibgericht, sagt man, waren »red beans and rice«: scharfe Andouille-Wurstscheiben, angebraten, dazu gekochte Langusten, Huhn, Gewürze und rote Bohnen auf Reis. Ein Proteinlieferant ersten Grades, wie man sieht. Auch Bananen werden in der Cajunküche gern verwendet. Es ist die einzigartige Gewürzmischung, die Cajun so eigen macht – eine vergleichbare gibt es höchstens noch in der Karibik.

Es existiert jedoch wahrscheinlich kein Ort auf der ganzen weiten Welt, dessen Küche so viele fremde Einflüsse absorbierte wie meine Heimat Hawaii.

Hier haben nach langen Kämpfen die Chinesen und Japaner kulinarisch den Sieg davongetragen, und das ist keine kleine Leistung, denn es gab eine Menge Konkurrenz. Hier isst man japanisches Hühnchen »katsu« oder »beef teriyaki« oder das würzige kalte Schweinefleisch »char siu« oder auch ein »loco moco« – ein Hamburgersteak mit Ei – oder »lomi lomi salmon« – ein Salat aus rohem Lachs, Zwiebeln und Tomaten.

Doch das Beste an Hawaii haben wir von den alten Hawaiianern: das »kalua pig«.

Überhaupt alles, was im hawaiianischen Erdofen »imu« einen halben Tag lang gebacken und dabei so zart und würzig wird, dass es die Bezeichnung »kalua« verdient, ist höchst empfehlenswert: Mit ein paar starken Freunden, ausgerüstet mit Schaufeln und genügend Bier, buddelt man dazu ein etwa ein Meter tiefes Loch am Strand, füllt es mit getrocknetem Holz und zündet dieses an. Wenn es nach einiger Zeit fast heruntergebrannt ist (für das Verkürzen der Wartezeit ist das Bier da), stapelt man Steine darauf, und wenn diese richtig heiß sind (das dauert noch ein, zwei Bier), kommen breite Bananenblätter darüber. Das Fleisch – ein ganzes Schwein zum Beispiel, oder zum Thanksgiving auch gern mal mehrere Truthähne – wird gewürzt, eventuell gefüllt, in große Bananenblätter gewickelt und auf die Steine gelegt. Darüber wird nur eine Lage Leinenstoff gebreitet, und dann deckt man alles mit Erde ab. Man wartet acht Stunden – in denen man am besten nichts isst – und hat danach das beste Fleisch, das man sich vorstellen kann.

Bei meinem ersten »kaluapig« war ich noch zu klein für Bier. Ich bekam höchstens Root Beer. Das ist wahrscheinlich das amerikanischste Getränk überhaupt.

Root Beer hat nichts mit Bier zu tun und enthält keinen Alkohol, dafür jede Menge Zucker, und weist einen seltsamen Nachgeschmack auf, der ursprünglich von der bitteren, eigenartig schmeckenden Sassafras-Wurzel stammt. (Seit man weiß, dass der Extrakt dieser Wurzel Stoffe enthält, die in großen Mengen gesundheitsschädlich sein können, wird Root Beer mit künstlichen Aromastoffen hergestellt.) Root Beer ist älter als Cola und möglicherweise sogar beliebter: Es gibt über 2.500 Sorten aus kleinen Brauereien, verstreut über das ganze Land, im Vergleich dazu weltweit aber nur knapp 100 Sorten Cola.

Wie das so ist bei vielen amerikanischen Spezialitäten, so wird auch Root Beer niemals international bekannt werden, weil es so unglaublich eigenartig schmeckt. Meine deutschen Freunde ziehen ein Gesicht, wenn sie es trinken, und sagen: »Hustensaft!« (und in der Tat wurden Extrakte aus der Sassafras-Wurzel früher auch zur Herstellung von Medizin verwendet).

Aber, meine Freunde, für mich schmeckt es nicht nach Medizin, sondern es schmeckt nach der weiten, bitteren Prärie, es schmeckt nach der amerikanischen Kleinstadt, die langsam verschwindet, wo man gemütlich in einer Eisdiele sitzen konnte und ein »Root Beer Float« – Root Beer mit jeder Menge Vanilleeis drin und einem großen Strohhalm – serviert bekam, es schmeckt nach hart arbeitenden Männern und Frauen und nach Picknicks am Unabhängigkeitstag, dem 4. Juli, es schmeckt nach Amerika.

Amerikaner und Europäer werden sich in puncto Essen wahrscheinlich nie einig.

Die Europäer werden in Amerika immer nur die Fastfood-Ketten sehen, und amerikanische Touristen in Europa werden sich immer nur fragen: »Warum schmeckt das Essen beim Chinesen irgendwie so ... deutsch?«

Das, meinen viele meiner Landsleute, sei der eigentliche Unterschied zwischen der Küche in Europa und Amerika: Nur wir haben eben echte Chinatowns und Japantowns; hier kochen wahrhaftige Vietnamesen, Thailänder, Koreaner, Afrikaner, Iraner, Mexikaner, Inder, Polen und Türken, rund um die Uhr und an jeder Ecke, und sie kochen, wie sie wollen, und nicht, um die europäischen Geschmacksgewohnheiten zu treffen.

Typisch amerikanisch also: Es gibt kein einheitliches Essen, weil wir kein einheitliches homogenes Volk sind und es nie sein werden. Unsere Immigranten haben zuallererst für ihre eigenen Landsleute gekocht, bis auch der Rest von uns dem leckeren Duft nicht mehr widerstehen konnte.

Das heißt, nicht wirklich alle Immigranten. Bei manchen Einwanderern ist die Integration nicht ganz so glatt gelaufen ...

15

Wir sind Rassisten

Am schlimmsten, um es gleich vorweg zu sagen, waren die Deutschen.

Stur, eigenwillig, verschlossen und abweisend verharrten sie in ihren fremdsprachigen, hermetisch abgeriegelten, hartnäckig unamerikanischen Parallelgesellschaften. Es gab wenige Einwanderer in Amerika, die so schlecht integrierbar waren wie sie.

Große Teile von Kalifornien, Texas und Pennsylvania, Ohio, Iowa, Minnesota, Wisconsin und Nebraska sind einmal deutsch gewesen und auch zu einem nicht unerheblichen Teil deutschsprachig. Schätzungsweise acht Millionen Immigranten kamen aus Deutschland, die meisten von ihnen im 19. Jahrhundert, kurz bevor ihre Heimat, wirtschaftlich am Boden, endlich die Industrialisierung auch für sich entdeckte, und dann nochmals ein großer Schwung nach dem Scheitern der Revolution von 1848/49. Einige wollten in Amerika gleich einen eigenen deutschen Staat gründen, die meisten aber wollten nur weg von zu Hause – natürlich aber ohne ihre geliebte Kultur zurücklassen zu müssen.

Das merkt man noch heute an Städtenamen wie Muenster, Fulda, Rhineland, New Baden, Westphalia, Weimar, Deutschburg, New Braunfels oder Fashing. Von rund einem Dutzend Berlins ganz zu schweigen, einschließlich East Berlin in Pennsylvania. In Texas nennt man heute noch die Gegend von Houston bis Fredericksburg den »German Belt« – den deutschen Gürtel.

Als Mormone habe ich nie Bier getrunken, bis ich die Kirche verlassen habe – da lebte ich jedoch schon in Deutschland und hatte deutsches Bier, vor allem Weißbier, bereits kennen- und schätzen gelernt. Als ich dann nach Hause zurückkehrte, wollte ich die deutschen Gerüchte über das wässrige amerikanische Bier prüfen. Also ging ich zum Bier-Spezialisten. Er meinte: Am besten sind die guten Biere aus den vielen amerikanischen Mikrobrauereien, die von Liebhabern zum Teil nach deutscher Technik gebraut werden. Besonders freute ich mich zu hören: Der neueste Schrei sei amerikanisches Weißbier. Also kaufte ich gleich ein Sixpack.

Es war ungenießbar!

Seitdem trinke ich in Amerika nur importiertes Bier, und das Bier der großen amerikanischen Marken – Anheuser-Busch, Coors, Miller, Pabst und Schlitz – habe ich aus Angst gar nie probiert. Diese Brauereien wurden übrigens alle von deutschen Einwanderern gegründet. Aber das ist nichts, worauf die Deutschen stolz sein sollten.

Die ersten Deutschen blieben gerne unter sich: in meist ländlichen Enklaven, wo selbst die Straßenschilder in Deutsch gehalten waren. Sie unterhielten sogar ihre eigenen deutschsprachigen Schulen und druckten deutschsprachige Zeitungen. Vor allem jedoch hatten sie ein ganz eigenes Religionsverständnis mitgebracht, das ihre Nachbarn irritierte: denn sowohl der deutsche Protestantismus (den wir »lutheranism« nannten, um ihn von anderen protestantischen Strömungen zu unterscheiden) als auch der deutsche Katholizismus waren uns entschieden zu locker. Diese Deutschen misstrauten Moralisten und religiösen Extremisten und praktizierten einen lässigen Hedonismus, der ihren korrekten Nachbarn sauer aufstieß. Sie tranken gern mal einen über den Durst und fanden die Prohibition aus naheliegenden Gründen doof.

Hinzu kam, dass diese Dickköpfe kein Problem damit hatten, sich auch in die Politik ihrer neuen Heimat einzumischen. Sklaverei zum Beispiel lehnten sie rundweg ab. Zahlreiche Deutsche kämpften auf der Seite des Nordens im Bürgerkrieg, als es darum ging, die Sklaven zu befreien. Und andere gingen noch weiter.

Es geschah, als der Gouverneur von Missouri sich auf die Seite der Südstaaten schlagen wollte und dem Süden per Geheimbrief die Loyalität seines Bundesstaats zusagte. Viele der Deutschen in Missouri hatten 1848, nur wenige Jahre zuvor, für die demokratische Revolution in Deutschland gekämpft. Als sie sahen, dass ihr Bundesstaat sich möglicherweise dem Süden anschließen würde, formierten sie eine 10.000-Mann starke Miliz, die fast nur aus Deutschen bestand, und verjagten den Gouverneur und seine Mannen. Die Folge: Missouri zog später an der Seite des Nordens in den Krieg. Heute glauben nicht wenige Historiker, dass der Norden ohne die Unterstützung Missouris den Bürgerkrieg vielleicht verloren hätte.

Auch ihre Vorstellung von sozialer Gerechtigkeit versuchten die Deutschen dem Rest von Amerika aufzudrücken.

Mit dem Siegeszug der Industrialisierung mehrten sich bald solche Luxusforderungen wie die nach einer Fünf-Tage-Arbeitswoche oder gar einem Acht-Stunden-Arbeitstag. In Chicago hatten sich bereits Gewerkschaften gebildet, aber auch andere, weit ungeduldigere Gruppierungen meldeten sich zu Wort, nämlich Anarchisten. Am 3. Mai 1886 traten die Arbeiter der McCormick Harvesting Machine Co. in den Streik. Als Polizisten die Streikenden angriffen und vier von ihnen töteten, brach Empörung unter den Arbeitern aus. Flugs tauchten Anarchisten auf, die Flugblätter verteilten, auf denen die Behauptung zu lesen war, die Tötungen seien Absicht gewesen und im Auftrag der Arbeitgeber erfolgt. Die Stimmung kochte über, und am nächsten Tag kam es erneut zu Protesten, diesmal im Einkaufsviertel Haymarket. Während der Kundgebung passierte es dann: Jemand schmiss eine Bombe.

Sie explodierte unter den Polizisten, verwundete einige und tötete den Beamten Mathias J. Degan.

Die Polizei feuerte in die Menge. Eine wilde Straßenschlacht brach aus, die bis in die Nacht andauerte. Häuser wurden in Brand gesteckt. Die Straßen sahen aus wie in Kreuzberg am 1. Mai! Sieben Polizisten und vier Arbeiter verloren ihr Leben in den Kämpfen.

Acht bekannte Anarchisten wurden verhaftet. Obwohl klar war, dass keiner von ihnen die Bombe geschmissen hatte – der Täter wurde übrigens nie gefunden –, stand fest, dass sie an der Organisation der Demo beteiligt waren, und das reichte schließlich auch. Sieben von ihnen wurden zum Tode verurteilt, vier tatsächlich gehängt. Und, wer hätte das gedacht, unter dem Galgen sangen sie noch die »Marseillaise«. Einer von ihnen, August Spies, schrie dabei angeblich in die Menge: »Die Zeit wird noch kommen, da unser Schweigen mächtiger sein wird als die Stimmen, die ihr heute erwürgt!«

Ob er damit recht hatte, ist schwer zu sagen: Einerseits kennt heute fast keiner mehr seinen Namen, andererseits haben wir inzwischen immerhin die Fünf-Tage-Arbeitswoche und den Acht-Stunden-Arbeitstag ...

Hatte ich eigentlich das merkwürdige Detail erwähnt, dass von den acht verhafteten Anarchisten sechs Deutsche waren?

Apropos Parallelgesellschaft mit überzogen utopischen Ansprüchen:

Wenn eine Reisezeitschrift etwas über verrückte Amerikaner schreiben will, besucht sie einfach die Amish in Pennsylvania. Das sind diese religiösen Spinner, die so leben wie im 18. Jahrhundert: Sie fahren in Kutschen, bauen ihre Häuser selbst, ohne moderne Werkzeuge, leben ohne elektrisches Licht, ohne Kühlschrank, ohne Fernseher und tragen züchtige, einfarbige Kleidung, die keine Knöpfe haben darf, ganz zu schweigen von unvorteilhaften Strohhüten, lächerlichen Hauben und wilden Bärten.

Die Amish sind immer für eine skurrile Geschichte gut: In einem schockierenden Fall wurden 10 Amish-Männer und zwei Amish-Frauen 2011 verhaftet und wegen Körperverletzung angeklagt. Strafrechtlich ging es um so genannte »Hassverbrechen« – Gewaltkriminalität aufgrund von ethnischem, sexuellem oder religiösem Hass, vergleichbar also mit Mord an Schwarzen durch den Ku-Klux-Klan. Die Delinquenten waren Angehörige einer kleinen Sekte innerhalb der Amish und hatten ehemalige Mitglieder der Splittergruppe überfallen, nachdem diese ausgestiegen waren. Und was waren nun die schrecklichen Gewalttaten, die sie den anderen antaten und weswegen sie im Kittchen landeten? Sie hatten den Abtrünnigen die Bärte abgeschnitten! Ich staune immer wieder, wozu die Bestie Mensch alles in der Lage ist ...

Hatte ich erwähnt, dass es die Deutschen waren, die uns die Amischen beschert haben?

Im 17. Jahrhundert spalteten sich in Europa nämlich die Gemeinden der deutschen, schweizerischen und niederländischen Mennoniten aufgrund einer ungeheuer wichtigen Glaubensfrage auf: Sollte man mit ehemaligen Mitgliedern, die wegen irgendwelcher Übertretungen aus der Kirche ausgeschlossen worden waren, noch sprechen? Jakob Ammann war überzeugt: Nein. Sünder und Abtrünnige sollten wie Luft behandelt werden. Männer sollten nicht mal mehr mit Frau und Kind reden. Man nannte das Prinzip »Meidung«. Es ging um Disziplin im Glauben, aber auch darum, dem Ausgeschlossenen auf diese Weise klarzumachen, welche Folgen seine Übertretung hatte.

Die Mennoniten wurden sich über diese Frage einfach nicht einig. Ammanns Anhänger, fortan »Amische« genannt, setzten sich schließlich nach Amerika ab, wo sie in aller Ruhe nach diesem Prinzip leben konnten, ohne dass irgendwelche Klugscheißer mit anderer Ansicht auf sie einredeten. Vor allem aus dem Elsass und der Pfalz machten sich viele auf, zuerst nach Pennsylvania und dann weiter in den Westen.

Diejenigen, die nicht mitfuhren, wurden nach einer Weile wieder in die Mennonitenkirche eingegliedert. Wie das eben so ist mit Meinungsverschiedenheiten: Sie legen sich mit der Zeit. Heute gibt es keine Amischen mehr in Europa, aber fast eine Viertel Million von ihnen – über zahlreiche Gemeinden verstreut – in den Vereinigten Staaten. Ihre Nachbarn machen sich über sie lustig, aber sie scheinen weitgehend glücklich zu sein, soweit man das von außen beurteilen kann. Junge Leute dürfen sich so ab 16 entscheiden, ob sie unter den Amischen bleiben oder sich der modernen Welt anschließen wollen. Das Erstaunliche: Bis zu 85 Prozent von ihnen entscheiden sich (manche sogar nach einer zweijährigen Exkursion in die Welt da draußen) für das einfache Leben in der Gemeinde.

Amerika ist bekannt für seine zahlreichen abgefahrenen Utopie-Versuche, von marxistischen Kommunen bis hin zu Zurück-zur-Natur-Hippie-Fantasien, doch es gibt nur wenige Experimente, die mehr als ein paar Jahre fortbestehen. Die Amischen aber haben ihre Aussteiger-Träume nicht nur verwirklicht, sondern sie haben dies geschafft, ohne zu scheitern, ohne irgendeinem wahnsinnigen Messias zu verfallen und ohne von der Mainstream-Gesellschaft absorbiert zu werden. Mit anderen Worten: Sie haben mehr als 200 Jahre überlebt und sind immer noch in guter Verfassung. Das nenne ich die ultimative deutsche Parallelgesellschaft.

Diese Deutschen mit ihren komischen Ideen kamen den Amerikanern zeitweise so fremd und eigenartig vor, dass ihr Verhalten sogar die erste amerikanische Anti-Immigranten-Partei mit hervorrief.

Kurz vor dem Bürgerkrieg, Mitte des 19. Jahrhunderts, waren zwei Einwanderer-Gruppen besonders zahlreich und besonders unbeliebt: Iren und Deutsche. Die Deutschen waren entweder lutherisch-protestantisch oder gar katholisch, was noch schlimmer war. Die Iren waren sowieso katholisch und arm dazu. Sei's drum, es strömten jedenfalls immer mehr dieser verdammten Katholiken ins Land. Man suchte eine Erklärung dafür und fand auch eine: Ganz klar, der Papst wollte Amerika unterwandern und die Nation versklaven!

Ein Prediger in Boston, der wohl die Konkurrenz durch die wachsenden katholischen Gemeinden fürchtete, beschrieb den Katholizismus als »Freund der Tyrannei und Feind des materiellen Wohlstandes«. Letzteres kam nicht von ungefähr: Der damalige Papst war reformistisch gesinnt und lebte zeitweise wie ein Bettler. Na ja, ein Bettler in einem der größten Paläste Europas zwar, aber immerhin. Hinzu kam, dass die starke Immigration wie immer Folgen nach sich zog: Die Kriminalitätsrate stieg an und die Sozialkosten auch – in manchen Städten auf das Drei- bis Siebenfache.

1849 wurde in New York die geheime Gesellschaft »The Order of the Star Spangled Banner« gegründet. Ihr erklärtes Ziel war, die Katholiken politisch zu treffen. Es handelte sich um Katholiken-Hasser, um Iren- und Deutschen-Hasser – genau wie die Moslem-Hasser von heute. Um Mitglied zu werden, musste man in Amerika geboren, weiß und protestantisch sein.

Diese und ähnliche Geheimgesellschaften hatten einen riesigen Zulauf. Sie sprachen sich ab und stimmten im Block für anti-katholische Kandidaten. Wahlen in Chicago und Boston und sogar für das Repräsentantenhaus von Massachusetts konnten sie so zu ihrem Vorteil beeinflussen. Ihre Kandidaten setzten Gesetze durch, nach denen man in Amerika geboren sein musste, um ein politisches Amt zu bekleiden. In Kentucky kam es während einer Gouverneurswahl zu Schlägereien, und 22 Menschen starben; in Maine wurde ein katholischer Priester geteert und gefedert, eine katholische Kirche niedergebrannt.

Als die Gesellschaften noch geheim waren, hatten die Mitglieder ein Erkennungszeichen: Wenn einen jemand nach der Partei fragte, antwortete man: »I know nothing.« Fortan waren sie als die »Know Nothings« bekannt und wurden bald das nächste große Ding. Man konnte Know-Nothing-Bon-

bons, Know-Nothing-Tee, sogar Know-Nothing-Zahnstocher kaufen. Ein Schiff wurde auf den Namen »Know Nothing« getauft.

Ihr Erfolg war schwindelerregend, und bald gründeten sie eine offizielle politische Partei: die »American Party«. Innerhalb kurzer Zeit wurden überall in Amerika politische Ämter von Mitgliedern der »American Party« besetzt, die man immer noch »Know Nothings« nannte.

Den Deutschen und Iren war in diesen Jahren wohl ein wenig mulmig zumute. Doch es zeigte sich mal wieder: Die Amerikaner drehen zwar ab und zu gern mal durch, bleiben aber nicht lange durchgedreht. 1856, nach nur zwei Jahren, waren die »Know Nothings« wieder so gut wie verschwunden.

Unkontrollierte Einwanderung war zwar ein buchstäblich aufregendes Thema, aber nicht die wirklich brennende Frage der Zeit. Die Gründer der »Know Nothings« hatten das wohl nicht verstanden. Die Väter einer anderen Partei, die gleichzeitig entstand, waren da mehr am Puls der Zeit. So kam es, dass die »Know Nothings« verschwanden und die Republikaner (damals eine eher fortschrittliche Partei, die nur ein paar Jahre zuvor unter anderem von Abraham Lincoln gegründet wurde), an die Macht kamen. Ihr Programm: die Eingrenzung und eventuell auch Abschaffung der Sklaverei.

So vergaßen die Amerikaner vorübergehend ihre Angst vor den Deutschen, und diese konnten weiterhin so leben, als ob sie nicht Teil der USA wären.

Es wurmte ihre Nachbarn aber weiterhin, dass diese Zugezogenen einfach kein Englisch sprechen wollten. Damit signalisierten sie wohl, sie seien keine Amerikaner und wollten es auch nicht werden, danke schön. Eine Zeitung schrieb 1857: »Die vier deutschen Viertel im östlichen Buffalo, New York, sind so wenig amerikanisch wie das Herzogtum Hessen-Kassel.«

»Die Sprache hat sich viel länger gehalten, als man gemeinhin annimmt«, erzählte mir der Historiker Walter D. Kamphoefner von der A&M Universität in Texas. »Meine Familie ist nun schon in der fünften Generation in Amerika, und selbst mein Vater konnte immer noch bestes Deutsch. Von den Deutschen, die in den 1940ern in Amerika geboren wurden, nannten nur die Hälfte Englisch als Muttersprache. In Texas und Missouri konnte man schwarzen Kindern begegnen, die fließend Deutsch sprachen.«

Das nervte die anderen Amerikaner so sehr, dass sie Gegenmaßnahmen ergriffen. In manchen Bundesstaaten probierte man, die starrköpfigen Neubürger per Gesetz zur Integration zu zwingen. In den 1890ern gab es Versuche der Zwangsamerikanisierung, bei der die Schulen dazu verdonnert wurden, den gesamten Unterricht auf Englisch abzuhalten. Das ging in die Hose. Die Politiker hatten wohl gedacht, die deutschsprachigen Mitbürger könnten nicht genug Englisch, um wählen zu gehen. Anscheinend aber doch. Bei der nächsten Wahl verloren die anti-deutschen Politiker allesamt ihr Amt.

Fragt man Migrationsforscher, wie lange die Phase der Integration normalerweise dauern sollte, verweisen sie oft auf das Drei-Generationen-Modell: Die erste Generation arbeitet am Fließband oder auf dem Feld und integriert sich nicht, die zweite ist zweisprachig und macht den eigenen Handyladen oder ein Nagelstudio auf, die dritte Generation ist dann schon integriert, beherrscht die ursprüngliche Muttersprache nicht mehr und wird entweder Arzt oder sitzt den ganzen Tag vor dem Fernseher und macht überhaupt nichts aus sich, wie sich das für einen ganz normalen Amerikaner gehört, regt sich aber auf, wenn Kinder anderer Migranten an ihnen vorbeiziehen.

Die Deutschen haben bewiesen, dass dieses Modell zu simpel ist. Manche Gruppen sind halt stur. Und die Deutschen in Amerika gehörten in der Tat eher zu denjenigen, die etwas länger brauchten.

Erst als der Erste Weltkrieg ausbrach, überlegten sie sich,

ob es nicht Vorteile hätte, sich doch anzupassen. Der Hass auf den deutschen Kaiser war so groß, dass die Deutsch-Amerikaner plötzlich entdeckten, dass sie ja auch Englisch konnten. Über Nacht verschwanden die deutschen Straßenschilder und wurden durch englischsprachige ersetzt. Deutschsprachige Zeitungen gingen ein. Städte wurden umbenannt: aus Marienfeld wurde Stanton, aus New Brandenburg wurde Old Glory.

Vorübergehend verschwand sogar der »Hamburger«.

Damals aß man gern »hamburger steak« – Hacksteak. Allerdings war das Wort »Hamburger« eng mit deutschen Einwanderern verknüpft, deshalb erfuhr das »hamburger steak« im Ersten Weltkrieg eine Namensänderung, damit man es weiterhin bestellen konnte, ohne sich wie ein Vaterlandsverräter vorzukommen: Fortan hieß es »salisbury steak«. Damit wurde eine Tradition begründet, bei der wir Amerikaner unseren Patriotismus durch Essen ausdrücken. Wir verdrücken weiterhin die leckeren Speisen des Feindes, dessen Herkunft muss aber verschwiegen werden. So wurde auch gleich Sauerkraut in »liberty cabbage« umbenannt und etwa 80 Jahre später, als klar wurde, dass die Franzosen bei der Invasion des Iraks nicht mitmachen würden, hießen Pommes Frites – »french fries« – plötzlich »freedom fries«. Allerdings halten wir das nur so lange durch, bis wir alle wieder Freunde sind. Manchmal nicht einmal so lange.

Hätte es die beiden Weltkriege nicht gegeben, würden die Deutschen in Amerika wohl heute noch Deutsch sprechen. »Als mein Opa im Ersten Weltkrieg in die Army eintrat und zum Training geschickt wurde, schrieb ihm seine Mutter, die in Missouri geboren war, einen Brief auf Deutsch«, erzählte Kamphoefner. »Das unterband er aber ganz schnell. Es zeigt jedoch, wie getrennt voneinander kulturelle und politische Loyalitäten sind. Die Deutschen hatten keine Bedenken, im Krieg der neuen Heimat treu zu sein, aber die Annahme der neuen Sprache, das war etwas anderes.«

»Gebt mir eure Müden, eure Armen, eure geknechteten Massen, die frei zu atmen begehren, den elenden Unrat eurer gedrängten Küsten, schickt sie mir, die Heimatlosen, vom Sturme Getriebenen, hoch halt ich mein Licht am gold'nen Tore!«

So steht es geschrieben auf einer Tafel an der Freiheitsstatue im Hafen von New York. Und wir meinen das auch ehrlich. Wir Amerikaner stammen zu 99 Prozent von Migranten ab und identifizieren uns mit ihnen. In kaum einem anderen Land werden rund um die Abendbrottische so viele Heldengeschichten von eingewanderten Vorfahren erzählt, von ihren Entbehrungen und wie sie sich am Ende durchgebissen haben. Selbst unsere Kinofilme kreisen immer wieder um Immigration: *Der Pate*, *Titanic* und *Gran Torino* scheinen von Verbrechen, Liebe oder Bandenkriegen zu handeln, in Wirklichkeit sind es Einwanderer-Geschichten. Ellis Island – wo zwischen 1892 und 1954 ein Drittel aller Vorfahren der gegenwärtig lebenden Amerikaner ankam – ist heute noch eine der beliebtesten Touristenattraktionen New Yorks. Wir feiern unsere Migranten.

Und wir hassen sie.

Denn jede neue Einwanderungswelle konkurriert mit den schon Eingewanderten. Sie wollen ja das Gleiche, was wir auch wollen, aber wir waren zuerst da. Und täglich kommen mehr von unserer Sorte! Also müssen wir uns wehren. Und das tun wir auch.

Rein statistisch kann man nicht sagen, dass es bei uns fremdenfeindlicher zugeht als in anderen Nationen, aber in einem von Immigranten gegründeten Land wirkt der Rassismus von Migranten gegenüber Migranten schon wie eine Art Kannibalismus.

Laut der Anti-Rassismus-Gruppe »Southern Poverty Law Center« gibt es 926 verschiedene aktive rassistische Vereinigungen bzw. so genannte »hate groups« in den USA. Kennen Sie zum Beispiel »La Voz de Aztlan«, den antisemitischen Internet-Nachrichtendienst für Lateinamerikaner?

Oder den »Pioneer Fund«, der sich auf die Erforschung der Überlegenheit der weißen Rasse und der IQ-Unterschiede bei verschiedenen Rassen konzentriert? Oder die »League of the South«, die den im Bürgerkrieg untergegangenen separatistischen Südstaatenbund »Confederacy« wieder aufleben lassen möchte?

Selbstverständlich ist in Amerika auch der Rassismus demokratisch: Auch Minderheiten dürfen gegenüber der Mehrheit Rassismus an den Tag legen. Die »New Black Panther Party« ist stark anti-weiß eingestellt und ihr ehemaliger Führer Khalid Abdul Muhammad soll einmal gesagt haben: »Es gibt keine guten Weißen; wenn du einen findest, töte ihn schnell, bevor er sich zurückverwandelt.« Die »Jewish Defense League« ist vordergründig eine Art Selbstschutzverein gegen Antisemitismus, wird aber als Hass-Gruppe eingestuft, die Terror gegen Moslems und andere unterstützt. Als ein Schütze in Hebron 29 Palästinenser beim Gebet erschoss, verteidigte ihn die League auf ihrer Website.

Heute aber entflammen die meisten Differenzen rund um die Latinos.

Noch stammen fast 64 Prozent der Amerikaner von weißen europäischen Vorfahren ab. Danach folgt mit über 16 Prozent die größte Minderheit Amerikas: die Latinos (Einwanderer aus Mittel- und Südamerika nennt man »Hispanics« oder »Latinos«, um sie als Migrationsgruppe einordnen zu können). In 40 Jahren wird das anders sein: der blütenweiß-europäische Anteil wird nur noch 46 Prozent betragen; die Latinos kommen hingegen auf 30 Prozent. Es findet also gerade eine »Latinisierung« Amerikas statt.

Als ich erfuhr, dass die Weißen nach so langer Zeit in Amerika bald nur noch die Hälfte der Bevölkerung ausmachen werden, ging mir ein Stich durchs Herz. Da geht etwas verloren, dachte ich. Das genuin Amerikanische. Das wird dann nicht mehr das Amerika sein, das ich kenne.

Dann stellte ich mir eine Latino-Familie in 50 Jahren vor. Sie würde wahrscheinlich wenig gemeinsam haben mit den Latino-Familien von heute. Sie würde zur Mittelklasse zählen. Die Kinder würden vom College für die Feiertage nach Hause kommen. Und die Eltern würden Heldenge-schichten von ihren Einwanderer-Eltern erzählen: Wie sie illegal bei Nacht und Nebel über die Grenze kamen, welche Strapazen sie auf sich nahmen, als sie Orangen pflückten in Florida, Bäume fällten in Oregon und Villen schrubbten in Kalifornien, wie sie kämpften, um voranzukommen, und wie sie endlich die Familie zu sich holen konnten. Das wird eine stolze Geschichte sein, auf die die Latino-Kids in ein paar Generationen zurückblicken werden. Genau wie die der schwedischen und dänischen Großeltern, auf die ich zurückblicke.

Da dachte ich mir: Also doch – Amerika bleibt Amerika.

Obwohl man gern von den imponierenden Einwander-zahlen im 19. Jahrhundert spricht, ist Amerika unverändert ein Einwanderungsland. Heute werden jährlich mehr Immi-granten legal in die USA gelassen als offiziell in alle ande-ren Länder der Welt zusammen. Zwischen 2000 und 2010 kamen fast 14 Millionen von ihnen, und jedes Jahr nehmen über eine Million die amerikanische Staatsbürgerschaft an.

Das sind aber nicht alle.

Die größte Zahl der illegalen Einwanderer kommt über die mexikanische Grenze.

Wie viele das sind, ist logischerweise unbekannt – ich selbst kenne nur einen persönlich, weil ich ihm geholfen habe, sich einzuschmuggeln –, aber Schätzungen gehen von 10 bis 20 Millionen aus, die in den USA leben.

Was die illegale Immigration für die Wirtschaft bedeutet, ist umstritten. Einige Studien beweisen hieb- und stichfest, dass es sich bei illegalen Immigranten um Billiglohnarbei-ter handelt, die vor allem den Armen und Ungebildeten die Billigjobs wegnehmen. Andere Studien beweisen hieb- und stichfest, dass Illegale die Wirtschaft merklich pushen, da sie den Konsum ankurbeln. Manche Forscher sehen sogar eine Ursache der »Großen Depression« von 1929 in der massiven Abschiebung einer halben Million illegaler lateinamerikanischer Einwanderer, die kurz zuvor durchgeführt worden war.

Der vorherrschende Eindruck in der amerikanischen Mittelklasse ist jedoch, dass die illegalen Arbeitskräfte ihnen Jobs wegnehmen. So kommt es, dass etliche Politiker im Wahlkampf gern gegen die Illegalen wettern und in den letzten Jahren den Bau einer 3.200 Kilometer langen Mauer zwischen den USA und Mexiko förderten – fast 20-mal länger als die Berliner Mauer. Ein Teil davon war unter heftigen Diskussionen bereits errichtet worden, ehe Präsident Obama nach seiner Wahl weitere Baumaßnahmen einfror. Allerdings handeln viele dieser Politiker oft ganz anders, sobald sie erst einmal im Amt sind. So war es der erzkonservative Reagan, der 1986 drei Millionen Illegalen »Amnestie« gewährte, also eine Aufenthaltserlaubnis schenkte, und seitdem hat der Kongress sieben weitere Male »Amnestien« beschlossen.

Beim Thema illegale Einwanderung kann man in Amerika ein merkwürdiges Paradox beobachten. Einerseits streitet niemand ab, dass der Staat die Immigration regeln muss – andererseits gibt es einen Aufschrei, wenn der Staat mal in die Hände spuckt und dies auch wirklich tut.

So war das 2011 auch in Arizona, als dort ein neues Gesetz erlassen wurde, das besagte, dass Polizisten die Papiere eines mutmaßlichen Migranten überprüfen dürfen, ja müssen, sollte der Verdacht bestehen, dass es sich um einen Illegalen handelt.

Es kam zu heftigen Protesten. Arizona wurde in den Medien als rassistischer Polizeistaat beschimpft, es gab Boykottaufrufe gegen diese Latinofeinde und sogar Untersuchungen zur Rechtmäßigkeit des Gesetzes seitens des Justizministeriums. Bis Ende 2011 waren nur Teile des Gesetzes rechtskräftig, während andere immer noch geprüft wurden.

Dabei war es selbst dem Justizministerium entgangen, dass ein solches Gesetz schon längst auf Bundesebene existiert: Jeder Migrant, der bloß eine Aufenthaltserlaubnis besitzt und keine Staatsbürgerschaft, muss sich jederzeit ausweisen können. Arizona hat von seinen Polizisten also lediglich verlangt, dass sie dieses Gesetz auch tatsächlich ernst nehmen. Schon seit 2009 wird in ganz Amerika, nicht nur in Arizona, auf Basis bestehender Gesetze versucht, mehr Illegale aufzuspüren und auszuweisen. Das Ziel ist, alle auffindbaren Illegalen bis 2013 abzuschieben. Die Aktion läuft auf Hochtouren.

Das Problem dabei ist: Wenn nur Migranten ihre Ausweispapiere jederzeit bei sich haben müssen, ein US-Staatsbürger aber nicht, wie kann man sie dann, bitte schön, auseinanderhalten? An der Hautfarbe?

So kam es, dass etwa Antonio Montejano fast abgeschoben wurde – obwohl er amerikanischer Staatsbürger ist. Er hatte das Pech, wegen Ladendiebstahls festgenommen zu werden, und weil er sich nicht als Amerikaner ausweisen konnte, saß er vier Nächte im Gefängnis, während die Polizei seine Abschiebung vorbereitete.

Dabei war er völlig im Recht. Ein US-Bürger hat nämlich keine Verpflichtung, sich jederzeit ausweisen zu können. Im Gegenteil: Er muss nicht einmal einen Ausweis besitzen. Und die wenigsten Amerikaner haben einen Pass.

Es ist schwierig, aber möglich, sein ganzes Leben in Amerika ohne Ausweis zu verbringen. Die meisten benutzen einfach den Führerschein als Ausweis. Wir haben auch kein Einwohnermeldeamt und keine Meldepflicht. So etwas widerspricht völlig unserer Vorstellung vom Zuständigkeitsbereich des Staates: Die Obrigkeit hat doch kein Recht zu wissen, wo wir wohnen, wo kämen wir denn da hin?

Wir akzeptieren, dass die Homeland Security unseren Namen speichert, weil uns das vor Terrorismus schützen soll. Wir sind bereit, uns von der Social Security eine Nummer geben zu lassen, die uns das ganze Leben lang begleitet. Aber unsere Adresse melden zu müssen, wenn wir umziehen – das wäre ein Grund zur Revolution.

Die Polizei hatte zwar also kein Recht, den US-Bürger Antonio Montejano festzuhalten, aber die Beamten hörten eben nicht auf ihn, als er ihnen versicherte, er sei ein solcher. Er kam erst frei, nachdem Bürgerrechtler seine Geburtsurkunde fanden und diese der Polizei vorlegten.

All das ist aber nichts gegen das, was wir den Chinesen angetan haben.

Als 1849 der Goldrausch in Kalifornien ausbrach, waren die chinesischen Händler und Seeleute schon lange da, denn sie waren bereits mit den Spaniern gekommen. Sie dienten als willkommene Anlaufstelle für weitere Chinesen, die den Unruhen zu Hause entkommen oder am Goldrausch teilhaben wollten. Die chinesische Bevölkerung wuchs schneller an als jede andere Gruppe: 1848 gab es rund 300 Chinesen in Kalifornien, bis 1852 waren es schon 25.000 – ein Viertel der kalifornischen Einwohnerschaft.

Als die Central Pacific Railroad Company 1863 mit dem Bau der Eisenbahn von West nach Ost begann, benötigte sie 5.000 Arbeiter. Etwa 600 standen aber nur zur Verfügung. Also wurde vorgeschlagen, Chinesen zu rekrutieren. Unbeeindruckt von der Skepsis seiner Mitarbeiter soll Charles Crocker, der den Bau beaufsichtigte, gesagt haben: »Sie bauten doch die Große Mauer, oder?«

Zuerst machten die Chinesen nur die Drecksarbeit. Dann machten sie die ganze Arbeit.

Im schwierigen Gelände des Hochgebirges der Sierra Mountains arbeiteten sie mit Techniken, die sie aus Fernost mitgebracht hatten. Selbst in harten Wintern ließen sie sich in Körben an Seilen die Felswand hinab, meißelten Löcher in den Granit und legten das Dynamit hinein. Während die meisten Arbeiter an der Oststrecke der Eisenbahn Iren waren, machten bei der Central Pacific die Chinesen zwischen 75 und 90 Prozent der Arbeiterschaft aus – bis zu 12.000 waren dabei.

Die Chinesen waren ganz klar die besseren Arbeiter. Sie

fehlten weniger, wurden nicht so oft krank, arbeiteten länger, hatten keine Angst vor engen Höhlen oder Höhen, waren besonders gut im Umgang mit Sprengstoffen und konnten einfach mehr.

Und pflegeleicht waren sie auch noch. Sie hatten kein Problem damit, zu zwölft in kleinen Zelten zu leben. Während die Iren von der Firma verköstigt wurden, mussten die Chinesen ihr Essen selbst kaufen und kochen, und so ernährten sie sich gesünder. Über Chinaläden in San Francisco bekamen sie ein breites Angebot an frischen und getrockneten Meeresfrüchten und Algen, Obst und sehr viel Gemüse. Während die Amerikaner das Wasser aus den Bächen und Seen tranken und prompt von Durchfall heimgesucht wurden, tranken die Chinesen ausschließlich Tee. Sie wuschen sich täglich, während die Weißen dies vermieden wie die Pest, wahrscheinlich weil sich sowieso keine Frauen in der Gegend herumtrieben.

Immer wieder wurde festgestellt, dass die Weißen gut daran täten, sich mal ein Beispiel an den Chinesen zu nehmen. »Sie fangen sofort mit der Arbeit an, wenn das Signal ertönt, sie sind ehrlich und arbeiten fleißig, bis die Zeit um ist. Sie trinken keinen Whiskey, werden selten in Schlägereien verwickelt, rauchen zwar sonntags, an ihrem freien Tag, Opium, rollen aber nicht in der Gosse herum wie die Schweine, sondern kommen montags pünktlich zur Arbeit«, schrieb ein Pfarrer, der die Unterkünfte der Eisenbahn-Arbeiter besuchte. »Sie meckern nicht, machen keinen Ärger und tun alles, was andere nicht wollen.«

Trotzdem bekamen sie weniger Lohn als die Weißen.

Obwohl es in Kalifornien von allen möglichen Nationalitäten wimmelte – wie Mexikaner, Spanier, Engländer, Irländer, Russen –, waren es vor allem die Chinesen, die der Allgemeinheit suspekt waren. Zeitungen, Kirchen, Politiker und Gewerkschaften beschimpften sie und forderten, sie nicht einzustellen. Politiker auf Wählerfang redeten sich richtig in Rage gegen den »Dreck aus Asien«. Ein junger Steuereintreiber schrieb in sein Tagebuch, wie viel Spaß es mache, die Chinesen zu verprügeln, ihnen die Haarschöpfe abzuschneiden, einen sogar zu erschießen: »Had a great time.«

Ein englisch-chinesischer Sprachführer von 1867 informierte englische Muttersprachler, wie man auf Chinesisch solche nützlichen Sätze sagt wie: »Kannst du mir einen guten Knaben als Diener besorgen? Er will acht Dollar im Monat? Er soll sich mit sechs Dollar zufriedengeben!« Sätze, die fehlen, sind beispielsweise: »Wie geht es Ihnen?« oder Höflichkeiten wie: »Danke«. In der zweiten Hälfte des Buches wird der Spieß umgedreht: Hier konnten Chinesen englische Sätze lernen, die ihnen im Umgang mit Weißen vielleicht von Nutzen sein würden. Darunter: »Bitte nicht schlagen«, »Er zahlt mir meinen Lohn nicht« und: »Der Mann starb durch Erfrieren im Schnee.«

Allein im Jahr 1862 wurden 88 Chinesen ermordet. In den 1870ern verbannte man sie schließlich in Ghettos – der Ursprung der heutigen Chinatowns. Der Hass wurde so groß, dass der Kongress 1882 ein Gesetz erließ, das jede weitere Immigration aus China unterband. Chinesen mussten Sondersteuern zahlen, durften weder weiße Frauen heiraten noch ihre eigenen Frauen aus China nachkommen lassen und waren von der amerikanischen Staatsbürgerschaft ausgeschlossen.

Einmal dachten sie sich, jetzt reicht's, wir wollen auch mal richtig abräumen, so wie die Weißen das tun, und traten in einen Streik. Sie forderten ganze 40 Dollar statt 35 im Monat. Verwirrung brach aus. Es war eine bizarre Aktion. Die Chinesen wurden ein wenig ausgehungert, aber nicht angegriffen. Man versuchte, sie durch Schwarze zu ersetzen, aber sie waren unersetzbar. Die Chinesen waren einfach die wichtigsten Arbeiter, die man hatte. Trotzdem wollten die Weißen keinen Cent mehr bezahlen. Nicht einen. Endlich gaben die Chinesen klein bei und gingen unverrichteter Dinge wieder an die Arbeit.

Es war eine seltsame Episode in der Geschichte des Kapitalismus. Theoretisch soll der Kapitalismus ja so funktionieren: Wer der bessere Arbeiter ist, kann einen höheren Lohn verlangen und bekommt diesen auch. Denn seine Arbeit ist mehr wert. Hier aber war es umgekehrt: Die Chinesen waren besser als alle anderen, haben aber weniger dafür bekommen, und die Weißen waren eher bereit, sie gehen zu lassen, als ihnen einen anständigen Lohn zu bezahlen.

Rassismus ist eben stärker als die Marktgesetze.

Heute machen Asiaten insgesamt nur rund fünf Prozent der amerikanischen Bevölkerung aus, aber sie sind überall präsent: in ihren vielen Chinatowns, in ihren Restaurants, in den Medien.

Ganz anders die Deutschen:

Rund 51 Millionen Amerikaner haben einen deutschen Migrationshintergrund – 17 Prozent aller Bürger. Das macht die Deutschen zu einer der größten ethnischen Gruppen in den USA, vielleicht zur größten überhaupt.

Aber die Amerikaner wissen kaum noch, dass es mal eine deutsche Gemeinde gab.

Niemand feiert sie als ethnische Minderheit, niemand pflegt die alten Traditionen. Die Deutschen sind inzwischen so gut integriert, dass man gar nicht mehr weiß, dass sie mal da waren. Amerika ist voller Chinatowns, Greektowns, Japantowns, Little Italys, Little Havanas, Little Indias, Little Manilas und Little Portugals, wo man noch Fremdsprachen auf der Straße hört und in den Restaurants echte Spezialitäten aus den jeweiligen Heimatländern serviert bekommt.

Little Germanys, wo Touristen auf eine anständige Bratwurst vorbeischauen und die deutsche Sprache auf der Straße hören können, gibt es nicht. Es gibt gerade mal so etwas wie die »Steuben-Parade« in New York oder Chicago, aber keine landesweit tätigen Organisationen, die für die Rechte der Deutschen kämpfen, keine nostalgisch-verklärenden Bücher oder Filme über die harte deutsch-amerikanische Kindheit auf den Straßen von Kansas City. Die Iren haben das Kleeblatt, den St. Patrick's Day und die Polizei; die Italiener haben Pizza, die italienische Mama und die Mafia, aber abgesehen von ein paar »Oktober Fests« in Minnesota und ein paar historischen Museen in Texas besitzen die Deutschen kein Profil mehr.

Sie sind ja aber noch da, die Nachkommen der Deutschen. Sie leben in Pennsylvania, Chicago, Missouri, Minnesota und Texas, sie hören Country Music, machen gute Barbecues, wählen George W. Bush und ärgern sich darüber, dass die einströmenden Mexikaner sich nicht integrieren lassen. Sie sind integriert. Vielleicht zu gut.

In Amerika gibt es zwei Arten von Integration: die, die gelingt, wie im Falle der Deutschen, deren Kultur in der grauen Masse untergegangen ist; und die, die nicht gelingt und nur zu Streit, Unruhe, gegenseitigen Vorwürfen und Diskriminierung führt, wie in den allermeisten anderen Fällen.

Ich verrate Ihnen mal ein Geheimnis: Tief im Herzen lieben wir Amerikaner die zweite Art – die herrlich misslungene Integration.

Wir wollen gar nicht wirklich eine harmonische Integrationsgesellschaft werden, sondern viel lieber ein klappriger Schmelztiegel bleiben, der immer mal wieder mit Geblubber überkocht, voll verschiedenstem bunten Ausländerpack, das nebeneinander her lebt und sich mit Ach und Krach gerade mal so toleriert. E basta!

16

Wir sind eine gespaltene Nation

Das Schöne an den USA ist: Man darf dort Sätze von sich geben, die man sonst nirgendwo sagen darf.

Zum Beispiel: »Nur bei uns kriegt ein Mörder von kleinen Kindern noch, was er verdient: die Todesstrafe.«

Oder: »Die Waffenlobby ist die einzige Institution, die Amerika noch versteht.«

Auch kein Problem: »Ja klar, eine flächendeckende Gesundheitsvorsorge einzuführen ist ein tolle Sache – wenn Sie zufällig Hitler sind.«

Ebenfalls drin: »Ich bin kein Rassist, aber seien wir ehrlich: Dass so viele Schwarze in Ghettos leben, kann nur ihre eigene Schuld sein.«

Die Kunst ist allerdings zu wissen, in welchen Teilen der USA man welche Sätze sagen darf und wo man dafür eins auf die Schnauze kriegt.

Denn nicht alle Amerikaner sind rassistische, mordlüsterne Waffennarren. Laut Umfragen hegen 60 Prozent der nicht-schwarzen Amerikaner keine Vorurteile gegenüber Schwarzen; 49 Prozent sind gegen Waffen und für härtere Waffengesetze; 38 Prozent wollen die Todesstrafe abschaffen, und 64 Prozent glauben, jeder habe ein Recht auf eine Krankenversicherung.

Das ist der landesweite Durchschnitt. In bestimmten Regionen aber neigt man stärker zur einen oder anderen Seite: Äußern Sie solche Sätze mal im Nordosten – im gutbürgerlichen New York zum Beispiel –, und Sie haben ganz schnell keinen Gesprächspartner mehr. Wer zu rassistischen Tiraden neigt, ist im Süden, zum Beispiel in Mississippi, am besten aufgehoben. Für Waffennarren ist der Westen da – Kansas oder Iowa.

Es gibt natürlich Überschneidungen: San Francisco ist genauso bürgerlich wie New York, und auch Atlanta kann ganz schön politisch korrekt sein – aber als Faustregel kann man schon sagen: Amerika besteht geographisch wie auch geistig aus drei Regionen: dem Nordosten, dem Süden und dem Westen.

Stellen Sie sich die USA vor wie die Ring-Parabel von Lessing. Sie kennen die Geschichte: In »Nathan der Weise« wird an zentraler Stelle das Gleichnis vom gütigen Vater – Gott – erzählt, der seine drei Söhne so sehr liebt, dass er das wertvollste Familienerbstück, einen Ring, als Zeichen seiner Liebe allen dreien schenken will. Also fertigt er zwei Kopien an und erzählt jedem der Söhne, sein Ring sei der echte. Die Ringe stehen für die drei großen Weltreligionen, und die Frage lautet: Welche ist die einzig wahre? Als der Streit über den richtigen Ring vor Gericht kommt, stellt der Richter fest, dass es nicht mehr möglich ist, den Originalring zu identifizieren, und gibt den Rat: Jeder solle einfach von sich glauben, er sei dem Vater der liebste Sohn gewesen, und nicht zu lange darüber nachdenken. In Amerika heißen die Söhne: Nordosten, Süden und Westen. Und jeder der drei hält sich für den einzig wahren Amerikaner.

Wenn Europäer in den Nordosten, nach New York oder Boston kommen, fühlen sie sich meist sofort wohl: Diese Städte haben irgendwie ein Zentrum, man geht noch zu Fuß dort oder benutzt Taxis oder gar öffentliche Verkehrsmittel. Die Gebäude sind älter, sie atmen Geschichte, überhaupt, das sind Städte, die über die Zeit in aller Ruhe gewachsen sind. Wie zu Hause in Europa.

Wir Amerikaner sind da anders: Nicht, dass wir keine Ehrfurcht vor dem Norden haben … aber nur wenige von uns fühlen sich dort zu Hause.

In New York und Washington, an der ganzen Atlantikküste mit ihren Universitäten Harvard und Yale, ist man bürgerlich, sophisticated, kosmopolitisch. Man kann es auch anders ausdrücken: eingebildet, elitär und arrogant.

Und nicht nur das: Erfolgreich sind sie da auch noch. Während man im Süden und im Westen den Boden bearbeitet, hüpft man in Manhattan geschwind im Anne-Klein-Businesskostümchen in ein Taxi, ein Croissant von Ceci-Cela in der einen Hand, das iPhone in der anderen, und verbringt den Tag im Büro in einer der oberen Etagen eines schicken Wolkenkratzers. Wo gehen die schönen Mädchen hin, wenn sie einen Mann suchen? Nicht nach Des Moines oder Rapid City jedenfalls – da findet man den bodenständigen Kerl mit dem guten Herzen, der zu nichts zu gebrauchen ist. Wo spielt ein Film, wenn es um witzige, kluge Menschen geht, um Karriere, Mode, Politik? Nicht in Atlanta oder Houston jedenfalls. Dort spielen Filme, wenn es um Trottel geht.

Hier in Neuengland, auf dem Atlantic Seaboard, wie man die Ecke nennt, wo die nördlichen der ersten Kolonien gegründet wurden, leben Bürger und Großbürger, wie man sie aus Europa kennt: gebildet, kultiviert, auf ihren Ruf achtend, eine gute Universität im Rücken und in die gehobene Gesellschaft eingebunden, politisch korrekt. Hier findet man das alte Geld und die alten Familien; hier geht man nicht in die Kirche, weil man gerettet werden will, Jesus gefunden hat oder ordentlich Buße tun will, sondern weil sich das so gehört. Und wenn man darauf keinen Bock hat, ist man keine verlorene Seele, sondern intellektuell.

Auch anderswo gibt es prima Universitäten, wo man hingehen kann, wenn man nichts anderes will als studieren, aber sie gehören nicht zur so genannten »Ivy League«, und daher existieren sie nicht wirklich. Dort wird man nicht die Kontakte knüpfen, die man später braucht, um wirklich groß rauszukommen.

Hier oben im Nordosten erlebt man selbst die Jahreszeiten noch richtig: Der New Yorker Winter ist hart, besonders auf den schlaglochübersäten Straßen, durch die der Wind fegt, aber man bewundert die großen vorweihnachtlichen Schaufensterinszenierungen in Kaufhäusern wie Macy's oder geht Schlittschuhlaufen am Rockefeller Center; der Herbst zaubert die Farbenpracht in die Wälder und Berge von Connecticut und Massachusetts, und man freut sich auf den Indian Summer, wenn mitten im Herbst die Temperatur wieder so weit ansteigt, dass man ohne Jacke in den Park kann.

Hier begegnet man den Figuren aus den Woody-Allen-Filmen, hier residierten John Updike und J. D. Salinger, und John Irving lebt hier immer noch; hier schrieben Herman Melville und Nathaniel Hawthorne und Edgar Allen Poe. Hier tagte der legendäre »Algonquin Round Table«, wo die besten Journalisten der wilden Zwanziger scharfzüngige Beleidigungen austauschten; hier kann man noch großen Literaten wie Jonathan Franzen oder Jonathan Safran Foer im Starbucks nebenan begegnen.

Man ist selbstverständlich gegen die Todesstrafe und für die Homo-Ehe und für das Recht auf Abtreibung, und für strengere Waffengesetze sowieso. Na gut, Sie finden natürlich auch hier genug Typen, die eine Waffe zu Hause haben, aber diese geben damit kein politisches Statement ab, sondern sind vermutlich ganz einfach Kriminelle.

Hier wird Politik gemacht. Hier stößt man noch auf die Grundfesten der ehemaligen Kolonien. Man kann den Geist der Gründerväter atmen – dieser intelligenten, beharrlichen Männer, die eine der wenigen erfolgreichen politischen Aufklärungsbewegungen initiiert und damit die Welt verändert haben. Sie waren das Beste an Amerika und verkörpern das Beste, das wir Amerikaner auch heute noch anstreben können: gebildet, belesen, redegewandt und irgendwie auch selbstlos in ihrem Willen, eine neue Gemeinschaft zu etablieren.

Sobald Präsidenten nach Washington kommen, durchleben sie eine seltsame Verwandlung, als ob sie sich von den Geistern der Gründerväter beobachtet fühlen: Sie werden zu nordöstlichen Staatsmännern, oder zumindest versuchen sie es.

Lincoln zum Beispiel war ein Landei, aber er sprach nicht so. Im Gegenteil, einige seiner Reden werden als Meisterwerke betrachtet. Er hatte vermutlich anfangs nicht vorgehabt, die Sklaven um jeden Preis zu befreien, aber als ihm der Bürgerkrieg in den Schoß gelegt wurde, ordnete er sich in die Reihe der großen idealistischen Gründerväter ein und vollendete ihr Werk. Mitten im Bürgerkrieg schrieb er jene Worte, die für viele von uns wie eine zweite Unabhängigkeitserklärung sind, weil die erste in einem bestimmten Detail eben doch nicht gegriffen hatte: »Vor 87 Jahren gründeten unsere Väter auf diesem Kontinent eine neue Nation, in Freiheit gezeugt und dem Grundsatz geweiht, dass alle Menschen gleich beschaffen sind.«

Lange bevor Franklin D. Roosevelt Präsident wurde, fesselte ihn eine Nierenkrankheit, die ihn von der Hüfte abwärts lähmte, an den Rollstuhl. In der Öffentlichkeit aber wurde er niemals im Rollstuhl gesehen. Woran wir uns bei ihm erinnern, ist der Mut, den er uns machte, als er sich während der »Großen Depression« mit den Worten »Das Einzige, was wir zu fürchten haben, ist die Furcht selbst« an uns wandte.

John F. Kennedy jagte ein hübsches Ding nach dem anderen durch das Weiße Haus und zeigte ehetechnisch nicht viel Solidarität, aber er erinnerte uns auch daran, dass wir, nicht die da oben, das Rückgrat der Nation sind: »Fragt nicht, was euer Land für euch tun kann – fragt, was ihr für euer Land tun könnt.« Gleichheit, Mut und Selbstlosigkeit: alles edle, selbstlose Ideen, und wir wollen allesamt, dass Amerika dafür steht. Es sind Ideale, die nur im Nordosten so formuliert werden konnten.

Der Nordosten ist indes nicht nur im Nordosten zu finden: Wir treffen ironischerweise auch in Los Angeles, San Francisco oder Chicago auf seinen Geist.

San Francisco wurde von Europäern gegründet und war, bis wir Kalifornien den Spaniern abgerungen haben, eine Anlaufstelle für Spanier, Russen, Portugiesen, Chinesen und Japaner, die alle den Pazifik als Absatzmarkt nutzten; noch heute ist es eine weltoffene Stadt mit europäischem Herzen. Los Angeles hingegen ist beim besten Willen nicht europäisch angelegt, aber es verkörpert trotzdem die intellektuellen, bürgerlich-linksliberalen Werte des Ostens. Trotz all der Dinge, die man mit der kalifornischen Oberflächlichkeit verbindet – Sonne, Strand und Schönheitswahn –, ist L. A. modern, weltgewandt, tolerant, und es leben dort einige der intelligentesten, fähigsten und reichsten Menschen der Welt. Und der hübschesten.

Und wenn wir mal Geld haben sollten, wollen wir natürlich auch dazugehören und in einem Penthouse in New York oder einer Villa in den Hamptons residieren. Das ist das Zeichen, dass man es in Amerika geschafft hat. Auch Mark Twain, der im Süden geboren wurde und sich zuerst im Westen einen Namen machte, zog, kaum dass er Geld hatte, schnurstracks in den Nordosten und baute sich eine schicke Villa in Connecticut.

Twain war es auch, der am besten wusste, wie stark man an der Oberfläche kratzen musste, bevor der Glanz abging. Nicht sehr! Der Titel eines seiner zynischsten Bücher gab der Zeit, in der er lebte, seinen Namen: *The Gilded Age (Das vergoldete Zeitalter)*. Heute meint der Begriff in etwa die zweite Hälfte des 19. Jahrhunderts, beginnend mit dem Ende des Bürgerkrieges. Diese Zeit war die große Ära des Nordostens.

Das »Gilded Age« hat die Vereinigten Staaten reich gemacht. In dieser Epoche entstand das moderne Amerika, und es nahm im Nordosten seinen Ausgang. Die allerersten, für heutige Verhältnisse niedlichen Hochhäuser wuchsen in Chicago und Manhattan in die Höhe. Die Städte wurden erstmals mit Strom versorgt. Es war die Zeit verstärkter Einwanderung, und mit den Immigranten kamen die Großstadt-Ghettos. Der Siegeszug der Eisenbahn, die sich über Tausende von Kilometern erstreckte, Tausende von Angestellten benötigte und nur mit modernen, schnellen Kommunikationsmitteln zu bewerkstelligen war, führte zur Entstehung ganz neuer Berufe. Universitäten wurden für Ingenieure geöffnet, moderne Managementmethoden mit klaren Hierarchien und genauer Aufteilung der Verantwortlichkeiten wurden entwickelt, und ganz nebenbei erfand man den Telegraphen, der die neuesten Nachrichten rasch überallhin verbreitete. Die Erfindung des mittleren Managements bedeutete Aufstiegschancen für jedermann: Man begann, das Wort »Karriere« in den Mund zu nehmen.

Die Wirtschaft wuchs rasant, kein Vergleich zu Europa. Endlich war Amerika nicht mehr nur territorial größer als die Alte Welt, zum ersten Mal lösten wir England als wirtschaftliche Lokomotive der westlichen Welt ab – und wir genossen es.

Dies alles hatte nicht unerheblich mit den ersten Superreichen zu tun, den so genannten »Captains of Industry«.

Diese neue Art von amerikanischen Helden trug Namen, die eine fast göttliche Aura umgab: Carnegie, Buchanan, Fisk, Hopkins, Morgan, Schwab und Vanderbilt. Familien wie die Astors sorgen heute noch für Schlagzeilen in der *New York Times*. Nie zuvor oder danach waren Unternehmer so reich und so mächtig wie damals. Obwohl die Bill Gates und Warren Buffetts von heute mehr Geld haben, besaßen die Megareichen von damals ein viel größeres Stück an der Gesamtwirtschaft und konnten deshalb mit der Politik umspringen, wie sie wollten. Und das taten sie auch.

Als 1911 sein Standard Oil beispielsweise 64 Prozent des Marktes beherrschte, belief sich Rockefellers Vermögen nach einer Schätzung auf sage und schreibe zwei Prozent des gesamten Bruttoinlandsproduktes. Da kommt Bill Gates heute bei weitem nicht heran.

Die »Captains of Industry« schalteten und walteten, wie sie wollten, was auch daran lag, dass regelmäßig Summen in Millionenhöhe in die Taschen der Politiker flossen. Das war kein Geheimnis. Präsidentschaftskandidat Grover Cleveland baute sogar seinen Wahlkampf darauf auf, dass er in Aussicht stellte, die Korruption und Übermacht der Megareichen endlich zu bekämpfen. Das musste er auch, um gewählt zu werden. Aber gleichzeitig hatte er natürlich auch den Megareichen zu versprechen, dass ihnen nichts passieren würde. Kaum hatte er die Wahl gewonnen, versicherte er den Captains of Industry im Vertrauen: »Kein Geschäftsinteresse wird aufgrund von Regierungspolitik Schaden nehmen, solange ich Präsident bin.« Vom Eisenbahn-Milliardär Jay Gould bekam er daraufhin ein vor Dankbarkeit triefendes Telegramm: »Ich glaube, die expandierenden Geschäftsinteressen des Landes sind in Ihren Händen absolut sicher.«

»Captains of Industry« nennen wir heute »robber barons« – Raubritter, denn sie schraken vor nichts zurück. Sie bauten Monopole auf und verteidigten ihre Interessen, wenn nötig, mit Waffengewalt. Selbst gegenüber den eigenen Angestellten:

Es war gang und gäbe, ganz normale Arbeiter in den Minen, in den Ölfeldern oder an der Eisenbahnstrecke von bewaffneten Sicherheitsleuten überwachen zu lassen. Diese Security-Leute nannten sich damals »Detektive«, aber die beste Voraussetzung für die Anstellung bei den großen Detekteien wie Pinkerton war eine kriminelle, am besten auch gewalttätige Vergangenheit. (Das ist heute natürlich ganz anders.) Es war damals billiger, bewaffnete Aufpasser einzustellen, als den Arbeitern einen Dollar mehr Lohn zu bezahlen oder ihnen mal einen Tag frei zu geben.

In Tennessee wurden Bergleute 1891 gebeten, doch einen neuen Vertrag zu unterschreiben, in dem sie unter anderem zusicherten, nicht zu streiken. Als sie ablehnten, wurden sie kurzerhand aus dem Bergwerk ausgeschlossen und durch Insassen eines nahe gelegenen Gefängnisses ersetzt – mit Einverständnis der örtlichen Behörden.

Das schien clever, war aber nicht wirklich durchdacht. In der Nacht besetzten 1.000 Kumpels das Bergwerk und ließen die erfreuten Gefangenen frei. Jetzt hatten die Bosse nicht nur alle Hände voll mit dem Streik zu tun, sondern mussten auch noch der Polizei erklären, warum 500 Knastis frei in der Gegend herumliefen. Die Minenbesitzer gaben klein bei.

Auch unser verehrter John D. Rockefeller schreckte nicht vor solch rüden Methoden zurück: Als seine Arbeiter in South Colorado streikten, feuerten die von ihm angeheuerten Sicherheitsleute auf sie und töteten 66 Menschen, darunter 11 Frauen und Kinder. Zu seiner Verteidigung muss man aber auch erwähnen, dass das Massaker selbst Rockefeller schockierte – so sehr, dass er danach öfter mal Almosen an bedürftige Kinder gab, wann immer gerade Fotografen in der Nähe waren …

Solche Geschichten sind aus jener Zeit massenhaft überliefert: Während die Captains of Industry in New York üppige Feste feierten und patriotische Reden schwangen, schufteten die »indentured servants«, die freigelassenen Sklaven und die Einwanderer im Land bis zu 12 Stunden am Tag, ohne Krankengeld, ohne Rente, ohne Gewerkschaft, bis sie tot umfielen – und konnten generell von »denen da oben« keine Unterstützung erwarten.

Auch als kapitalistische Vorbilder hinterlassen die »robber barons« einen recht zwiespältigen Eindruck:

Unternehmer wie Rockefeller haben es zwar auf eigene Faust geschafft, ein begehrtes Produkt zu einem niedrigen Preis anzubieten, andere sind jedoch hauptsächlich dank Fördergeldern, Steuererleichterungen und anderen Vergünstigungen reich geworden – vor allem die Herren der Eisenbahngesellschaften.

Der Union Pacific Eisenbahngesellschaft war der Bau einer Eisenbahnstrecke, die einen ganzen Kontinent durchquerte, eigentlich herzlich egal, sie wollte nur das Land, das ihr dafür versprochen wurde. Man arbeitete schlampig, benutzte minderwertiges Schwellenholz, verlegte Schienen auf Eis und Schnee, die im Frühling abgerissen werden mussten, und anderes mehr. Dafür schmiss die Gesellschaft gern teure Partys, zum Beispiel für Dutzende ihr wohlgesinnter Politiker, wenn ein Streckenabschnitt fertig war, komplett mit Orchester, Zauberern und gegrillten Antilopen.

Aber der größte Schwindel flog erst Jahre später auf.

Um besser an die Fördertöpfe des Staates zu kommen, gründete die Union Pacific eine angeblich unabhängige Firma, die die Eisenbahnstrecke in ihrem Auftrag finanzieren und bauen sollte: die Crédit Mobilier. In Wahrheit handelte es sich jedoch um eine Strohfirma, die nur einen Zweck verfolgte, nämlich dem Staat so viel Geld wie möglich abzuknöpfen und so wenig wie möglich davon in den Bau der Eisenbahn zu stecken, den Löwenanteil dafür in die Taschen der Gesellschafter. Am Ende hatte der Kongress der Eisenbahngesellschaft 94 Millionen Dollar an Steuergeldern zugeschossen, von denen nur etwa die Hälfte tatsächlich in den Bau der Strecke floss.

Irgendwie fanden die gewieften »robber barons« aber trotzdem einen Weg, gut dabei auszusehen. Vor allem dank der Erfindung der Philantropie:

Es ist einer dieser merkwürdigen Widersprüche, denen man in Amerika so oft begegnet: Rockefeller verschenkte sein Geld. Er glaubte nicht bloß an Gott, er glaubte, dass er ohne Religion nicht reich geworden wäre: »Gott gab mir Geld«, war seine Erklärung. Vielleicht deswegen stiftete er die Tradition der »philanthropy«.

Philanthropie heißt eigentlich einfach »Gutes tun«, aber in Amerika bedeutet es: »Reiche Menschen verschenken ihr Geld.« Es war Rockefeller, der damit anfing, als er über 500 Millionen Dollar spendete, mehr als die Hälfte seines gesamten Vermögens. Allerdings nicht ohne Bedingungen: »Ineffizienten, schlecht bestellten und unnötigen Schulen zu helfen, heißt Geld zum Fenster rauswerfen«, befand er. »Es ist zu vermuten, dass schon so viel Geld an dumme Bildungsprojekte verschwendet wurde, dass damit ein ganzes nationales System für höhere Bildung hätte aufgebaut werden können.« Seine Antwort: der »conditional grant«, bei dem der Beschenkte Rechenschaft über die Verwendung der Gelder ablegen muss.

Rockefeller spendete an Dutzende Universitäten und gründete oder baute selbst eine Handvoll, einschließlich der University of Chicago, der Johns Hopkins School of Hygiene and Public Health, der Rockefeller University und dem Spelman College für afro-amerikanische Frauen in Atlanta – und kam der schwarzen Bürgerrechtsbewegung damit ein halbes Jahrhundert zuvor. Und die Rockefeller Foundation widmet sich auch heute noch Fragen der öffentlichen Gesundheit und der medizinischen Ausbildung.

Heutzutage erfüllt die »philanthropy« mehr oder weniger heimlich all jene Aufgaben, die in Europa zumeist auf sozialstaatlichem Wege erledigt werden.

Der amerikanische Staat darf ja – anders als etwa der deutsche – bei privaten Institutionen wie Universitäten, Krankenhäusern und Museen nicht eingreifen. Wollte der Staat unsere Steuergelder an Hochschulen oder Opernhäuser verschenken, gäbe es einen Aufschrei. Kunst, Kultur und Medizin sind für uns wirtschaftliche Unternehmen wie jedes andere auch und sollen sich gefälligst selbst finanzieren.

Auf dem indirekten Weg der Steuerabschreibung für Reiche geht es dann aber doch: Die Vermögenden sparen noch mehr Geld und haben ein gutes Gewissen, das Land bekommt eine schicke neue Universität, und womöglich noch eine Handvoll Stipendien obendrauf, und der kleine Mann weiß, seine Steuergelder fließen nicht in irgendwelche überkandidelten Inszenierungen von Wagner-Opern, die er sowieso niemals aushalten würde.

Heute leben unsere privaten Universitäten, Schulen und diversen Krankenhäuser, Museen, Opernhäuser, öffentlichen Bibliotheken und natürlich die Wohlfahrtsorganisationen hauptsächlich von Rockefellers Erfindung.

Die jährlichen Spenden an wohltätige Organisationen in ganz Amerika schwanken zwischen 200 und 300 Milliarden Dollar. Ganz oben auf der Liste der großzügigsten Spender stehen die beiden Hedgefonds-Manager Warren E. Buffett (1,9 Milliarden Dollar) und George Soros (332 Millionen Dollar) sowie der New Yorker Bürgermeister Michael R. Bloomberg (279 Millionen Dollar, die an rund tausend Organisationen gehen). Bill Gates hat damit angefangen, nach und nach erst einmal 28 Milliarden Dollar zu verschenken, und hat dann angekündigt, Rockefeller noch zu übertreffen und 95 Prozent seines Vermögens zu spenden. Dieser Bastard!

»Captains of Industry« und »robber barons«: unglaublicher Reichtum, angehäuft auf dem Rücken der unteren Klassen, bei gleichzeitig praktizierter selbstloser Philanthropie. Das ist die Zwiespältigkeit des Nordostens – letztlich aber auch das Janusgesicht Amerikas generell. Einerseits leben wir, um Geld zu verdienen. Andererseits wachsen wir mit den hehren Idealen der Gründerväter auf. Beide Instinkte verfolgen wir mit derselben Leidenschaft, mit beidem meinen wir es ernst. Das beste Beispiel dafür ist der allseits beliebte, vor Idealismus geradezu strotzende Neuengländer John F. Kennedy:

Einerseits war er Demokrat, links und sozial eingestellt. Andererseits kam er aus einer der reichsten Familien des Landes und verdankte seinen Aufstieg zum größten Teil dem Geld und den Kontakten seiner patrizierhaften Sippe. Ständig sprach er von Frieden und Freiheit, war aber in Wirklichkeit ein unverbesserlicher kalter Krieger, verwickelte uns in den Vietnamkrieg und steuerte die Welt in der Kubakrise viel näher an den Abgrund eines Atomkriegs heran als Präsident Reagan das später mit all seiner anti-kommunistischen Sprücheklopperei je schaffte. Er verkörperte das schöne, gute, wahre Amerika und wird heute noch »König Artus von Camelot« genannt; aber einmal die Finger von einer hübschen Praktikantin zu lassen, das war auch für ihn nicht drin.

Andererseits scheint das eine ohne das andere nicht zu gehen: Weder Kennedy noch die Gründerväter, weder New York noch Washington noch der Nordosten insgesamt wären ohne das viele oft schmutzige Geld überhaupt möglich gewesen und ohne den Idealismus jemals so interessant geworden.

All das verbinden wir mit dem Nordosten. Ist es da ein Wunder, dass der Rest von Amerika ihn hasst?

17

Wir haben den Krieg verloren

*D*er Süden hasste den Norden am meisten.

Es gab politische Gründe dafür, aber die waren eigentlich gar nicht notwendig, so verschieden waren die Mentalitäten von Anfang an.

Der Norden war fortschrittlich, bürgerlich, international, liberal – und voller Fabriken; der Süden war von gemächlicher Natur, ländlich, verachtete Handel und Finanzwesen, schätzte Werte wie Ehre, Treue, Familie, Gott und Vaterland und gab sich feudaler als Europa. Er war wie eine Neuauflage des Mittelalters, nur mit mehr Stil.

Der Süden lebte von der Plantagenwirtschaft, und er war reich. Das hört sich an wie ein Widerspruch: Normalerweise wird man durch Landwirtschaft nicht reich. Es sei denn, man hat die billigsten Arbeitskräfte der Welt – Sklaven eben. Die ganze Wirtschaft, der ganze Stolz des Südens basierte auf der Sklaverei. Klar, dass er selbst dann nicht davon lassen wollte, als Lincoln 1861 an die Macht kam und allen klar wurde, dass die Tage der Sklaverei in den USA gezählt waren.

Deshalb haben die elf Bundesstaaten im Südosten kurzentschlossen ihre Unabhängigkeit vom Rest der Nation erklärt (und warum auch nicht: Wurden nicht auch die USA mit einer Unabhängigkeitserklärung gegründet?) und einen eigenen Staat ausgerufen: die »Confederacy«.

Den Bürgerkrieg, der darauf folgte, konnten sie allerdings nicht gewinnen. Dafür war der Süden zu rückschrittlich. Im Norden war die Industrielle Revolution schon in vollem Gange: In den Fabriken dort konnte man nicht nur endlos Gewehre, Dampfmaschinen, Räder und Eisenbahnschienen herstellen, sondern auch Exportwaren, die immer neues Geld reinbrachten. Der Süden hingegen musste um jedes Gewehr kämpfen, und war der Baumwoll- und Tabakexport einmal aus dem Gleichgewicht, brach die Wirtschaft zusammen. Zudem begriffen irgendwann mitten im Krieg auch die Sklaven, worum es ging und begannen, ihren Herren davonzulaufen. Das konnte also nicht gut gehen.

Die eitlen Großgrundbesitzer auf ihren ausladenden Plantagen verstanden lange gar nicht, warum es für sie bald so eng wurde: Sie hatten bis dahin nie die Notwendigkeit verspürt, eine moderne Industrie aufzubauen. Der Bürgerkrieg war letztlich auch ein Krieg zwischen zwei Epochen: dem sterbenden Zeitalter des landwirtschaftlich orientierten amerikanischen »Adels« und der neuen industriellen Ära.

Der Süden hat die Moderne schlicht verpasst. Das war sein großer Fehler, und er musste den Preis dafür bezahlen. Das war eine Lektion, die wir Amerikaner nie vergessen werden. Wir haben sowieso einen natürlichen Drang hin zu Neuem, aber wann immer wir mit innovativen Technologien konfrontiert werden, ob Atomenergie, dem Internet, undurchsichtigen Finanzinstrumenten wie Hedgefonds oder einer Pille, die unsere Kinder garantiert mindestens fünf Minuten lang ein bisschen ruhigstellt, denken wir nur flüchtig an die Gefahren, dann aber sogleich an den einstigen Untergang des Südens und sagen uns: Es ist zwar nicht ungefährlich, aber das Risiko, hoffnungslos in der Vergangenheit stecken zu bleiben, ist größer, also nichts wie vorwärts!

Trotz seiner Überlegenheit hätte der Norden erstaunlicherweise trotzdem beinahe verloren: Denn die feudalen Südstaatler kämpften wie die Tiere. Es ging ihnen um mehr als ein Prinzip, es ging ihnen um ihren Lebensstil.

Europäer behaupten gern und mit einem merkwürdigen Stolz, dass wir Amerikaner im Vergleich zu ihnen niemals einen Krieg auf eigenem Boden erlebt hätten und uns daher die Erfahrung fehle, was Krieg wirklich sei. Nichts könnte weiter von der Realität entfernt sein. Der vierjährige amerikanische Bürgerkrieg war der verheerendste, den die Vereinigten Staaten jemals erlebt haben – bis heute. Er verwüstete ganze Landstriche, verbrannte komplette Städte. 623.000 Amerikaner fielen damals, mehr als in irgendeinem anderen Krieg (im Zweiten Weltkrieg waren es »nur« 407.000). Man schätzt, dass jeder zehnte männliche Amerikaner zwischen 20 und 45 Jahren im Bürgerkrieg sein Leben ließ, der Süden hat vermutlich sogar 30 Prozent seiner jungen Männer verloren.

Er war der erste moderne Krieg.

Die Waffen wurden in Massenproduktionsverfahren hergestellt, den Transport besorgten die junge Eisenbahn und die Dampfschiffe, und die Kommunikation lief über das neu erfundene Telegraphennetz, das man so ganz nebenbei entlang der Eisenbahnschienen errichtete, um bei jeder neuen Etappe einen Bericht ins Hauptquartier schicken zu können. Zum ersten Mal wurde ein Krieg bilderreich und zeitnah von der Presse verfolgt: Fotografen begleiteten die Truppen und machten es möglich, dass die ganzen Gräuel zu Hause hautnah miterlebt werden konnten.

Damals war man moderner als im 20. Jahrhundert, was die Rassenintegration anging: 186.100 Schwarze kämpften an der Front, Seite an Seite mit den weißen Nordstaatlern, gegen ihre früheren Herren. Selbst im Süden wogte die Diskussion lange hin und her, ob man nicht ebenfalls den Sklaven ihre Freilassung in Aussicht stellen sollte, wenn sie auf der Seite des Südens kämpften (also wirklich kämpften – nicht nur als Sklaven von Offizieren arbeiteten, was häufig vorkam). Einige fragten sich mit einer gewissen Logik: Wenn wir sie freilassen, wofür kämpfen wir dann überhaupt? Erst als ihm die Männer wirklich ausgingen, überwand sich der Süden und unterbreitete den Sklaven dieses Angebot – und tatsächlich, 50 Mann meldeten sich! Doch zu spät: Bevor dieses wirklich interessante Experiment starten konnte, waren die Kampfhandlungen leider schon zu Ende.

In diesem Krieg kamen die ersten U-Boote zum Einsatz, rund 20 insgesamt, und zwar auf beiden Seiten. Allerdings besaßen sie keine unabhängige Luftversorgung, der Propeller musste per Hand von innen gekurbelt werden, und es gab keine Torpedos. Man musste sich unter Wasser an ein Boot heranschleichen, eine Bombe festmachen und diese aus der Entfernung zünden. Diese Prototypen haben nicht besonders viel ausgerichtet und sind eher dafür bekannt, dass sie ständig mit Mann und Maus gesunken sind. Nur ein echter Erfolg ist uns überliefert: Die *H.L. Hunley*, ein U-Boot der Südstaaten, versenkte auf diese Weise ein Nordstaaten-Schiff, schickte ein jubelndes Signal los und ist daraufhin prompt selbst gesunken, mit sämtlichen acht Mann Besatzung.

Erfolgreicher waren die so genannten »ironclads« – die ersten Stahlschiffe, die je in einem Krieg eingesetzt wurden. Die *Monitor* (für die Nordstaaten) und die *Merrimac* (für die Südstaaten) waren beide genau wie U-Boote komplett von oben bis unten gepanzert und wurden mit Dampf betrieben. Um eine Blockade unweit von Chesapeake Bay zu durchbrechen, begann die *Merrimac* einmal mit ihrem Rammbock verschiedene Holzschiffe der Nordstaaten zu attackieren und sie mit ihren großen Geschützen zu bombardieren. Die Kanonen der Holzschiffe konnten das Panzerschiff nicht aufhalten. An nur einem Tag schaffte es die *Merrimac* so, zwei feindliche Schiffe zu versenken, und wollte sich gerade ein drittes vorknöpfen, aber da wurde es schon dunkel. Also zog sie sich zurück. Die Panzerung wurde repariert, und man versorgte die Verwundeten.

Als sie sich am nächsten Morgen wieder an ihr zerstörerisches Werk machen wollte, stand urplötzlich ein riesiger Klumpen Eisen im Weg. Die Besatzung der *Merrimac* glaubte zuerst, dass es sich um einen überdimensionalen Dampfkessel handle, der gerade über den Fluss transportiert wurde. Erst langsam dämmerte es den Männern, dass sie ihrem Spiegelbild aus dem Norden gegenüberstanden: der *Monitor*.

Es folgte ein Kampf der Titanen: Die beiden stählernen Ungetüme beschossen einander drei Stunden lang, ohne dass sie irgendeinen Schaden anrichten konnten: Ihre Geschütze waren für Holzschiffe gedacht. Als ein paar Splitter in die Augen des *Monitor*-Kapitäns flogen, musste sich das Schiff zeitweise zurückziehen. Die *Merrimac* interpretierte das als Rückzug, erklärte den Sieg und zog weiter. Als die *Monitor* jedoch zurückkam, war die *Merrimac* schon nicht mehr da, und die Nordstaatler erklärten sich kurzerhand ebenfalls zu Siegern.

Die Schlacht endete unentschieden, aber der Bericht davon ging um die Welt, und Großbritannien und Frankreich, die weltgrößten Seemächte, ordneten einen sofortigen Baustopp für alle Holzschiffe an. Von jetzt an wurden nur noch Schiffe mit stählernem Rumpf gebaut – und viele davon mit Rammböcken vorne.

Der amerikanische Bürgerkrieg war, nach den Feldzügen Napoleons, auch der zweite »totale Krieg« der Moderne, bei dem alle Ressourcen, inklusive Zivilisten, als Teil der Kriegshandlung angesehen und in den Krieg mit einbezogen wurden. Vor allem »Sherman's March to the Sea« war an Grausamkeit und Unerbittlichkeit nicht zu überbieten:

William Tecumseh Sherman war ein prominenter General der Nordarmee, der die wichtige Stadt Atlanta in Georgia, im tiefsten Süden, eingenommen hatte. (Diese Szene kennen Sie bestimmt noch aus dem Film *Vom Winde verweht*.) Der Krieg wütete nun schon drei Jahre, und es herrschte eine Pattsituation. Sherman suchte nach einer Möglichkeit, dem Süden einen Schlag zu versetzen, der ihm die Kraft rauben würde weiterzukämpfen. Er erinnerte sich an die uralte Kriegslehre von der verbrannten Erde und entschloss sich, so weit hinter die feindlichen Linien zu drängen wie möglich und alles zu zerstören, was ihm dabei im Weg war.

Sherman plante den Marsch detailliert voraus. Anhand einer Volkszählung von 1860 suchte er sich die Gegenden aus, wo die meisten Äcker und die reichsten Plantagen zu finden waren. Mit viel Widerstand war nicht zu rechnen: Die Armee des Südens war im Großen und Ganzen weiter im Norden beschäftigt.

Unterwegs sollten die Soldaten Felder in Brand stecken, Tiere mitnehmen oder töten, Nahrungsmittel stehlen oder vernichten, Brücken verbrennen, Straßen verbarrikadieren, Baumwollspinnereien, Lagerhallen und Wohnhäuser zerstören. Eisenbahngleise wurden herausgerissen, mit Feuer erhitzt und um Baumstämme gewickelt. Bald waren die bizarren Gebilde als »Shermans Krawatten« bekannt. Neben diesem systematischen Zerstörungswerk musste Shermans Heer, das so weit im Hinterland auf sich allein gestellt sein würde, auch irgendwie ernährt werden, und das bedeutete Plünderung.

Ein wenig wurde dabei schon unterschieden: Arme Familien und solche, die mit dem Norden sympathisierten, sollten unversehrt bleiben; Reiche sowie Leute in Gegenden, wo Widerstand geleistet wurde, nahm man härter ran. Die Familienmitglieder sollten nicht misshandelt werden, und sie sollten für »beschlagnahmte« Waren eine schriftliche Bestätigung bekommen, aus der man jedoch keine Kompensationsansprüche ableiten konnte. Schwarzen, die mit dem Norden sympathisierten, sollte erlaubt werden, mit der Armee mitzukommen, sofern das Essen ausreichte. Bis zu 10.000 Sklaven sind diesem Ruf später auch tatsächlich gefolgt.

Lincoln war bei Shermans Plan zuerst etwas mulmig zumute, doch er genehmigte die Aktion, und am 15. November 1864 brach der General – ohne irgendeine Verbindung zur Hauptarmee im Norden und mitten durch Feindesland hindurch – mit seiner Armee von 62.000 Soldaten aus dem brennenden Atlanta auf und marschierte mit seinen Leuten in vier Kolonnen 480 Kilometer weit quer durch Georgia bis nach Savannah ans Meer.

Einzelne Truppen des Südens versuchten immer wieder, Sherman zu stoppen, aber es herrschte ständig Unsicherheit darüber, welchen Weg er als Nächstes einschlagen würde. Leichter war zu erkennen, wo er gewesen war: Sherman hinterließ eine Landschaft aus verbrannten Häusern, verwüsteten Plantagen, in Schutt und Asche gelegten Dörfern. Er verursachte eine Zerstörung im Wert von geschätzten 100 Millionen Dollar (das wären rund 1,378 Milliarden heute), darunter 480 Kilometer Eisenbahnstrecke, Wälder von Telegraphenmasten, unzählige Brücken, Mühlen und Baumwollspinnereien; 5.000 Pferde, 4.000 Maulesel und 13.000 Stück Vieh wurden beschlagnahmt sowie 9,5 Millionen Pfund Mais und 10,5 Millionen Pfund Tierfutter.

Es war eine dieser amerikanischen Aktionen, die wir »overkill« nennen: Irgendwann muss Schluss sein, also demonstriert man so viel Macht wie möglich, viel mehr, als notwendig und angebracht wäre, damit der Ofen endlich aus ist. Lieber ein Ende mit Schrecken als ein Schrecken ohne Ende. Das war nicht das erste und auch nicht das letzte Mal, dass wir zu unserem letzten Mittel, zum »overkill« gegriffen haben. Wir haben es im Lauf der Geschichte nur unterschiedlich genannt, von »manifest destiny« bis »waterboarding«, und egal, wie wir uns fühlen, wenn wir danach wieder zu Sinnen kommen, es ist als Option nie völlig aus unserem Hinterkopf verschwunden. Der misslungene Versuch unter George W. Bush zum Beispiel, den Irak innerhalb weniger Wochen mit einer »shock and awe«-Strategie in die Knie zu zwingen, war zumindest als »overkill« gemeint. Es gibt etwas in der amerikanischen Mentalität, das gern überreagiert, damit das Hin und Her vorbei ist und endlich Klarheit herrscht. »Sherman's March« war in diesem Sinne eine Vorwegnahme der Atombomben auf Hiroshima und Nagasaki: Egal, wie schrecklich es ist, es funktioniert, das ist alles, was dann noch zählt.

Und es funktionierte.

Sherman zerstörte so viel Infrastruktur, dass die Armee

des Südens nachhaltig getroffen war und kaum noch versorgt werden konnte. Vor allem aber war der Mut der Südstaatler gebrochen. Die Desertationen nahmen zu, und im April des nächsten Jahres war der Krieg vorbei.

Im Süden hasst man Sherman bis heute, im Norden feiert man ihn. Im Norden muss man aber schon aufpassen in der Schule, um zu wissen, wer Sherman war und für was er steht. Im Süden hingegen weiß es jedes Kind. Man kann ein Leben lang in New York, Chicago oder Baltimore leben, ohne einmal an den Bürgerkrieg zu denken. Im Süden vergeht kein Tag, an dem man nicht an ihn denkt oder die Nachwehen der damaligen Ereignisse spürt. Der Bürgerkrieg definiert den Süden bis heute.

Das hat Lincoln wohl geahnt. Das Problem bei jedem Sieg ist ja, der Besiegte ist fortan nicht mehr glücklich. In diesem Fall musste der Sieger aber weiterhin mit dem Besiegten leben. Das war ja der ganze Sinn des Krieges, die Einheit der Vereinigten Staaten zu erhalten. Das Zusammenkitten hinterher würde sich als schwieriger erweisen als der Krieg selbst.

Sofort starteten die Nordstaaten also eine groß angelegte, gut gemeinte und von zweifelhaftem Erfolg gekrönte Wiederaufbaumaßnahme, genannt »reconstruction«. Im Zuge dessen zogen massenweise Nordstaatler in den Süden, um zu »helfen«. Oft reisten sie mit den damals im Norden modischen Reisetaschen aus dicken recycelten Teppichen – den »carpet bags« (»Teppichtaschen«). Der Ausdruck »carpetbagger« steht heute noch für einen Betrüger, der die Kleinstädter an der Nase herumführt, sie ausnimmt und wieder verschwindet.

Die »Helfer« aus dem Norden drängten in die kaputte politische Landschaft, in die Firmen, sie kauften ganze Plantagen für einen Appel und ein Ei, rissen Fördergelder an sich und klärten die Südstaatler großzügig über ihre eigenen Fehler auf. Und sie taten es auf allen Ebenen, vom Kleinganoven bis hin zum korrupten Gouverneur. Sie sahnten ab.

Sie wurden reich, während die gebrochenen Südstaatler arm blieben. So vollendeten die Nordstaaten ihr Werk der Zerstörung und Demütigung, indem sie die am Boden liegenden Südstaatler noch mal richtig ausweideten.

Der Gouverneur Robert K. Scott zum Beispiel verdiente ein Vermögen mit dem Erlass von Begnadigungen gegen Bares. Andere fälschten die Verwaltungsausgaben und bereicherten sich mittels getürkter Rechnungen zum Beispiel für Druckerzeugnisse (es ist ganz erstaunlich, wie viele Formulare und Bekanntmachungen eine Regierung drucken muss, auch wenn man das meiste davon nie sieht). Die Kosten für die Volkszählung 1869 in South Carolina zum Beispiel waren mysteriöserweise fast doppelt so hoch wie die der Volksbefragung in den gesamten USA im Jahr darauf! Die Druckkosten von Louisiana explodierten in drei Jahren gar auf das Zehnfache. Und hinzu kamen in dem Fall noch die 1.000 Dollar, die dem Fraktionsvorsitzenden im dortigen Repräsentantenhaus nach Abstimmung als Kompensation zugesprochen wurden, weil der Arme so viel beim Pferderennen verloren hatte …

Der so genannte »Prince of Carpetbaggers« war der gebürtige New Yorker General Milton S. Littlefield, der nach dem Krieg nach North Carolina kam und dort die Eisenbahn wieder aufbauen wollte. Als Erstes verteilte er mit Hilfe des »scalawags« George W. Swepson (so nannte man Südstaatler, die bei den »carpetbaggers« mitmachten, also Kollaborateure) 200.000 Dollar an Bestechungsgeldern unter Politikern. Eine gute Investition: Daraufhin machten diese natürlich gern 28 Millionen für den Bau diverser Strecken locker. Die Eisenbahn wurde indes nie gebaut. Auch nicht, nachdem Littlefield mit rund vier Millionen Dollar verschwand. Im Gegenteil, der Skandal zerstörte so viel in der politischen Szene North Carolinas, dass der Wiederaufbau der Eisenbahn sich um ein Jahrzehnt verzögerte, und trug maßgeblich dazu bei, dass North Carolina sich bis heute nicht richtig vom Krieg erholt hat. Littlefield aber ging es blendend. Er tauchte immer wieder in anderen Bundesstaaten des Südens auf, stets neue Pläne für weitere »Eisenbahnprojekte« in der Tasche …

Klar, dass wenige Schwarze nach der Befreiung Lust hatten, ihre ehemaligen Sklavenhalter ins Amt zu wählen. Das machte es den »carpetbaggers« umso leichter, in ihrer neuen Heimat an die Macht zu kommen. Sie umgarnten die frischgebackenen Wähler mit ganzen Wagenladungen an Schinken, Alkohol und anderen Geschenken und kauften damit wichtige Stimmen. In einem Fall wurde eine Truppe Schwarzer von Wahllokal zu Wahllokal transportiert, sie meldeten sich mit Hilfe von Weißen überall unter einem anderen Namen an und stimmten jeweils für den Kandidaten, auf den der Weiße mit dem Finger zeigte. »Der Kauf von Stimmen ist so allgemein geworden, dass die Schwarzen es geradezu erwarten«, schrieb ein Südstaatler erschrocken, und ein anderer beklagte sich: »Wir sind den Schwarzen völlig ausgeliefert.«

Das Ganze wurde schließlich so extrem, dass Hiram Revels, der erste schwarze Senator der USA, 1875 einen Hilferuf aus Mississippi an den Präsidenten Ulysses S. Grant sandte:

»Seit der Rekonstruktion ist die große Masse der Menschen geistig versklavt worden, von Abenteurern ohne jede Moral, denen das Wohl des Landes egal ist und die bereit sind, zu allen Mitteln zu greifen, egal wie infam, um die Macht an sich zu reißen … Meinem Volk wird von diesen offen korrupten und ehrlosen Intriganten gesagt, für wen es stimmen muss … nur damit diese sich in einem Amt selbst verherrlichen können. Die Bitterkeit und der Hass, der durch den Bürgerkrieg erwachsen sind, wären meiner Meinung nach ohne sie bis heute schon zum größten Teil verschwunden.«

Denke ich an den amerikanischen Süden, kommt mir unwillkürlich Ostdeutschland in den Sinn. Ihnen auch?

Auch die DDR hatte es lange versäumt, sich der modernen kapitalistischen Welt anzuschließen; auch der Osten war in eine realitätsfremde und überholte Ideologie verliebt; auch er hat mit dem Mauerfall einen Krieg – den kalten – verloren und leidet heute noch darunter. Und natürlich: Da wäre auch noch die Sache mit den »carpetbaggers«, die den Ossis alles Mögliche abschwatzten und sich die eigenen Taschen füllten ...

Wie lange dauert es, bis sich eine ganze Region von einer solchen Niederlage erholt?

Der Süden hat sich bis heute nicht wieder restlos regeneriert. Fast 150 Jahre nach dem Bürgerkrieg liegt er immer noch weit hinter dem Norden zurück.

Erst in den letzten Jahrzehnten haben die Bundesstaaten im Süden langsam begonnen aufzuholen. Vor allem im Dienstleistungssektor, aber auch in den Bereichen Industrie, High Tech und Finanzen ist man aktiv geworden. Der Tourismus in Florida wuchs, Autohersteller von Mercedes-Benz bis Toyota kamen nach Alabama, South Carolina, Kentucky und Tennessee. Forschungszentren wurden gegründet, Banken sind hingezogen, ganz zu schweigen von Coca Cola, Home Depot und CNN. Zwar liegen immer noch neun der zehn ärmsten Bundesstaaten der USA im Süden, aber es gibt dort inzwischen auch Gebiete, die die niedrigste Arbeitslosigkeit der USA aufweisen.

Warum es so lange gedauert hat, ist unklar. Vielleicht hat es etwas mit einer gewissen trotzigen Loser-Mentalität zu tun, die man ab und zu beobachtet:

In ihrem Bestreben, ihren Stolz mit dem Verlust in Einklang zu bringen, flüchteten sich manche Südstaatler regelrecht in eine »Wir sind stolz darauf, Südstaatler zu sein«-Attitüde. Sie hängten Fahnen der kurzlebigen unabhängigen Konföderation des Südens, der »Confederacy«, auf – ein Symbol der Niederlage –, als ob es ein Zeichen des Sieges sei. Sie ergriffen Partei für den rassistischen Ku-Klux-Klan und andere rechtsradikale Protestorganisationen, die immer noch zu glauben scheinen, dass der Bürgerkrieg irgendwie (im Untergrund?) gewonnen werden könnte. Sie sahen in den Nordstaaten eine Verschwörung am Werk, den Süden »zu unterdrücken« (»to keep them down«) – und verstanden nicht, dass der Süden für den Norden keine Konkurrenz mehr war und gar nicht »unten gehalten« werden musste. Sie hingen (selbst für unsere Verhältnisse) seltsamen Kirchen mit bizarren Bräuchen an, schwelgten in Nostalgie, anstatt ihre durchaus lösbaren Probleme anzugehen, und wollten nicht in die Zukunft schauen, denn sie liebten die Gegenwart nicht. Sie lebten lieber in einer nostalgisch verklärten, aber für immer verlorenen Vergangenheit.

Allerdings muss selbst ich zugeben: Das romantische Bild vom alten Süden hat etwas Betörendes.

Es war eine märchenhafte, imposante Welt, voller ausladender, mit spanischem Moos überwucherten Eichen und weitläufigen schneeweißen Villen, wo man auf der Veranda zwischen Säulen und Schaukelstühlen gerne ein »mint julip« zu sich nahm. Eine Welt der Großfamilien und der Betriebe, die an den ersten Sohn weitervererbt wurden, der rauschenden Feste und Debütanten-Bälle, bei denen die jungen Mädchen wie Pralinen auf dem Silbertablett zum ersten Mal der gehobenen Gesellschaft präsentiert wurden. Der Nordosten hatte seine »robber barons«, doch der Süden besaß seine herrlich arroganten »southern gentlemen« mit vollendeten Manieren und einem Begriff von Männlichkeit und Ehre, den es selbst in England schon lange nicht mehr gab. Das Wort »Daddy« aus dem Mund eines Kindes aus dem Süden hat eine ganz andere Bedeutung als anderswo, und nirgends sonst versetzt einem der Satz: »So hat dich deine Mutter nicht erzogen« einen solchen Stich ins Herz wie im Süden.

Und erst die Duelle! Nichts verkörperte den südlichen Ehrbegriff besser als das Duell.

Das Duell wurde zwar aus Europa importiert, aber in Amerika betrieben wir die Sache anscheinend mit mehr Herzblut. Während Bismarck schon 1865 eine Duellaufforderung ablehnte, angeblich weil es keine zeitgemäße Form der Auseinandersetzung mehr sei, duellierten sich amerikanische Politiker noch mit großer Begeisterung bis 1887. Der damals amtierende Vizepräsident unter Thomas Jefferson, Aaron Burr, tötete 1804 den legendären Finanzminister Alexander Hamilton in einem Duell. Bevor Abraham Lincoln Präsident wurde, hat man ihn zum Duell gefordert, und er nahm auch an – erst in letzter Minute konnte man ihm und seinem Kontrahenten das Ganze ausreden. Es waren natürlich nicht nur Männer aus den Südstaaten, die gerne die Klinge kreuzten, diese aber bei weitem am häufigsten.

Andrew Jackson, unser siebter Präsident, behauptete immer wieder stolz, zwischen 13 und 100 Duelle bestritten zu haben. Offenbar zählte er Zweikämpfe in diversen militärischen Auseinandersetzungen dazu, aber es stimmte schon, dass er seine Ehre gern und oft verteidigte: Mehrere Duelle sind belegt, einschließlich eines um die Ehre einer dritten Person, nämlich seiner Ehefrau. Ein Kritiker witzelte, sein Körper enthalte so viele nicht entfernte Kugeln, dass er klackere wie ein Sack voll Murmeln.

Aber nicht nur in diesem Sinne war Jackson der klassische »southern gentleman«: Aufgewachsen als Sohn armer irischer Einwanderer in der Wildnis der Waxhaws zwischen North und South Carolina, kämpfte er als General gegen die Indianer – und gewann, gegen die Briten – und gewann, gegen die Spanier – und gewann, gründete die damals erzkonservative »Democratic Party« mit und hatte schon vor seinem dreißigsten Geburtstag sein ganzes Hab und Gut (eine Plantage mit 300 Sklaven) verwettet. Zweimal. Er überlebte dann auch das allererste Attentat auf einen amerikanischen Präsidenten und war so zäh, dass man ihn nach einem Holz benannte: Old Hickory.

Sein bekanntestes Duell fand 1805 statt. Er stritt sich mit dem Pferdebesitzer Charles Dickinson über die Bedingungen einer verlorenen und längst bezahlten Wette, und da keiner nachgeben wollte, duellierten sie sich eben. Jackson wurde verletzt – die Kugel traf ihn so nah an seinem Herzen, dass man sie nie entfernen konnte. Bis an sein Lebensende litt er unter gesundheitlichen Beeinträchtigungen.

Dickinson aber war tot.

So regelte man die Dinge damals im Süden.

Wir verehren die Helden des Nordostens, die nimmermüden Intellektuellen, die honorigen Staatsmänner, die zackigen »Captains of Industry«. Aber ganz ehrlich, mit dem »southern gentleman« kann keiner von ihnen mithalten. Der Süden, das war noch eine Welt, in der ein Mann tapfer und schneidig war, eine Frau hinreißend raffiniert und ein Haussklave ein bisschen simpel, aber immer fröhlich. Eine Welt, die großartige, unbarmherzige, bittersüße Literatur hervorgebracht hat, von Margaret Mitchell bis Mark Twain.

Es war eine betörende, hochstilisierte, mit sich selbst zufriedene Welt, und sogar der Norden sehnt sich in schwachen Momenten heute noch nach dieser einzigartigen Ästhetik, die nur auf dem Rücken der Sklaverei gepflegt werden konnte.

18

Wir sind schlechte Verlierer

Als 1994 in Südafrika die Apartheid zu Ende ging, geschah etwas lange Erwartetes: Die Schwarzen, die in der Mehrzahl waren, benutzten flugs ihr neu erworbenes Wahlrecht, um Schwarze in die Regierung zu schicken, und Nelson Mandela wurde mit 63 Prozent der Stimmen zum Präsidenten gewählt.

Eigentlich logisch.

Als ich aber nachschlug, wie schnell in Amerika nach der Befreiung der Sklaven die ersten schwarzen Politiker auftauchten, stieß ich auf Robert Clayton Henry und Edward William Brooke III, die als die »ersten schwarzen Politiker der modernen Zeit« gefeiert werden – Henry als Bürgermeister von Springfield, Ohio, Brooke als Senator in Massachusetts, beide im Jahr 1966.

Moment mal: 1966? Ging der Bürgerkrieg nicht schon hundert Jahre früher zu Ende?

Ich forschte ein bisschen weiter. Tatsächlich: Direkt nach dem Bürgerkrieg schafften es über 20 Schwarze in den Kongress und viele weitere in regionale Ämter, fast alle zwischen 1870 und 1890. Dann hörte das jedoch schlagartig auf und setzte sich erst 1966 fort.

Da stimmt doch was nicht.

Was kam zuerst? Der Rassismus oder die Sklaverei?

Manche Historiker glauben, dass es Rassismus gegenüber Schwarzen, wie wir ihn heute kennen, in den Kolonien gar nicht gab – selbst, als man dort schon Sklaven hatte.

Das hört sich vielleicht merkwürdig an, denn wie kann man einen anderen Menschen versklaven, ohne Rassist zu sein? Kein Problem: Man stellt ganz rational die Ökonomie über die Ethik (eine Sache, die heute natürlich nicht mehr vorkommt ...). Zu Kolonialzeiten jedenfalls gab es, wie schon erwähnt, auch freie Schwarze, die zum Teil selbst Sklaven hielten. Zudem wurden »indentured servants« allgemein nicht besser behandelt als Sklaven. Es ist also nicht unwahrscheinlich, dass man in der Anfangszeit schwarze Sklaven nicht anders einschätzte als weiße »indentured servants« – arme Schlucker alle beide, die nichts zu melden hatten.

Gut möglich, dass der Rassismus erst als Reaktion auf die Forderung nach Abschaffung der Sklaverei entstand. Als im frühen 19. Jahrhundert der öffentliche Druck dahingehend immer stärker wurde, als man den Kongress mit Petitionen regelrecht bombardierte, mussten diejenigen, deren wirtschaftliche Existenz von der Sklaverei abhing, ein Denken entwickeln, das den Menschenhandel rechtfertigte. Wenn alle im Süden, vom Schullehrer über den Pfarrer bis hin zum Politiker der Meinung waren, dass Schwarze Untermenschen seien, wenn sie ein solides Feindbild entwickeln würden, dann stand die Sklaverei und damit der wirtschaftliche Wohlstand der Weißen auf einem sicheren Fundament. Also taten sie es.

Nach dieser Theorie entstand die Sklaverei nicht aufgrund von Rassismus, sondern Rassismus aufgrund von Sklaverei.

Die transatlantische Sklaverei wurde bereits 1444 von den Portugiesen erfunden. Doch es war erst der Zucker, der den Menschenhandel richtig auf Touren brachte, und ab Mitte des 16. Jahrhunderts verschifften auch Spanier und Briten Sklaven im großen Stil auf ihre Zuckerrohrplantagen – und verwandelten Südamerika und die Karibik so in eine einzige Goldmine. Als die nordamerikanischen Kolonien dann später Tabak und Baumwolle als Exportprodukte entdeckten, war es bereits ein Leichtes, an Sklaven zu kommen.

Es gibt in den USA so viele Filme, Romane und Sachbücher sowie Zeitungsberichte und politische Initiativen zu dem Thema – und gleichzeitig so wenig Auseinandersetzung mit der Sklaverei in anderen westlichen Ländern –, dass die Europäer manchmal glauben, Sklaverei sei eine rein amerikanische Erscheinung gewesen. Nichts könnte weiter von der Wahrheit entfernt sein.

Von den 11 Millionen Afrikanern, die in den nächsten 300 Jahren laut dem Historiker Hugh Thomas aus Afrika gen Westen exportiert wurden, gelangten etwa eine halbe Million nach Nordamerika. Von den Briten, Portugiesen, Spaniern und Holländern wurden dagegen insgesamt rund zehneinhalb Millionen Menschen versklavt. Diese landeten in Südamerika und der Karibik (was endlich erklärt, warum mehr Brasilianer und Haitianer als Amerikaner schwarz sind und warum sie alle französisch und portugiesisch sprechen). Und während sich der US-Kongress 2008 für den US-amerikanischen Anteil an der Sklaverei öffentlich entschuldigt hat, steht – trotz der Aufforderung der afrikanischen Nationen auf der »World Conference Against Racism« 2001 – die Entschuldigung der Briten, Portugiesen, Spanier und Holländer noch aus.

Von Anfang an war die Sklaverei nicht unumstritten. Je mehr die Wirtschaft von Sklavenarbeit abhängig wurde, desto erbitterter diskutierte man in den USA über das Thema.

Sklavenhalter wie Thomas Jefferson waren hin- und hergerissen. Selbst mochte er zwar nicht auf seine Sklaven verzichten, befürchtete jedoch, dass diese Institution eine korrumpierende Wirkung auf die Mentalität der Amerikaner haben würde: »Es hat zweifelsohne einen unglücklichen Einfluss auf die Sitten unseres Volkes, dass die Sklaverei mitten unter uns existiert«, schrieb er, »dieser unerbittliche Despotismus auf der einen Seite und die erniedrigende Unterwerfung auf der anderen. Unsere Kinder lernen, das nachzumachen.«

Die Lossagung von England bedeutete für die Amerikaner die erste Chance, in ihrem neuen Staat den Menschenhandel zu verbieten. Als Jefferson die Unabhängigkeitserklärung verfasste, hielt er sich denn auch mit leidenschaftlicher Kritik am englischen König nicht zurück und warf ihm unter anderem vor, einer der größten Profiteure des Sklavenhandels überhaupt zu sein. In einer hitzigen Diskussion schafften es die Delegierten mehrerer Südstaaten allerdings, diese spezielle Sünde von King George diskret wieder herauszustreichen. Sie ahnten schon, dass die Unabhängigkeitserklärung im Falle einer erfolgreichen Revolution mehr darstellen würde als nur ein Stück Propaganda: Es würde zum Gründungsdokument eines neuen Staates, und sie mussten unbedingt verhindern, dass irgendetwas gegen Sklaverei darin stünde.

Auch in der nächsten Phase, als die 13 Kolonien sich nach dem Sieg über England eine gemeinsame Verfassung gaben, konnten sich die Südstaaten durchsetzen. Nach langem Streit wurde ein typischer Kompromiss gefunden in der Art, wie er noch heute bei Nahostverhandlungen beliebt ist: Man vertagte das Thema. Per Verfassung durfte der Kongress erst über zwanzig Jahre später noch einmal versuchen, den Sklavenhandel zu verbieten.

Der Kompromiss indes war eine tickende Zeitbombe.

Die Nordstaaten machten einen Alleingang und verboten die Sklaverei, einer nach dem anderen, bis 1804. Als die Schonfrist 1808 vorbei war, verbot der Kongress auch den internationalen Sklavenhandel. Doch das war den Südstaaten inzwischen egal: Der Sklavenhandel innerhalb Amerikas konnte nicht verboten werden, und Nachschub wurde täglich neu geboren. Man schätzt, dass schon bis zu 18 Prozent der Bewohner Nordamerikas Sklaven waren, in einem Südstaat wie South Carolina lag die Quote gar bei 43 Prozent.

Mit diesen enormen Zahlen hatten, ehrlich gesagt, selbst die Nordstaatler ein Problem, obwohl unter ihnen bereits etwa 200.000 freie Schwarze lebten. Und zwar stellte sich ihnen die Frage: Wohin bloß mit den ganzen Sklaven, falls man sie tatsächlich allesamt befreite? Die meisten Weißen damals konnten sich nicht vorstellen, dass Schwarze als gleichwertige Mitbürger nebenan wohnten (heute ist das natürlich ganz anders). Alexis de Tocqueville schrieb in seinem Werk *Democracy in America*, die Sklaverei sei zwar ein Übel, aber ein Staat, in dem zwei so ungleiche Rassen nebeneinanderher leben würden, könne nicht lange existieren, also müsse man Sklaverei wohl oder übel tolerieren.

1816, rund fünfzig Jahre vor Beginn des Bürgerkriegs, fand die von Weißen gegründete »American Colonization Society« dann die perfekte Lösung: Zurück nach Afrika mit den befreiten Sklaven! Zu diesem Zweck gründete sie 1821 die afrikanische Kolonie Liberia und begann, Schwarze »nach Hause« zu verfrachten. Die einheimischen Afrikaner, die bisher dort lebten, wurden selbstverständlich nicht gefragt. Als Liberia ein paar Jahre nach Beendigung des Bürgerkrieges ebenfalls die Unabhängigkeit erklärte, waren bereits über 13.000 befreite Sklaven aus den USA dorthin übergesiedelt.

Die Ersten in den amerikanischen Kolonien, die sich gegen die Sklaverei ausgesprochen haben, waren übrigens deutsche Quäker. Ohne diese heldenhaften Dickschädel hätten wir womöglich noch heute Sklaven – oder wären selber welche. Schon 1688, fast hundert Jahre vor der Gründung Amerikas, machte man in Germantown, heute ein Teil Philadelphias, mit Hilfe von Petitionen und Artikeln gegen Sklaverei mobil. Die ersten Amerikaner, die ihre eigenen Sklaven freiließen, waren Quäker. Und noch im Jahr der Staatsgründung wurde die Sklaverei in den Quäkergemeinden, und bald darauf in ganz Pennsylvania, untersagt.

In England waren die Quäker ebenfalls früh gegen Sklaverei aktiv. Ihnen ist es zu verdanken, dass sie in den meisten europäischen Kolonien über die nächsten 50 Jahre Geschichte wurde. Immer wieder handelten die Briten Verträge über die Abschaffung des Sklavenhandels mit ihren

Geschäftspartnern aus: 1815 zahlten sie Portugal 750.000 und 1817 Spanien 400.000 Pfund, um den Sklavenhandel in bestimmten Teilen ihrer Reiche zu unterbinden. Sogar mit über 50 afrikanischen Herrschern (bisherigen Zulieferern) wurden Anti-Sklaverei-Verträge geschlossen.

1808 formte die britische Royal Navy sogar eine »West Africa Squadron«, die während des nächsten halben Jahrhunderts auf See gegen internationale Sklavenhändler vorging. Sie bestand aus rund 25 eigenen Schiffen sowie Schiffen der US-Navy, die fast 1.600 Sklavenschiffe aufbrachten und 150.000 mitgeführte Sklaven befreiten. Bis Mitte des 19. Jahrhunderts war die Sklaverei schließlich fast überall verboten (der letzte Nachzügler war Frankreich in seiner Kolonie Madagaskar, wo es bis 1896 dauerte).

Nur zu Hause in Amerika schien nichts voranzugehen.

Einige Amerikaner konnten mit diesem Widerspruch nicht länger leben. Der überzeugte weiße Sklaverei-Gegner John Brown glaubte, nur mit Gewalt ließe sich etwas ändern. Immerhin gab es doch eine Menge Sklaven da draußen – theoretisch genug, um die Weißen in die Schranken zu weisen. Sie warteten, genau genommen, nur auf ein Zeichen, um sich zu erheben, dachte sich John Brown. Und er wollte es geben.

Sein Auge fiel auf ein nationales Waffendepot in einem kleinen Ort namens Harpers Ferry, Virginia. Im Grunde musste man das Depot nur einnehmen, warten, bis die entlaufenen Sklaven scharenweise eintrafen, um sie mit Waffen zu versorgen, und dann …

Browns Trupp war klein, aber entschlossen: 16 Weiße, darunter seine eigenen Söhne, und 5 Schwarze. Damit ihr Angriff nicht voreilig gemeldet werden konnte, schnitt die Gruppe am 16. Oktober 1859 diverse Telegraphendrähte durch und stoppte den durchfahrenden Zug. Unerwartet leistete ausgerechnet ein schwarzer Gepäckbursche, ein befreiter Sklave, Widerstand. Er musste erschossen werden. John Brown muss sein paradoxes Handeln aufgefallen sein, denn gegen jede Logik ließ er den Zug nun doch weiterfahren, und so konnte der Schaffner frühzeitig die Behörden alarmieren.

Doch Brown beeilte sich. Er schaffte es, noch am selben Abend ohne viel Widerstand das Fort zu erobern, und nun warteten sie darauf, dass die Sklaven sich ihnen anschlössen.

Am Morgen des 17. Oktober stellten sie dann fest, dass sie tatsächlich Besuch bekommen hatten. Allerdings nicht von scharenweise entlaufenen Sklaven, sondern von den restlichen Ortsbewohnern, allesamt höchst verärgert und, wie es in Amerika ihr verfassungsmäßiges Recht war, bis an die Zähne bewaffnet. Die Schießerei zog sich den ganzen Tag hin und kostete vier Angreifer das Leben, darunter der Bürgermeister. Dafür konnten sie Brown den Fluchtweg abschneiden.

Mit neun Gefangenen verbarrikadierte sich Browns Truppe im Kesselhaus. Er schickte seinen Sohn Watson mit einer weißen Fahne zum Verhandeln hinaus, aber dieser wurde ohne viel Federlesen erschossen. Einer seiner Waffenbrüder verfiel daraufhin in Panik und sprang in den Fluss, woraufhin die Ortsbewohner, mittlerweile betrunken, sich einen Sport daraus machten, ihn im Wasser in Stücke zu schießen. Immer wieder flammte der Schusswechsel auf, und auch Browns zweiter Sohn Oliver fiel.

Am Morgen des 18. Oktober traf eine Einheit von U.S. Marines unter Robert E. Lee ein, der ein paar Jahre später im Bürgerkrieg die Armee des Südens anführen sollte. Er unterbreitete Brown ein relativ großzügiges Angebot zur Kapitulation, das abgewiesen wurde, bot den beiden örtlichen Befehlshabern die Ehre an, selbst das Fort einzunehmen, was auch abgelehnt wurde, und stürmte schließlich das Depot.

Der Kampf dauerte ganze drei Minuten (was einen schon über die damaligen Sicherheitsvorkehrungen von Waffenlagern ins Grübeln bringen kann). Einer der hereinstürmenden

Marines versuchte mehrfach, auf Brown einzustechen, aber seine Klinge verbog sich zweifach und glitt ab, anstatt in den Körper einzudringen.

Das Ende vom Lied: John Brown und sechs andere landeten vor Gericht, wo sie, des Landesverrats angeklagt, für schuldig befunden wurden. Man hängte sie.

Heute sind viele Amerikaner unschlüssig, ob Brown ein Märtyrer und Kämpfer für die gute Sache oder einfach ein wahnsinniger, fehlgeleiteter Mörder war. Er verkörpert einen sehr amerikanischen Zwiespalt: Einerseits vertrauen wir dem System, das die Gründerväter aufgebaut haben, und hoffen, dass Ungerechtigkeiten mit der Zeit beseitigt und Fehler korrigiert werden. Denn wenn jeder gleich zur Waffe greifen würde, wenn er etwas für falsch hält, herrscht wirklich Chaos.

Andererseits haben sich auch die Gründerväter mit Gewalt gegen Ungerechtigkeiten gewehrt – so entstand unsere Nation ja überhaupt erst. Haben wir da nicht dieselbe Pflicht?

Gleichzeitig steht John Brown, sieht man näher hin, aber auch für etwas sehr Unamerikanisches: fehlende Professionalität, denn er machte den gleichen Fehler, den später so viele Terroristen von der RAF bis hin zu Osama bin Laden machten: Er glaubte, die Mehrheit denke so wie er und nach seinem Gewaltakt würden sich alle spontan mit ihm zusammen erheben. Dabei hatte er es nicht einmal geschafft, die Sklaven in den Plantagen ringsherum rechtzeitig über seine Aktion zu informieren. So hat er ihrer Sache mehr geschadet als genutzt.

In einem aber sollte er recht behalten.

Am Tag seiner Hinrichtung schrieb er: »Ich, John Brown, bin nun sicher, dass die Verbrechen dieses schuldigen Landes niemals gebüßt werden können außer mit Blut. Ich denke heute, es war recht eitel von mir, mir einzubilden, dass es dazu nur ein geringes Maß an Gewalt brauchen würde.«

Doch es gab andere, die mit fantasievolleren Mitteln kämpften.

Sie nannten sich »underground railroad«, die Untergrundbahn. Selbst mitten im tiefsten Süden gab es Gegner der Sklaverei, und genau dort führte die »Untergrundbahn« hindurch. Viele Legenden ranken sich um sie. Eine davon besagt, dass sich zahlreiche bekannte Gospellieder in Wahrheit um sie drehen. Bei manchen kann man sich das auch in der Tat gut vorstellen: *Go Down Moses* und *Wade in the Water* erzählen entweder von der Flucht aus ägyptischer Gefangenschaft – oder von den Plantagen des Südens. *Swing Low, Sweet Chariot* beschreibt eine Pferdekarre, die einen über den Fluss (bzw. den Jordan) und nach Hause (bzw. ins Paradies) bringt; *Steal Away (to Jesus)* bedeutet »Schleich dich fort«. *Follow the Drinkin' Gourd* wurde den Sklaven angeblich von einem Fluchthelfer namens Peg Leg Joe beigebracht (möglicherweise eine mythische Figur). Das Lied ermuntert einen, dem Sternbild des Großen Wagens zu folgen, und beinhaltet Strophen, die heute kaum mehr zu verstehen sind. Ging es um verschlüsselte Botschaften, um Hinweise für die beste Fluchtroute nach Norden?

Niemand weiß genau, wie viele Fluchthelfer mitmachten, aber einzelne davon kennen wir. Zum Beispiel William Still, auch »Vater der Untergrundbahn« genannt. Sein Erzeuger hatte sich einst freigekauft, seine Mutter war entkommen – zweimal –, musste aber zwei ihrer Söhne zurücklassen. In Philadelphia arbeitete Still für die »Pennsylvania Anti-Slavery Society«, von dort aus verhalf er über die nächsten Jahre bis zu 60 Sklaven zur Flucht – pro Monat. Er befragte jeden Einzelnen ausführlich, bevor dieser weiterfloh, schrieb für jeden eine kleine Biographie. Vielleicht plante er schon damals, ein Buch daraus zu machen, um der Anti-Sklaverei-Bewegung damit zu helfen. Vielleicht fürchtete er, dass seine Schützlinge gefangen oder umgebracht würden, und wollte, dass zumindest ihre Namen und Geschichten weiterlebten. Sein Buch *The Underground Railroad* erzählt die Geschichten von 649 entflohenen Sklaven und ist heute eine der wichtigsten Quellen, was diese Organisation betrifft.

Es war natürlich gefährlich, alles aufzuschreiben, hätte er sich aber nicht für jeden einzelnen Flüchtling interessiert, wäre er auch vermutlich nie auf Peter Freedman gestoßen, der sich beim Erzählen seiner Geschichte als sein Bruder entpuppte ...

In den zwei Dekaden vor dem Bürgerkrieg wuchs die »Untergrundbahn« zu einer stattlichen Bewegung an, wobei die meisten Mitglieder – oft Prediger, Quäker, befreite Sklaven, weiße Abolitionisten und auch Indianer – nichts voneinander wussten, damit sie im Falle einer Verhaftung keine Verbündeten preisgeben konnten. Freie Schwarze gaben sich als Sklaven aus, schleusten sich auf Plantagen ein, sprachen die Sklaven gezielt an und verrieten ihnen, in welcher Nacht sie über welche Schleichpfade wohin fliehen konnten. Manche versuchten ihr Glück allein zu Fuß, andere wurden mit der Pferdekarre abgeholt. Etwa einen Tagesmarsch entfernt wurden sie in einer Scheune erwartet, wo sie tagsüber dann schliefen, bevor man sie über den nächsten Streckenabschnitt informierte. So wurden sie Schritt für Schritt nach Mexiko oder, im Normalfall, in den Norden geschleust.

Die einzelnen Helfer kommunizierten mündlich oder per verschlüsseltem Brief. Man verwendete die Terminologie der jungen Eisenbahn: Die Verstecke, wo die Flüchtlinge sich tagsüber ausruhten, hießen »station« (»Bahnhof«) und »depot« (»Lager«), die Helfer unterwegs »conductors« (»Schaffner«) und die Financiers »stockholders« (»Investoren« bzw. »Aktionäre«). Je mehr Erfolg die »Untergrundbahn« hatte, desto heftiger wurde aber auch die Gegenreaktion. Sklavenjäger – »slave hunters« genannt – kontrollierten die Landstraßen auf der Suche nach entflohenen Sklaven. Wenn sie keine fanden, schnappten sie sich freie Schwarze, verbrannten ihre Papiere und verkauften sie wieder.

Einer der überzeugtesten Gegner der Sklaverei war Levi Coffin, auch »President of the railroad« genannt. Das naive Söhnchen eines weißen Quäkers fragte einst mit sieben Jahren einen Sklaven, warum er denn Ketten trage. Dieser antwortete: »Damit ich nicht entkomme und zu meiner Frau und meinem Kind zurückkehre.«

Nach eigenen Angaben war Coffin ab diesem Moment überzeugter Abolitionist. Schon mit 15 half er seinem Vater, entflohene Sklaven zu verstecken. Später entdeckte er, dass die »Untergrundbahn« direkt durch seine Gegend führte, stellte seine Farm zur Verfügung, transportierte die Sklaven per Pferdewagen bei Nacht und war bald so erfolgreich in seinem Tun, dass er immer wieder von Sklavenjägern bedroht wurde. Einer soll einmal gesagt haben: »Es gibt eine ›Untergrundbahn‹ hier, und Levis Haus ist der Hauptbahnhof.« Als der Druck für die örtliche Quäkergemeinde zu groß wurde, empfahl sie ihren Mitgliedern dringend, nichts Illegales gegen die Sklaverei mehr zu unternehmen – und schlossen Coffin kurzerhand aus, als er dies ablehnte.

Im Gegenteil, er ließ sich immer mehr einfallen: Als er ein neues Haus baute, plante er gleich Geheimgänge ein, wo sich die Sklaven bei Durchsuchungen verstecken konnten. Seine Frau nähte Kleidung, mit der sie die Flüchtlinge als Hausdiener, Butler und Köche ausstaffierte. Am beliebtesten war das Kostüm »Quäkerfrau«: Der hohe Kragen, die Handschuhe und der große Hut mit Schleier ließen die Person unter dem Stoff fast verschwinden. Historiker schätzen, dass die Coffins über 2.000 Sklaven zur Flucht verholfen haben.

Auf noch dünnerem Eis bewegte sich Harriet Tubman, die bald unter dem Namen »Moses« bekannt wurde.

Sie wollte sich nie mit ihrem Los als Sklavin abfinden. Immer wieder rebellierte sie, floh, nahm Prügel und Peitsche in Kauf. Als sie weiterverkauft werden sollte, betete sie nächtelang verzweifelt, Gott möge ihren Herrn bloß davon abbringen, denn sie war verheiratet und hatte Familie. Als

ihre Gebete nicht erhört wurden, flehte sie noch inbrünsti-
ger, Gott möge ihren Herrn töten. Eine Woche später war
er tatsächlich tot. Das war sicher eine Genugtuung, half ihr
letztlich aber wenig, denn nun wurde natürlich all sein Besitz – auch seine Sklaven – verkauft.

Endlich gelang ihr die Flucht mit Hilfe der »Untergrundbahn«. Später sagte sie, als sie den Fluss nach Pennsylvania
überquert habe, wo die Sklaverei schon verboten war, sei es
gewesen, als ob sie den Himmel betreten hätte.

Als sie jedoch erfuhr, dass ihre Nichte verkauft werden sollte, half sie kurzentschlossen mit, sie nach Philadelphia zu schmuggeln, und dieser Erfolg beflügelte sie: Bald
kehrte sie immer wieder zurück und befreite andere Familienmitglieder. Meist im Winter, wenn die Nächte länger
waren und die Verfolger weniger motiviert. Die Flucht begann immer samstagabends, weil die Anzeige »Sklave ent-
laufen« erst montags in der Zeitung erschien und sie so einen Vorsprung hatten. Sie trug stets einen Revolver bei sich
und wusste ihn auch zu benutzen. Als einmal einen ihrer
Schützlinge mitten auf der Flucht der Mut verließ und er
umdrehen wollte, richtete sie ihre Pistole auf ihn und sagte:
»Du gehst weiter oder du stirbst hier.« Er ging weiter.

Tubman wurde immer wieder gesucht, doch nie gefasst.
Später meinte sie: »Ich war acht Jahre lang Schaffner der
›Underground Railroad‹, und ich kann etwas von mir behaupten, was die meisten Schaffner nicht sagen können –
keiner meiner Züge ist je entgleist, und ich habe nicht einen Passagier verloren.« Auf einem ihrer letzten Ausflüge
brachte sie ihre alten Eltern mit zurück.

Als der Bürgerkrieg begann, brachte sie ihre genauen
Ortskenntnisse von South Carolina und Florida ein, legte
Landkarten an und war auch dabei, als eine Reihe von Plantagen am Combahee River angegriffen wurde. Frühmor-
gens lotste Harriet Tubman drei Dampfschiffe der Nordstaaten um die Minen herum ans Ufer. Während die Soldaten
die Plantagen in Brand setzten und alles mitgehen ließen,

was nicht niet- und nagelfest war, ließ sie die Sirenen der Dampfschiffe losheulen. Die Sklaven verstanden sofort, was die Stunde geschlagen hatte: Mit Kind und Kegel unter dem Arm rannten sie, die Schüsse ihrer Herren im Rücken, zu den Schiffen und kletterten an Bord. Über 700 Sklaven wurden so von ihr gerettet.

Die Frau war eine echte amerikanische Heldin, mutig und nicht zu stoppen. Und als ihr Job getan war, setzte sie sich in den Zug und fuhr nach Hause. Wahrscheinlich freute sie sich auf eine ruhige Tasse Tee. Auf der Zugfahrt wurde sie vom Schaffner gebeten, sich in einen anderen Wagen zu setzen. Sie lehnte ab. Sie erklärte, wer sie war, doch es half nichts. Mit Hilfe zweier anderer Passagiere packte der Schaffner sie und schleppte sie in ein anderes Abteil ...

Historiker glauben zwar, dass bis zu 100.000 Sklaven dank der »Untergrundbahn« entkommen sind, aber im Vergleich zu ihrer Gesamtzahl war das nur ein Tropfen auf den heißen Stein. John Brown sollte recht behalten: Bevor es zu Ende ging, war noch viel mehr Blutvergießen notwendig.

1861 kam es dann, wie es kommen musste.

Vermutlich hatte Abraham Lincoln nie vorgehabt, die Sklaverei in den Südstaaten ganz abzuschaffen. Das war auch gar nicht der Streitpunkt gewesen. Es ging vielmehr darum, ob sie auch in den neuen Bundesstaaten, die im Westen nach und nach dazukamen, erlaubt sein sollte oder nicht. Lincoln und seine nagelneue Partei, die Republikaner, waren dagegen, und offenbar ein Großteil der Amerikaner auch, sonst hätten sie ihn nicht gewählt.

Allerdings machte er keinen Hehl daraus, dass er grundsätzlich auch gegen die Sklaverei im Süden war. In einer aufrüttelnden Rede vor dem Senat sagte er: »Ein gespaltenes Haus hat keinen festen Stand. Ich glaube nicht, dass dieser Staat auf Dauer bestehen kann, wenn er halb versklavt und halb frei ist. Er wird irgendwann ganz das eine oder ganz das andere werden.« Da wussten die »southern gentlemen«, dass ein Leben unter Lincoln kein Zucker-schlecken sein würde. Noch bevor er das Präsidentenamt antreten konnte, sagten sich die Südstaaten von den USA los ... Und die nächsten vier Jahre büßte Amerika für den Kompromiss, den die Gründerväter bei der Verfassung ein-gegangen waren.

Der Bürgerkrieg ging erst am 9. April 1865 zu Ende. Am selben Tag waren die Sklaven frei, und der Süden stand Kopf. Plötzlich lebten vier Millionen freie Schwarze unter ih-nen – 14 Prozent der Gesamtbevölkerung der USA. Und alle wahlberechtigt natürlich.

Die Schwarzen drängten in politische Ämter. Egal, dass die meisten von ihnen aufgrund ihrer doch etwas einseiti-gen Ausbildung weder lesen noch schreiben konnten und in politischen Dingen nicht besonders bewandert waren: Dafür gab es ja die Nordstaatler, die in großer Zahl in den Süden strömten und sich mit den Schwarzen verbündeten. Gleich bei den ersten Wahlen nach Kriegsende kamen über 600 Schwarze in den Südstaaten in politische Ämter, meist ehemalige Sklaven. Als Hiram Revels als erster schwarzer Senator 1870 in Washington seinen Platz im Kongress ein-nahm, wurde er mit Applaus begrüßt.

Die Weißen hingegen sahen ihre Felle davonschwimmen.

Ein Jahr nach der Niederlage versammelte sich in Pula-ski, Tennessee, eine Gruppe von Veteranen der Südstaaten-Armee unter der Leitung von General Nathan Bedford For-rest und gründete den Ku-Klux-Klan.

Heute sehen wir diese Typen bloß als einen Verein von mörderischen Rassisten mit lächerlichen Kapuzen. Doch sie hatten klare politische Ziele, die sie konsequent verfolg-ten. Es ging darum, den eigenen Abstieg um jeden Preis zu verhindern. Dazu mussten die Schwarzen und ihre weißen Bündnispartner aus dem Norden so weit eingeschüchtert werden, bis sie sich aus den Zentren der Macht zurückzo-gen. Das war der Leitgedanke hinter dem Terror, der nun folgte.

Jede Wahl, jede politische Versammlung wurde fortan vom Klan und ähnlichen Gruppen mit Massakern an Schwarzen und deren Verbündeten begleitet. Woche für Woche zogen sie sich ihre Kutten über und brannten Häuser und Scheunen nieder, griffen Schwarze gezielt an, vor allem Familienväter und ehemalige Sklaven, die sich als Farmer selbständig gemacht hatten, und zettelten öffentliche Aufstände an, bei denen Schwarze reihenweise zu Tode kamen. In North und South Carolina gab es allein in den ersten zwei Jahren nach dem Bürgerkrieg 197 Lynchmorde. In den Wochen vor den Präsidentschaftswahlen 1868 wurden in Louisiana schon 2.000 Menschen ermordet oder verletzt. In manchen Gegenden händigte der Klan bei der Wahl Zertifikate an diejenigen aus, die »richtig« – also weiß – gewählt hatten. Solche Zertifikate konnten lebenswichtig sein.

Nach diesen Entwicklungen gingen schwarze Wähler bald nicht mehr zu den Urnen. In den ersten Wahlen nach Kriegsende gewannen noch die Schwarzen und die Republikaner, und alle feierten die neue moderne, tolerante Multikulti-Gesellschaft. Bei den Präsidentschaftswahlen drei Jahre später hingegen gab es nur noch eine Handvoll Stimmen für Nordstaaten-Republikaner und Schwarze.

Nun nahm der Klan den nächsten Schritt in Angriff: die Gesetzgebung.

In allen Bundesstaaten (übrigens auch im Norden, der längst nicht immer so tolerant war, wie er sich gerne gab) wurde bald eine Reihe von »Jim Crow«-Gesetzen erlassen, die die neue so genannnte »seperate but equal«-Behandlung von Schwarzen regelten:

Sie durften fortan nicht mehr im selben Restaurant essen wie Weiße, nicht im selben Eisenbahnwagen fahren, in vielen Bundesstaaten keine Weißen heiraten und nicht in dieselben Schulen gehen. Solange die Qualität des Essens, der Eisenbahnfahrt und der Bildung gleich waren, hatte ja alles seine verfassungsmäßige Richtigkeit, oder? Und ob die

Ausbildung in den schwarzen Schulen wirklich »gleichwertig« war, wie die Formulierung »seperate but equal« verlangte, nun, wer wollte das schon nachprüfen?

In manchen Bundesstaaten wurde sogar das Wahlrecht eingeschränkt: Es durfte nur wählen, wer auch lesen konnte. Und nur wenige Jahre, nachdem die Sklaven ihre Freiheit gewonnen hatten, war vieles im Süden faktisch fast so wie vor dem Krieg. Fast hundert Jahre lang sollte es keine Schwarzen mehr in der Politik geben, nicht mal einen einzigen popligen Bürgermeister.

Der Ku-Klux-Klan hatte sein Ziel erreicht. Und ein paar Jahre, nachdem die Schwarzen aus den politischen Ämtern verschwunden waren, lösten sich die meisten Klan-Verbände dann auch auf. Es gibt nur wenige Terrorgruppen in der Weltgeschichte, die so erfolgreich waren wie sie.

Und dann kamen die 1960er Jahre.

Als schwarze Führer wie Martin Luther King, ganz zu schweigen von all den Hippies, plötzlich darauf aufmerksam machten, dass sich an der Situation der Schwarzen seit dem Bürgerkrieg nicht besonders viel geändert hatte, kam der Klan sofort wieder hoch. Die Protestmärsche wurden – mit Duldung der Polizei – überfallen und einzelne Bürgerrechtler, ob weiß oder schwarz, gezielt gejagt und getötet. Schwarze Familien, die sich mit Bürgerrechtlern trafen, wurden ermordet. Die Obrigkeit schaute weg – anfangs auch das FBI.

Der Klan überzog den Süden erneut mit Lynchmorden und Gewaltorgien. Bis heute ist das Ganze noch nicht wirklich aufgearbeitet, und es kommt immer wieder Neues ans Licht.

2007 etwa sagte endlich ein reuiges Klan-Mitglied in einem sehr alten Fall aus: Er sei dabei gewesen, als 1964 in Meadville, Mississippi, zwei schwarze Teenager, die man irrtümlicherweise für Bürgerrechtler hielt, entführt und umgebracht wurden. Er nannte auch den Namen des Mörders, James Ford Seale, ein ehemaliger Cop, der erst dann, viele

Jahrzehnte nach der Tat, dreimal lebenslänglich bekam. Es waren drei kurze Leben: Er starb bereits vier Jahre später im Gefängnis im Alter von 76.

Doch allmählich änderten sich die Zeiten. Die Bundesbehörden wurden endlich aktiv. Märsche wurden von der Bundespolizei begleitet und Wahllokale von ihr beschützt. Langsam ging die Gewalt zurück, und die Bürgerrechtler setzten sich durch. 1965 entschied der Oberste Gerichtshof in mehreren Verfahren, dass es »separate but equal« gar nicht gebe: Entweder man ist gleich oder man ist es eben nicht. So einfach ist das.

Mit dem Ende der »Jim Crow«-Gesetze hatte der Klan endgültig ausgespielt.

Zwar besitzt er heute kaum mehr politischen Einfluss, aber verschwunden ist er auch nicht: Es gibt noch an die 5.000 Mitglieder in rund 150 Klan-Gruppen, und nicht nur Amerikaner fragen sich, warum er nicht endlich ganz zerschlagen wird.

Des Rätsels Lösung: Er wird von der Verfassung geschützt.

Amerikaner haben das Recht, sich zu versammeln und ihre Meinung zu äußern. Egal was, man darf es sagen. Das ist anders als in Deutschland, wo die Meinungsfreiheit nach dem Holocaust bewusst eingeschränkt wurde, was rechtsextremistische Äußerungen betrifft. In Amerika dagegen darf man den Holocaust leugnen, man darf sagen, dass man Juden, Schwarze und Moslems hasst, sogar, dass die Welt besser wäre, wenn sie alle tot wären. Erst wenn man andere konkret dazu auffordert, ihnen Gewalt anzutun, ist das verboten.

Es ist eine tragische Ironie der Demokratie, dass wir die Meinungsfreiheit um jeden Preis schützen, denn sie wird ausgerechnet von denjenigen missbraucht, die sie, wären sie an der Macht, als Erstes arg beschneiden würden. Dennoch verteidigen wir sie, als ob sie etwas Heiliges wäre. Und genau genommen ist sie uns heilig. So sehr lieben wir unsere Meinungsfreiheit.

Der letzte Lynchmord Amerikas ereignete sich im Übrigen 1981. In Alabama hatte ein Schwarzer einen Weißen ermordet und wurde in erster Instanz freigesprochen. Das regte den Klan so sehr auf, dass er sich auf die Suche nach einem Opfer machte und zufällig auf den 22-jährigen Schwarzen Michael Donald stieß, der gerade Zigaretten für seine Schwester holen wollte. Man entführte ihn, schlug ihn zusammen, hängte ihn auf und schnitt ihm die Kehle durch.

Das FBI wurde eingeschaltet und verhaftete zwei junge Klan-Mitglieder. Beide wurden schuldig gesprochen, und einer von ihnen, Henry Francis Hays, wurde zum Tode verurteilt. Es war das erste Mal seit 68 Jahren, dass ein Weißer in Alabama für den Mord an einem Schwarzen hingerichtet wurde.

Noch wichtiger als die Bestrafung der Täter aber war der Schlag gegen den Klan als Organisation, denn der Mutter des schwarzen Jungen war das Urteil gegen die Mörder nicht genug. Sie machte den Klan für den Mord verantwortlich und ging mit einer Zivilklage vor Gericht. Und eine Jury, die komplett aus Weißen bestand, teilte ihre Meinung. Der Klan in Alabama musste sein gesamtes Vermögen auflösen sowie das Gebäude verkaufen, in dem sein Hauptquartier untergebracht war, um die Strafe von sieben Millionen Dollar bezahlen zu können. Es war nämlich herausgekommen, dass kurz vor dem Lynchmord ein Klan-Mitglied unbesonnenerweise zur Rache an Schwarzen aufgerufen hatte. Seitdem zeichnen sich Klan-Websites und öffentliche Veranstaltungen dadurch aus, dass in jedem zweiten Satz beteuert wird, dass man Schwarze, Juden, Moslems, Latinos, Chinesen und Pakistanis und den ganzen anderen Abschaum zwar hasse und ihnen den Tod wünsche, Gewalt in jeder Form aber ganz entschieden ablehne.

Die damals weitverbreitete alltägliche Diskriminierung konnte auch überraschende Folgen haben, wie mein Vater am eigenen Leib erlebte.

Er sagte gern von sich, er sei kein Rassist: »Wie soll das gehen? Ich habe keinen einzigen Schwarzen gesehen, bis ich erwachsen war.« Wie gut das als Argument ist, weiß ich nicht, aber ich muss immer daran denken, dass ihm die Benachteiligung der Schwarzen ironischerweise vermutlich das Leben gerettet hat.

Mein Vater wuchs, wie gesagt, in Bellingham auf, einer kalten, grauen, eigentlich rein skandinavischen Kleinstadt an der kanadischen Grenze. Und egal, was man heute so über die toleranten Skandinavier sagt, vor ein paar Generationen noch waren sie eine ziemlich weltferne Bande, die gern unter sich blieb.

Aufs College schaffte er es, wie sehr viele Amerikaner, mit Hilfe des ROTC (dem Reserveoffizier-Ausbildungskorps), einem Programm, bei dem der Staat das Studium finanziert, im Gegenzug muss man sich als Offizier verpflichten.

Viele Amerikaner entscheiden sich für das ROTC, um studieren zu können. Man könnte fast behaupten, die Armee sei eine Art heimlicher Sozialstaat: Großzügige Bedingungen garantieren, dass Soldaten, je nachdem, welchen Deal sie unterschreiben, eine Ausbildung bekommen, Arbeitslosenunterstützung oder Rente. Deshalb strömen so viele arme Menschen, Migrantenkinder und all diese Typen, die in der High School nie richtig zugehört haben, wenn sie denn überhaupt auftauchten, dorthin: Es ist oft die bessere Karrierewahl.

Als mein Vater seine Ausbildung als Ingenieur abgeschlossen hatte, wurde er eingezogen. Der Zweite Weltkrieg tobte schon. Auf den Formularen, die er ausfüllte, befand sich auch folgende Frage: »Können Sie sich vorstellen, mit Schwarzen zu dienen?«

Die Frage verwunderte ihn. Er wusste nicht, dass damals kaum ein Weißer mit »Ja« darauf antwortete. Aus reiner Ignoranz machte er sein Kreuz: »Ja.«

Als er dann in den Krieg zog, hatte er die Anmeldeformulare längst vergessen. Er freute sich, als er erfuhr, was seine

Aufgabe war: Er würde einen Trupp von Ingenieuren leiten. Das Gute daran: Er musste nicht an der Front kämpfen, sondern direkt dahinter Brücken und Straßen bauen.

Dann erfuhr er, warum ihm dieses Glück zuteil wurde: Sein Trupp bestand ausschließlich aus Schwarzen. Er war der einzige Weiße.

»Dieses Kreuzchen hat mein Leben gerettet«, sagte er mir später. »Die Armee glaubte damals noch, Schwarze seien feige und könnten nicht kämpfen. Also wurden sie nicht für den Dienst mit der Waffe eingeteilt. Während die anderen Typen, die sich geweigert hatten, mit Schwarzen zusammenzuarbeiten, an der Front gestorben sind, haben wir in aller Ruhe dahinter Landebahnen angelegt.«

Erst nach dem Zweiten Weltkrieg wurde die Diskriminierung beim Militär schließlich so peinlich, dass Präsident Harry S. Truman persönlich einen Erlass herausgab, der die Rassentrennung innerhalb der Armee aufhob und dazu rassistische Äußerungen von Soldaten unter Strafe stellte.

Nachdem die Bürgerrechtsbewegung in den 1960ern eine ganze Reihe von Rassentrennungsgesetzen gekippt hatte, sah es kurzzeitig so aus, als ob der Albtraum nun vorbei sei.

Doch dann folgte der Rückschlag. Amerikaner hatten nicht nur vor der neuen Konkurrenz durch Schwarze Angst, sie hatten auch bald die Nase voll davon, immer als Rassisten beschimpft zu werden. Zudem sie sich doch nun seit Jahren solche Mühe mit immer neuen Antidiskriminierungs-Regeln gaben, um jede Art von Unrecht wieder auszubügeln!

In seinem Buch *Rights Gone Wrong* bringt es Richard Thompson Ford auf den Punkt: Die theoretische Diskussion des Themas »Diskriminierung« hat inzwischen längst jede Bodenhaftung verloren. Wer lange genug nach einem Anlass sucht und sich der Sprache der »political correctness« wahllos bedient, findet bei allem und für jeden irgendwo eine Benachteiligung. Es fängt mit »reverse discrimination«

an (wenn der Weiße einen Nachteil erleidet, weil man dem Schwarzen einen ersparen will) und endet damit, dass behauptet wird, ein Gesetz diskriminiere schon dann, wenn es Aspekte wie weiß und schwarz überhaupt in Betracht ziehe.

Heute gibt es in Amerika mehr Arten von Diskriminierung als Frühstücksflocken im Supermarkt: Arbeitgeber dürfen zwar aus Bewerbungsunterlagen nichts über das Alter des Arbeitsuchenden erfahren, das könnte ja zur Altersdiskriminierung führen – Senioren kriegen deshalb aber auch nicht mehr Jobs als vorher. Männer dürfen keine schlüpfrigen Witze mehr im Büro reißen, es ist aber fraglich, ob das allein ihren Kolleginnen zu besseren Karrierechancen verhilft. Ist eine Anti-Diskriminierungsbewegung noch ernst zu nehmen, wenn sie versucht, den Muttertag zu verbieten, weil dadurch Männer benachteiligt werden?

Politiker haben mittlerweile gelernt, mit dem Rassismus zu flirten, ohne sich eindeutig schuldig zu machen. Als der Präsidentschaftskandidat Newt Gingrich 2011 empört erklärte, dass Schwarze lieber Jobs fordern sollten statt Essensmarken, blieb er dabei ganz politisch korrekt: Er benutzte das Wort »Afroamerikaner«. Man darf Schwarze nämlich nicht als »faule Schmarotzer« beschimpfen, wie zur Zeit der Sklaverei, das wäre rassistisch. Stellt man aber »Afroamerikaner« als »Sozialhilfeempfänger« hin und beschimpft diese dann, ist man kein Rassist, sondern Gesellschaftskritiker. Die Republikaner nennen das Einstreuen solcher Bemerkungen in Bundesstaaten des Südens und Westens clever »die südliche Strategie.«

Versteckter Rassismus ist aber beileibe kein Vorrecht der Republikaner.

Fahren Sie mal an einem Samstagvormittag durch die Vororte an den beiden Küsten, die den Umfragen nach überwiegend demokratisch wählen, und zählen Sie die Schwarzen, die Sie in diesen »vanilla suburbs« beim Rasenmähen sehen. Auch Demokraten geben sich gern fortschrittlich, wollen aber nicht unbedingt neben einem Schwarzen wohnen.

Unter diesen Umständen ist es verständlich, dass es heute als hip gilt zu bedauern, dass sich die Situation der schwarzen Amerikaner seit der Bürgerrechtsbewegung der 1960er noch verschlechtert hat. Und noch hipper ist es zu sagen, dass auch die Wahl unseres ersten schwarzen Präsidenten daran nichts geändert hat.

Hip, aber nicht ganz richtig.

Während sich die Öffentlichkeit mit lautem Gezeter in irrelevante theoretische Moralfragen verstrickt, hat sich langsam, bescheiden und unaufhaltsam ein anderes Phänomen entwickelt: Viele Schwarze lösen das Problem für sich allein.

Als Barack Obama als erster Schwarzer 2008 die Wahl zum Präsidenten gewann, fiel den Leuten auf einmal Bill Cosby wieder ein.

Der beliebte Komiker hatte in den 1980ern eine ebenso beliebte Sitcom, *The Bill Cosby Show*. Darin spielte er Doktor Huxtable, einen gebildeten, gut verdienenden Mittelklasse-Arzt. Damals musste er viel Kritik einstecken, weil viele Menschen glaubten, dies sei eine völlig falsche und absichtlich beschönigende Darstellung der Situation des Afroamerikaners: Wo blieb die Armut, das Leid, die Diskriminierung? All dies zu unterschlagen, das spiele doch nur den Weißen in die Hände und nehme ihnen die Schuldgefühle.

Cosby blieb bei seinem Konzept: Er wollte eine ganz normale amerikanische Mittelklasse-Familie zeigen, die zufällig schwarz war.

Als Obama die Wahl gewann, kam man ins Grübeln. Wie war das in Amerika, wo Schwarze doch nur Opfer sind, eigentlich möglich? Man dachte an Bill Cosby und fragte sich: Gab es die ganze Zeit über etwa doch eine schwarze Mittelklasse, ohne dass man es bemerkt hatte?

In der Tat. 1960 schafften es erst 20 Prozent der schwarzen Amerikaner, die High School abzuschließen, und nur 3 Prozent beendeten ihr College-Studium. 2006 erreichten aber bereits über 86 Prozent den High School-Abschluss, und 19 Prozent gelang der Sprung an eine Uni.

Das ist noch lange nicht auf weißem Niveau, aber es reicht, um etwas recht Bemerkenswertes festzustellen: Die Realität mag sich vielleicht nicht schnell genug ändern – aber sie ändert sich schneller als unsere Vorstellung.

Mit der Präsidentschaft Obamas sind die Rassenbeziehungen in Amerika in eine neue Ära eingetreten. Nicht nur, weil sein Beispiel zeigt, dass Träume bei uns noch immer wahr werden können, sondern auch, weil seine Wahl de facto das Ende der Bürgerrechtsbewegung darstellte.

Während man bis dahin glaubte, nur Bürgerrechtler, Quoten und Gesetze könnten den Schwarzen Gleichheit bringen, hatte Obama damit nichts mehr zu tun. Im Gegenteil: Er wurde nur deswegen der erste schwarze Präsident, weil er eben kein echter Schwarzer ist. Wenigstens nicht im Sinne der Bürgerrechtsbewegung.

Obama hat keine Sklaven als Vorfahren. Sein Vater kam aus Kenia, war eigenständig, selbstbewusst und Harvard-Student. Seine Mutter ist weiß und fest in der Mittelklasse verwurzelt. Sie schickte ihn auf die Eliteschule Punahou, von wo aus es später nicht mehr schwer war, nach Harvard zu gelangen (ich selbst ging übrigens auf die Kailua High School, die ranzige Klitsche nebenan!).

Das Wichtigste aber: Obama wuchs in Hawaii auf, wo die Rassenverhältnisse ganz anders sind. Das kann ich aus eigener Erfahrung bestätigen.

Es gibt nur wenige Schwarze in Hawaii, und diese bilden wiederum bloß eine Minorität unter vielen. Dort, wo 55 Prozent der Menschen asiatischstämmig sind (überwiegend Chinesen und Japaner), stellen die Minderheiten die Mehrheit: Dreiviertel aller Hawaiianer gehören irgendeiner an. Damit hat Hawaii von allen Bundesstaaten den höchsten Anteil an Minderheiten.

Nur ein Viertel der Hawaiianer sind weiß, und Weiße – »haoles« genannt – bekommen das auch zu spüren (na gut, die Filipinos sind noch schlechter dran). Obama wird in Hawaii bestimmt nicht mehr Diskriminierung erfahren haben als jeder x-beliebige Weiße auch. Das machte ihn zu etwas anderem als dem typischen Schwarzen. Er wusste: Niemand wählt einen Präsidenten aus Gründen der politischen Korrektheit.

Harlem, das Ghetto, die Wut – all das war ihm fremd. Man merkte es ihm an, dass er nicht in der Schublade der Rassendiskriminierung und der weißen Schuld feststeckte. Nur deshalb hat er seine berühmte und bewegende »Rassismus«-Rede schreiben können, in der er zwar die Rassendiskriminierung anprangert, aber auch die Wut und das Leid der weißen Amerikaner nicht übergeht.

Obama konnte die Wahl gewinnen, nicht weil er den Konflikt zwischen Weißen und Schwarzen zu lösen versprach, sondern weil er ihn hinter sich ließ.

Wir wollen aber Obama nicht zu viel Bedeutung beimessen. Es gibt nämlich neben ihm einen schwarzen Politiker, der noch wichtiger ist.

Als sich Herman Cain 2011 ausgerechnet für die Republikaner als Präsidentschaftskandidat ins Gespräch brachte, war das ein seltsames Spektakel: Der Mann wollte die halb fertige Mauer zwischen Mexiko und den USA fertig bauen, unter Strom setzen und zur Sicherheit noch einen Wassergraben davor ziehen lassen. Er glaubte, dass »Kubanisch« eine Sprache sei und dass Gemeinden das Recht hätten, Moslems den Bau von Moscheen zu verbieten. Zudem zitierte er gern Weisheiten großer Denker, die sich hinterher als Zeilen aus den Discohits von Donna Summer entpuppten.

Die Medien hassten ihn. Na ja, alle hassten ihn. Man zog ihn durch den Kakao. Man fand alles, was er tat und sagte, blöd. Man buddelte seine alten Sexgeschichten aus und machte ihn lächerlich, jedes Mal, wenn er wieder etwas Doofes sagte.

Es war schön, das mit anzusehen. Es machte mich richtig stolz auf Amerika, und ich dachte: Das ist Gleichberechtigung pur!

Denn niemand fragte sich ernsthaft, ob er denn auch weiße Wähler überzeugen könnte. Niemand sprach ihn auf Rassentrennung oder Gleichberechtigung an. Die schwarzen Protestgruppen versuchten nicht, ihn für ihre Zwecke zu benutzen. Sie nahmen ihn kaum wahr. Es störte nicht mal den letzten zugedröhnten Hillbilly, dass der Mann schwarz und ein Republikaner war.

Herman Cain ist kein Afroamerikaner, er ist einfach nur ein weiterer Spinner unter vielen.

Das passierte zum ersten Mal.

19

Wir wollen es alleine schaffen

So einen Quatsch wie von Herman Cain hört man in jedem Wahlkampf, man kann sich darauf verlassen. Und derart hirnverbrannte Spinnereien könnte ich ja vielleicht auch noch akzeptieren.

Viel erschreckender finde ich allerdings, wenn der Multimillionär John Kerry im Wahlkampf 2004 gegen George W. Bush mitten in Philadelphia ein »steak sandwich« mit Schweizer Käse bestellt. Wie dumm ist das denn?

Oder ein Mitt Romney, der 2012 seinem Konkurrenten Newt Gingrich eine Wette über 10.000 Dollar anbietet. Es wäre nicht schlimmer gewesen, hätte er einen Hund getreten!

Oder selbst ein Barack Obama im Wahlkampf gegen John McCain 2008: Er ließ sich beim Bowling filmen – und erspielte gerade mal 37 Punkte. Aua! In Iowa hätte eine Maispflanze besser gebowlt.

Hatten die Armen denn keine Wahlhelfer, die sie warnten: »He, in Philadelphia bestellt man traditionell Provolone-Käse.« Oder: »Sie wollen wirklich eine 10.000-Dollar-Wette vorschlagen? In einem Saal voller Bürger, die um ihre Jobs bangen?« Oder: »Üben Sie erst mal ein paar Runden. Alle außer Ihnen wissen, wie Bowling geht.«

Es dreht sich gar nicht darum, dass die Kandidaten allesamt elitäre Snobs aus dem Nordosten sind, die versuchen, uns normalen Amerikanern etwas vorzumachen. Das war schon immer so, das akzeptieren wir. Erschreckend ist, dass sie auch noch dumme elitäre Snobs sind. Es ist ja nicht schwer, herauszufinden, wie der »normale Amerikaner« tickt. Und dies waren eben ganz typische Fehler der nordöstlich geprägten Kandidaten. George W. Bush hatte andere Fehler, klar, zum Beispiel sagte er eine Dummheit nach der anderen, wenn er nur den Mund aufmachte. Bowlen aber konnte er!

Auch im Westen gibt es Millionäre, doch die sind … anders. Sam Walton aus Columbia, Missouri, der Gründer von Walmart, trug gern ein Basecap, und auch einer der reichsten Menschen auf Erden, Hedgefonds-Manager Warren Buffett aus Nebraska, hat ein Faible dafür. Und Bill Clinton aus Little Rock, Arkansas, musste seine aufrichtige Liebe zu Fastfood-Hamburgern nicht vortäuschen. Der Westen ist halt die Heimat des »common sense« – des gesunden Menschenverstandes. Hier kommen Zeitungskolumnisten wie Erma Bombeck und Ann Landers her, die liebeskranke Leser mit bodenständigen Ratschlägen versorgen, und die Wörter »Ma« und »Pa« haben hier eine größere Bedeutung als anderswo.

Ach ja, und noch was: Westlich des Mississippi kann man mit Hinz und Kunz ein Gespräch anfangen – und wird man dann nach Hause eingeladen, kann es vorkommen, dass einer der Typen in Jeans und kariertem Hemd über dem Bierbauch, mit denen man beim Punsch über Colleges, Footballmannschaften und die Heuernte redet und die überhaupt keinen Hang zur europäischen Ironie haben, einen privaten Jet besitzt, gleich neben der alten Lagerhalle im nächsten Tal, wo er Maschinenteilchen für die NASA baut.

Bodenständigkeit, Bescheidenheit, gesunden Menschenverstand … um das zu finden, muss man schon in den Westen aufbrechen. Als das weite Land westlich des Mississippi plötzlich auch zu den Vereinigten Staaten gehörte und die Eisenbahn endlich die beiden Küsten verband, passierte etwas – eine Art inneres Erdbeben erschütterte uns Amerikaner, als wir verstanden, wie groß der Westen tatsächlich war und wie unendlich viele Möglichkeiten er uns eröffnete.

Es war wie eine zweite Chance, Amerika neu zu erfinden. Der Drang nach Westen in die Wildnis war eine Wiederholung dessen, was sich in den ersten Kolonien abgespielt hatte: Man konnte das Leben wieder ganz neu aufbauen, die Regeln neu erfinden, und sich selbst auch.

Es ist erstaunlich, wie schnell der Westen zur Legende wurde. Genau genommen sofort, noch während die Entdeckung und Besiedelung im Gange waren. Es war, als ob die Amerikaner nach einem neuen Bild von sich selbst suchten und wild entschlossen waren, es im Westen zu finden.

Der Cowboy zum Beispiel ist im Großen und Ganzen bloß eine Erfindung. Aber es war eine Erfindung, die uns gefiel. Besser als das Bild von uns selbst, das gerade im Nordosten entstand. Man muss sich das mal vorstellen: Dort lief die Industrielle Revolution auf Hochtouren. Das U-Boot wurde gerade erfunden, der Fahrstuhl, der Wolkenkratzer, die Straßenbahn … Im Westen war all das unwichtig. Stattdessen pusteten die Leute einander auf offener Straße um, weil sie sich im Kartenspiel betrogen hatten.

Das machte viel mehr Spaß.

Während sich im Osten ein stark reguliertes und gebildetes Bürgertum nach europäischem Vorbild entwickelte, mit all seinen Manieren und Statussymbolen, war das Leben im Westen ein existentieller, raubeiniger Kampf ums Überleben. Mit Schaudern blickte der anständige Ostküsten-Bürger nach Westen – niemals würde er so tief sinken wie diese kulturlosen Cowboys. Aber wie ungezügelt, frei und dreist sie waren! Im Westen waren Männer noch richtige Kerle, Frauen noch echte Weiber, man tat, was getan werden musste, niemand fragte nach Erlaubnis, jeder pfiff auf Anstand und Moral. Diese Westerner waren eindeutig aus anderem Holz geschnitzt: verkommene, sexy Biester, allesamt. Wieso, verdammt noch mal, waren sie nur so weit weg?

Das war übrigens noch gar nicht so lange der Fall: Im Jahr 1826 begann der Westen gleich hinter New York, und die

Bilder, die wir heute zum Wilden Westen im Kopf haben – Bisonherden grasen in der Prärie, Cowboys und Indianer jagen einander durchs Monument Valley, in Utah ziehen sich die Planwagen bis zum Horizont –, waren noch gar nicht erfunden. Da erschien bereits der erste Wildwestroman.

Der letzte Mohikaner von James Fenimore Cooper war ein Riesenbestseller, eines der meistgelesenen Bücher seiner Zeit in Amerika und Europa. Es hatte noch keinen Cowboy als Protagonisten, sondern den Waldläufer und Pelzhändler Natty Bumpo, auch »Lederstrumpf« genannt. Trotzdem war er ein Held ganz nach dem Geschmack der Amerikaner: ein Abenteurer, in der Wildnis auf sich allein gestellt, weit weg von der Zivilisation, völlig autark. Und obendrein ein Imperialist mit goldenem Herzen: Er lebt zwar zumeist in Harmonie mit den Indianern, genau wie es später auch Old Shatterhand tun würde, aber die Indianer wissen, dass ihre Tage gezählt sind – und dass Natty Bumpo dann ihr Erbe antreten wird.

Mit anderen Worten: Die ultimative Ikone des amerikanischen Selbstbewusstseins wurde nicht im Dreck des Wilden Westens erfunden, sondern an einem Schreibtisch im Nordosten.

Das heißt aber nicht, dass es diese Art Amerikaner in Wirklichkeit nicht gab:

Daniel Boone wuchs inmitten einer Quäkerfamilie mit zehn Geschwistern in einer zugigen Holzhütte in Pennsylvania auf, wo er mit 12 sein erstes Gewehr bekam und damit seine wahre Berufung entdeckte. Sobald es nur ging, wurde er Waldläufer und Pelzhändler. Auch als er selbst schon 10 Kinder hatte, verschwand er jeden Herbst allein, mit Kollegen oder Brüdern in die Wildnis und kehrte im Frühling mit Hunderten von Reh- und Biberhäuten zurück. Auch Bärenfelle waren ab zu darunter.

Bald wandte man sich an ihn, wann immer es um die Wildnis oder um die Indianer ging. Er arbeitete als Landvermesser, legte Straßen an, gründete Siedlungen, hatte zeitweise selbst eine Farm mit sieben Sklaven, betrieb eine Taverne, wurde Pferdehändler und Landspekulant. Auch politisch war er aktiv, als Offizier, Sheriff und Abgeordneter der »Virginia General Assembly«. Er ließ wirklich nichts aus.

Beruflich kam er gut mit den Indianern aus, nicht aber politisch: In verschiedenen Kriegen stand er ihnen im Kampf gegenüber. Im Unabhängigkeitskrieg wurde er schließlich von den Shawnee, die Verbündete der Engländer waren, gefangen genommen. Sie adoptierten ihn, wie das bei manchen Stämmen Brauch war, um gefallene Mitglieder zu ersetzen, und gaben ihm den Namen Sheltowee – Große Schildkröte. Monate später erst flüchtete er in die (einst von ihm gegründete) Stadt Boonesborough, nachdem er erfahren hatte, dass die Indianer diese angreifen wollten. Dank seiner Warnung konnten die Städter die Shawnee nach einer 10-tägigen Belagerung dann glücklich in die Flucht schlagen, woraufhin Boone aus lauter Dankbarkeit wegen Hochverrat vor Gericht gestellt wurde: Er sei so lange fort gewesen, er sei doch bestimmt zu den Indianern übergelaufen ... Vor Gericht bekam er zwar recht, aber seine unehrenhafte Entlassung aus der Armee war eine Schmach, die ihn sein Leben lang schmerzte. (Und wenn wir ehrlich sind: War es ihm in all den Monaten als Ehrenmitglied der Shawnee wirklich nicht möglich gewesen, früher zu entkommen?)

Unter den Indianern wurde er so legendär, dass er zu einer Art begehrten Trophäe wurde, auf die sie Jagd machten. 1780 war er gerade mit seinem Bruder Ned unterwegs, als sie von Shawnee überfallen wurden. Unser Held entkam, aber sie töteten seinen Bruder. Die Indianer dachten jedoch, sie hätten Boone selbst erwischt. Also schnitten sie dem Bruder den Kopf ab, damit sie zu Hause damit prahlen konnten.

Als er fünfzig war, wurde Boones Geschichte veröffentlicht, und über Nacht war er berühmt. Er verkörperte alles, was die »überzivilisierten« Menschen in der frühen

Phase der Industrialisierung suchten: Das ursprüngliche, echte Leben, die Freiheit in der Wildnis, wo kein Gesetz herrschte, nur die wilde Natur.

Boone wurde zum Romanhelden – sogar in England, Frankreich und Deutschland. Bald schon tötete er Bären mit bloßen Händen und schwang sich wie Tarzan an Lianen von Baum zu Baum. Selbst der englische Dichter Lord Byron verewigte ihn 1822 in einem Gedicht als glücklich-selbstgenügsamen Freigeist und Naturmenschen.

Die bekannteste Episode aus seinem Leben ereignete sich 1776: Seine Tochter Jemima wurde mit zwei weiteren Mädchen von den Shawnee verschleppt. Boone und seine Kumpels jagten ihnen nach, überfielen die Indianer zwei Tage später während einer Rast, vertrieben sie und brachten die Mädchen zurück. Das war ebenjener Vorfall, den ein halbes Jahrhundert später James Fenimore Cooper zu *Der letzte Mohikaner* verarbeitete, besser verdichtete, und damit Daniel Boone zum Godfather aller Cowboys machte.

Wenn wir uns Wildwest-Geschichten vorstellen, kommen uns als Erstes Cowboys und Indianer in den Sinn. Doch wir vergessen dabei ausgerechnet jene Typen, denen wir den Traum vom Wilden Westen eigentlich verdanken:

Die berühmteste Schießerei des Wilden Westens fand am O. K. Corral statt, einer Koppel in Tombstone, Arizona, nur ein paar Kilometer von Mexiko entfernt. Auf der einen Seite standen fünf Nichtsnutze, auf der anderen die Vertreter des Gesetzes: die drei Brüder Wyatt, Morgan und Virgil Earp sowie Doc Holliday.

Die zwei Gruppen, die sich gegenseitig schon seit Jahren gedroht hatten, trafen am Mittwoch, dem 26. Oktober 1881, um drei Uhr nachmittags auf dem menschenleeren Platz unweit der Fremont Street aufeinander. Sie standen nur zwei Meter voneinander entfernt. Mit Revolvern, Schrotflinten und Gewehren feuerten sie los. Als die Knallerei aufhörte, waren Morgan und Virgil Earp sowie Doc Holliday verwundet; drei ihrer Gegner tot.

Die Szene wird in Dutzenden von Wildwestfilmen nach-gespielt, und nach jedem Film folgt eine lange Diskussion unter Experten: Was war diesmal daran wieder historisch falsch?

Oft geht es um die Helden: Keiner von ihnen hatte so eine weiße Weste, wie gerne behauptet wird. Wyatt Earp wird meist als eiserner, gesetzestreuer Marshall dargestellt; un-ter den Tisch fällt dabei, dass er selbst mehrfach verhaftet wurde, einmal aus dem Gefängnis ausbrach, sich zeitwei-lig entweder als Türsteher im Puff verdingte oder gar selbst als Zuhälter – und unter dem Schutzmantel seiner sporadi-schen Tätigkeit als Marshall mehrere Gegner kaltblütig ins Jenseits beförderte.

Vor allem auch wird die Schießerei im Film ständig stark dramatisiert: Eine halbe Stunde lang jagt man einander durch die Stadt, tauscht melodramatische Floskeln aus, ver-sucht, einander zum Aufgeben zu überreden. Dabei hat die echte Schießerei nur 30 Sekunden gedauert. Dreißig Kugeln in 30 Sekunden!

Moment mal. Dreißig Kugeln in 30 Sekunden? Das ist im-merhin schon über 100 Jahre her, und das im chaotischen, gesetzlosen Wilden Westen. Woher weiß man das denn so genau? Hat da jemand danebengestanden und die Zeit ge-stoppt?

Cowboys sieht man in Western viele, Revolverhelden und tapfere Sheriffs auch, ferner Vieh- und Eisenbahnbarone, und natürlich dürfen weder die Prostituierten noch die Chi-nesen fehlen. Etwas seltener sieht man die Journalisten.

Doch mit der Erfindung des Telegraphen, und das ist hochinteressant, wurde der Journalismus über Nacht re-volutioniert. Plötzlich konnte man von überallher Berichte kriegen über praktisch alles, und das innerhalb kürzester Zeit. Im Bürgerkrieg waren die Zeitungen die heimliche dritte Macht, und nach Ende des Krieges wandte sich das Augenmerk der Journalisten gen Westen, wo noch was los war. Sie waren überall, eine echte Plage.

Schon am Tag nach der Schießerei am O. K. Corral wurde das Ereignis ausführlich in Tombstones beiden Zeitungen *The Epitaph* und *The Nugget* beschrieben. Das war aber erst der Auftakt. Im Rahmen der 30-tägigen Anhörung wurde jedes Detail sorgfältig von allen Seiten beleuchtet. Es war wie *CSI: Tombstone*. Der Gerichtsmediziner beschrieb, wer wie von Revolvern, Schrotflinten oder Gewehren durchsiebt worden war. Die Cowboys behaupteten, sie hätten mit erhobenen Händen um ihr Leben gebettelt und dass einer von ihnen durch einen Schuss aus nächster Nähe sofort getötet worden sei. Allerdings wies seine Kleidung dann keine Schießpulverrückstände auf ... So gut wie jeder in der Stadt sagte aus. Die meisten von ihnen waren jedoch irgendwie mit der einen oder anderen Seite verbandelt – heißt, sämtliche Aussagen waren widersprüchlich. Es wurden Skizzen von dem Corral und den umliegenden Straßen angefertigt usw.

Am Ende wurde zugunsten der Earps entschieden, und alle Parteien waren endlich frei, das zu tun, was sie wirklich wollten: einander über die nächsten Wochen zu jagen und gegenseitig umzubringen.

All das wissen wir, weil haarklein davon in den Zeitungen berichtet wurde. Und die Artikel wurden nicht nur in Tombstone gelesen. Im Osten gierte man geradezu nach Neuigkeiten aus dem Wilden Westen. Die Nachfrage wurde so groß, dass Zeitungsberichte bald schon nicht mehr ausreichten. Man musste zu härteren Mitteln greifen.

Das erkannte schnell eine gewisse Zeitungslektorin namens Ann Sophia Stephens im nordöstlichen Portland, Maine. Sie brachte eine neue Industrie ins Rollen, als sie den Zehn-Cent-Roman *Maleaska, the Indian Wife of the White Hunter* (*Maleaska, das Indianerweib des weißen Jägers*) herausgab: Groschenhefte waren der Trend der Zukunft.

Die Autorin erzählt vom Schicksal einer Indianerfrau, die einen Weißen heiratet und nach dessen Tod unter seinesgleichen zu leben versucht. Schnell wurde diese Heldin mit beschränktem Identifikationspotential dann allerdings von Cowboys und Revolverhelden abgelöst, deren Abenteuer tagtäglich neu an jeder Ecke zu haben waren. Die meisten waren frei erfunden. Sie wurden zwar tatsächlich lebenden »Gunslingers« angedichtet, denn dann verkauften sie sich besser, doch diese ahnten zum Glück ja nichts davon …

Einige Autoren aber waren ehrgeiziger, begaben sich selbst in den Westen und suchten ihre Lieblings-Revolverhelden tatsächlich persönlich auf.

So wurde William Cody etwa von einem Groschenheftschreiber namens Ned Buntline aufgespürt. Besagter Cody kam in Iowa als Sohn eines Quäkers zur Welt, kämpfte im Bürgerkrieg und arbeitete danach als Jäger für die Kansas Pacific Eisenbahn. Seine Spezialität: Bisons. Als er in 18 Monaten 4.280 Bisons erlegte, erwarb er sich seinen Spitznamen: Buffalo Bill. Als Ned Buntline ihn fand, hatte er schon einen Ruf als Trapper, Scout, Pony-Express-Reiter, Indianerkämpfer und Hotelmanager – wobei »Hotelmanager« erstaunlich oft mit »Puffbesitzer« gleichzusetzen war. Er trug Orden und war Freimaurer. Das Einzige, was noch fehlte, war: Weltruhm.

Dazu war Ned Buntline da.

Buntline hatte es schon bei anderen Revolverhelden versucht und wurde immer wieder verjagt – gern erzählte er, wie Wild Bill Hickok ihm einmal mit dem Revolver drohte, als er um ein Interview bat –, Cody aber war ein umgänglicher Typ. Sie reisten eine Weile zusammen umher, und Buntlines Reihe von »Buffalo Bill«-Groschenromanen wurde bald so erfolgreich, dass er auf eine weitere Idee kam: ein Bühnenstück mit Buffalo Bill persönlich auf die Bretter zu bringen.

Es gibt übrigens einen Grund, warum es über diese Episode aus Buffalo Bills Leben keinen Kinofilm gibt. Stellen Sie sich vor: John Wayne kommt nach dem Indianerschießen bzw. Büffelschießen bzw. Outlawschießen hektisch in die Stadt geritten, schmiert sich Make-up ins Gesicht und steigt auf die Bühne. Es war eine absurde Idee! Aber anscheinend steckte in den echten Wildwesthelden von damals mehr als ein bisschen von einem Schauspieler. Schon am ersten Abend verliebte sich Buffalo Bill in die Bühne.

Das Stück war ein Riesenhit, und er hatte seine neue Berufung gefunden. Schon bald hängte er die Flinte an den Nagel und ging mit Buntlines Stück auf Tour. Er überredete selbst alte Freunde – sogar kurzzeitig den cholerischen Wild Bill Hickok – bei ihm mitzumachen.

Das Verrückte war, sie tourten nicht nur im Osten, sondern auch im Westen – vor der eigenen Haustür. So groß war der Hunger nach der Wildwest-Romanze. 1883 hatte Bill dann alles gelernt, was er wissen musste übers Showgeschäft, und er gründete seine eigene Show – »Buffalo Bill's Wild West«.

Es war mehr Zirkus als Bühnenstück. Zum Auftakt zog die ganze Truppe von Cowboys, Indianern, Türken, Gauchos, Arabern, Mongolen und anderen in ihren bunten Kostümen hoch zu Ross durch die Stadt. Die eigentliche Show fand mehrmals am Tag in einer eigens erbauten Arena oder einem Zelt statt. Neben Pferdedressuren, Stunts und heißen Baller-Shows wurden richtig drastische Szenen gespielt: Indianer fackeln ein Haus ab und kidnappen ein Mädchen, sie wird von Revolverhelden gerettet, und alles endet in einer wilden Schießerei.

Buffalo Bill arbeitete nur mit Profis – nicht Showprofis versteht sich, sondern Wildwestprofis: echte Cowboys, echte Indianer. Selbst der berühmte Indianerhäuptling Sitting Bull mit 20 seiner Krieger war zeitweise dabei. Letzterer gab auf, nachdem seine Bemühungen scheiterten, die Show als politische Plattform für die Sache der Indianer zu nutzen, wahrscheinlich weil er sich grundsätzlich nur auf Lakota auszudrücken pflegte.

Niemand ist so tolerant wie ein Showproduzent, der Minderheiten für seine Show braucht: Indianer bezeichnete Bill nur als »früher Feind, heute Freund«. Über Frauen sagte er: »Was wir wollen, ist, den Frauen noch mehr Freiheit zu geben, als sie schon haben. Lasst sie jeden Job machen, der ihnen liegt, und wenn sie ihn ebenso gut erledigen wie ein Mann, bezahlt sie auch genauso gut.« Kein Wunder: Zu seiner Truppe gehörten die besten Scharfschützinnen aller Zeiten.

Annie Oakley etwa konnte vor Publikum eine Spielkarte in der Luft in zwei Teile zerschießen und weitere Löcher hindurchpusten, bevor die Teile zu Boden segelten.

In Buffalo Bills Wildwest Show wurde sie von Sitting Bull nur »Watanya Cicilla« (»Little Sure Shot«) genannt. Glaubwürdige Zeugen berichteten, dass sie auf ihrer Europa-Tournee die Asche von der Zigarette in der Hand des künftigen deutschen Kaisers Wilhelm II. schoss. Später kursierte der Spruch, wenn sie bloß nicht so gut schießen würde, hätte sie den Ersten Weltkrieg verhindern können ... Dafür schrieb das freche Weib angeblich nach Ausbruch des Krieges einen Brief an den Kaiser mit der Bitte um eine zweite Chance. Sie bekam keine Antwort.

Annie Oakley brachte im Lauf ihres Lebens rund 15.000 Frauen das Schießen bei. Sie glaubte fest daran, dass dies für sie nützlich sei. »Ich sähe es gern, wenn jede Frau genauso natürlich mit einem Gewehr umgehen kann wie mit einem Baby«, sagte sie einmal.

Mit seiner Show tourte Buffalo Bill bis 1906 achtmal durch Europa. Er gab exklusive Vorstellungen vor dem Prince of Wales und Queen Victoria. In einem Jahr in London spielte er 300 Vorstellungen und verkaufte zweieinhalb Millionen Eintrittskarten. In Italien konnte er zwar nicht im Colosseum auftreten, weil es in so schlechtem Zustand war, dafür aber begeisterte er Papst Leo XIII. bei einer Privatvorführung und konnte in Verona in der Arena spielen.

Bald gab es überall Wildwest Shows, und die Tradition dauert bis ins 20. Jahrhundert hinein an, teilweise sogar bis in die 1940er Jahre. Die ersten Westernfilme – vor allem die kitschigen Cowboy- und Indianer-Schinken des frühen Hollywood – waren letztlich nichts weiter als Fortsetzungen dieser Shows.

Die eigentliche Leistung Buffalo Bills bestand aber nicht in der Show. Es war vielmehr die Tatsache, dass er den Prototypen des später weltbekannten »Cowboys« kreierte.

Bill Cody war es, der das Image des eigentlich bescheidenen »Cowboys« nahm, dieses mit den typischen Versatzstücken des Revolverhelden und des Sheriffs aufpolierte und so den klassischen Westernhelden erschuf: den Retter und Beschützer der weißen Frau, dessen Wort noch etwas gilt, der stets das Gesetz verteidigt und das Wohl der Bevölkerung über sein eigenes stellt.

Der namenlose Cowboy mutierte so von der ungelernten Aushilfskraft zu allem, was am Wilden Westen edel war: Er war freiheitsliebend, aufrecht, mit einem praktischen Sinn für Recht und Ordnung ausgestattet, den Anwälte und ähnliches Pack nicht mehr haben. Er war ein Profi und wusste genau, wie man mit einem Pferd und einem Revolver umging. Er war nie gewalttätig, aber immer kampfbereit; verlässlich, hängte dies aber nie an die große Glocke. Der Cowboy verkörperte die amerikanische Neuauflage des Ritters: heldenhaft, mutig, ehrlich, und er war mit einer zusätzlichen Komponente versehen, die nur dem amerikanischen Westen zu eigen war – er gab sich bescheiden. Keine teuren Anzüge, keine langen Sätze oder schwierigen Fremdwörter, kein Betrug, keine Falschheit, keine schicke Pose.

So sahen und sehen wir Amerikaner uns gern. Das ureigene amerikanische Image war immer Show.

Es gab und gibt natürlich immer noch Cowboys, aber so ziemlich die einzige Eigenschaft, die auf sie zutrifft, ist: Einfachheit.

Sie waren in der Regel junge Gelegenheitsarbeiter, die zufällig reiten konnten (was damals mangels Alternativen fast jeder konnte, der kein Geld für eine Kutschfahrt besaß). Keiner erwartete von einem Cowboy, dass er besonders gut mit der Waffe umgehen konnte oder einen ausgeprägten Gerechtigkeitssinn besaß. Er war nicht Cowboy, weil er die Freiheit und die frische Luft so liebte, er war es, weil er einen Job brauchte und zu nichts anderem taugte.

Überhaupt, die ersten Cowboys waren gar keine Amerikaner, sondern Mexikaner, und vieles von dem, was unsere Cowboys den ganzen Tag so taten, lernten sie von ihren spanischsprachigen Kollegen.

Schon im 16. Jahrhundert siedelten die Spanier in Mexiko und brachten neben ihrem Vieh auch das »Hacienda-System« mit, bei dem man die Herden über große, nicht eingezäunte Strecken frei wandern ließ, bis man sie wieder einsammelte. Das machten die Amerikaner umgehend nach. Weil es im Westen noch so viel Land gab, konnte man große Herden auf diese Weise mit relativ wenig Mühe aufziehen, und bis etwa Ende des 19. Jahrhunderts war die Viehzucht deshalb der wichtigste Wirtschaftszweig in der Gegend. Der Profit war schwindelerregend. Ein Viehbaron konnte mit seiner Investition bis zu 100 Prozent Gewinn machen in drei Jahren. Alles hing am Vieh.

Das Problem war nur, die Viecher nach Osten zu transportieren, wo man langsam einen Geschmack für Rindfleisch entwickelt hatte. Die Eisenbahn führte nur bis nach Abilene, Kansas – das war von Austin, Texas, fast 1.000 Kilometer entfernt.

Da schlug die Stunde der Cowboys.

Cowboys sammelten die Herden ein und trieben sie bis zum nächsten, oft weit entfernten Bahnhof. Mit der Eisenbahn wurden sie anschließend meist weiter nach Chicago zu den Schlachthöfen gebracht. In der Eisenbahnstation in Abilene, Kansas, wurden in vier Jahren zwei Millionen Stück Vieh in Züge verfrachtet.

Schon zwölf Mann konnten eine Herde von 2.000 bis 3.000 Rindern treiben. Das Vieh trabte dabei nicht als fotogene lockere Herde dahin, so wie man das im Kino sieht, sondern im Gänsemarsch. Hatte man 1.000 Rinder in einer

Reihe, zog sich die schon mal bis zu drei Kilometer lang hin. Man schaffte 15 bis 25 Kilometer pro Tag und konnte, wenn man Pech hatte, bis zu 100 Tage unterwegs sein.

Oder Glück. Denn der Cowboy bekam dafür einen Dollar pro Tag. (Der Koch bekam das Doppelte, solange er ein Bohnenrezept beherrschte. Beherrschte er zwei oder mehr, bekam er indes auch nur zwei Dollar pro Tag, also blieb er meist bei dem einen Gericht.) Alle wurden an der Eisenbahn ausbezahlt. Bis 1871 wurden in Abilene bis zu 5.000 Cowboys täglich für ihre Dienste entlohnt.

Das Geld musste dann natürlich auch irgendwo hin, und zwar am besten sofort. Es dauerte also nicht lange, und Abilene wurde zu einer der schlimmsten Cowboytowns im ganzen Westen.

Es gab im Übrigen auch schwarze Cowboys. Doch, das gab es wirklich. Alten Volkszählungen lässt sich entnehmen, dass mindestens 15 Prozent aller Cowboys schwarz waren, in Texas sogar bis zu 25 Prozent (ähnliche Zahlen gelten für mexikanische Cowboys – dass man sie nicht in Kinofilmen sieht, zeigt wieder, wie sehr der Cowboy zu einer weißen Fantasie mutiert ist).

Über schwarze Cowboys wissen wir wenig, aber man kann sich gut vorstellen, dass viele von ihnen nach dem Bürgerkrieg einfach aus dem Süden raus wollten. Nat Love beispielsweise ging mit 15 Jahren in den Westen und erlernte das Handwerk der Cowboys so perfekt, dass er mit 22 auf dem harten Pflaster von Deadwood, Dakota Territory, zum umschwärmten Rodeo-Star wurde und den Spitznamen »Deadwood Dick« bekam.

Als Sklave geboren, versuchte sich Nat Love nach dem Bürgerkrieg zunächst als Farmer, jedoch ohne großen Erfolg. Also ging er in den Westen und heuerte als Cowboy an. Er bekämpfte Indianer, die ihm Vieh klauen wollten, wurde unterwegs mindestens zweimal von Indianerstämmen gefangen genommen, ja sogar adoptiert, bevor er wieder entkam (es gibt Fotos von ihm – der Mann war wirklich sehr gut aussehend, muss man wissen), und schrieb zum Ende seines Lebens hin zwei Autobiographien. Darin findet sich der unsterbliche Satz, der in verschiedensten Variationen seitdem von jedem Actionhelden von Tom Mix bis Bruce Willis nachgesprochen wurde: »If a man can't go out in a blaze of glory, he can at least go with dignity.« (»Wenn einem schon kein glorreicher Abgang beschieden ist, so kann man doch zumindest in Würde gehen.«)

Bass Reeves war niemals Cowboy, doch er suchte ebenfalls ein neues Leben im Westen. Als er als Sklave mit seinem Herrn nach Texas reiste, floh er, kam bei Indianern unter und lebte lange genug unter den Seminole und Creek, um ihre Sprachen und ihre Kultur kennenzulernen. Das und die Tatsache, dass er sehr gut mit der Pistole umgehen konnte, waren wohl die Gründe, warum er schließlich gebeten wurde, 32 Jahre lang als Deputy U. S. Marshall in Oklahomas rechtsfreiem »Indian Territory« zu arbeiten.

Er war nicht der Schnellste mit der Pistole, aber er konnte zielen, und darauf kam es an. In 14 Schießereien zog der andere schneller, traf aber nicht; Reeves zog als Zweiter, traf aber sämtliche 14 Mal. Man sagt, er verhaftete über 3.000 Kriminelle, einschließlich des eigenen Sohnes. Von den vielen Gesuchten, die er in über 30 Jahren verfolgte, entkam nur ein Einziger.

Zeitweilig gab es im Westen ganze Städte, die bewusst von Schwarzen gegründet und ausschließlich von ihnen bewohnt waren. Nicodemus, Kansas; Dearfield, Colorado; Langston City und Boley, Oklahoma; sowie Allensworth, California, waren zur Zeit des Wilden Westens schwarz. Zu seinen Glanzzeiten besaß Nicodemus zwei Zeitungen, drei Läden und drei Kirchen, sowie mehrere Hotels, eine Eisdiele, eine Bank und eine Bevölkerung von 700 Einwohnern.

Der Westen scheint insgesamt gut als Sammelbecken für Menschen funktioniert zu haben, die sonst nirgends so richtig hinpassten. Charley Parkhurst zum Beispiel. Über Parkhursts romantisches Leben wissen wir wenig, weil er keins zu haben schien. Wohl aber schien er etwas zu verbergen, und es ist denkbar, dass er deshalb in den Wilden Westen zog.

Er war klein, zäh, drahtig und schweigsam. Er trug keinen Bart, dafür aber eine Augenklappe, denn er hatte ein Auge verloren, als ihn ein Pferdehuf traf. Als Kind war er aus dem Waisenhaus davongelaufen, fand schließlich Arbeit als Stalljunge in Massachusetts, und als Freunde von ihm nach Kalifornien gingen, um dort einen Transportservice aufzubauen, ging Charley mit. Der Goldrausch hatte begonnen, und man würde Kutscher brauchen.

Schnell wurde er zu einem der härtesten und berüchtigtsten Wagenlenker des Westens überhaupt – härter als Montereys Walfischfänger, hieß es bewundernd. Er fluchte gern, trank ordentlich und spuckte Kautabak, wo er ging und stand. Er war so gut mit der Pistole wie mit der Peitsche und scheute vor keiner Schlägerei zurück.

Kutscher mussten damals auf alles Mögliche schnell reagieren können – auf schlechtes Wetter, auf Hindernisse aller Art wie umgestürzte Bäume, auf Hochwasser, durchgehende Pferde, Überfälle, besoffene Kunden oder wilde Tiere. Charley hatte den Ruf, nicht nur tough zu sein, sondern zuverlässig und stets pünktlich. Man nannte ihn bewundernd »Mountain Charley«, »Six-Horse Charley« und »One-Eyed Charley«.

Das erste Mal, als er überfallen wurde, traf es ihn unvorbereitet, und er händigte dem Räuber den Tresor mit den Wertsachen aus. Dann ging er schießen üben. Das zweite Mal war alles anders – sobald er den Räuber sah, zog er seine 44er und schoss den Ganoven über den Haufen. Berichte über den Überfall machten die Runde und begründeten seinen Ruhm.

Und es gibt noch viele weitere Geschichten: Wie er seine Kutsche im Sturm über eine kaputte Brücke lenkte, die hinter ihm zusammenbrach, und wie er es trotzdem auf die andere Seite schaffte; ein anderes Mal, als er in einer rasanten Kurve von seinem Kutschbock fiel, hielt er sich an den Zügeln fest und ließ sich so lange neben der Kutsche her schleifen, bis er es schaffte, die Pferde zum Halten zu bringen. Die dankbaren Passagiere gaben ihm ein sehr großzügiges Trinkgeld – 20 Dollar!

Er arbeitete auch als Holzfäller, Viehtreiber und Hühnerzüchter, bevor er in Rente ging und dann mit 67 an Krebs starb. Erst als man seinen Leichnam aus dem Bett hob und in den Sarg legte, merkte man, dass Charley eine Frau war …

Auch die oben erwähnten Revolverhelden gab es wirklich – allerdings ganz und gar nicht so wie im Kino.

Schätzungsweise 20.000 Weiße starben zwischen 1866 und 1900 im Wilden Westen durch den Einsatz von Feuerwaffen. Im Film läuft das typische Duell zumeist so ab: Die beiden Helden treffen sich auf der Straße, gucken sich tief in die Augen, geben ein paar markige Worte von sich und ziehen. Der Schnellere gewinnt.

Das tatsächliche Duell im Wilden Westen war eher von der Sorte wie dieses in Trinidad, Colorado: Der Saloon-Angestellte John Allen und der berüchtigte Profispieler (und Revolverheld) »Cockeyed Frank« Loving hatten sich in die Wolle bekommen und wollten schon aufeinander losgehen, aber Freunde konnten sie da gerade noch zurückhalten. Doch nicht für lange. Am 16. April 1880 schoss Allen einfach los, als Loving den Imperial Saloon betrat. Die Gäste warfen sich zu Boden oder rannten schreiend aus der Tür. Und sie handelten instinktiv richtig: Denn keine der Kugeln, die abgefeuert wurden, kam dort an, wo sie sollte.

Allein die Zielscheibe Loving war nicht aus der Ruhe zu bringen: Mit Nerven aus Stahl versteckte er sich hinter einem anderen Gast. Er zog, aber sein Revolver wurde ihm aus der Hand geschlagen. Allen feuerte noch drei weitere Kugeln mehr oder weniger in seine Richtung, während Loving immer noch seine Pistole suchte und gleichzeitig damit kämpfte, sein menschliches Schutzschild unter Kontrolle zu bringen.

Nach seiner Attacke floh Allen. Loving jagte hinterher, wurde aber vom Deputy Marshall gestellt und entwaffnet. Als der Hüter des Gesetzes dann auf die Suche nach dem Angreifer ging, besorgte sich Loving zwei neue Pistolen und ging erneut auf Jagd. Der Deputy Marshall entwaffnete ihn abermals und setzte seine Suche nach dem Schützen fort.

Allen hatte sich die ganze Zeit über in einem Eisenwarenladen versteckt. Ob das Zufall war oder Absicht, weiß kein Mensch, aber es war eine gute Wahl, denn Loving benötigte nun ja schon wieder neue Pistolen und auch Munition. In dem Moment, als er zu diesem Zweck den Eisenwarenladen betrat, schoss Allen erneut los. Diesmal traf er seinen Feind – in den Rücken. Nicht nur der Eisenwarenhändler war froh, dass es vorbei war …

Übrigens gewann in der Regel nicht der Schnellere beim typischen Westernduell. Der Schnellere zielt nämlich oft schlecht. Die Fähigkeit, einen Vogel in der Luft zu treffen, war unter Revolverhelden auch gar nicht gefragt. Gefragt war eher die Bereitschaft, ja Gabe, auf andere Menschen zu schießen – womöglich während der andere zurückschoss, was bei den meisten Menschen eher den Reflex auslöst, sich auf den Boden zu werfen oder schreiend davonzulaufen. Ein Möchtegern-Revolverheld hat einmal vor Wild Bill Hickok geprahlt, er könne eine Krähe in der Luft erlegen. Hickok soll geantwortet haben: »Hatte die Krähe eine Pistole bei sich? Schoss sie zurück? Das werde ich nämlich tun.« Hickok war übrigens am ersten dokumentierten Duell im Westen beteiligt, bei dem sich die beiden Männer auf der Straße tatsächlich direkt gegenüberstanden. Allerdings nicht frontal wie im Kino, sondern im Profil, und die Pistole erhoben sie seitwärts; sie duellierten sich also im europäischen Stil.

Es gibt einen Grund für den merkwürdigen Umstand, dass die meisten bekannten Duelle nicht zwischen berühmten Revolverhelden stattfanden, sondern zwischen einem

Berühmten und einem Unbekannten. Revolverhelden neigten nämlich dazu, einander diskret aus dem Weg zu gehen. Die meisten Gunfighters, darunter auch Billy the Kid und Wild Bill Hickok, starben denn auch durch eine Attacke aus dem Hinterhalt.

Die wichtigste Waffe eines Revolverhelden war Mundpropaganda. Wild Bill Hickok wurde nur aufgrund eines einzigen Revolverduells berühmt. Sein Geheimnis: Ein paar Wochen später wurde er für *Harper's New Monthly Magazine* interviewt, und in dem Artikel war er plötzlich der Killer von Hunderten von Männern. Es ist unklar, ob der Journalist übertrieb oder Hickok selbst. Nicht nur in seinem Fall glauben Historiker, dass die meisten überlieferten »Heldentaten« äußerst zweifelhafter Natur sind. Sundance Kid zum Beispiel war niemals auch nur in ein einziges Revolverduell verwickelt – die Reputation des bekanntesten Mitglieds von Butch Cassidys »Wild Bunch« beruhte höchstwahrscheinlich auf einer Namensverwechslung.

Konnte sich ein Revolverheld erfolgreich einen völlig überzogenen Ruf zulegen, hatten seine potentiellen Feinde wie auch seine Gegenüber beim Kartenspiel Angst vor ihm, und dieses Image verhalf ihm dazu, gute Aufträge als Leibwächter, Schutzgelderpresser, Attentäter, Räuber oder auch Sheriff an Land zu ziehen.

Revolverhelden als Sheriff? Aber klar!

Das Eintreten für Recht und Ordnung war ein gängiger Nebenjob für gedungene Mörder. Tom Horn, der im Auftrag der Pinkerton-Detektei mindestens drei Männer erschoss, arbeitete auch als Deputy Sheriff. Ben Thompson, berühmter Revolverheld und Profispieler, war zeitweilig Polizeichef von Austin, Texas. Auch Doc Holliday und Billy the Kid haben sporadisch Sheriffsterne getragen.

Oft ging es darum, dass eine Stadt eine zu hohe Verbrechensrate hatte und man einen echten Kerl anheuern musste, um die Kriminellen zu vertreiben. Nachdem der Revolverheld dies erledigt hatte, baten die Bewohner ihn höflich, wieder zu gehen. Manchmal gingen unsere Helden aber einfach nicht.

Als der Stadtrat von El Paso 1882 seinen Stadtmarshall Dallas Stoudenmire rausschmeißen wollte, marschierte der empfindliche Herr Stoudenmire schnurstracks ins Rathaus und forderte die Stadträte auf, ihm entweder seine Waffen oder seinen Job wegzunehmen. Der Stadtrat ließ seine ursprüngliche Idee daraufhin fallen. Auch die Entlassung von Sheriff Commodore Perry Owens in Holbrook, Arizona, gestaltete sich nicht problemlos. Als er merkte, dass sein Gehaltsscheck nicht zum gewohnten Tage eintraf, besuchte er den Gemeinderat persönlich und forderte mit gezogener Waffe seinen Lohn in bar ein, den er auch anstandslos bekam, wahrscheinlich in kleinen, nicht durchnummerierten Scheinen.

Das blankpolierte Image des Wilden Westens – der aufrechte Cowboy, der gerechte Sheriff und der Gunfighter, der nie danebenschießt – verführt uns Amerikaner manchmal dazu zu glauben, dass wir wirklich so sind oder so sein sollten. Ein schöner Traum …

Hinter dieser Idealvorstellung steckt indes noch ein anderer Westerner, der wiederum real ist und der den Amerikaner mehr prägt, als er sich selbst bewusst ist: der Pionier.

Ihn hat es wirklich gegeben, und seine Traditionen führen wir heute noch fort, auch wenn wir das gar nicht mehr wissen. Der Pionier ist der wahre Held des Westens und der echte Urahne des Amerikaners.

Die meisten Menschen, die in den Westen gezogen sind, waren nämlich keine Viehbarone und Revolverhelden, keine Prostituierten oder Indianerjäger. Sie hatten mit der romantisierten Vorstellung des Westens wenig am Hut. Es waren kleine Leute, deren größte Heldentat es war, den Mut aufzubringen, in den Westen zu ziehen und dort zu überleben. Zwischen 1843 und 1869 marschierten, ritten und fuhren mindesten 500.000 Menschen gen Westen. Es waren ganz normale Menschen mit einer besonderen Eigenschaft: Sie waren zäh. Sie hatten keine Hilfe zu erwarten, kein soziales Netz und keinen Plan B. Oft besaßen sie nicht einmal einen Plan A. Sie waren nur bereit, eine Menge zu ertragen, und genau das taten sie dann auch. Sie kamen in Gruppen, meist in Begleitung eines professionellen Führers, über die vier großen »Trails«, später dann per Eisenbahn. Ein Zehntel von ihnen erreichte ihr Ziel nicht. Sie starben unterwegs an Krankheiten, Hunger, Durst, durch Unfälle, Unwetter und Überfälle.

Die größte Angst verbreiteten die Indianer – obwohl, rein statistisch gesehen, viel mehr Menschen an Krankheiten und Unfällen starben.

Im Kino sieht man immer wieder, wie die Indianer eine Wagenburg der Siedler angreifen. In Wahrheit war das selten: Nicht, weil sie nie angriffen, sondern weil sie gegen eine Wagenburg nicht viel ausrichten konnten. Indianer-Angriffe kamen nicht so oft vor, wie man sich das heute vorstellt, aber sie kamen vor. Meist fing es mit dem Versuch an, den Pionieren ihre Pferde zu klauen, manchmal stellte dies auch nur eine Mutprobe dar. Sollte sie schiefgehen, kam es zur Konfrontation.

Die meisten Familien aus dem Westen können sich heute noch an die Begegnung irgendeines Vorfahren mit Indianern erinnern. In meiner Familie beispielsweise traf es den entfernten Verwandten John Pekin Duncan. Er hatte sich gemeinsam mit anderen Siedlern im Jahr 1774, noch vor dem Unabhängigkeitskrieg, in Moore's Fort in Virginia verschanzt – in dem übrigens gerade der berühmte Daniel Boone das Kommando führte. An einem Abend im September verließ Duncan die Festung, um mit zwei anderen Männern im Wald nach den Fallen zu schauen, in denen hoffentlich ein paar leckere Wandertauben stecken würden. In der Nähe lauerten – schon seit Tagen – Krieger des berüchtigten Cayuga-Indianers Chief Logan. Als diese angriffen, konnten die anderen beiden entkommen, Duncan aber musste dran glauben. Am nächsten Morgen fand man seinen Leichnam, seinen Skalp jedoch hatten sie mitgenommen. Immerhin hat ihm dies eine bescheidene Art von Ruhm beschert: Nur dank der zweifelhaften Leistung, skalpiert worden zu sein, kennen überhaupt noch ein paar Mitglieder meiner Familie über 200 Jahre später seinen Namen.

Die Mormonen, meine frühere Glaubensgemeinschaft, sind ein gutes Beispiel dafür, wie so ein Treck in den Westen funktionierte. 1846, als ihr Gründer Joseph Smith von einem aufgebrachten Mob erschossen wurde, waren sie noch eine relativ kleine Sekte im Bundesstaat Illinois. Sein Nachfolger Brigham Young sagte sich: »Nichts wie weg hier«, ordnete an, in den Westen zu ziehen, auf der Suche nach einem Landstrich, wo noch echte religiöse Freiheit herrschte – und wiederholte damit die Gründungsgeschichte der USA.

Young plante alles bis ins Detail. Er machte sich schlau. Er sammelte tragbare Boote, Landkarten, wissenschaftliche Instrumente, Farmerausrüstung, Saatgut und Informationen über Ackerbau und künstliche Bewässerung. Er suchte sich eine neue Route aus, damit sie unterwegs auf möglichst wenige andere Pioniere stoßen würden. Als Ziel wählte er eine Region aus, die noch außerhalb der USA lag und wo sich kein vernünftiger Mensch in absehbarer Zeit niederlassen würde: den großen Salzsee in Utah, wo das Wasser so viel Salz enthielt, dass weder Mensch noch Tier noch Pflanze davon trinken konnte. Ja, dort würden die Mormonen wohl ein paar Jahre lang unbehelligt bleiben.

Die 2.000-Kilometer-Route führte von Nauvoo, Illinois, quer über die Rocky Mountains (später wurde die Eisenbahn dann entlang dieser Stecke gebaut). Insgesamt über 70.000 Menschen machten sich über mehrere Jahre hinweg auf diesen Weg. Morgens um fünf wurde man durch ein Signal geweckt, um 7:00 Uhr brach der Treck auf und erst um 20:30 Uhr stoppte er wieder; sechs Tage die Woche ging das so. Zwischen 20 und 30 Kilometer schafften die Pioniere täglich. Unterwegs jagten sie. An den Flüssen bauten sie Fähren für die nachfolgenden Gruppen (großzügigerweise auch für Nicht-Mormonen, wobei diese dann doch 1,50 Dollar pro Wagen zahlen mussten).

Es wurden Listen von Dingen verteilt, die man mitbringen sollte: Zwei bis drei Ochsen, zwei Milchkühe, Waffen und Munition, Seile, Gerätschaften zum Angeln, Kochen und für den Ackerbau, mindestens 500 Kilo Mehl. Unterwegs wurden die Ochsen, die alles schleppen mussten, immer langsamer, und man warf Ballast ab: Bücher, gutes Porzellan, Möbel. Eine Familie verbuddelte ihr Klavier östlich der Rockies und holte es im nächsten Frühling wieder ab.

Die meisten fuhren in von Ochsen gezogenen Planwagen. Doch viele in den letzten Gruppen – einschließlich 3.000 frischgebackener Mormonen aus England, Wales, Schottland und Skandinavien, wo die Mormonen schon damals missionarisch tätig waren – hatten überhaupt kein Geld mehr. Sie kamen nicht in Planwagen, sondern mit Handkarren. Das reduzierte die Reisekosten um ein Drittel. Brigham Young selbst hatte sie entworfen: große zweirädrige Handkarren, die man zu mehreren schieben oder ziehen konnte. Je fünf Menschen bekamen eine davon. Sie gingen nebenher, wechselten sich mit dem Ziehen ab und schliefen in Zelten. Einer berichtete: »Die Leute machten sich über uns lustig, wenn wir unsere Handkarren hinter uns herzogen, aber das Wetter war gut und die Wege ausgezeichnet, und obwohl wir nachts erschöpft waren, dachten wir trotzdem: Das ist eine herrliche Art, nach Zion zu ziehen.«

Wenn sie ankamen, hatten die Mormonen ihre Gemeinde, auf die sie sich verlassen konnten: Eine durch und durch strukturierte Organisation mit starken sozialen Komponenten. In Notzeiten war die Kirche verpflichtet, dem Einzelnen unter die Arme zu greifen.

Das galt aber nur für die Mormonen. Die anderen Pioniere, die ankamen, hatten niemanden. Für sie gab es kein

»Gesundheitswesen«, keine »Arbeitslosenunterstützung«, keine »Subventionen«, kein soziales Netz. Außer dem einen: der Familie.

Im Nordosten und im Süden hat die Familie einen altergebrachten Stellenwert, mehr aber auch nicht: Die großen Sippen mit ihrer langen Geschichte ähneln elitären Clubs, durch die man vor allem Vorteile hat: Beziehungen, Geld, die richtige Uni. Die Familie, ja oftmals Dynastie, ist ein soziales Sprungbrett.

Im Westen jedoch ist die Familie nichts weniger als eine Religion.

Wenn amerikanischen Popkünstlern eine Botschaft besonders am Herzen liegt, dann ist es eine wie »The family of man« oder »We are the world, we are the children«. Die amerikanische Popgeschichte ist geprägt von Familiencombos, von den Andrew Sisters, den Jackson 5 und den Carpenters bis hin zu dem ehemals verheirateten Duo The White Stripes, bestehend aus Jack und Meg White, die sich lange Zeit als Geschwister ausgaben.

Man sagt, Europäer machten Filme über Singles, die Amerikaner aber Filme über Familien, und es stimmt: Auch in Movies und TV-Serien, die oberflächlich betrachtet nichts mit dem Thema zu tun haben, kann man überall »Familien« im weitesten Sinne finden. In *Friends*, der Sitcom über eine New Yorker WG, sahen wir Woche für Woche nicht, wie die sechs Mitbewohner ihre Karriere und ihr Liebesleben voranbrachten, sondern wie sie daran arbeiteten, ihre Beziehungen und die Harmonie untereinander zu verbessern. Obwohl sie einander eigentlich fremd waren und nicht mehr als ... na ja, Mitbewohner. Von *Golden Girls* über *How I Met Your Mother* bis hin zu *Two and a Half Men* gibt es kaum eine Sitcom, die nicht versteckt oder offen von der Familie handelt. Selbst die sozialen Strukturen in *Matrix* stehen in gewissem Sinne für eine aufregende Ersatz-Familie. Und man kann sogar argumentieren, dass der andere amerikanische Held, der »Lone Wolf« – der Einzelgänger, der es mit der ganzen Gesellschaft aufnehmen muss, wie das in vielen Clint Eastwood-Filmen der Fall ist –, uns gerade deswegen so interessiert, weil hier die Familie fehlt.

Die Achtung vor der Familie ist jedoch nicht nur im Westen und nicht erst seit dem 19. Jahrhundert hoch. Schon Alexis de Tocqueville schrieb: »Es gibt sicher kein Land auf der Welt, wo die Ehebindung höher respektiert oder wo Glück in der Ehe höher geschätzt wird.« Das gilt noch heute: In Amerika wird deutlich mehr und früher geheiratet als in allen europäischen Staaten.

Wenn eine erzkonservative politische Lobbygruppe oder ein erzkonservativer Prediger Zuhörer, Applaus und Geld wollen, fügen sie einfach überall die Schlagwörter »family« oder gar »family values« – »Familienwerte« – ein, und der Rubel rollt.

Das »Family Research Council« zum Beispiel zählt heute zu den wichtigsten Lobbygruppen in Washington und war unter George W. Bush noch einflussreicher. Gegründet wurde es von James Dobson, einem stark konservativen »Southern Baptist« Prediger aus Louisiana. Alles, was die Familie bedroht, ist diesem Mann ein Dorn im Auge: die Homo-Ehe, Abtreibungen, Scheidungen, Embryonen-Stammzellen-Forschung, Pornos, Kondome und Sexualkunde auf der High School. Aber er wettert auch, ohne mit der Wimper zu zucken, gegen die »Lüge« Klimawandel, gegen Schwule in der Armee, die Gesundheitsreform und hohe Benzinpreise. Wenn Obama gewählt würde, so warnte er, verlöre Amerika die Tradition der Familie ganz aus den Augen, und dann nähme man unter anderem auch die Gefahr in Kauf, dass Tel Aviv Opfer eines nuklearen Angriffes werde, Russland Osteuropa zurückerobere, Amerikaner über 80 keine Gesundheitsvorsorge mehr bekämen und die Wirtschaft einbreche.

Für europäische Ohren hört sich das vielleicht wie an den Haaren herbeigezogen an, wir Amerikaner jedoch hören nur »family values« und sind ganz Ohr. Ohne Dobsons

Einfluss wäre George Bush womöglich nie Präsident geworden.

Die vermutlich amerikanischste aller Kirchen ist ganz und gar auf der Idee der Familie aufgebaut. Das große Versprechen der Mormonen lautet nämlich: Wer in einem Mormonen-Tempel heiratet, geht einen besonderen Bund mit Gott ein, der beinhaltet, dass seine Familie ewig ist. Auch nach dem Tod wird man als Familieneinheit – Mann und Frau, Kinder, Enkel – zusammen sein. Das ist die mormonische Vorstellung vom Himmel, und es ist wahrscheinlich der wichtigste Grund, warum diese Kirche zu den am schnellsten wachsenden gehört.

Die Idee der ewigen Familie geht so weit, dass selbst die Person Gottes und die Ewigkeit nach diesen Maßstäben definiert werden. Die Mormonen halten Jesus Christus buchstäblich für den »Sohn Gottes« und uns Menschenkinder für die »Kinder Gottes«, wie es auch in der Bibel steht. Folglich sind wir Jesu Geschwister.

Und wenn wir die Kinder Gottes sind, können wir, wenn wir erwachsen sind, denn auch so werden wie unser Vater? Auf Erden geht das doch – wir wachsen ja heran. Funktioniert das also auch im Himmel?

Die Kirche argumentiert da völlig logisch und sagt: Ja. Im Himmel, wenn wir die Prüfung des Erdenlebens gut bestanden haben, werden wir weitere Kinder bekommen können und für diese Kinder ein Erdenleben erschaffen, genau wie Gott das für uns getan hat.

Und hatte denn Gott selbst auch einen Vater?

Die Antwort lautet: Ja. Und einen Großvater auch, und der hatte auch einen Vater, und immer so weiter. Und er hat übrigens auch eine Ehefrau. Wenn die Mormonen sagen, die Menschheit sei eine große Familie, dann meinen sie das auch! Diese Vorstellung vom Himmel konnte nur von einem Amerikaner erfunden werden: eine ewige Groß-Familie, in der die ganze Menschheit vereint ist und sich in alle Richtungen endlos vermehrt. Wenn Sie glauben, hier auf Erden seien Familienfeste die reinste Hölle, dann warten Sie, bis Sie in den Mormonen-Himmel kommen ...

Die sprichwörtliche amerikanische Prüderie wird gern auf unsere Gottgläubigkeit zurückgeführt. Stimmt nicht: Sie gründet in der Religion der Familie. Sex wird oft schlicht als eine Bedrohung der Familie empfunden. Wenn Kids Zugang zu Pornographie haben oder auch nur im Fernsehen zufällig eine nackte Brust sehen, geht es nicht um die Bilder selbst. Es geht um die Entweihung des Sex. Wenn Kinder lernen, dass es ein ganz normales körperliches Bedürfnis ist, wie Hunger – dann sind vor- und außerehelicher Sex am Ende plötzlich in Ordnung. Und wenn der Mann problemlos vor der Ehe an Sex kommt – welche Motivation hat er da noch zu heiraten? Die Angst vor Sex bzw. vor Promiskuität und einer gelockerten Sexualmoral ist die Angst vor dem Zerfall der Familie. Und das ist in Amerika eine tatsächlich existentielle Angst.

Das ist auch der Grund für den so genannten »Abtreibungs-Widerspruch«. Eine Abtreibung ist für viele Amerikaner das Schlimmste, was man machen kann: Kindesmord. Gleichzeitig hat aber fast niemand ein Problem mit der Todesstrafe. Abtreibung ist Mord, die Todesstrafe aber nicht. Klingt absurd, aber betrachten Sie es mal durch die Familienbrille, dann zeigt sich die Logik dahinter: Eine Abtreibung zerstört die entstehende Familie, und Gesetze, die Abtreibung zulassen, verringern folglich den Wert der Familie. Bei der Todesstrafe ist es umgekehrt. In Amerika wird nur Mord unter Todesstrafe gestellt, und Mörder, wie jeder weiß, zerstören Familien. Gesetze, die Mörder in Schutz nehmen, verringern also ebenso den Wert der Familie.

Das erklärt vielleicht auch, warum so viele Amerikaner Angst vor der Homo-Ehe und der Homosexualität insgesamt haben. Eigentlich ist die Idee, Homosexuellen weniger Rechte einzuräumen als anderen, eine äußerst unamerikanische Einstellung: In den USA soll ja jeder sein Glück finden können, wie er es für richtig hält.

Die meisten Menschen, die sich gegen die Homo-Ehe aussprechen, haben auch gar nichts gegen irgendeine andere gleichgeschlechtliche Bindung. Manche amerikanischen Bundesstaaten lassen beispielsweise eine »civil union« zu – eine »eingetragene Partnerschaft« wie in Deutschland –, und dagegen gibt es wenig Widerspruch. Eine »civil union« ist leichter politisch durchzusetzen, aber der schwulen Gemeinde in den USA ist das nicht genug. Sie will das Wort »Ehe« festgeschrieben haben, um sich gleichberechtigt zu fühlen.

Eben diese Forderung – dasselbe Wort benutzen zu dürfen – macht vielen konservativen Amerikanern Angst. Es ist nicht nur ein Wort, es ist ein Symbol für sie: Sie sehen seit vielen Jahren, wie die Ehe immer unwichtiger wird, wie die Scheidungsrate steigt, und irgendwann wird die Familie gar keine Bedeutung mehr haben. Das ist die grundlegende, manchmal unbewusste Angst der Amerikaner, denn die Familie ist bei uns das Einzige, worauf wir uns wirklich verlassen können! Umso bemerkenswerter, dass Obama sich im Wahlkampf 2012 unmissverständlich für die Homo-Ehe ausgesprochen hat.

Wenn ich das Wort »pioneer« höre, kommt mir übrigens nie ein Bild von einem Mann in den Kopf, sondern von einer Frau.

Während deutsche Urgroßmütter Benimmregeln, Theaterstücke und das Frauenwahlrecht diskutierten, haben amerikanische Urgroßmütter eine Farm geschmissen, wilde Tiere verjagt, 13 Bälger aufgezogen und am Abend ihrem müden Mann eine Suppe aus Hühnerknochen und Brotresten gekocht. Sie haben nicht nur die Überfahrt aus Europa im Zwischendeck, sondern auch den Alltag im Wilden Westen überlebt.

Starke Frauen prägen die ganze amerikanische Geschichte, im Westen noch mehr als anderswo. Dort waren unverheiratete Frauen nicht bloß Huren und Schullehrerinnen, wie das Western meist nahelegen (wenn das auch zwei gute und respektable Möglichkeiten waren, seinen Unterhalt zu verdienen, wobei Hure natürlich etwas respektabler als Lehrerin war). Sie verdingten sich auch als Cowgirls. Oft waren Cowgirls die Ehefrauen und Töchter von Ranchern – wer auf einer Ranch aufwuchs, musste auf der Ranch arbeiten. Vermutlich gab es viel mehr, als wir heute wissen.

Elizabeth Williams war Schullehrerin und gründete bald ihre eigene Lehranstalt in Austin, Texas. Doch das reichte ihr nicht. Abends schrieb sie unter falschem Namen Artikel und Kurzgeschichten für die örtliche Zeitung. Aber auch das war noch nicht das wahre Leben.

Nebenher machte sie auch die Buchhaltung für die großen Viehzüchter und merkte irgendwann, wie viel Geld man mit Vieh machten konnte. Anscheinend versäumte man, ihr zu sagen, dass Vieh Männersache war. Sie sparte also ihr Geld zusammen und investierte in eine Viehhandelsgesellschaft. Nach drei Jahren hatte sie genug Profit gemacht, um selbst Rinder zu kaufen, ließ ein eigenes Brandzeichen registrieren und kaufte ein paar Hektar Weidefläche für 3.000 Dollar. Man befand sich mitten im Bürgerkrieg, da waren sehr viele Tiere herrenlos. Also investierte sie weiteres Geld, um Cowboys anzuheuern, die im Busch nach herrenlosem Vieh suchten.

Ihre Herde wuchs. Bald nannte man sie die »Texas Cattle Queen«, und sie soll die allererste Frau gewesen sein, die ihr Vieh selbst zu Markte trieb. Als sie heiratete, bestand sie darauf, dass ihr Mann einen Ehevertrag unterschrieb, damit ihr Land weiterhin ihr gehörte, obwohl er selbst auch Land in die Ehe brachte. Bald waren sie zusammen reich und mächtig, und sie war auch nicht traurig, als einige Pläne der beiden danebengingen – zum Beispiel der, eine eigene Kolonie aufzubauen.

Das Einzige, was sie nicht ertrug, war sein Tod. Sie war kein herzloses Ungeheuer, das nur an Geld dachte. Im Gegenteil – das Schönste an ihrer Geschichte sind die Eskapaden, die sie ihrem geliebten Gatten ständig durchgehen ließ. Während ihrer Ehe traf er immer wieder unglückliche Geschäftsentscheidungen, und sie zahlte dann seine Gläubiger aus – doch sobald er wieder Geld verdiente, bestand sie darauf, dass er ihr alles ordnungsgemäß zurückzahlte. Als er 1914 starb, kaufte sie ihm angeblich einen 600-Dollar-Luxussarg, und als sie die Rechnung unterzeichnete, schrieb sie quer darüber: »So sehr hab ich den alten Bussard geliebt.«

Bald darauf wurde sie wunderlich, gab sich als arm aus und lebte von Suppe und Kräckern. Als sie zehn Jahre später starb, war man überrascht zu erfahren, wie viel Geld sie hatte – eine Viertel Million.

Die offiziellen Denkmäler für die »pioneer woman« in vielen Städten des Westens zeigen typischerweise eine Frau in langem, züchtigem Kleid mit Kind an der Hand, die mit hoch erhobenem Kopf in die Weite schaut. Aber immer, wenn ich sie wieder einmal in natura sehe, bin ich überrascht, dass doch etwas fehlt: In meinem Kopf steht sie zwar ebenso da, mit Kind und in die Ferne schweifendem Blick, aber hinzu kommt, dass sie eine Schrotflinte umklammert.

Noch heute wachsen die Töchter im Westen anders auf.

Sandra Day O'Connor, die Richterin aus El Paso, Texas, die in den 1980ern zum ersten weiblichen Mitglied des Obersten Gerichtshofes bestimmt wurde, war als junges Mädchen ebenfalls Cowgirl. Sie bezeichnete ihre Erfahrungen auf dem »round-up«, dem jährlichen Zusammentrieb des Viehs, als ihre erste Lektion, wie man sich in einer Männerwelt durchsetzt.

Wann immer wir einer Frau begegnen, die mehr Willen besitzt als Eitelkeit und hart im Nehmen ist, sagen wir bewundernd: Sie ist »pionier stock«, sie stammt von Pionieren ab. Stimmt, sie ist bestimmt keine »trophy wife«, keine »Trophäe« – aber wir wissen, heiraten wir sie, sind wir in guten Händen.

Europäer finden es sonderbar, dass prominente (republikanische) Politikerinnen wie die Beinahe-Präsidentschafts-kandidatinnen Michelle Bachmann und Sarah Palin sich überhaupt nicht um die Rechte der Frauen scheren. Das macht sie aber nicht unbedingt zu Heuchlerinnen: Alle haben sie ja auch Kinder und Familie, sie machen halt nur obendrein auch Karriere in einer Männerwelt. Es ist kein Zufall, dass diese Frauen aus dem Westen kommen.

Als die Amerikanerinnen in den 1970ern und 1980ern gegen die Frauendiskriminierung kämpften, waren sie sehr nahe daran, einen Zusatzartikel in die Verfassung schreiben zu lassen, der gleiche Rechte für Frauen garantieren würde. Sie schafften es nicht: Der Zusatzartikel wurde abgeschmettert. Nicht, weil die Männer es nicht wollten, sondern weil die Frauen es nicht wollten. Es war etwas Paradoxes passiert: Frauen hatten dagegen protestiert. Es handelte sich vor allem um Frauen aus dem Westen wie etwa die Anwältin Phyllis Schafly, die berufstätig, politisch aktiv und längst emanzipiert war. Sie gaben verschiedene Gründe für ihre ablehnende Haltung an, einschließlich der Bewahrung traditioneller Werte, aber ich hatte immer das Gefühl, dass sie im Grunde beleidigt waren: Eine Frau aus dem Westen kann gut auf sich selbst aufpassen, lässt sich von niemandem sagen, was sie zu tun oder zu lassen hat, weiß, was sie will – und kriegt es auch –, und muss doch nicht von irgendwelchen unzufriedenen, überkandidelten, pseudo-intellektuellen Tussen aus dem Nordosten vor sich selbst gerettet werden!

20

Wir wollen den Wilden Westen wiederhaben

*I*ch erinnere mich noch gut an diesen Blick, den mir mein Bruder zugeworfen hat, als ich bei ihm in Portland, Oregon, zu Besuch war und er so nebenbei fragte, wie die Deutschen denn Amerika sähen. Ich schwärmte ihm vor, wie fasziniert sie von unserem Land seien, von der Landschaft, den netten Menschen, von diesem Gefühl von Abenteuer, nach dem sie sich sehnten – es würde ihnen hier eigentlich nur eines fehlen: ein soziales Netz.

Er schnaubte verächtlich.

Stimmt, wir sind unsozial.

Es ist nicht unser edelster Charakterzug, aber die meisten Amerikaner hegen eine heimliche Verachtung für Menschen, die im sozialen Netz hängen bleiben. 2001 wollte der Sender National Public Radio von seinen Hörern wissen, woher Armut komme. Egal aus welcher Ecke des Landes die Zuhörer stammten, die meisten antworteten, dass arme Menschen keine innere Motivation hätten, dass ihnen der Ehrgeiz fehle und dass sie nicht hart genug arbeiteten.

Wer arm ist, hat sich erstens in unseren Augen einfach nicht genug abgestrampelt – und zweitens wird er übermorgen möglicherweise gar nicht mehr arm sein.

Das klingt für Deutsche herzlos und völlig aus der Luft gegriffen, und nicht ohne Grund: Wer nämlich in Deutschland erst mal arbeitslos ist, wird es lange bleiben. Monate oder gar Jahre länger als bei uns. In den USA dagegen mangelt es zwar an so angenehmen Errungenschaften wie gesetzlichem Kündigungsschutz, dafür aber werden Arbeitslose, auch ältere, nicht so rasch aufs Abstellgleis geschoben wie hierzulande und schneller wieder eingestellt.

Die Vorfahren der Typen im Westen, die heute Mais in Iowa pflanzen, Rinder in Nebraska züchten und sich in South Dakota gegen Tornados wappnen, waren Pioniere. Man kann sich schon vorstellen, wieso sie so knallharte Anhänger des Sozialdarwinismus sind. Selbst die Loser unter ihnen sind das Endprodukt einer langen, harten Auslese.

Sie sind vor allem auf eines stolz: ihre Eigenständigkeit. Obwohl – »stolz« ist vielleicht das falsche Wort. Sie sehen Eigenständigkeit eher als Grundlage unseres nationalen Erfolges. Und ein soziales Netz klingt wie das genaue Gegenteil davon.

1959 veröffentlichte der Anthropologe Oscar Lewis (übrigens ein Befürworter des Sozialstaates) seine heute noch wichtige Studie *Five Families: Mexican Case Studies in the Culture of Poverty*, in der er aufzeigte, dass Menschen, die über längere Zeit maßgeblich von Sozialleistungen leben, eine eigene Mentalität entwickeln, geprägt von Hoffnungslosigkeit, Hilflosigkeit, Verachtung für den Staat, an dessen Tropf sie hängen, dem Eindruck, dass es sich nicht lohnt, sich beruflich zu engagieren, und einem Gefühl des »entitlement«: der Einstellung, dass der Staat ihnen etwas schuldet.

Mit anderen Worten, sie entwickeln sich zu Nicht-Amerikanern.

Das ist unser größter Horror, wenn es um den Sozialstaat geht. Wenn wir damit eine Nation von saft- und kraftlosen Abhängigen schaffen, untergraben wir das Fundament, auf dem wir stehen.

Dabei leben die Amerikaner de facto schon längst in einem Sozialstaat – und zwar im teuersten der Welt.

Sie hören auch zum ersten Mal davon? Ja, es ist tatsächlich ein gut gehütetes Geheimnis. Das soziale Netz ist der größte Posten im amerikanischen Haushalt – größer als das Militärbudget. 2010 bekamen die Sozialdienste 1,49 Billionen Dollar aus einem Topf von insgesamt 3,46 Billionen Dollar – was 43 Prozent der Gesamtausgaben entspricht (die Ausgaben der einzelnen Bundesstaaten sind dabei nicht mitgerechnet). Das Militär bekam läppische 20 Prozent.

Der amerikanische Sozialstaat besteht allerdings aus einer verwirrenden Vielzahl von Programmen und Gesetzen, die selbst Kafka zum Verzweifeln gebracht hätten.

Die einen Stellen verteilen »Essensmarken« – eine Art Kreditkarte im Wert von etwa 133 Dollar monatlich, die Lebensmittelläden statt Bargeld annehmen müssen. Die anderen gewähren Arbeitslosenhilfe: Die »Temporary Assistance for Needy Families« (TANF) unterstützt Arbeitssuchende bis zu fünf Jahre lang. Das »Supplemental Security Income« stockt das niedrige Einkommen meist älterer Menschen noch weiter auf, und der »Earned Income Tax Credit« ist eine Steuererleichterung für Einkommensschwache und dazu eine Art Kindergeld. Und das ist nur eine kleine Auswahl.

Der älteste, teuerste und wichtigste Grundpfeiler des amerikanischen Systems ist aber die staatliche Rentenversicherung, die »Social Security«. Von den Zahlen her ist es die größte Sozialversicherung der Welt. Sie ist auch die einzige, die für jeden arbeitenden Amerikaner Pflicht ist, so wie eine Autoversicherung. Wer arbeiten will, braucht eine neunstellige »Social Security«-Nummer, die einen das ganze Leben lang begleitet. Es ist zugleich das wichtigste Instrument des Staates zur Identifizierung seiner Bürger.

Gesundheitsvorsorge auf Staatskosten gibt es auch: »Medicaid« ist eine verbilligte Krankenkasse für Menschen, die sich keine private Krankenkasse leisten können oder keine vom Arbeitgeber bezahlt bekommen, wie es in Amerika oft üblich ist. Das Schwesterprogramm »Medicare« ist eine Krankenkasse für verarmte Pensionäre, und fast genauso bedeutend.

Warum den Deutschen ihr Sozialstaat ein so selbstverständlicher Bestandteil des Alltags ist, kann ich mir nur so erklären: Er ist immerhin schon über 120 Jahre alt. In Amerika ist er noch jung und wurde erst als Antwort auf die »Große Depression« ins Leben gerufen.

In den Tagen, Monaten und Jahren nach dem Börsencrash am »Schwarzen Dienstag« 1929 gingen 11.000 Banken pleite, neun Millionen Sparbücher verwandelten sich in wertloses Papier, 25 Prozent aller Amerikaner verloren ihren Job, bis zu zwei Millionen begannen, die Straße ihr Heim zu nennen, und 60 Prozent aller US-Bürger fielen unter die Armutsgrenze. Damit nicht genug:

Eine extreme Dürre verwandelte rund 400.000 Quadratkilometer Farmland zwischen Colorado und Texas in eine Wüste – die »Dust Bowl«. Gewaltige Staubstürme zerstörten komplette Ernten und trieben 2,5 Millionen Farmarbeiter nach Kalifornien. Dort entstanden ganze Vororte, so genannte »Shantytowns«, aus Pappe und weggeworfenem Holz. Auf dem Land vernichtete man sechs Millionen Schweine, um die Preise für Fleisch zu stabilisieren, und in den Städten vor den Suppenküchen sah man Schlangen, in denen über tausend Menschen standen. Unter den geschätzten vier Millionen Männern, die in Güterzügen illegal von Ort zu Ort fuhren, auf der Suche nach Arbeit, war eine Viertelmillion Teenager. Fünftausend Schulen hatten dichtgemacht, die meisten anderen verkürzten ihre Schuljahre, weil die Bundesstaaten sich keine Lehrer mehr leisten konnten.

Da wussten die Demokraten, dass ihr Tag gekommen war.

Der demokratische Präsident Franklin D. Roosevelt griff in das Geschehen in einem Ausmaß ein, das das Land bisher nicht kannte, und entwarf unseren ersten Sozialstaat, »New Deal« genannt. Er finanzierte neue Straßen und öffentliche Gebäude, Schulen, Dämme, Aufforstungsprojekte sowie billige Häuser und Wohnungen für Arbeiter. Er subventionierte Farmen, stärkte die Gewerkschaften, ließ Banken vorübergehend schließen, bis die Finanzlage sich stabilisiert hatte, und führte die »Social Security« ein.

In den 1960ern wurde der Sozialstaat dann von Lyndon B. Johnson (John F. Kennedys Vize und nach dessen Tod Präsident) weiter ausgebaut. Als er erfuhr, dass die Armut im Lande bei 19 Prozent lag, rief er den so genannten »War on Poverty« aus – den »Krieg gegen die Armut«. (Allein das Schlagwort kam so gut an, dass Nixon und George W. Bush es später in »War on Drugs« bzw. »War on Terror« umgewandelt haben.) Das Wichtigste daran war eine Reihe von Gesetzen, die die Bildungschancen für arme Arbeitnehmer, Kinder und Jugendliche erhöhten. Bis Ende 1973 fiel die Zahl der in Armut lebenden Menschen so auf 11 Prozent, und seitdem ist die Armutsrate niemals mehr höher als bis auf 16 Prozent gestiegen.

Zu den Mythen des amerikanischen Sozialstaats gehört das weitverbreitete Vorurteil, dass nur linke Politiker die Sozialleistungen ausbauen und nur die Konservativen diese wieder einschränken. Im Allgemeinen pflegen auch die Politiker diese Legenden, aber die Praxis ist eher eine andere. Es war Richard Nixon, in einer Quäker-Familie aufgewachsen, der das »Supplemental Security Income«-Gesetz – eine Art zusätzliche Hartz-IV-Regelung, die sogar für illegale Einwanderer gilt – ins Leben rief. Und der Mormone Mitt Romney hat als Gouverneur von Massachusetts 2006 dort eine allgemeine Krankenversicherungspflicht eingeführt, also ein Gesundheitssystem der Art, wie es sich die Demokraten schon lange wünschen – und heute alle Hände voll damit zu tun, die Verantwortung für diese »Jugendsünde« öffentlich herunterzuspielen.

Andererseits war es der Demokrat Bill Clinton, der als Präsidentschaftskandidat versprach, den Sozialstaat so weit zu überholen, bis »die Arbeitslosenunterstützung, wie wir sie kennen, nicht mehr existiert«. Und er machte sein Versprechen wahr.

1996 empfingen 12 Millionen US-Bürger Arbeitslosenunterstützung. Vor allem die zahlreichen Langzeitarbeitslosen und die Bewohner der vielen Ghettos, die anscheinend nur von Arbeitslosenunterstützung lebten, schienen der Mehrheit beängstigend unamerikanisch. Clintons Antwort war das oben erwähnte TANF: Ab sofort bekam man bloß noch fünf Jahre lang Geld und auch das nur gegen den Nachweis, dass man Arbeit sucht. Die Folge war dramatisch: 60 Prozent aller TANF-Empfänger verließen das System und fanden Arbeit, die Armutsrate sank. Anscheinend hatte Clinton es tatsächlich geschafft, die Arbeitslosenunterstützung von den unamerikanischen »Schmarotzern« zu befreien. Heute – die Rezession 2008/9 mitgerechnet – leben nur noch etwas über 4 Millionen Amerikaner von TANF.

Clinton scheiterte aber mit dem Versuch, das Gesundheitssystem zu reformieren. Erst Barack Obama hat Clintons Idee wieder aufgegriffen und erfolgreich umgesetzt. Der Grund, warum er dabei allerdings auf so viel Widerstand stieß, war folgender: Er wollte die Krankenkasse zur Pflicht machen.

Bisher ist das freiwillig. Die meisten sind über ihre Arbeitgeber versichert, und wer es nicht ist, dem stehen »Medicare« bzw. »Medicaid« als günstige Alternativen offen. Wer überhaupt nicht krankenversichert ist – weder staatlich subventioniert noch privat –, hat irgendwann die Entscheidung getroffen, sein Geld anderswo auszugeben.

Unter dem bisherigen System sind rund 83 Prozent aller Menschen in Amerika freiwillig versichert. Unter »Obamacare« sollen bis Ende 2019, wenn das Gesetz alle Hürden nimmt, 94 Prozent aller Menschen in Amerika, darunter auch ein Großteil der illegalen Einwanderer, krankenversichert sein. Das ist immer noch keine generelle Krankenversicherung, aber ein guter Schritt dahin.

Auch bei »Obamacare« bleibt die Krankenversicherung freiwillig, wer aber weiterhin nicht versichert ist, erleidet steuerliche Nachteile. Das empfinden viele US-Bürger als Zwang. Klar, dass sie das nicht hinnehmen wollen (und ich freue mich jetzt schon auf den spannenden Streit vor dem Obersten Gerichtshof). Es sei schlimm genug, dass der

Staat so viel Geld in die freiwilligen Gesundheitsprogramme »Medicare« und »Medicaid« stecke, jetzt wolle dieser Kommunist, dieser Hitler, dieser Diktator, die Krankenversicherung gar zur gesetzlichen Pflicht machen, schimpfen sie. Das ist doch Machtmissbrauch, das ist Unfreiheit – mein Gott, das ist wie in Deutschland!

Als meine Eltern älter wurden, stellten sie eine Krankenpflegerin ein, die zeitweise bei ihnen zu Hause lebte. Weil ihre Rente nicht so hoch war, wie sie es gern gehabt hätten, waren sie darauf angewiesen, eine besonders preiswerte Pflegerin zu nehmen. Ihre finanzielle Situation kannte ich nicht genau, aber die Vermutung lag nahe, dass sie streng haushalten mussten.

Eines Tages war sie in einen Autounfall verwickelt, wobei sie am Rücken leicht verletzt wurde. Zu der Zeit wurde in Deutschland gerade darüber diskutiert, warum so viele Amerikaner keine Krankenversicherung haben und warum der Staat sie nicht einfach dazu zwingt, wie das in Deutschland der Fall ist. Da sagte ich zu ihr, quasi im Auftrag aller Deutschen: »Na? Bist du jetzt froh, dass du versichert bist?«

»Ich bin nicht versichert«, stellte sie klar.

Ich wollte wissen, wo sie dann ihre ärztliche Behandlung herkriege, und sie sagte: »Na, in der Notaufnahme. Immer wieder, wenn es sein muss.«

Unsere Krankenhäuser müssen jedermann per Gesetz in ihren Notaufnahmen behandeln, auch Nicht-Versicherte, auch solche, die angeblich keinen Cent zahlen können (zu Langzeittherapien sind sie allerdings nicht verpflichtet). Das allein stinkt vielen Versicherten: Denn die Kosten werden natürlich auf sie abgewälzt.

»Aber warum denn nicht? Kannst du dir keine leisten?«, bohrte ich nach.

»Ich könnte schon«, sagte sie. »Ich will aber nicht. Mein Traum ist es, ein eigenes Haus zu besitzen. Ich habe es auch bereits, ich muss es nur abbezahlen, und ich bin auf einem guten Weg dahin. Wenn ich jetzt noch Geld für eine

Krankenversicherung ausgeben muss, dauert es viel länger. Später dann, wenn ich älter bin und das Haus mir gehört, kann ich mich ja immer noch krankenversichern.« Sie schüttelte ihre leicht ergrauten Locken und lächelte aufmunternd: »Ich bin noch jung, mir wird schon nichts Schlimmes passieren!«

Wir Amerikaner mögen es halt nicht, wenn die Regierung sich in unsere Angelegenheiten einmischt. Allerdings haben die wenigsten von uns auch nur den Hauch einer Ahnung, wie sehr das jetzt schon passiert.

Am lautesten protestiert gegen den Sozialstaat, diesen »Sozialismus« und alles, was nur entfernt danach riecht, wie gesagt der Westen – vor allem der mittlere Westen, jene Staaten, die ungefähr zwischen den Appalachen und den Rockies liegen. Hier, auf dem idyllischen platten Land, leben Menschen, deren stolze Tradition der Eigenständigkeit nicht wegzudenken ist.

Das sind die Schlimmsten! Es ist längst nicht mehr der arbeitsscheue Schmarotzer in den Innenstädten, der den Sozialstaat belastet. Es ist der wohlanständige Durchschnittsamerikaner. Zum Beispiel der Familienvater Ki Gulbranson aus Lindstrom, Minnesota.

Für einen Artikel in der *New York Times* erklärte Mister Gulbranson, warum er die Tea Party unterstütze: weil er glaube, die Regierung stecke zu viel Geld in den Sozialstaat und die Ausgaben müssten endlich gekürzt werden. Zu viele Amerikaner seien von Almosen des Staates abhängig geworden und wüssten gar nicht mehr, wie man auf eigenen Beinen stehe.

Mister Gulbranson ist nicht arm. Er betreibt ein Bekleidungsgeschäft, verkauft auch Schmuck und trainiert nebenbei die örtliche Jugendfußballmannschaft. Er und seine Familie verstehen sich als unabhängige, finanziell souveräne Mittelklasse-Amerikaner.

Trotzdem bekommt er jedes Jahr mehrere Tausend Dollar vom Staat als »earned-income tax credit« – eine Art Subvention für arbeitende Familien; seine drei Kinder erhalten ein kostenloses Mittagessen in der Schule, und seine Mutter hat ihre zweimalige Hüftoperation durch »Medicare« bezahlen lassen.

Rund die Hälfte aller Amerikaner bezieht regelmäßig Sozialleistungen. Inzwischen schenkt die Regierung ihren Bürgern einen Dollar auf vier Dollar, die sie verdienen, und immer mehr dieser Steuergelder gehen an die untere Mittelklasse. 1980 flossen 50 Prozent aller Sozialleistungen an die Armen; heute gehen zwei Drittel an die Mittelklasse. Und laut Hochrechnungen werden die Ausgaben im sozialen Bereich in den nächsten 10 Jahren um 60 Prozent steigen.

Die lautstarken Konservativen, die den Sozialstaat abschaffen wollen, sind von ihm abhängiger als alle anderen. Laut einer Studie der Indiana University bezogen die Bewohner der zehn konservativsten Bundesstaaten 21 Prozent ihres Einkommens vom Staat; in den zehn wichtigsten linken Bundesstaaten lag diese Zahl bei nur 17 Prozent.

Das ist kein Widerspruch: Ihre soziale Abhängigkeit widerspricht ihrem Selbstbild, und das schmerzt. Viele von ihnen sind nicht gegen den Sozialstaat, weil sie ihn nicht brauchen, sondern eben weil sie ihn brauchen. Sie wollen aus der Abhängigkeit raus. Sie sind wie Drogenabhängige, die ihren Dealer auffordern, ihnen doch bitte keine Drogen mehr zu verkaufen.

Vor allem die amerikanischste aller Berufsgruppen, die Farmer, leben vom Staat. Seit dem New Deal und dem Landwirtschaftsminister Earl Butz zahlt die US-Regierung so viel Geld an Farmer, dass die meisten heute nicht mehr ohne Subventionen auskommen könnten.

Diese demütigenden Zuschüsse sind nicht unumstritten. Linke geben zu bedenken, dass die künstlich niedrig gehaltenen Preise vor allem den Entwicklungsländern schaden. Konservative Gruppen kritisieren Subventionen, weil es den freien Markt verfälscht und die wirtschaftliche Entwicklung stört. Nur die Farmer verzichten ungern auf den Scheck. Das bedeutet nicht, dass der stolze Western-Farmer keine uramerikanischen Ideale mehr hat. Es heißt nur, dass er einen praktischen Sinn für Ausnahmen hat.

Dass wir keinen Sozialstaat brauchen, ist nicht der einzige große Mythos der Amerikaner. Mit diesem Selbstbild verwandt ist unser Ideal vom freien Markt: Vom reinen, natürlichen, unverfälschten Kapitalismus, vom Markt, der nur den Naturgesetzen unterworfen ist, der sich selbst regelt und in den der Staat niemals eingreifen darf.

Ich verrate Ihnen ein Geheimnis: Auch unsere vermeintlich freie Wirtschaft ist durch und durch vom Staat reglementiert.

Es war Roosevelt, der nach dem Crash von 1929 als Teil des New Deals mit der neu erschaffenen SEC (»Securities and Exchange Commission«) die Börse stärker als je zuvor an die Kandare nahm. Seitdem geht pünktlich zu jeder Finanzkrise die Diskussion von vorne los, dass die SEC das Finanzwesen endlich noch effektiver regulieren müsse. Kaum ist die Krise vorbei, beschweren sich die Politiker, dass die SEC zu stark in die Wirtschaft eingreife, und verlangen, dass ihre Zuständigkeiten beschnitten werden, aber dalli. Dann kommt die nächste Finanzkrise …

Und die SEC war lange nicht der erste einschneidende Eingriff in den vermeintlich freien Markt.

Rockefeller & Co. besaßen irgendwann so viel Macht, dass die Angst der Politiker vor ihnen größer wurde als ihre Gier nach Bestechungsgeldern. Vor allem die Eisenbahngesellschaften hatten angefangen, Preise untereinander abzusprechen, um dadurch die Wirtschaft noch stärker unter ihre Kontrolle zu bringen. Mit dem »Sherman Antitrust Act« wurden solche Absprachen, ebenso jede Art von Kartell und Monopol, endlich verboten.

Dass ein solches Gesetz mitten im »Gilded Age« möglich war, sagt etwas über die amerikanische Mentalität aus. In Europa gab es damals nämlich noch keine solchen Antikartell-Gesetze. Dafür regten sich zu der Zeit dort alle über soziale Ungerechtigkeit auf, sprachen gar von Marxismus, und in Deutschland führte Bismarck die Sozialgesetze ein. All diese Themen ließen uns Amerikaner kalt. Dass das Einkommen unfair verteilt war, machte bei uns niemandem besondere Angst.

Ein Monopol aber war etwas anders.

Das war eine Gefährdung des freien Marktes. Und das bedeutete wiederum: Wenn ich mal als kleiner Mann mit meiner guten Idee und ein paar Dollar Grundinvestition auf den freien Markt drängen will, um eines Tages so reich, mächtig und politisch einflussreich zu werden wie die »robber barons«, habe ich keine Chance, weil der Kuchen schon verteilt ist und ich nicht mehr mitspielen darf.

Alles erträgt der Amerikaner – aber das nicht!

Die Tage des »Gilded Age« und des Wilden Westens, wo man sich rein auf sein Durchsetzungsvermögen, sein Pferd oder sein Schießeisen verlassen konnte, sind indes endgültig vorbei. Amerika ist längst zivilisiert, und keiner hat uns gefragt, ob wir das überhaupt wollen.

Zumindest haben viele Amerikaner diesen Eindruck. Das erklärt die so genannten »culture wars«, den Krieg der Kulturen, der seit einigen Jahrzehnten in den USA tobt. Genau genommen seitdem die konservative Generation meines Vaters eines schönen Morgens am Frühstückstisch auf die »dekadente« Generation der Hippies stieß. Ich habe schon beschrieben, wie mein Vater das Buch *Verfall und Untergang des römischen Reiches* von Edward Gibbon las und seine Aussage auf Amerika übertrug. Die erste handgreifliche Schlacht in den so genannten »culture wars«, die ich persönlich erlebte, erkannte ich gar nicht als Teil eines größeren Krieges. Ich war zu jung. Ich dachte, es wäre bloß eine laute, Testosteron-geschwängerte Auseinandersetzung zwischen meinem Vater und meinem ältesten Bruder.

Es muss irgendwann Ende der 1970er Jahre gewesen

sein. Ich lag im meinem Zimmer und las einen *Conan*-Comic – ein Werk voller Leidenschaft, Gewalt und existentieller Bedrohung –, als ich aus dem Wohnzimmer plötzlich zwei laute Stimmen voller Leidenschaft, Gewalt und existentieller Bedrohung vernahm. Ich war hin- und hergerissen, was interessanter war: der überhitzte Kampf Conans gegen das Böse oder das verzweifelte Brüllen meines Vaters im Angesicht seines Besserwisser-Sohns.

Worüber sie sich stritten war weder mir noch ihnen völlig klar. Vordergründig ging es um den Vietnamkrieg. Mein Bruder unterstützte die Gegner des Krieges, mein Vater hielt solche Schlappschwänze für eine Bedrohung der amerikanischen Grundwerte.

Ich erinnere mich noch an das wichtigste Argument: Mein Bruder behauptete, Amerika sei aufgrund einer Revolution gegen Tyrannei gegründet worden, also hätten die Hippies das Recht, ja die moralische Pflicht, zivilen Ungehorsam gegen den Unrechtsstaat zu üben und sich dem Krieg zu verweigern, wenn dieser in die Rechte eines anderen Volkes eingriff.

Mein Vater argumentierte, dass die gottverdammte Revolution vorbei sei und dass ein Staat nicht bestehen könne, wenn jeder feige Hippie ständig irgendwelche großkotzigen Ausreden vorbringe, nur weil er Angst vor einem Krieg habe. Werde jede Entscheidung eines demokratisch gewählten Staatsoberhauptes grundsätzlich angefochten, wenn es hart auf hart komme, könne man den Staat gleich in die Tonne kloppen.

Eigentlich war das eine rein theoretische Diskussion, die auch bei einem gepflegten Glas Wein und einer Zigarre hätte geführt werden können. Mein Bruder wurde aus gesundheitlichen Gründen nicht in die Armee eingezogen, also war er aus dem Schneider. Auch meinem Vater hätte es egal sein können. Interessant, aber nicht lebenswichtig, würde man meinen. Aber dem war nicht so. Es war das erste und einzige Mal, dass ich sah, wie mein Bruder und mein Vater handgreiflich wurden. Mit einem Mal schubsten sie einander. Einer von ihnen – ich weiß nicht mehr, wer, vielleicht sogar mein Vater – stolperte, fing sich aber wieder. Irgendwas flog vom Kaffeetisch und einige Bücher aus dem Regal. Dann war es vorbei. Sie verstummten. Der eine war so erschrocken wie der andere. Am nächsten Tag zog mein Bruder aus.

Heute geht genau dieser Streit weiter. Nicht mehr zwischen meinem Bruder und meinem Vater, aber zwischen Amerikanern im ganzen Land.

Es handelt sich um einen Krieg der Werte: Zuerst propagierten die Hippies solche progressiven Ideen wie Toleranz, soziales Bewusstsein und sexuelle Freiheit und verwarfen die verstaubten Werte der Pioniere – Eigenständigkeit, Mut und eine zuweilen recht intolerante Kampfbereitschaft. Prompt folgte der Rückschlag: Moderne Tugenden wie Toleranz hält man heute vielerorts für lasch und kontraproduktiv. Lieber will man die ursprünglichen Werte zurück, die Amerika groß gemacht haben – die der ersten Kolonisten in der Wildnis oder der Pioniere des Wilden Westens.

Der Ausdruck »culture wars« ist relativ neu, aber im Grunde ist der amerikanische »Kulturkampf« uralt: Schon in den ersten Kolonien versuchten die Puritaner, die anderen Einwanderer – Abenteurer, Trapper, flüchtige Kriminelle, windige Spekulanten – zu zwingen, ein gottesfürchtiges Leben zu führen. Seitdem hat Amerika immer zwischen den beiden Polen hin- und hergeschwankt: zwischen Kirche und Spielhölle, zwischen Jazz und Prohibition ... Und heute eben zwischen »progressiver Politik« und »Familienwerten«.

»Familienwerte«: Das heißt übersetzt, keine Homo-Ehe, keine Abtreibung und kein vorehelicher Sex. Dafür aber Eigenständigkeit en masse: Ein Pionier braucht schließlich keine Krankenversicherung, ihm reichen eine Bibel und ein funktionierendes Gewehr. Deshalb so viele merkwürdige Themen in der Politik, die dort eigentlich nichts zu suchen haben: Die vielen von Herzen kommenden Bekenntnisse zu Gott, das völlig irrelevante Festhalten daran, dass die Schöpfungsgeschichte Wort für Wort wahr sei.

Deswegen die Wiederkehr von zwei Phänomenen, die den Europäern am meisten Kopfzerbrechen bereiten: der Todesstrafe und der Waffenkultur.

Im Wahlkampf 2012 richtete ein Journalist in einer Live-Veranstaltung an den republikanischen Kandidaten Rick Perry, Gouverneur von Texas, die Frage, warum es dort noch die Todesstrafe gebe. Perrys Antwort: »Weil wir wissen, was ultimative Gerechtigkeit ist.«

Der Saal tobte. Es wurde geklatscht, gejubelt, Perry wurde von einer Welle der Sympathie und des Zuspruchs überrollt. Wäre ein Europäer mit im Saal gewesen, er hätte sich gefühlt wie auf dem Mond.

Nur in Amerika gilt es als patriotisch, andere Menschen legal mit staatlicher Genehmigung umzubringen.

Das heißt – nicht überall natürlich. Jeder dritte Amerikaner ist gegen die Todesstrafe. Ihre Gegner halten regelmäßig Mahnwachen vor den Toren von Gefängnissen ab, wenn eine Exekution stattfinden soll. Sie argumentieren, dass die Todesstrafe zu teuer und im Fall eines Fehlurteils nicht mehr rückgängig zu machen sei und außerdem die Verbrechensrate nicht senke.

Das sind die rationalen Argumente. Hier die emotionalen: Vielen meiner Landsleute stinkt es, dass irgendwelche Bauerntölpel in den Südstaaten sich einbilden, mit dem Leben anderer Menschen Gott spielen zu dürfen und dabei johlen und grunzen und weggucken, wenn rauskommt, dass auch Minderjährige und geistig Behinderte unter den Verurteilten sind bzw. dass umgekehrt niemals Reiche darunter sind und deutlich mehr Schwarze und Latinos als Weiße, oder wenn sich herausstellt, dass nach manchen Schätzungen einer von zehn Todeskandidaten unschuldig ist.

Die emotionalen Argumente der Befürworter lauten: Killer verdienen das Leben nicht. Außerdem könnt ihr uns alle mal!

Das Festhalten an der Todesstrafe ist eindeutig eine populistische Haltung – vielleicht sogar eine Trotzreaktion.

Für viele Menschen, vor allem aus dem Süden und dem Westen, ist es auch eine Möglichkeit, an einem Image aus der Vergangenheit festzuhalten.

Im Wilden Westen war alles härter und grausamer, aber auch eindeutiger: Richtig war richtig, und falsch war falsch, und wer jemanden ermordete, bekam die Strafe, die er verdiente, jawohl. Wenn wir Amerikaner in europäischen Augen manchmal primitiv erscheinen, dann deswegen, weil wir gern wieder primitiv wären. Amerika wollte nie eine bürgerliche Gesellschaft sein, die Angst davor hat, sich die Finger schmutzig zu machen. Unser Anfang war zäh, brutal und einfach gestrickt. Wir wissen, dass diese Zeiten vorbei sind – aber wir wollen sie wiederhaben. Also halten wir fest an solchen Symbolen wie der Todesstrafe und johlen und klatschen, wenn ein Populist sagt: »Der Amerikaner weiß noch, was richtig und falsch ist.«

Kein Streitthema zeigt die gravierenden Mentalitätsunterschiede zwischen Nordosten, Süden und Westen besser auf als die Todesstrafe.

Von den 33 Bundesstaaten, die sie heute noch zulassen, gehören kaum welche zum gutbürgerlichen Nordosten. Seit 1976 wurden im ganzen Land insgesamt 1.277 verurteilte Mörder hingerichtet, davon mehr als ein Drittel in Texas. Die zweitgrößte Zahl weist Virginia mit 109 Hinrichtungen auf.

Die Todesstrafe ist nicht erst seit gestern ein Streitthema. Schon bei der Gründung der USA sprachen sich einige Gründerväter gegen sie aus, und das Unbehagen daran blieb. 1794 verbot Pennsylvania die Todesstrafe für alle Verbrechen außer Mord; 1846 verbot der von deutschen Einwanderern bevölkerte Bundesstaat Michigan die Todesstrafe für alle Vergehen außer Hochverrat; bald darauf verboten Rhode Island und Wisconsin die Todesstrafe ohne Ausnahme. Erst danach wurde die Abschaffung der Todesstrafe international salonfähig – zum Beispiel in manchen südamerikanischen Ländern –, und mit einiger Verspätung dann auch in Europa: in der Bundesrepublik Deutschland 1948, in der DDR und Großbritannien 1969 und in Frankreich 1981.

Doch die meisten amerikanischen Bundesstaaten behielten die Todesstrafe weiter bei, und zwar nicht nur für Mord und Hochverrat. 1859 wurde Starling Carlton in South Carolina zum Tode verurteilt, weil er einem Sklaven die Flucht ermöglicht hatte. Brandstiftung, Einbruch, Geldfälschung, die Verheimlichung der Geburt oder des Todes eines Kindes, Spionage, Pferdediebstahl, Piraterie, Zugüberfälle, nicht zu vergessen gleichgeschlechtlicher Sex, Sklavenaufstände und Hexerei gehörten alle mal zu den Delikten, die zur Hinrichtung führen konnten, bis sie nach und nach von der Liste gestrichen wurden. Heute kann die Todesstrafe nur noch bei besonders grausamen Morden verhängt werden.

Allerdings geht trotz aller Stammtisch-Sprüche die Anzahl der Todesurteile kontinuierlich zurück. Denn ihre Vollstreckung ist teuer. Aufgrund der vielen Instanzen, die ein Todesurteil durchlaufen muss, bevor es vollstreckt werden kann, kostet es den Staat dreimal mehr als das Urteil »lebenslänglich«. Heutzutage überlegt es sich ein Staatsanwalt zweimal, bevor er die Todesstrafe fordert. Dazu kommt eine gewisse Ernüchterung: Zahlreiche Todesurteile der letzten Jahre und Jahrzehnte werden mit Hilfe von DNA-Tests noch einmal untersucht und immer mehr der zum Tode Verurteilten tatsächlich freigesprochen.

Vor allem aber hat ein Urteil des Obersten Gerichtshofes 1976 zu einer Änderung geführt. Es war eine typische Entscheidung, die zeigt, wie das amerikanische System funktioniert: Das Urteil hatte nichts mit dem theoretischen Für und Wider im Streit um die Todesstrafe zu tun – diese große moralische und politische Grundsatzentscheidung ist Sache der Bundesstaaten. Es ging allein um eine technische

Frage: Um die Art, wie die Todesstrafe vor Gericht verhandelt wird.

Bis dahin wurde ein Mörder angeklagt, und der Staatsanwalt forderte gleich mit der Anklage die Todesstrafe. Die Entscheidung der Jury, ob der Angeklagte nun tatsächlich ein Mörder war oder nicht, war gleichzeitig die Entscheidung für oder wider die Todesstrafe.

Der Oberste Gerichtshof hat das Vorgehen modifiziert: Jetzt entscheidet eine erste Jury über »schuldig« oder »nicht schuldig«, eine zweite über das Strafmaß.

Das macht einen großen Unterschied. Es ist leicht, bei aufgeheizten politischen Versammlungen die Todesstrafe als große amerikanische Institution der Gerechtigkeit zu preisen; es ist schwieriger, einem Menschen gegenüberzusitzen, ihm in die Augen zu schauen und ihn zum Tode zu verurteilen. Die Folge: Heute werden dreimal weniger Todesurteile ausgesprochen als vor 20 Jahren.

Während der andauernde Streit über das Für und Wider der Todesstrafe eher politischer Natur ist, ist unsere Beziehung zu Waffen eine viel persönlichere.

Wir lieben sie einfach. Und zwar alle: Revolver, Pistolen, Jagdgewehre, Maschinengewehre. Wir schießen gern mit ihnen, wir jagen gern mit ihnen, wir romantisieren sie in Filmen, wir können uns unsere Vergangenheit ohne Waffen nicht vorstellen: Wir wären heute immer noch eine britische Kolonie! Jeder vierte Erwachsene besitzt mindestens ein Gewehr oder eine Pistole.

Ab und zu fällt uns schon auf, dass sich einige Typen über unsere Waffenkultur aufregen, und zwar nicht nur Menschen aus anderen Teilen der Welt – auch unsere Nachbarn tun das gelegentlich.

Es gibt 190 Millionen Feuerwaffen in den USA, und es sterben jedes Jahr rund 31.000 Menschen durch sie. Davon sind über die Hälfte Selbstmorde. Solange man nicht Selbstmord begeht, stirbt man in den USA eher durch Tabakkonsum, Fettleibigkeit, Alkoholmissbrauch, einen Autounfall, eine Vergiftung, eine Geschlechtskrankheit oder Drogen-missbrauch (in der Reihenfolge) als durch eine Kugel – von den häufigsten Ursachen Krebs und ähnlichen Krankheiten einmal ganz abgesehen.

Dennoch, das muss nicht sein, und die Diskussion um strengere Waffengesetze entflammt deshalb immer wieder neu. Das war schon immer so. Laut Adam Winkler, Jura-professor an der University of California, wurde bereits kurz nach der Revolution 1776 das Waffenrecht eingeschränkt: Man musste sich registrieren und von den Behörden über-prüfen lassen sowie – ganz wichtig – einen Eid auf die Re-volution leisten.

Das erste Mal, dass strengere Waffengesetze vom Staat als verfassungswidrig abgelehnt wurden, war direkt nach dem Bürgerkrieg und der Befreiung der Sklaven 1861. Aller-dings wurden die strengen Waffengesetze, die plötzlich wie aus dem Nichts in mehreren südlichen Bundesstaaten vor-geschlagen wurden, deswegen als verfassungswidrig abge-lehnt, weil sie nur Schwarze betrafen. Da war wohl jemand nervös geworden.

Das erste landesweite Waffengesetz trat 1934 in Kraft. Seitdem muss man sich registrieren lassen und drei Tage warten, währenddessen man auf einen kriminellen Hinter-grund überprüft wird, bevor man eine Feuerwaffe kaufen darf.

Immer wieder gab es Versuche, Waffen für den Eigenge-brauch bundesweit zu verbieten, und immer wieder stieß man auf das Problem, dass die Verfassung ziemlich deut-lich jedem Amerikaner das Recht auf Waffenbesitz zusi-chert. Dieser Artikel der Verfassung wurde zwar unter an-deren Umständen geschrieben – im Krieg gegen England hatte man gerade eine Armee aus Privatpersonen mit eige-nen Waffen aufgebaut –, aber das ist ein schwaches Argu-ment für eine liebe Gewohnheit. Außerdem: 2008 hat der Oberste Gerichtshof die Gültigkeit des Passus noch einmal bestätigt, basta.

Seitdem wird »geflickwerkt«: Waffengegner setzen sich immer wieder mit Teilverboten durch, die der Verfassung nicht widersprechen. Der »Domestic Violence Offender Gun Ban« zum Beispiel verbietet es, dass Leute, die schon mal wegen häuslicher Gewalt verurteilt wurden, Waffen besitzen dürfen. Allerdings führte das dazu, dass auch Polizeibeamte und Soldaten, die irgendwann wegen häuslicher Gewalt verurteilt wurden, ihren Job nicht mehr ausüben können. Das ist ein gutes Beispiel für ein Gesetz, das nur danach schreit, irgendwann vom Obersten Gerichtshof wieder kassiert zu werden.

Aber auch die Waffenbefürworter können immer wieder Teilsiege verbuchen.

So ist es heute in 49 der 50 Bundesstaaten nach langer Zeit wieder legal, meist aber nur mit Sondergenehmigung, eine verborgene Waffe in der Öffentlichkeit mitzuführen. In der Praxis geht es nicht darum, eine Waffe zum Einstellungsgespräch mitnehmen zu dürfen, sondern um den nach außen hin nicht sichtbaren Transport von Waffen vom Haus zum Schießplatz beispielsweise oder in eine Gegend, wo man häufig jagt. Trotzdem kommt es immer wieder vor, dass Leute ihre Aktentasche aufmachen, und da steckt eine Pistole drin. Der kalifornische Lokalpolitiker Tim Donnelly etwa wurde 2012 am Flughafen mit einer geladenen Pistole entdeckt – für die er übrigens keine Sondergenehmigung besaß.

In manchen entlegenen Orten, wie zum Beispiel in Pahrump, einem winzigen Kaff in Nevada, sieht man sogar ab und zu Typen, die ihre Waffe in der Öffentlichkeit an der Hüfte tragen, wie im Wilden Westen. Dort kam 2011 ein interessanter Fall vor Gericht, in dem Sam Jones vorgeworfen wurde, den Deputy Sheriff bedroht zu haben. Jones selbst hält das Ganze für ein Missverständnis. Er meinte, er habe gerade eine Mini-Ausgabe der Verfassung aus der Jeanstasche ziehen wollen, um dem Deputy Sheriff jene Stelle vorzulesen, an der jedem Amerikaner das Recht auf

Schusswaffen zugesichert werde, als der Deputy Sheriff ihn ohne Grund mit einer Elektroschock-Pistole angeschossen habe und ihn damit so lange unter Strom setzte, bis er sich nicht mehr vom Boden erheben konnte. Der Deputy Sheriff räumte ein, dass die Geschichte mit der Mini-Verfassung zwar möglich sei, doch aus seiner Perspektive habe es eher so ausgesehen, als ob Mr. Jones nicht ein Schriftstück aus der Tasche, sondern die 45er-Pistole aus dem Halfter habe ziehen wollen. »Immer mehr mutiert dieses Land zu einem Polizeistaat«, beschwerte sich Mr. Jones bitter.

Von Daniel Boone bis Annie Oakley, vom Unabhängigkeitskrieg bis zum Militär, in dem heute jedes Jahr 70.000 junge Männer und Frauen im Umgang mit Gewehren trainiert werden, Waffen sind längst Teil unserer Kultur geworden, wie Root Beer, Hamburger und Hollywood.

In den Medien wird vorwiegend über wilde Schießereien berichtet, man vergisst dabei jedoch, dass vor allem im Westen seit jeher eine ländliche Agrarkultur vorherrscht. Dort bleibt die Jagd der wichtigste Grund, warum der Durchschnittsamerikaner Waffen besitzt. Dazu gesellen sich die alten Tugenden der Pioniere: Der Umgang mit der Waffe war ein Symbol der Eigenständigkeit, wie sie im Mittelalter ein Zeichen des freien Mannes war, und bedeutete für junge Männer auch einen entscheidenden Schritt beim Erwachsenwerden.

Mein Vater wuchs in einer Holzhütte zur Zeit der »Großen Depression« auf. Zum Glück lebte er am Rande des Waldes. Wurde das Essen rar, nahmen er und sein Vater die Waffen zur Hand – er eine Schrotflinte und sein Vater das Gewehr aus dem Ersten Weltkrieg –, sie gingen in den Wald und kamen mit Hasen, Eichhörnchen und Vögeln wieder zurück. So haben sie überlebt. So haben viele Amerikaner überlebt.

Als er dann in der Armee war und in Übersee diente, machte er mit anderen Gewehren und auch mit einer 45er semi-automatischen Pistole Bekanntschaft. Bei seiner Entlassung musste er, wie alle Soldaten, seine Gewehre abgeben. Dafür kaufte er sich von einem anderen Soldaten eine 45er Pistole der Art, die er im Dienst an der Hüfte trug.

Waffen waren Teil seines Lebens. Sie waren auch Teil unserer Erziehung.

Es war ihm wichtig, dass wir Jungs wussten, mit Gewehren umzugehen. Wie man sie trug, hielt, wie man sie sauber machte. Dass man sie niemals auf einen anderen Menschen richtet, sie immer mit dem Lauf nach unten hält, sie immer sichert. Er brachte uns den Unterschied zwischen Spielzeug und Gewehr bei, lehrte uns, dass man mit manchen Dingen niemals spaßt. Man bewahrt sie sicher auf und außer Reichweite von Kindern; die Munition gehörte an einen anderen, gut verschlossenen Ort.

Es war seine Art, uns etwas über den Ernst des Lebens beizubringen. Es war auch unsere erste Begegnung mit dem Tod und mit der Macht des Menschen darüber. Den mächtigen Rückstoß seines schweren .30-06 Springfield-Gewehrs auf dem Schießstand an der Schulter zu spüren, war ein existentielles Erlebnis.

»Wow«, sagte ich, »das ist überhaupt nicht so wie im Kino.«

»Nein, Sohn, es ist nicht wie im Kino«, sagte er.

Es wäre schwer, weniger gewalttätig und weniger kriminell zu sein als mein Vater oder mehr Respekt vor dem Leben zu haben als er. Trotzdem liebte er diese Waffen.

Als er starb, wurden sie unter seinen drei Jungs aufgeteilt. Ich bekam die alte Schrotflinte. Ich kann sie nicht benutzen. Aber das macht mich trotzdem zum Waffenbesitzer. Es mag sich merkwürdig anhören, aber der Gedanke an seine Flinte erfüllt mich tief innendrin mit so was wie Stolz – und Erleichterung. Wer weiß, wann wieder eine große Depression kommt?

21

Alles, was wir haben, ist geklaut

*F*ühlen wir Amerikaner uns schuldig wegen unserer Verbrechen an den Indianern?

Oh ja.

Genauso wie wegen unserer Verbrechen an den Schwarzen?

Nicht ganz.

Es gibt zwei amerikanische Ursünden: Den Krieg gegen die Indianer und die Sklaverei. Doch wir empfinden sie als zwei sehr verschiedene Sünden. Die Scham ist zwar die gleiche – aber nicht die Art, wie wir damit umgehen.

Dabei fühlen wir uns schuldig. Schuld ist das herausragende Merkmal unserer Beziehung zu Indianern.

Man kann die Reaktion der Amerikaner auf die Indianer heute in zwei Arten unterteilen: Die einen nehmen die Schuld mit mehr als einer Prise politischer Korrektheit an, die anderen weisen sie mit mehr als einer Prise Trotz von sich. »Ich kann nichts dafür, was meine Vorfahren getan haben«, argumentieren sie. Oder gar: »Es waren nicht mal meine Vorfahren: Meine Großeltern sind erst im 20. Jahrhundert eingewandert.«

Beide Reaktionen, auch die trotzige, gründen natürlich in der Schuld: Wir wissen, was passiert ist, und wir schämen uns. Als Kinder bauen wir gerne Tipis, als junge Leute fallen wir ab und zu auf irgendwelche Pseudo-Indianermystik rein, aber das, was bleibt, wenn wir erwachsen werden, ist das schlechte Gewissen.

In der Schule hören wir von der Beinahe-Ausrottung der

Indianer durch Krankheiten, von den vielen gebrochenen Verträgen, von der Vertreibung nach Westen und von dem miserablen Leben in den Reservaten. Kein Artikel in den Zeitungen, kein Hollywood-Film, kein Roman über Indianer erscheint, ohne dass auf ihr Leid eingegangen wird.

Aus schlechtem Gewissen wird inzwischen nicht mehr von »Indianern«, sondern politisch korrekt von »Native Americans« – »eingeborenen Amerikanern« – gesprochen, obwohl das Land, in dem die Indianer ursprünglich »natives« waren, so wenig »Amerika« wie Indien hieß (die Indianer selbst neigen übrigens dazu, sich weiterhin als »Indianer« zu bezeichnen, dem werde ich mich in diesem Kapitel anschließen).

Angesichts der Schuld kann man heute weder ohne bitteren Beigeschmack den »Columbus Day« feiern – den Tag, an dem besagter Herr Amerika entdeckte – noch den heiligsten amerikanische Feiertag, Thanksgiving, da mit diesem Fest der Freundschaft auch das Leid der Indianer begann.

Kurz: Spätestens, seitdem Marlon Brando 1973 den Oscar für seine Rolle in *Der Pate* ablehnte und stattdessen vor laufender Kamera die Indianerin Sacheen Littlefeather vorschickte, um von der Bühne aus die Behandlung der Indianer durch die Amerikaner anzuprangern, kennen wir alle dieses Gefühl.

Die Schuld lastet so schwer, dass die Rolle der USA bei der Beinahe-Ausrottung der Indianer inzwischen recht gut dokumentiert ist. Immer wieder untersucht wird vor allem die Frage der Absicht: Hat man hier aktiv versucht, ein ganzes Volk loszuwerden? Rein zahlenmäßig war das große Sterben der Indianer Nord- und Südamerikas tatsächlich schlimmer als der Holocaust, trotzdem war es laut der UN, die sich ebenfalls mit der Frage beschäftigt hat, kein geplanter Genozid. Denn bevor die USA Ende des 18. Jahrhunderts überhaupt gegründet wurde, hatten die unbeabsichtigt eingeschleppten europäischen Seuchen längst ihr schlimmes Werk getan:

Als Kolumbus 1492 zum ersten Mal die Küste einer karibischen Insel betrat, lebten auf den beiden amerikanischen Kontinenten zwischen 30 und 54 Millionen Indianer bzw. Indios, davon zwischen 2 und 18 Millionen in Nordamerika. Genauere Zahlen lassen sich nicht ermitteln. Bis zum Ende des 17. Jahrhunderts war die Zahl der Ureinwohner beider Kontinente durch die neu eingeschleppten Krankheiten der europäischen Eroberer schon um fast 80 Prozent gesunken. Nicht, dass wir Amerikaner uns nach der Staatsgründung den überlebenden Indianern gegenüber besonders zuvorkommend verhalten hätten – doch unser Verbrechen an ihnen war kein Genozid.

Es war ein anderes Verbrechen.

Dabei fing alles so gut an.

Sogar die erste Verfassung auf amerikanischem Boden wurde von Indianern formuliert, und diese hat vermutlich die spätere Verfassung der USA inspiriert.

Als man nämlich nach dem Unabhängigkeitskrieg 1776 daran ging, die 13 aufständischen, vormals englischen Kolonien zu einem einzigen Staat zusammenzuschweißen, hatte man keine Ahnung, wie man das machen sollte. Vor allem wollte jede Kolonie ihre Souveränität bewahren, trotzdem aber zu einem größeren Bund gehören. Man schaute also auf die Indianer, denn genau das hatten die geschafft.

Der »Irokesenbund« oder »das Volk des langen Hauses« ist heute noch eine Föderation von fünf bzw. sechs Indianerstämmen im Bundesstaat New York um den Hudson River herum. Die Liga wurde vor der Ankunft des weißen Mannes von Deganawida, dem Großen Friedensmacher, und seinem Nachfolger Hiawatha gegründet, um den Kriegen untereinander ein Ende zu setzen, sich gemeinsam gegen andere Stämme zu verteidigen und den Handel zu erleichtern.

Sie erarbeiteten also das *Gayanashagowa*, das »Große Gesetz des Friedens«, das auf dem Konsens der Häuptlinge basierte – die erste uns bekannte moderne Verfassung auf amerikanischem Boden. Gründerväter wie Thomas Jefferson kannten, studierten und diskutierten die Liga, und ein Vertreter der Irokesen erläuterte sie den versammelten Gründervätern.

Wie viel Einfluss die Irokesen auf die Verfassung hatten, ist unklar, aber Forscher sehen gewisse Ähnlichkeiten zwischen den beiden Gesetzessammlungen mit Blick auf Menschenrechte wie das Recht auf Freiheit, auf religiöse Toleranz, gleiche Rechte vor dem Gesetz und Herrschaft durch Konsens statt durch Gewalt. Viele glauben, dass die Idee eines »langen Hauses«, in dem mehrere Völker friedlich nebeneinander leben, als Vorbild für den amerikanischen Staatenbund diente.

Auch die frischgebackenen Amerikaner und die Indianer hätten beinahe friedlich zusammengelebt, wenn es nicht diese eine Sache gegeben hätte, die die beiden Völker trennte – Sie ahnen es: das Land.

Wir wollten immer mehr von diesem Land – bewusst oder unbewusst, manchmal beides. Die Beziehung der Amerikaner zu den Indianern war wie die eines Süchtigen zu einer gefährlichen Droge. In Momenten der Klarheit bremsten wir uns. Wir wollten das Richtige tun. Wir hatten Ideale, ja, wir waren Amerikaner, das idealistischste Volk auf Erden, wir standen (und stehen) schließlich für Gleichheit und Freiheit und Gerechtigkeit, oder? Die Spanier und die anderen Europäer hatten die Indianer abgeschlachtet und mit ihren Krankheiten beinahe ausgelöscht – wir würden alles anders machen, wir würden sie richtig behandeln.

Dann, nachts, kam es wieder. Der heiße, packende Drang, dem nicht zu widerstehen war: das Land da draußen. Es lag einfach da. Die Indianer brauchten es im Grunde gar nicht.

Dabei wollte niemand das Land der Indianer klauen. Nein, »klauen« wäre das falsche Wort. Die Weißen wollten nur, dass die Indianer freiwillig weniger Land in Anspruch nähmen und die Gebiete, die sie nicht mehr brauchten, an sie verkauften. Denn die meisten Stämme waren Jäger, und zur Jagd braucht man viel mehr Land als zum Ackerbau: Das Wild muss sich über große Strecken frei bewegen können. Andererseits – wenn die Indianer Farmer wären, würden sie mit viel weniger Land zufrieden sein.

George Washington, der erste Präsident der USA, bestand darauf, dass die Verträge mit den Indianern respektiert werden, dass die Rechtsprechung in Bezug auf sie unparteiisch bleibt, dass diejenigen, die die Rechte der Indianer verletzen, bestraft werden, und dass das Land, das ihnen gehört, tatsächlich das ihre sei.

Er fand allerdings auch, dass die Amerikaner ihnen ruhig so viel Land abkaufen sollten wie möglich.

Washington hielt auch Integration für eine gute Idee und stand damit nicht allein. Thomas Jefferson schrieb 1803, dass die Amerikaner irgendwann zwingend das Land der Indianer brauchen würden und es ihnen also abkaufen müssten. Seine Lösung: eine angeleitete Umstellung auf Landwirtschaft. »Indem wir sie hinführen zur Landwirtschaft, zur Herstellung von Waren und zur Zivilisation, indem wir ihre Siedlungen mit unseren Siedlungen zusammenbringen und indem wir sie darauf vorbereiten, sich mit der Zeit an den Vorteilen unserer Republik zu beteiligen, bin ich der Überzeugung, dass wir in ihrem besten Interesse handeln.«

Der ehrgeizigste Versuch, die Indianer zu integrieren und gleichzeitig an ihr Land zu kommen, ohne offen zugeben zu müssen, dass wir es ihnen klauten, war der »Dawes Act«. Dieses Gesetz teilte ab 1887 den gesamten Grundbesitz der Indianer in einzelne Parzellen auf, eine Parzelle für jeden. Bis dahin gehörte das Land ja dem Stamm insgesamt. Nun sollten sie die Segnung des Privatbesitzes kennenlernen: Jeder von ihnen hatte ab sofort die Möglichkeit, mit seinem eigenen Stück Land zu tun und zu lassen, was er wollte. Damit stand der einzelne Indianer auf der gleichen Stufe wie der einzelne Weiße, der entweder Land besaß oder eben nicht.

Ein, zwei kleine Haken gab es jedoch schon dabei. Nach

Zuteilung der Parzellen blieb irgendwie eine Menge Land übrig. Die Parzellen waren ja auch als Farmland gedacht, nicht als riesige Jagdgebiete. Die übrig gebliebenen Parzellen wurden an weiße Siedler verkauft. Dazu kam, dass die Indianer nun als ordentliche Bürger nach einem gewissen Übergangszeitraum auf ihren Landbesitz Steuern entrichten sollten. Ich weiß nicht, wie es Ihnen geht, aber ich verstehe das Prinzip der Steuererhebung heute noch nicht recht, und ich vermute, die meisten Indianer verstanden das Prinzip noch weniger. Als sie nicht zahlen konnten, verloren sie auch noch ihre Parzelle.

Und das waren nur die legalen Tricks. Schon vor der Verabschiedung des »Dawes Acts« waren die verschiedenen Stellen innerhalb der Regierung, die für die Angelegenheiten der Indianer zuständig waren, durch und durch korrupt – jeder sah hier seine Chance, sich zu bedienen –, und mit dem »Dawes Act« wurden sie womöglich noch korrupter. Durch das Gesetz verkleinerten sich die Stammesgebiete der Indianer zwischen 1887 und 1934 heimlich, still und leise von 560.000 auf 190.000 Quadratkilometer.

Heute ist es für uns selbstverständlich, dass die Indianer die Europäisierung strikt ablehnten. Warum sollten sie ihre Identität und womöglich ihre Souveränität als autarke »Nations« (denn als solche sahen sie sich und viele tun es noch heute) freiwillig aufgeben, nur weil irgendwelche hergelaufenen Weißen es von ihnen verlangten? Aber nicht alle waren überraschenderweise der neuen Idee gegenüber abgeneigt.

Die so genannten »Five Civilized Tribes« beispielsweise waren fünf (»zivilisierte«) Stämme im Südwesten, die allesamt nichts gegen die Europäisierung einzuwenden hatten. Im Gegenteil, die Cherokee, Chickasaw, Choctaw, Creek und die Seminolen begannen zum Teil schon im späten 18. Jahrhundert, sich an die neuen Verhältnisse anzupassen.

Die meisten Bilder, die man von Indianern kennt, folgen

den romantischen Vorlagen des Fotografen Edward S. Curtis und des Malers George Catlin aus der zweiten Hälfte des 19. Jahrhunderts, als man das Ende der Stämme schon kommen sah: stolze, starke, grimmig dreinblickende Krieger mit bemalten Gesichtern, Lanzen in der Hand, Federschmuck auf dem Kopf und Bärenkrallen um den Hals. Ja, das war eine edle Rasse, roh und natürlich und unverdorben.

Weniger bekannt sind die früheren Porträts aus der ersten Hälfte des 19. Jahrhunderts: Häuptling Major Ridge mit seiner Beethoven-Frisur, im feinen blaugrauen Anzug und mit hochgeschlossenem Vatermörder-Kragen blickt den Betrachter nicht grimmig an, wie ein Major gucken soll, sondern seriös-väterlich (er war ja auch kein Major – das war nur sein Vorname); Häuptling John Ross residiert gutbürgerlich am Schreibtisch, in schickem Gehrock und bestickter Weste wie Goethe. Selbst später gab es Fotos in ähnlicher Art: Mit seiner langen Vokuhila-Frisur, Schnurrbart und lässig gebundener Fliege sieht Oberst E.C. Boudinet aus wie der Dandy-General Custer; und die Dame namens Walini würde mit ihren langen, glatten Haaren und dem hochgeschlossenen schlichten karierten Bauernkleid aussehen wie eine Pionierfrau, wenn ihre Haut nicht so dunkel wäre.

So kleideten sich die so genannten »zivilisierten« Indianer des Südwestens. Nachdem der Handel mit Fellen das Rotwild in ihrer Region beinahe zum Aussterben gebracht hatte, entschied sich der Stamm der Cherokee, auf die Lebensweise der Weißen umzusteigen. Von der amerikanischen Regierung bekamen sie Schweine und Rinder, Spinnräder und Baumwollsamen gestellt. Sie errichteten Zäune um Grundstücke, Häuser, Straßen und öffentliche Dorfplätze; die Männer ließen die Jagd hinter sich und wurden zu Schmieden, Bäckern und Farmern. Ihre Ansiedlungen wuchsen. Sie luden Missionare ein, um Schulen zu gründen, und bald konnten mehr Cherokee-Indianer als Weiße im Bundesstaat Georgia lesen und schreiben.

Chief James Vann machte eine Kneipe auf, betrieb eine Fähre und leitete eine Plantage, die sein Sohn dann ausbaute, bis er 150 Sklaven brauchte, um sie am Laufen zu halten. Major Ridge baute sich eine Villa in Rome, Georgia. Chief John Ross betrieb eine Handelsfirma und richtete einen Fährbetrieb ein. Elias Boudinot gab eine zweisprachige Zeitung heraus, die *Cherokee Phoenix*.

Nicht alle Cherokee schlossen sich den »Zivilisierten« an, aber es waren genug, um 1825 das Städtchen New Echota als Hauptstadt der Cherokee Nation mitsamt Polizei, Gericht, Parlament und Verfassung zu gründen. Man könnte sagen, sie waren perfekt integriert.

Doch es brachte ihnen gar nichts.

Je mehr Einwanderer in den USA eintrafen, desto mehr Raum benötigten sie, und das Land der Indianer lag einfach so brach. Der junge Staatenbund brauchte viele neue Siedler – je mehr, desto besser. Neubürger wählten, sie zahlten Steuern, sie stellten die Angehörigen des Militärs und trieben die Wirtschaft an. Die Indianer nicht. Indianer waren ja keine Bürger der USA – damals nicht. Die einzelnen Stämme verstanden sich jeweils als souveräne Staatengebilde (»Nations«), und wir Amerikaner waren quasi die Parallelgesellschaft, die um sie herum anwuchs und sie zunehmend in die Ecke drängte. Immer wieder siedelten Weiße illegal auf Indianerland, immer wieder versuchten diese, sie zu vertreiben, und immer wieder kam die Kavallerie und nahm die Weißen in Schutz. Im Bundesstaat Georgia, wo viele der »Five Civilized Tribes« ihre Gebiete hatten, herrschte im Grunde dauernd Krieg, und die Tradition des Krieges als Immobiliengeschäft der etwas anderen Art sollte lange Zeit anhalten: In hundert Jahren führte Amerika fast 80 militärische Auseinandersetzungen mit den Indianern. Das Amt für Statistik schätzte 1894, dass in den Kriegen mit den Indianern bis dahin rund 19.000 Männer, Frauen und Kinder auf amerikanischer Seite und 30.000 aufseiten der Indianer ihr Leben verloren hatten.

Als die Einwanderer-Ströme anschwollen, gingen die Bundesstaaten irgendwann formlos dazu über, Indianerland an Siedler einfach zu verschenken oder zu verkaufen, und in den 1830ern kam es dann zu den »Indian Removals«.

Der »southern gentleman« Andrew Jackson war gerade ins Präsidentenamt gekommen und wie viele seiner Landsleute der Meinung, es sei besser für alle, wenn die Indianer etwas weiter westwärts in Frieden unter sich leben würden. Der Vorschlag war schon einmal vor den Kongress gekommen und abgelehnt worden, doch jetzt drückte Jackson ihn kurzerhand durch, sodass mit einer sehr knappen Mehrheit ein Gesetz verabschiedet wurde: Die Indianer würden den Mississippi überqueren. Und zwar freiwillig – da ließ man ihnen keine Wahl.

In die Ecke gedrängt, sagten einige zu: Der »zivilisierte« Cherokee-Häuptling Major Ridge zum Beispiel unterschrieb einen Vertrag, wonach sein Volk sich freiwillig westlich des Mississippi ansiedeln würde. Einige Cherokee waren darüber so erzürnt, dass sie Major Ridge töteten. Es war aber zu spät, den Vertrag rückgängig zu machen, und die Cherokee wurden, genau wie die anderen vier »zivilisierten Stämme«, nach Westen vertrieben.

Den Choctaw wurde das Angebot gemacht, wer nicht wegziehen wolle, könne US-Bürger werden und vor Ort ein Stück Land bekommen. Wer jedoch lieber in einer souveränen »Nation« leben wolle, müsse weiter westwärts ziehen, dorthin, wo es damals noch Land gab, das nicht zu den USA gehörte. Rund 1.300 »zivilisierte« Choctaw wollten bleiben und wurden – als erste größere Gruppe – zu US-Bürgern.

Allerdings bekamen von diesen nur 143 Familien das versprochene Land, und auch die hatten keine große Freude daran, denn sie waren dem Zorn und Rassismus der weißen Siedler ausgesetzt. Ein Choctaw beschrieb es so: »Unsere Häuser wurden verbrannt, unsere Zäune zerstört, ihr Vieh weidete auf unseren Feldern, und wir selbst wurden verprügelt, gefesselt und auch sonst misshandelt, bis einige der Besten unter uns ob solcher Misshandlung gestorben sind.«

Die anderen etwa 15.000 Choctaw, die sich meist zu Fuß in einem Treck aufmachten, waren auch nicht besser dran. Man schätzt, dass rund 2.500 unterwegs umkamen. Die »Choctaw Relocation« hatte eine – bis dato existierende – Hemmschwelle überschritten und wurde nun zum Vorbild für den Umgang mit anderen Stämmen: Hintereinander wurden die Cherokee, Creek, Seminolen und Chickasaw verjagt. Bis 1837 waren insgesamt etwa 46.000 Indianer vertrieben und 100.000 Quadratkilometer Land enteignet.

Manche Indianer zogen bereits vor den jeweils angesetzten Terminen gen Westen, die meisten warteten jedoch den letztmöglichen Tag ab, vielleicht in der Hoffnung, die USA würden ihre Drohung nicht wahrmachen. Vergeblich. Das Militär trieb die Übriggebliebenen zusammen in Camps, wo sich schnell Krankheiten ausbreiteten.

Der französische Beobachter Alexis de Tocqueville war in Memphis, Tennessee, dabei, als eine Gruppe von Choctaw ihren Treck begann, und beschrieb es so: »Die Szene umgab eine Atmosphäre von Zerstörung und Zerfall … man konnte nicht zuschauen, ohne dass einem das Herz wehtat. Die Indianer waren ruhig, aber wortkarg und traurig. Einer sprach Englisch, und ich fragte ihn, warum die Choctaw das Land verließen. ›Um frei zu sein‹, antwortete er, und ich konnte keine andere Antwort aus ihm herausbekommen.«

Für viele Cherokee startete der Treck im Winter 1838, ohne rechte Winterkleidung und meist zu Fuß. Aus christlicher Barmherzigkeit wurden ihnen Decken aus einem Krankenhaus gegeben. Allerdings war dort kurz zuvor eine Pocken-Epidemie ausgebrochen, und damit sie die Pocken nicht verbreiteten, durften sie nicht durch die Städte ziehen. In Illinois erreichten sie im Dezember, dem Hungertod schon nah, einen Fluss, den sie nur mit Hilfe einer Fähre – Berry's Ferry – überqueren konnten. Die Überquerung kostete 12 Cent pro Person. Für Weiße. Für Indianer einen Dollar. Das heißt, wenn man dazu kam. Alle Weißen mussten natürlich zuerst übergesetzt werden. Die Cherokee warteten unterhalb eines Felsens. Allein während der Wartezeit starben einige. Andere wurden von Menschen aus der Stadt gejagt und erschossen.

Heute nennt man die Routen, die die Indianer nahmen, den »Trail of Tears«.

Ein paar Jahre später schon wurde klar, dass die Vereinigten Staaten auch das Land westlich des Mississippi brauchen würden. Man konnte die Indianer aber nicht ewig nach Westen vor sich herschieben – irgendwann würde man ihnen Land zugestehen müssen. Natürlich sollte es möglichst Land sein, das die Weißen nicht sonderlich interessierte – die Idee der Reservate war geboren.

Schon 1851 wurden in Oklahoma die ersten Reservate geschaffen, wo Indianerstämme souverän als eigene »Nation« leben konnten. Heute gibt es über 300 in Amerika. Insgesamt gehören 225.400 Quadratkilometer den Indianernationen, das sind rund 2,3 Prozent der USA, ungefähr so viel wie ein Drittel von Deutschland. Das größte, die Navajo Nation, ist etwas größer als Bayern, doch mit wenigen Ausnahmen handelt es sich nach wie vor um entlegene Landstriche, die man nicht unbedingt brauchte: Niemand gab den Indianern ein paar Blocks mitten in Manhattan oder die Bucht von San Francisco oder die Ölfelder von Texas.

Ein Reservat ist ein halb-souveränes Territorium: Die Stämme machen ihre eigenen Gesetze und ihre eigene Politik, kümmern sich um Verwaltung und Infrastruktur, erheben Steuern. Sie dürfen zwar keine stehende Armee ins Leben rufen, keine eigene Währung besitzen und Kapitalverbrechen wie Mord müssen vom FBI untersucht werden, aber sie können Weißen den Zutritt verbieten und auch eigene Mitglieder verbannen. Seit 1923 erhalten Indianer – neben der Zugehörigkeit zu ihrer »Nation«, dem Stamm – automatisch die amerikanische Staatsbürgerschaft und besitzen damit eine Art doppelte Staatsbürgerschaft.

Heute leben wieder rund 5,2 Millionen Indianer oder Halb- bzw. Teil-Indianer in den USA, inklusive der Inuit in Alaska. Das sind etwa 1,7 Prozent der Bevölkerung, und die Zahl steigt: Bis 2050 wird der Anteil der Indianer nach Prognosen auf 2 Prozent der Bevölkerung anwachsen.

Direkt nach dem »Trail of Tears« lebten wahrscheinlich weniger als 25.000 Cherokee in Amerika; heute sind sie der größte Stamm der USA mit rund 300.000 Mitgliedern.

Überblickt man die letzten 500 Jahre, waren die Indianer kontinuierlich einem überlegenen Gegner hilflos ausgeliefert.

Jetzt, zum ersten Mal, sind sie das nicht mehr.

Heute ist alles anders, obwohl viele es noch nicht gemerkt haben. Als Erstes hat sich die Einstellung ihnen gegenüber geändert.

2003 passierte etwas Merkwürdiges in Montana:

Little Bighorn ist ein flacher Hügel entlang eines kleinen Flusses in der Prärie. Für die Amerikaner ein Symbol der Hybris, Scham, Dummheit – und Niederlage. Für die Indianer ist es eine Quelle des Stolzes. Little Bighorn ist eines der wenigen Schlachtfelder, auf denen die Indianer ihre Feinde geschlagen haben, und zwar so vernichtend, dass es heute noch wehtut.

George Armstrong Custer war im Bürgerkrieg – abgesehen von einem gewissen Hang zum Dandytum – stets ein respektierter Offizier gewesen. Nach dem Krieg wurde er in den Westen geschickt, um an diversen Indianerkriegen teilzunehmen, vor allem gegen eine umtriebige Gruppe von Lakota-Indianern, die ihre Reservate verlassen hatten und nun unter dem berüchtigten Häuptling und Krieger Sitting Bull die Gegend unsicher machten.

Als Custer erfuhr, dass sich Sitting Bull mit 800 rebellierenden Indianerkriegern am Little Bighorn niedergelassen hatte, machte er sich umgehend mit einem Trupp von 700 Soldaten dorthin auf.

Was er nicht wusste: Sitting Bull hatte sich mit Gruppen von Cheyenne- und Arapaho-Indianern verbündet. Es lagerten deshalb nicht 800, sondern bis zu 7.000 Indianer am Little Bighorn, mitunter Frauen und Kinder, aber möglicherweise eben auch bis zu 2.000 Krieger, einschließlich solcher Helden wie Iron Hawk, Kicking Bear, Crow King, Black Moon, Rain-in-the-Face, Kill Eagle, White Bull, He Dog, Hollow Horn Bear, Two Moons, American Horse und vor allem dem »Krieger des Tages«: Crazy Horse.

Die Schlacht dauerte zwei Tage. Danach war Custer tot, rund die Hälfte seiner Soldaten auch und die siebte Kavallerie so gut wie ausgelöscht. Und die Indianer, die zwischen 30 und 300 Gefallene zählten, feierten den größten Sieg ihrer Geschichte.

Wir sollten uns darüber im Klaren sein: Die Indianer haben diese Schlacht gewonnen – die Amerikaner haben verloren. Wenn der Verlierer also hier ein Denkmal errichtet, dann höchstens, um seiner eigenen Opfer zu gedenken.

Genau das haben wir auch lange getan. Schon drei Jahre später wurde das Schlachtfeld mitsamt Gräbern feierlich zum Nationalfriedhof erklärt, und wir gedachten regelmäßig unserer Toten.

Dann, irgendwann nach dem Oscar-Auftritt von Sacheen Littlefeather, fiel uns langsam auf, wie geschmacklos das im Gesamtzusammenhang eigentlich war, unserer Gefallenen im Krieg gegen die Indianer zu gedenken. Denn letztendlich waren wir ja nicht die Opfer – sondern die Täter. 2003 errichteten wir deshalb für 2,3 Millionen Dollar direkt neben dem Custer-Denkmal auch ein Denkmal für die Gefallenen des »Feindes«. Heute wird dort also der Toten beider Seiten gleichermaßen gedacht. Und dadurch hat sich die Bedeutung des Nationalparks Little Bighorn gewandelt: von einem Symbol der Niederlage zu einem Eingeständnis unserer Schuld und einem Angebot zur Versöhnung zugleich.

Der Lakota-Sioux-Indianer Enos Poor Bear, der jedes Jahr seine gefallenen Vorfahren am Little Bighorn ehrt, sagte einem Reporter bei der Einweihung des neuen Denkmals: »Jetzt können wir alle die Geschichte neu schreiben, wenn wir uns gemeinsam Mühe geben.«

Bis vor kurzem war es kaum möglich, Kompensation für vergangenes Unrecht einzuklagen. 1996 aber reichte eine Gruppe von Indianern gegen die USA eine Klage ein wegen »Misswirtschaft, Korruption und Betrug seitens der offiziellen Behörden«. Es ging um ein Verbrechen, das über 100 Jahre her war: den oben erwähnten »Dawes Act«. Bei »Cobell v. Salazar«, wie der Fall vor Gericht hieß, handelte es sich um eine der größten Sammelklagen gegen den Staat in der Geschichte der USA. Das Ziel war, Schadensersatz für eine riesige Gruppe von Indianern zu fordern, die aufgrund unfähiger oder korrupter Behörden unter dem »Dawes Act« zu leiden hatten: Die Anzahl der möglichen Betroffenen wird auf zwischen 250.000 und 500.000 geschätzt.

Es ging um eine Menge Geld, und die Regierung wehrte sich nach Kräften, bis 2008 ein regionales Gericht den Klägern 455 Millionen Dollar zusprach.

Dass ein Gericht zugunsten der Indianer urteilte, machte den Klägern Hoffnung und die Regierung nervös. Denn den Indianern war die zugesprochene Summe nicht genug. Sie gingen in Revision. Der Regierung war klar, dass sie den Fall verloren hatte und dass die Summe, die sie zahlen musste, jetzt ins Unermessliche steigen konnte. Sie überlegte fieberhaft, wie sie den Schaden begrenzen könnte, und trat mit den Klägern in Verhandlungen. Als die Gespräche 2010 endlich abgeschlossen wurden, waren die Indianer um 3,4 Milliarden Dollar reicher.

Doch die eigentliche Wende kam 2009, als Präsident Obama eine offizielle Entschuldigung unterschrieb, in der die USA die besondere politische Beziehung zu den Indianerstämmen und auch deren traditionelle Verbundenheit mit ihrem Land, auf dem unser Staat sich befindet, anerkennen und zugeben, dass die Indianer jahrzehntelang von offizieller Seite Demütigungen und Vertragsbrüche erdulden mussten.

Damit stellte er sich in eine Reihe mit seinen beiden Vorgängern, die sich ebenfalls zur unfairen Behandlung von Minderheiten durch die USA geäußert haben. Bill Clinton machte den Anfang: 1993 entschuldigte er sich für die unrechtmäßige Annektierung von Hawaii. 2003 nannte George W. Bush überraschenderweise die Sklaverei »eines der größten Verbrechen der Menschheit«; daraufhin entschuldigte sich der Kongress 2008 offiziell für die Sklaverei und die darauf folgenden »Jim Crow«-Gesetze. Endlich kamen nun die Indianer an die Reihe. Das hat Folgen, denn eine Entschuldigung ist eine Anerkennung der Schuld – und jede Klage seitens der Indianer hat von nun an größere Aussichten auf Erfolg.

Eines der größten Missverständnisse ist auch heute noch, dass Indianer samt und sonders in Reservaten leben. Mehr als die Hälfte wohnt inzwischen ganz woanders. Zwar begreifen sich die Stämme weiterhin als souveräne »Nations« und halten ihre Kultur und Traditionen hoch, aber die meisten ihrer Mitglieder leben nun ihr tägliches Leben mitten in der ehemaligen Parallelgesellschaft – unter uns. Es werden auch zahlreiche Ehen unter Weißen (bzw. Schwarzen) und Indianern geschlossen, und heute gibt es mehr »Halbblute« als »Vollblute«, wie Karl May es ausdrücken würde.

Die Mehrzahl der Indianer zieht es heute in die Großstädte wie die meisten anderen Amerikaner auch. Darunter sind junge Footballstars wie Sam Bradford und Tyler Bray oder Hollywood-Schauspieler wie Grahame Greene oder Lou Diamond Philipps. Einer der einflussreichsten Rockpoeten der 60er, Robbie Robertson von The Band (*The Night They Drove Old Dixie Down* bzw. auf Deutsch: *Am Tag als Conny Kramer starb*), hatte einen jüdischen Vater und eine Mohawk-Mutter. Nachdem N. Scott Momaday mit seinen Roman *House Made of Dawn* im Jahr 1969 den begehrten Pulitzer-Preis gewonnen hatte, ist die Zahl der erfolgreichen Indianerautoren stark angestiegen, und in literarischen Kreisen spricht man seit 1983 gar von der »Native American Renaissance«. Vor allem die halbdeutsche Chippewa Louise Erdrich ist erfolgreich mit ihren Büchern über das Leben im Reservat oder auch unter deutschstämmigen Einwanderern in typischen Kleinstädten. Einer meiner Lieblingsautoren ist der Spokane Sherman Alexie, der das Reservat in jungen Jahren verließ, um das Schreibhandwerk zu erlernen: Seine besten Kurzgeschichten findet man in *The Lone Ranger and Tonto Fistfight in Heaven*, verfilmt unter dem Titel *Smoke Signals*.

Zahlreiche Stars, von Billy Bob Thornton, Johnny Depp und Kim Basinger bis hin zu Johnny Cash und Cher, haben mindestens ein paar Indianer in ihrem Stammbaum. Elvis Presley hatte Cherokee-Vorfahren; Country-Star Shania Twain ist anerkanntes Mitglied der kanadischen Ojibwa (»Shania« bedeutet »Ich mache meinen Weg«), und wir wollen hier auch den Golf-Star Tiger Woods nicht verschweigen.

Und die Reihe berühmter »Native Americans« lässt sich fortsetzen: Es ist schwer, jemanden zu finden, der »amerikanischer« war als Will Rogers, der allseits beliebte Radiokomiker, Cowboy-Philosoph und politische Kommentator aus Oklahoma, berühmt für seinen Ausspruch: »Ich habe nie jemanden kennengelernt, den ich nicht mochte« – er war Cherokee. Der Choctaw Joseph Oklahombi bekam die französische Ehrenmedaille im Ersten Weltkrieg, nachdem er zusammen mit 23 Kameraden 171 deutsche Soldaten angriff, gefangen nahm und seine Stellung tagelang verteidigte, und John Herrington wiederum, Chickasaw, war der erste Indianer im Weltall.

Die erstaunliche Karriere des Charles Curtis wäre ebenfalls in einem Reservat schlecht möglich gewesen: Von seinen Großeltern unter den Kaw in Kansas aufgezogen, verließ er als junger Mann das Reservat und studierte Recht. Seine lange politische Karriere gipfelte im Amt des Vizepräsidenten der USA von 1929 bis 1933. Die Zeiten, da ein Indianer in der Politik sich als »der erste Indianer in einem höheren politischen Amt« rühmen konnte, sind längst vorbei. Dennoch hat es Susan Allen geschafft, die »erste Indianerin« in einem ganz bestimmten Bereich zu sein: Als Rosebud-Sioux-Indianerin in Minnesota studierte sie Recht und spezialisierte sich auf Indianerfragen, bis sie 2012 in Minnesotas Repräsentantenhaus gewählt wurde – und zwar als erste lesbische Indianerin in einem höheren politischen Amt.

Wer dagegen an das Leben in den Reservaten denkt, dem kommt höchstwahrscheinlich so etwas wie Wind River in den Sinn.

Auf neun Millionen Quadratkilometern leben hier 14.000 Menschen. Alles ist schlimmer hier: Kindesmisshandlungen, Teenager-Schwangerschaften, sexuelle Übergriffe, häusliche Gewalt, Alkoholismus und Drogenmissbrauch. Die durchschnittliche Lebenserwartung liegt bei 49 Jahren, 40 Prozent aller Highschool-Schüler machen keinen Abschluss, und die Arbeitslosigkeit liegt bei über 80 Prozent. Dabei mangelt es eigentlich nicht an Jobs: Die Ölförderung in Wyoming boomt geradezu, aber die Indianer bekommen keine Stellen, weil sie die Drogentests nicht bestehen (oder umgekehrt).

Draußen vor den Städten windet sich ein blaues Flüsschen malerisch durch die Hügel, die sich bis zum Horizont ziehen; in den Straßen dagegen bietet sich ein anderes Bild: haufenweise leere Whiskey- und Wodka-Flaschen, Schmerzmittelschachteln, Graffiti an den Wänden, Häuser, die bis auf das Fundament heruntergebrannt sind. Die Hoffnungslosigkeit regiert.

Doch so etwas wie Wind River ist heute die Ausnahme. Die meisten Reservate sind inzwischen nicht mehr das, was sie mal waren.

In den 70ern bekamen die Chippewa-Indianer Russell und Hellen Bryan, die in einem Wohnwagen lebten, zum ersten Mal eine Rechnung vom Bundesstaat Minnesota über die zu entrichtende Grundsteuer. Dass ein Bundesstaat Steuern erhebt, auch in einem Reservat, ist nichts Außergewöhnliches, immerhin leistet er auch dort gewisse Verwaltungsdienste. Allerdings hatten die Bryans das Geld nicht, also gingen sie zum Anwalt und fragten, was man tun könne. Da fiel ihnen ein, dass ein Reservat eigentlich souveränes Territorium ist. War eine Steuerforderung von außen dann überhaupt legal? Sie legten Widerspruch ein mit der Behauptung, ein Bundesstaat könne keine Steuern bei einem souveränen Volk erheben. Das Gericht allerdings fand: doch, das ginge sehr wohl. Auch die nächsten beiden Gerichte, die die hartnäckigen Bryans anriefen, bestätigten: Minnesota darf das.

Ein Gericht war anderer Meinung: das Oberste. Es stellte fest, dass ein Bundesstaat nicht nur kein Recht hat, von einem anerkannten souveränen Indianerstamm Steuern zu erheben, sondern dass er dem Stamm auch sonst nichts zu sagen hat: das Arbeitsrecht, ein Tempo-Limit, gar nichts kann ein Bundesstaat regeln, sondern höchstens der Kongress.

Das brachte einige Indianer auf neue Gedanken. Es war, als ob sie zum ersten Mal erkannt hätten, was »Souveränität« überhaupt bedeuten kann. Und dass ein Casino bestimmt eine Menge Geld einbringen könnte, da Glücksspiel ja in den USA zumeist verboten ist. Auf einmal wurde ein Casino nach dem anderen in den Reservaten eröffnet. Die Sheriffs schlossen sie, die Sache ging vor Gericht, die Indianer machten sie wieder auf. Schließlich landete die Angelegenheit vor dem Kongress, und 1988 unterzeichnete der alte Hollywood-Cowboy Ronald Reagan ein Gesetz, das Glücksspiel in Indianerreservaten erlaubte. Den Betreibern wurden großzügige Konditionen eingeräumt.

Seitdem ist die Zahl der Casinos auf 400 angewachsen, und ihr jährlicher Umsatz von anfangs 100 Millionen auf aktuell 18,5 Milliarden Dollar gestiegen.

Von den 550 Indianerstämmen betreiben jetzt knapp die

Hälfte Casinos. Das bedeutet eine Wirtschaftskraft, von der viele weiße Nachbargemeinden nur träumen können. Denn ein Casino ist natürlich nicht nur ein Casino …

Die gemächliche Landstraße des Salmon River Highway führt zwischen Portland und der Pazifikküste über weite Felder, an ein paar alten Scheunen vorbei und in dichte Kiefernwälder hinein. Wir waren unterwegs: meine deutsche Freundin, mein Vater und ich. Wir kamen von einem Ausflug ans Meer zurück, eine Zwei-Stunden-Autofahrt durch die Wildnis von Oregon lag vor uns. Keine Städte, keine Dörfer, außer einigen Farmern lebten nicht viele Menschen hier draußen, es war zu weit weg von allem. Selbst die schroffe, schöne Pazifikküste, wo wir den Tag verbracht hatten, war nur spärlich besiedelt. Ohne dass wir es bewusst wahrnahmen, stiegen die Hügel an. Der Wald wurde dichter, und wir sahen immer mehr umgestürzte Bäume, wie von der Hand eines Riesen umgeknickt. Mitten auf dem Berg, im dichten Wald, fing es an zu schneien. Mein Vater musste aufs Klo.

Hoffentlich gibt es hier im Nichts irgendein kleines Diner oder einen Truckstop, dachte ich und vertröstete ihn. Es war noch ein langer Weg bis Portland. Dann waren wir durch den Wald hindurch und wieder in einem Tal, und da stand es, wie aus dem Nichts, direkt vor uns, wie ein verwunschenes Schloss, das aus dem Nebel ragt, wie ein Kreuzfahrtschiff: das Casino. Ein ausladender Komplex aus vier oder fünf runden sechsstöckigen hochmodernen Gebäuden, umgeben von riesigen Parkplätzen und sonnig pastellfarben angemalt, mit Zickzack-Mustern und stilisierten Adlern. Ein Schild lud uns ein, dem »Spirit Mountain Casino« einen Besuch abzustatten. Wir nahmen die Einladung dankend an.

Das »Spirit Mountain Casino« bietet ein 254-Zimmer-Hotel, fünf Restaurants, einen Nachtclub und eine Sportbar, eine Spielhöhle für die Kids und Glücksspiele auf 8.400 Quadratmetern, einschließlich Blackjack, Poker, Roulette und 2.000 einarmigen Banditen. In einer durchschnittlichen Woche kann man im Nachtclub Tony Bennett, Toni Braxton oder Boyz II Men hören, aber auch Komiker wie Cedric The Entertainer, und wenn das nicht reicht, gibt es auch Karaoke und etwas, das man »The Shinkle Band« nennt.

Wir schlenderten an den Limos und Shuttle-Bussen vorbei, aus denen die Gäste quollen, die gratis aus den umliegenden Städten hergebracht worden waren: leicht rundliche Paare, Familien, Rentner und zappelige Jungs in T-Shirts und mit Basecaps, und landeten in einem Saal so groß wie ein Fußballstadion, voller blinkender, klingelnder, leuchtender Spielautomaten.

Mein Vater war zum ersten Mal in einem Casino. Er grinste. »Wow«, sagte er und ging aufs Klo.

In Hawaii aufgewachsen, war ich noch nie im Leben in einem Reservat gewesen. Ich hätte ein Tor erwartet, dahinter ein paar verfallene Häuser mit kläffenden Hunden und rostigen Autos davor. Das 45-Quadratkilometer-Reservat der 27 vereinigten Stämme von Grand Ronde besitzt kein Tor, und der Highway führt direkt hindurch. Ich fragte mich, wo im Hinterland sich das echte Indianer-Ghetto wohl versteckte, und wir fuhren ein wenig herum: Die Straßen waren neu asphaltiert, vor dem ausladenden Verwaltungsgebäude standen zwei übergroße Indianer, die ihre Hände gen Himmel hoben – ein Veteranen-Denkmal für gefallene Stammesmitglieder der verschiedenen Kriege der USA. Weiter hinten wurden gerade neue Häuser gebaut, kleine und große, in Reihen und einzeln, alle geräumig, mehrstöckig und gemütlich, als Teil der kommunalen Wohnungspolitik des Stammes.

Ehrlich gesagt, sah es hier besser aus als in den meisten Dörfern unterwegs.

Das bedeutet nicht, dass ein Casino-Reservat automatisch reich ist. Es gibt zwar spektakuläre Fälle wie den der Shakopee Mdewakanton Sioux in Minnesota, wo 300 Stammesmitglieder je eine Million Dollar jährlich mit nach Hause nehmen, das ist aber die Ausnahme. Ein Viertel der Casino-

Stämme verteilen ihre Profite unter Stammesangehörigen; die anderen investieren sie in Programme wie Arbeitslosenhilfe, Rente, Bildung oder Infrastruktur. Und dann sind da natürlich auch die nicht-indianischen Investoren, die ihren Anteil wollen. Trotzdem liegen zwischen einem Reservat mit Casino und einem ohne Welten.

Es ist aber nicht so, dass es einigen Indianern so gut geht, nur weil ihnen plötzlich Geld in den Schoß gefallen ist. Die meisten dieser aufstrebenden Stämme arbeiten seit den 1970ern hart an ihrem Erfolg.

Schon ab 1979 begannen die Choctaw, einer der ehemaligen »Five Civilized Tribes«, die den »Trail of Tears« durchgemacht haben, Unternehmen anzulocken, indem sie diesen günstige Bedingungen versprachen, wenn sie ihren Firmensitz in das Reservat verlegten und dort Indianer einstellten. Zu den günstigen Bedingungen zählten solche Kleinigkeiten wie Steuerfreiheit. Heute sind die Choctaw selbst einer der größten Arbeitgeber in Mississippi mit 19 Unternehmen und 7.800 Angestellten. 1992 stiegen auch sie ins Casino-Geschäft ein, und ihre Etablissements zählen heute zu den größten der USA.

Das Comeback der Cherokee – auch ein »Trail of Tears«-Tribe – begann in den 1970ern. Die größte der drei Cherokee-Gruppen, die Cherokee Nation in Oklahoma, setzte 1976 eine eigene Verfassung ein und begann, die Wirtschaft ihres Stammes auszubauen, gründete Baufirmen, Rüstungs- und Immobilienunternehmen. Die Nation führte auch die Philosophie des »gadugi« ein: Das Wort bedeutet »zusammenarbeiten« und bezeichnet die soziale Kooperation innerhalb einer Gemeinde. Seit Casinos erlaubt wurden, blühten alle drei Cherokee-Gruppen auf. Heute betreibt die Cherokee Nation 8 Casinos, 47 Tabakläden und mehrere Tankstellen. Darüber hinaus hat die Nation mehrere Gesundheitskliniken in Oklahoma gebaut sowie Straßen, Brücken und Universitäten, sie betreibt eine Neuauflage der zweisprachigen Zeitung *Cherokee Phoenix* und sponsert den Cherokee-Nationalfeiertag sowie ein Cherokee-Filmfest.

Seit dem Casino-Boom ist ein merkwürdiges Phänomen zu beobachten: Immer mehr Indianer werden aus ihren Reservaten rausgeschmissen. Das kommt so: Eines Tages kriegt man einen Brief, in dem steht, dass der Stammesrat entschieden habe, dass man nicht die richtigen Vorfahren habe und deshalb ab sofort nicht mehr zum Stamm gehöre.

Es ist ja schwer zu beweisen, dass man Indianer ist. Man muss belegen können, dass mehrere Vorfahren Indianer waren, und zwar Indianer eines bestimmten Stammes. Erst dann ist man Teil desselben und genießt auch die Vorteile: Beteiligung am Land und, je nach Stamm, vielleicht sogar am Gewinn des Casinos.

Seit dem Casino-Boom kehren immer mehr Indianer in die Reservate zurück, und die Stämme schauen immer genauer auf die Abstammung ihrer Stammesmitglieder und ob sie nicht vielleicht doch eher zu einem anderen Stamm gehören. Heute nämlich haben die meisten Indianer Vorfahren aus ganz verschiedenen Stämmen, Weiße sind oft auch darunter. Der Casino-Boom hat insofern auch Nebeneffekte auf völlig andere Wirtschaftszweige: Inzwischen ist sogar eine kleine Industrie genealogischer Forschung für Indianer ins Leben gerufen worden …

Die USA und die Indianer gehen nun seit über 200 Jahren eher schlecht als recht miteinander um, aber zum ersten Mal wird langsam klar, wie viel Einfluss Letztere haben können. Ihr Status als halb-souveräne Gruppen bietet ihnen neuartige wirtschaftliche Chancen, und die rechtlichen Optionen, die ihnen vor den Gerichten offenstehen, sind größer als je zuvor.

Ihr Sieg über die Bundesstaaten vor dem Obersten Gerichtshof hat weitreichende Folgen, die heute noch gar nicht alle absehbar sind. Zum Beispiel das mit den Zigaretten: Da Indianer keine Steuern auf Bundesebene zahlen müssen, können sie auch Tabak deutlich billiger erwerben. Deshalb – und nicht etwa, weil das mit dem Tabakrauchen sowieso ihre Erfindung war – findet man so viele »smoke shops« in Reservaten und Indianer-Casinos.

Der Erfolg bei der Klage gegen den »Dawes Act« hat inzwischen ähnliche Klagen gegen Washington nach sich gezogen, von denen eine weitere im April 2012 erfolgreich war – mit einer Entschädigungszahlung von einer Milliarde Dollar, die 41 Stämmen zugutekommt.

Nach dem Vorbild der Sammelklagen gegen die Tabakkonzerne haben die Indianer zudem begonnen, gegen das in Reservaten weitverbreitete Problem des Alkoholismus anzugehen. 2012 haben die Oglala Sioux in einem der ärmsten Reservate der USA, Pine Ridge in South Dakota, eine Klage gegen Amerikas größte Brauereien sowie gegen vier Alkoholläden angestrengt. Diese »liquor shops« befinden sich direkt neben dem Reservat in einem winzigen Kaff mit vielleicht einem Dutzend weißer Einwohner. Dafür ist der Absatz der vier Läden aber enorm: fünf Millionen Bierdosen im Jahr. Ihre Kunden sind Indianer, die das Bier ins Reservat schmuggeln. »Schmuggeln« ist das richtige Wort, weil Alkohol im Reservat verboten ist. In Pine Rigde gibt es nämlich eine immens hohe Alkoholismus-Rate, mit all den schrecklichen Folgen, die dies mit sich bringt. Im Rahmen der Klage wird nun behauptet, Brauereien und Läden wüssten ganz genau, wer ihre Kunden seien, und beförderten daher wissentlich den Schmuggel, ähnlich wie ein Drogenboss in Kolumbien den Schmuggel von Drogen in die USA befördere. Pine Ridge verlangt demzufolge Kompensation für erhöhte Kosten im Polizei-, Sozial- und Gesundheitswesen in Höhe von 500 Millionen Dollar.

Und das ist erst der Anfang …

Als damals die ersten vereinzelten Pilger amerikanischen Boden betraten, Typen, die besser beten als jagen und fischen konnten und offensichtlich nicht lange durchhalten würden, hatten die Indianer keine Ahnung, was da auf sie zukam, und waren weder technisch noch politisch dafür gerüstet. Ich kann nicht umhin, mich zu fragen, was passiert wäre, wenn sich nicht nur die Irokesen, sondern all die zahlreichen Stämme irgendwann im 18. Jahrhundert zu einer einzigen großen Nation zusammengeschlossen hätten. Es war die Einigung, die den Indianern ihren größten Sieg am Little Bighorn beschert hatte. Rein von ihrer Zahl her hätten sie gemeinsam schon vorher gegen die Kavallerie einiges ausrichten können, mindestens genug, um auf die Einhaltung der gebrochenen Verträge zu pochen.

Die Idee ist gar nicht so abwegig.

Wir stellen uns Indianer gern als Einzelkämpfer in kleinen familiären Stämmen in der Prärie vor. Das war aber für sie nur eine Art zu leben, die sie teilweise auch erst relativ spät wählten. Neben Jägern und Kriegern gab es jede Menge Händler, die auf einem Netz von Flüssen Amerika durchquerten und Waren aus diversen Regionen und von unterschiedlichsten Stämmen tauschten. Manche Stämme besaßen bereits eine Währung, zum Beispiel das »wampum« im Nordosten – ein sicheres Zeichen für eine bereits ausdifferenzierte Wirtschaft.

Und dann gab es Cahokia.

Je besser französische Pelzhändler den Mississippi kennenlernten, desto häufiger fiel ihnen ein seltsames Phänomen auf: Hügel, mitten auf dem platten Land. Sie lagen verstreut entlang des Mississippi, mit Gras und Bäumen überwuchert, und wirkten seltsam symmetrisch – wie von Menschenhand gemacht. 1831 kaufte T. Amos Hill das Land um einen dieser Hügel herum und grub nach einer Quelle. Dabei stieß er auf menschliche Knochen. Bald interessierten sich Archäologen dafür und stellten fest: Es handelte sich um eine Pyramide – mitten in Nordamerika. Nicht aus Stein, sondern aus Erde: ein »Mound«. Sie wies eine Höhe von 30 Metern auf, und obendrauf hatte sich einst ein Gebäude befunden, das nochmals 15 Meter hoch war.

Ganz langsam kristallisierte sich das Bild einer untergegangenen Indianerkultur des Südens heraus: Sie lebten nicht in Tipis, sondern in riesigen Städten, deren Mittelpunkt eine oder mehrere Erdpyramiden waren. Die größte Stadt dieser Art lag im heutigen Illinois, und man nennt sie Cahokia. Ihr Stadtkern war 15 Quadratkilometer groß, eingefasst von einer Stadtmauer aus massiven Holzpfählen, wies sage und schreibe 120 Pyramiden auf und zählte zu seinen Glanzzeiten bis zu 40.000 Einwohner – eine Großstadt, vergleichbar mit London und Paris zu jener Zeit. Auch vom Baustil her vergleichbar übrigens: London und Paris bestanden um 1200 herum ebenfalls vorwiegend aus Holz.

Cahokia hatte genau wie die Indianermetropolen Mittel- und Südamerikas eine politische Elite, die starken Einfluss auf die Stämme und Städte der Umgebung nahm und die öffentliche Dienste wie Straßenbau und Bewässerung koordinierte. Man vermutet, dass die Stadt – besser gesagt: das Reich – eine Polizei besaß sowie Läden und Märkte, eine geregelte Landwirtschaft und Feiertage mit aufwendigen überregionalen Sportveranstaltungen (wozu übrigens höchstwahrscheinlich Popcorn angeboten wurde). Schmiede bearbeiteten Kupfer und exportierten es zu weit entfernten Stämmen.

Keiner weiß, wie oder warum Cahokia schließlich untergegangen ist, aber es geschah etwa 100 Jahre vor Kolumbus. Eine Theorie ist, dass dieses Reich einfach schneller anwuchs als die technischen Möglichkeiten sich entwickelten, es angemessen zu verwalten und ausreichend zu versorgen. Heute zeugen nur noch Gräber, Knochen, Scherben und Reste von Holzfundamenten von dieser Epoche. Aber Cahokia macht eines klar: Wären die Dinge nur ein klein wenig anders verlaufen, hätte Kolumbus, als er ankam, eine moderne, gut organisierte Nation angetroffen, und man hätte ihn erst mal gefragt, ob er denn überhaupt befugt sei, im Namen seines Häuptlings diplomatische Beziehungen aufzunehmen.

Ich frage mich ebenso, was wohl passiert wäre, wenn die Indianer nicht erst heute, sondern schon im frühen 19. Jahrhundert in Washington Lobbyarbeit betrieben hätten. Die Gelegenheit gab es. Als vom Kongress das Gesetz zum »Indian Removal« verabschiedet wurde, das zum »Trail of Tears« führte, war die Entscheidung äußerst knapp. Erstaunlich viele unserer Politiker waren den Indianern gegenüber positiv eingestellt. Im Senat endete die Abstimmung 28 zu 19 und im Abgeordnetenhaus 102 zu 97. Was wäre passiert, wenn in den Wochen zuvor ein engagierter Verfechter der Indianerrechte die Kirchen, die Quäker und andere mobilisiert, in den Zeitungen Argumente pro Indianer lanciert und den Abgeordneten ins Gewissen geredet hätte?

Wahrscheinlich lag die westliche Art zu denken und zu handeln den Indianern damals jedoch zu fern, als dass sie die Weißen mit ihren eigenen Waffen hätten schlagen können.

Heute dagegen …

22

Wir glauben jeden Blödsinn

Oben auf dem Sandsteinplateau Sand Mountain im ländlichen Alabama, umgeben von Hühner- und Schweinefarmen und langen Straßen, die sich im Nirgendwo verlieren, steht die »Rock Holiness Church«. Sie sieht nicht gerade wie eine Kirche aus: ein schlichtes weißes, kastenähnliches Gebäude ohne Kreuz und üblichen Schnickschnack. Auch der Innenraum ist karg – die Bänke an die Wand geschoben, vorne ein niedriges Podium mit Pult, an der Wand Fotos von beliebten Predigern der Gemeinde und ein paar Musikinstrumente: Gitarre, Schlagzeug, ein Verstärker.

Hier begann der Mittdreißiger John Wayne »Punkin« Brown, ein Prediger der Gemeinde, an einem Samstagabend im Oktober 1998 seinen Gottesdienst. An diesem Abend brauchte er ein wenig Zeit, um in Fahrt zu kommen. Wie immer geißelte er die Sünde, stellte klar, dass nur Jesus uns retten könne, rief seine Gemeinde zur Buße auf, lobte Gott, lobte Jesus. Immer wieder stießen Prediger und Gemeinde spontane Gebete aus: »Thank you, Jesus!« – »In Jesu Namen!« – »Halleluja!« Immer wieder sang die Gemeinde Lobeshymnen: »I'm on my way to heaven.« Die Band spielte, die Gläubigen klatschten, tanzten, stampften mit den Füßen auf den Holzboden, zuckten am ganzen Körper, drehten sich im Kreis: »I'm going home to be with Jesus.«

»Bless your holy name, Jesus. Satan's shedding big ole tears.«

Dann öffnete John Wayne »Punkin« Brown einen der Käfige neben dem Pult und holte eine Klapperschlange heraus.

Eine lebende, hochgiftige Klapperschlange: Er hielt ihren schweren Körper in seinen Händen, und während sie sich wand, wiegte er sich hin und her und predigte wie in Trance: »In Jesus' name!« Er drehte sich um sich selbst, die anderen Prediger nahmen ihre Schlangen ebenfalls aus den Käfigen, reichten sie an andere Gläubige weiter. Schlangen gingen von Hand zu Hand, bis auf einmal jemand merkte, dass John Wayne »Punkin« Brown umgekippt war.

Er versuchte, sich zu halten, sank jedoch zu Boden. Die Musik hörte auf. Man stand um ihn herum, nahm ihm die Schlange ab, die ihn in den Daumen gebissen hatte, fragte, ob man einen Krankenwagen rufen solle. Er deutete in den Himmel: Die Entscheidung über sein Leben solle Gott treffen. Eine Frau schrie: »Jesus, have your way!«, eine andere fiel in Ohnmacht. Kurz bevor er nicht mehr sprechen konnte, stieß er aus: »Whatever happens, God is still God.« Jemand heulte, »Jesus! Jesus! Jesus!« Dann war es still.

John Wayne »Punkin« Brown wusste, was er tat. Erstens, weil seine Frau einige Jahre zuvor auf die gleiche Weise gestorben war. Zweitens, weil er schon über 60 Schlangenbisse überlebt hatte.

Auch heute noch stirbt alle Jahre eine Handvoll Gläubiger an Schlangenbissen oder Vergiftungen, aber das hindert sie nicht daran weiterzumachen. Das Trinken von Strychnin oder Batteriesäure und der Tanz mit den tödlichen Schlangen ist zwar illegal, aber die Polizei greift nicht ein – die Welle der Empörung und des Protests wäre schlimmer als die paar Toten im Jahr.

Versteckt am Rande der Zivilisation, in den Bergen der Ozarks und Appalachen, in den Wäldern von Alabama und Kentucky, im Herzen von Georgia und in den weitverstreuten deutschstämmigen Siedlungen im Hinterland von Missouri, gedeiht eine Parallelwelt, die sich »Holiness«- oder »Pentacostal«-Bewegung nennt: Pfingstgemeinden, wie man sie auch in Europa und in vielen anderen Teilen der

Welt kennt, hier jedoch geht man weiter als die anderen. Mancher nennt sie »holy rollers«, weil sie im Gottesdienst tanzen und dabei manchmal so in Entzückung geraten, dass sie sich auf dem Boden wälzen.

Die Bewegungen kamen auf, als man in der zweiten Hälfte des 19. Jahrhunderts im Markus-Evangelium eine interessante Entdeckung machte: »Folgende Zeichen werden die begleiten, die glauben: Sie werden in meinem Namen Dämonen austreiben, sie werden in neuen Sprachen reden, und wenn sie Schlangen anfassen oder etwas Tödliches trinken, wird es ihnen nicht schaden; Kranken, denen sie die Hände auflegen, wird es wieder gut gehen.«

Seitdem praktizieren eine Handvoll kleiner, aber erstaunlich zäher Gemeinden regelmäßig »snake-handling«, Zungenreden, Gifttrinken und Handauflegen, manchmal mehrmals die Woche. Dass man mit tödlichen Reptilien umgehen oder Gift trinken kann, ohne zu Schaden zu kommen, ist für diese Gläubigen keine Frage des gesunden Menschenverstandes, sondern die ekstatische Erfahrung des Heiligen Geistes. Es gibt wohl keine emotional intensivere Glaubensrichtung.

Charles Fox Parham, der in Kansas und später in Texas predigte, hat die »Pentacostal«-Bewegung ins Leben gerufen, doch es war sein Schüler, der einäugige schwarze Prediger William J. Seymour, der die Bewegung vor über 100 Jahren populär machte. Er predigte drei Jahre in Los Angeles im so genannten »Azusa Street Revival«. Sein Gottesdienst hatte keinen festgelegten Ablauf, sondern man predigte, heilte, sang gemeinsam, sprach in Zungen und warf sich auf den Boden, falls der Heilige Geist über einen kam. Hier beteten schwarze und weiße Gläubige zusammen, und das bereits zur Zeit der Rassentrennung. Auch viele Frauen entdeckten hier eine Möglichkeit, sich zu entfalten; auffällig viele »Pentacostal«-Kirchen wurden von ihnen gegründet. Es war eine Sensation. Es war ein Glauben, den man mit Händen greifen konnte, der direkt ins Herz ging. Die Medien stürzten sich darauf, immer mehr Leute stießen dazu, wurden vom Fieber angesteckt.

Wer in eine »Pentacostal«-Kirche geht, sucht die Ekstase. In einem Bericht über eine solche Kirche in Alabama erzählte eine alte Dame, dass sie Schlangen »halte«, seitdem sie ein kleines Kind war, und sie beschreibt auch das Gefühl, dem Tod so nah zu sein und trotzdem keine Angst zu haben: »Es ist, als ob man auf der Oberfläche des Wassers schwebt.«

Verbreiteter als das »snake handling« ist das weitaus weniger gefährliche und dennoch emotional erfüllende Zungenreden. In der Ekstase des Gottesdiensts und des Tanzes purzeln ohne Vorwarnung Sätze aus den Gläubigen heraus, die sich oft anhören wie Arabisch oder Hebräisch. Auch diejenigen, die sie äußern, können sie später nicht deuten. Es gibt auch nichts zum Übersetzen: Es sind nur Laute. Was aber für Außenseiter als bizarres Gebrabbel rüberkommt, ist für diejenigen, die es betrifft, eine Zen-artige Erlösung von Sinn und Bedeutung und die Überwindung von Logik und Argument in reinem Gebet. Ein Zungenredner beschrieb die ekstatische Erfahrung als »warmen Honig« und »flüssige Liebe«.

Wir Amis glauben alles! Und wenn es die Religion noch nicht gibt, an die wir glauben wollen, dann gründen wir sie eben.

Europäer nicht. Sie scheinen irgendwie gefangen in einer Art von spirituellem Ennui. Sie würden ja gern glauben, aber was? Einem Katholizismus, der Frauen im Priesteramt zulässt, würden sie möglicherweise beitreten; einem Protestantismus, der nicht gar so dröge daherkommt, vielleicht auch. Aber so was existiert ja nicht. Also kritteln sie an den Staatskirchen rum, kämen aber nie auf den Gedanken, eine neue, bessere Kirche zu gründen: »Ist so was überhaupt erlaubt?« Sie wissen gar nicht, dass man glauben darf, was man will, und das nicht nur im Privaten.

Wir schon. Und das tun wir auch, aber hallo.

Aus Umfragen unterschiedlicher Seriosität lässt sich schließen: Etwa ein Drittel aller Amerikaner glaubt an die Existenz von UFOs. Ein Drittel an Gespenster, jeweils weniger als 10 Prozent an Vampire oder daran, dass Elvis noch lebt. Andererseits glauben 81 Prozent, dass Typen, die glauben, dass Elvis noch lebt, verrückt sind. Jeder zweite Amerikaner denkt, dass Engel ihn beschützen; 20 Prozent meinen, dass Gott schon einmal mit ihnen kommuniziert hat. 55 Prozent sind überzeugt, dass Gott den Menschen erschaffen hat; 27 Prozent glauben an die Evolution und zugleich daran, dass diese von Gott in die Wege geleitet wurde. Über 90 Prozent glauben laut eigener Aussage an Gott. Und jeder auf seine Weise.

Die Zeugen Jehovas lehnen aufgrund von biblischen Verboten Bluttransfusionen ab. Sie lassen ihre Finger von Blutwurst, essen ihre Steaks gut durch, und manche geben sogar ihren Hunden nur blutfreies Hundefutter zu fressen.

Ebenfalls aufgrund eines biblischen Verbotes verzehren die Sieben-Tage-Adventisten kein Fleisch, lehnen Alkohol und Kaffee ab und rauchen auch nicht. Das ist verrückt, total verrückt, aber gesund: Von den fünf so genannten »blauen Zonen« auf der Welt – Gegenden, in denen ungewöhnlich viele Über-Hundertjährige leben – liegt nur eine in den USA, und das ist Loma Linda, Kalifornien, wo die meisten Einwohner Sieben-Tage-Adventisten sind.

Die »Christian Scientists« glauben, dass Krankheiten der Seele entspringen. Kann man die Seele von Angst, Unwissen oder Sünde befreien, heilt sich der Körper schon von selbst. Manche von ihnen lehnen deshalb medizinische Hilfe ab. Die Glaubensheilung ist in Amerika so sehr verbreitet, dass 44 Bundesstaaten Gebete als medizinische Hilfe im Sinne des Gesetzes anerkennen.

Amerikaner erschaffen ihre Religionen nicht nach irgendwelchen Traditionen, die sie nicht hinterfragen dürfen, sondern nach ihren eigenen wechselhaften Bedürfnissen. Eines der wichtigsten Verkaufsargumente der großen etablierten Religionen wie Katholizismus oder Buddhismus ist ihr ehrwürdiges Alter – sie geben den Gläubigen das schöne Gefühl, Teil einer Ordnung zu sein, die schon immer da war, und schon deswegen muss sie auch wahr sein. Doch was nutzt uns das heute? Religion in Amerika ist Gegenwart pur.

Wir leben in einer Welt der vertrackten ethnischen Spannungen – als Schwarzem in den USA muss es einem doch auffallen, dass die Welt irgendwie kopfsteht. Also gründen wir die »Nation of Yahweh«. Diese Religion glaubt, dass Gott schwarz ist und die in der Bibel beschriebenen Israeliten ursprünglich ebenso. Nur, leider leben wir in einer verkehrten Welt, in der der Teufel herrscht, weil er es irgendwie geschafft hat, die Rechtschaffenen zu überlisten und sein Volk an die Macht zu bringen – die Weißen natürlich.

Wir haben Spiritualität durch eine oberflächliche Promi-Kultur ersetzt. Also brauchen wir eine Religion, die die Unterhaltungsindustrie mit einbezieht. »Jediismus« ist eine neue Glaubensrichtung, die an die »Macht« glaubt, etwa so, wie sie im Film »Krieg der Sterne« dargestellt wird. Es ist nur teilweise eine Witzreligion: Einige Anhänger versuchen, daraus eine richtige Kirche zu machen. Sie predigen ritterliche Integrität und Rechtschaffenheit, glauben an eine Zen-artige universelle Kraft, die uns alle umgibt, und an Frieden, Wissen und innere Zufriedenheit.

Auch die »Church of All Worlds« basiert auf Science-Fiction: Der Glaube dieser neuheidnischen Richtung basiert auf dem Roman *Fremder in einer fremden Welt* von Robert A. Heinlein über einen Marsianer, der den Menschen auf Erden endlich Weisheit bringt. Der Gründer Oberon Zell-Ravenheart hofft auf die Wiederkehr der Erdgöttin Gaia und hat letztens eine Magieschule, die »Grey School of Wizardry«, basierend auf den Weisheiten der *Harry-Potter*-Bücher, eröffnet.

Wir leben in einer Welt mit erschreckenden Umweltproblemen – die Lösung ist eine Religion, die die natürliche

Ordnung wiederherstellt: die »Church of Euthanasia« gründet auf der Sorge um die Überbevölkerung und vertritt die Meinung, die einzige Möglichkeit, das Gleichgewicht der Natur wiederherzustellen, bestünde darin, die Menschheit aussterben zu lassen. Doch bitte nichts missverstehen: Sie befürworten nur freiwilliges Aussterben, also »Suizid, Kannibalismus und Sodomie«.

In einer Zeit, in der Religion an sich heftig umstritten ist, braucht man natürlich auch eine Religion für Menschen, die mit dem ganzen Zeug nichts zu tun haben wollen: den Atheismus.

Es war einmal, dass ein »Atheist« einfach »jemand, der nicht an Gott glaubt«, war. Heute ist er »jemand, der davon überzeugt ist, dass es keinen Gott gibt, diesen Glauben für sein persönliches Heil und die Zukunft der Menschheit für unabdingbar hält und Sie unbedingt dazu bekehren will«.

Als Reaktion auf das neu entfachte konservative Christentum in den letzten Dekaden ist der Atheismus in Amerika zu einer respektablen Gegenbewegung aufgestiegen. Autoren wie Christopher Hitchens und Richard Dawkins schrieben Bücher über den Irrweg des Glaubens und priesen den Unglauben. Organisationen wie die »American Atheists« finanzierten Plakatwände an Highways und Buswerbung, die die Existenz von Gott verneinen und die Bibel als unwahr oder unmenschlich entlarven sollen.

Was als Protestbewegung begann, artet immer mehr zu einer eigenen Religion aus. Als Alternative zu Weihnachten wurde bereits der »Newton's Day« erfunden: Man feiert den Geburtstag Isaac Newtons, der praktischerweise auf den 25. Dezember fällt.

2011 erregten sich die Gemüter in Kalifornien, als sich eine Gruppe von Atheisten in die weihnachtlichen Feierlichkeiten einmischte. Seit 60 Jahren ist es in Santa Monica Brauch, im Palisades Park insgesamt 20 Krippenszenen nachzustellen. Welche Kirche die Plätze schmücken darf, wird ausgelost. Also meldeten sich die Atheisten an – und zwar mit so vielen Anträgen, dass die Auslosung ihnen 18 der 20 Plätze zusprach. Die Folge: um die zwei übrig gebliebenen Krippenszenen herum standen 18 Plakate mit Sprüchen drauf wie dem von Thomas Jefferson: »Alle Religionen sind gleich – sie gründen sämtlich auf Fabeln und Mythologien.« Als die Kirchen protestierten, setzten sich die Atheisten mit dem Argument durch, Atheismus sei ebenso ein Glaube und die Stadt dürfe nicht eine Glaubensrichtung einer anderen vorziehen.

Es ist nur eine Frage der Zeit, bis irgendwann zum ersten Mal ohne jede Ironie der Satz ausgesprochen wird: »Ich bin gläubiger Atheist.«

Der Glaube gibt uns etwas. Er macht das Leben zu mehr als nur einem Kampf ums Überleben, ums Konsumieren, ums Karrieremachen. Wer mit Schlangen in der Kirche aufwächst und erlebt, wie ein Pastor gebissen wird und nicht nach einem Krankenwagen ruft, sondern die Sache in die Hände Gottes legt, der hat eine andere Beziehung zum Leben als jemand, dessen Gottesbegriff darauf beschränkt ist, auf einem Steuerformular ein Kreuzchen bei »Kirchensteuer« zu machen und Bücher von Margot Käßmann zu lesen.

Wir Amis glauben aus Dutzenden von guten Gründen. Auf manche sind wir stolz, auf andere nicht.

Ich bin in einer sehr gläubigen Familie aufgewachsen und hatte mein ganzes Leben lang mit Gläubigen zu tun. Diese würden es wahrscheinlich selbst gar nicht wahrnehmen, ich aber schon: eine bestimmte Angst.

Dieses Bewusstsein, »nichts ist sicher, alles kann sich ändern, es gibt keine Garantien, keiner kann dich retten«, inspiriert eine tief sitzende Unsicherheit in der amerikanischen Seele, der nur durch den Glauben an etwas Unsichtbares entgegengewirkt werden kann.

Im praktischen Leben wollen wir wissen, wie die Dinge funktionieren: wie man Pflanzen durch Gentechnik optimieren kann, was wir tun müssen, damit ein Kunde mehr kauft. Im spirituellen Leben suchen wir ebenfalls nach Rezepten: Was müssen wir tun, damit Gott uns weiterhin segnet? Damit er uns nicht verlässt? Vor welchen Versuchungen und Verlockungen zum Beispiel sollten wir und unsere Lieben uns unbedingt in Acht nehmen?

Nur so kann ich mir Szenen erklären wie die, die ich als Junge mit meiner großen Schwester erlebt habe: Wir waren im Kino, in einem Film, den sie selbst ausgesucht hatte, irgendein melodramatischer 70er-Jahre-Liebesfilm. Ich war noch ein Kind, sie aber schon erwachsen – und da kam ein Kuss. Aber nicht irgendein Kuss, sondern einer, bei dem selbst ich merkte, es folgt gleich mehr. Und wie! Ein Kampf nämlich: Zwischen mir und meiner Schwester. Zack! flog ihre Hand vor meine Augen. Ebenso schnell zog ich die Hand weg. Zack! Sie hatte zwei Hände, und die zweite war ebenso schnell wie die erste. Ich wand mich im Sitz – Mann, hatte sie lange Arme. Immer wieder klappten ihre Hände über meine Augen, immer wieder kam ich los, aber nicht schnell genug, um zu sehen, was auf der Leinwand passierte. Bis es dann endlich vorbei war. Die langen Szenen, die darauf folgten, in denen das Liebespaar bei endlosen Spaziergängen tiefenpsychologische Gespräche über ihre Beziehung führte – da hielt mir keiner die Ohren zu.

Wir haben Angst, dass ein Leben ohne Gott nicht zu bewältigen ist, und tun alles, was notwendig ist, damit er uns nicht verlässt.

Wir wollen nicht allein sein mit der Finsternis, dem Tod, der Kündigung, dem Scheitern, der spirituellen Leere. Als die Kolonisten im neuen Land und dann später wieder die Pioniere im Westen zum ersten Mal ihr Nachtlager aufschlugen, waren sie allein. Einsamer als je zuvor. Vor ihnen erstreckte sich ein riesiger unbekannter Kontinent voller Gefahren und Unsicherheiten und ohne jedes Sicherheitsnetz. Sie lernten, aufeinander, auf ihre Familie und auf den unsichtbaren Beistand Gottes zu bauen. In Europa braucht man den Beistand Gottes nicht – man hat den Staat, man hat die Zivilisation, man wurzelt in einer uralten sozialen Struktur. Nicht so in Amerika. Dort bildete sich eine Tradition der Gläubigkeit aus, die bis heute nichts von ihrer Attraktivität eingebüßt hat: Man glaubt, man betet, man findet einen Freund in Jesus.

In den Kolonien und später im Westen wuchsen die Ortschaften rund um die Kirchen – diese waren sozialer Mittelpunkt und Ersatzsozialstaat. Das ist heute noch so: Kirchen leisten soziale Dienste in der Nachbarschaft und unter ihren Mitgliedern, sie fungieren als Sammelpunkt am Abend, große Projekte werden dort besprochen und erste Verantwortungen verteilt. Als Junge war ich fast so oft in der Kirche wie in der Schule. Sonntags hatten wir Jugendabende, Schauspielaufführungen und Familienpicknicks oder wir halfen anderen Mitgliedern bei Umzügen, und meine Mutter brachte ständig einen Auflauf zu irgendeiner Familie, deren Mutter gerade im Krankenhaus war.

Heute ist es schick, nicht zu glauben. Wer nicht glaubt, gilt als kluger Kopf, das allein ist Grund genug für viele. Lange war ich selbst gläubig, dann habe ich meine Kirche verlassen und das Nicht-Glauben kennengelernt, und so kenne ich beide Seiten.

Wenn ich in manchen stillen Momenten sehe, wie wundervoll es ist, hier und jetzt zu leben, im Frühling und im Sommer die Sonne zu genießen oder die Liebe, packt mich manchmal das alte Bedürfnis des gläubigen Menschen, irgendwem dafür zu danken. Ein gläubiger Mensch kann dann ein stilles Gebet des Danks sprechen.

Ein ungläubiger Mensch kann das nicht. Bei wem soll er sich bedanken? Bei der Evolution? Beim Zufall? Der Mensch soll sich doch bedanken können.

Auch wenn ich keine Religion mehr habe und keine mehr will, hoffe ich, dass es einen Gott gibt. Und wenn es mir wirklich gut geht, wenn ich einer Krankheit ausgewichen bin oder einem Auto, wenn der Tag besonders schön war, wenn ich eine Durststrecke überwunden und mich aus der Scheiße herausgearbeitet habe – dann flüstere ich gern ein Gebet, auch wenn ich nicht weiß, wo es ankommt.

Wenn ich mich mit meinen deutschen Freunden über die verrückten amerikanischen Kirchen unterhalte, finden sie die weißen »Sekten« wie Scientology, die Zeugen Jehovas oder die Mormonen befremdlich: Wie kann man so was glauben? Aber die schwarzen Gemeinden, die singen, klatschen, tanzen und die Predigt lebhaft kommentieren – die finden sie putzig. Ich frage sie, warum, und die Antwort lautet etwa so: »Weil es aus Afrika kommt. Das ist Volksglaube, das ist eine uralte Kultur, da muss man tanzen in der Kirche.« Es ist eine merkwürdige Einteilung: schwarz = volkstümlich, weiß = verrückt. Man akzeptiert dieses verrückte Verhalten von Afrikanern, aber von Menschen, deren Vorfahren aus Europa stammen, erwartet man Vernunft.

Nun, in Wahrheit ist es umgekehrt!

Es gibt zwar einige schwarze »Pentacostal«-Gemeinden, doch die Bewegung ist zum größten Teil weiß. Und das Tanzen und Zungenreden gehen höchstwahrscheinlich nicht auf die Traditionen der schwarzen Sklaven zurück, sondern kommen aus England. Ja, man könnte Amerika, vor allem in der Frühzeit, geradezu als Refugium für wirklich abgefahrene europäische Glaubensrichtungen bezeichnen, die in der vernünftigen Alten Welt keine Überlebenschancen hatten und dort längst ausgestorben sind.

Die Anhänger der »United Society of Believers in Christ's Second Appearing« wurden aus zwei Gründen »Shakers« genannt. Erstens, der Name, den sie sich selber aussuchten, war wirklich zu lang. Zweitens aber, weil sie in ihren Gottesdiensten gern tanzten: meist in Gruppen, eine Art spiritueller Polka. Sie stampften mit den Füßen, zitterten ekstatisch und drehten sich um die eigene Achse, sangen und redeten in Zungen.

Ihre wichtigste Anführerin, eine Engländerin namens Ann Lee – manchmal liebevoll »Mutter Ann« genannt –, verlor in jungen Jahren vier Kinder und kam nach einer göttlichen Vision zu der Überzeugung, dass alle Sünde ihren Ursprung im Sex hat (keine neue Idee, zugegebenermaßen, sie wurde aber auch nie widerlegt). 1774 immigrierte sie mit nur acht Anhängern nach Amerika, wo sie fleißig predigte, und, oh Wunder, bis 1840 gab es bereits 6.000 von ihnen.

Es ist unklar, was die Leute anzog. Vielleicht das Charismatische – das ekstatische Singen und Tanzen, die ausladenden Emotionen, die so intensiv waren, dass man in Zungen redete. Vielleicht war es das Fortschrittliche – Männer und Frauen waren gleichgestellt, Frauen durften sogar predigen. Wieso auch nicht? Mutter Ann lehrte, dass Gott gleichzeitig Mann und Frau sei. Vielleicht war es das Kommunistische daran: Man lebte in »Familien«, also in großen WGs in einem großen Haus, wo alle alles miteinander teilten. Vielleicht war es ihre Bescheidenheit: Sie waren bekannt als gute Menschen, wahrhaftig und ehrlich und nicht geldgierig, und mit gutem Geschmack gesegnet zudem.

Wie lange es die »Shakers« noch gibt, ist heute eine Frage von Jahren, vielleicht Monaten. 2010 existierten nur noch drei von ihnen, drei Frauen, zu alt, um ihre Tradition sehr viele Jahre fortführen zu können. Dass es sie überhaupt so lange gab, ist deswegen so erstaunlich, weil sie sich nicht auf Nachwuchs verlassen konnten: Unter »Shakern« ist Geschlechtsverkehr verboten.

Na gut, es half, dass sie fleißig Waisenkinder aufnahmen, ihre größte Quelle des Nachwuchses. Als Adoptionen durch Organisationen jedoch verboten wurde, bedeutete das den Todesstoß für sie.

Heute denkt man beim Stichwort »Shaker« meist nur an die stilprägende Kunst ihrer schlichten, atemberaubend schönen Möbel. Doch sie haben Amerika mehr gegeben als bloß gutes Design. Es ist nicht mehr möglich zu sagen, ob die ekstatischen Gottesdienste der »Pentacostals« direkt auf die »Shaker«-Tradition zurückgehen, aber sie sind es gewesen, die zum ersten Mal die radikale Gleichstellung von

Mann und Frau, die starke persönliche Beziehung zu Gott und einen Hang zum Charismatischen sowie überhaupt Religion als Utopie salonfähig machten.

Die »Religious Society of Friends«, genannt Quäker, hatten eine Menge gemeinsam mit ihnen. Auch sie werden heute als eine kleine historische Sekte von Spinnern aus England wahrgenommen, obwohl es noch rund 300.000 auf der Welt gibt, rund ein Drittel davon in Amerika. Ihre radikalste Idee (die sie mit den »Shakern« gemeinsam haben) ist die, dass der Mensch eine persönliche und direkte Beziehung zu Gott haben sollte. Das hört sich harmlos an, hat aber Konsequenzen: Die Quäker lehnten Prediger rundum ab. In ihren so genannten »unprogrammed services« – Gottesdienste ohne Programm – sitzen erst mal alle nur herum und sagen nichts. Wenn einer vom Geist dazu bewegt wird, etwas zu sagen, steht er auf und spricht. Dann setzt er sich wieder hin und schweigt. Am Ende steht einer auf, gibt den anderen die Hand, worauf diese allen anderen auch die Hand geben – und der Gottesdienst ist aus.

Diese Einstellung hat natürlich auch Konsequenzen, was die Autorität der Bibel betrifft. Wenn Gott zu einem durch eine stille Stimme im Herzen spricht (und warum nicht? Er ist Gott – er kann machen, was er will), ist die Bibel nicht mehr sein alleingültiges Wort, sondern bloß eine Offenbarung unter vielen. Das nagte an der Autorität von Predigern: Plötzlich hatte ihre Interpretation der Heiligen Schrift nicht mehr Gewicht als eine x-beliebige andere. Im Grunde führten die Quäker den Job zu Ende, den Martin Luther angefangen hatte: Sie stellten nicht nur die Autorität der katholischen Kirche in Frage, sie stellten einfach jede Autorität in Frage. Es ist kein Wunder, dass viele prominente Kriegs- und Sklavereigegner, Aktivisten wie Joan Baez und die Gründer von Greenpeace Quäker (gewesen) sind – es war vermutlich die erste antiautoritäre Religion der Welt.

Die Quäker, das war Anarchie. Und das passte zum freiheitsliebenden Amerika wie die Faust aufs Auge. Die antiautoritäre Haltung der Amerikaner heute ist zu einem nicht geringen Teil ein Erbe der Quäker: Speziell konservative Christen stellen gern den Staat in Frage oder bezweifeln gar, dass ein Staat überhaupt Gesetze erlassen darf, die mit dem Willen Gottes bzw. der Bibel nicht in Einklang sind. Sarah Palin, die christlich-konservative Präsidentschaftskandidatin, und viele Anhänger der Tea Party wissen vermutlich nicht mal, wer die Quäker waren, stehen aber dennoch tief in ihrer Schuld.

Aber nicht nur die Quäker haben die amerikanische Politik bewegt. Die vermutlich einflussreichste Glaubensrichtung waren und sind die Baptisten. Wie sie im Süden an die Macht kamen, ist eine sehr amerikanische Geschichte: Sie begannen als Underdogs und Außenseiter. Das ist in den USA schon mal ein guter Anfang.

Als der Engländer John Smyth im frühen 17. Jahrhundert zu der Überzeugung kam, dass man erst als Erwachsener getauft werden solle, weil Säuglinge solch weitreichende Entscheidungen noch nicht treffen könnten, wurde er sofort zum Feind der etablierten »Church of England« erklärt. Das machte seine Gruppe damals automatisch zu einer politischen Bewegung. Als seine Anhänger daraufhin in die USA und nach Kanada immigrierten, hatten sie dort jedoch ebenso wenig zu lachen, in den meisten Kolonien war nämlich genau wie im Mutterland die »Church of England« Staatskirche.

Nach dem Unabhängigkeitskrieg aber witterten die Baptisten ihre Chance. Weil die anglikanische Kirche (die sich in Amerika fortan »Episcopalians« nannte) die Religion der Elite war, konzentrieren sich die Baptistenprediger auf die weiße und schwarze Unterklasse, die oft völlig ohne Kirche dastand. Die »Episcopalians« dachten sich nichts dabei. Sie begriffen nicht, dass inzwischen Demokratie herrschte und es mit ihrer unangefochtenen Staatskirchenherrlichkeit vorbei war: Die Mehrheit der Gläubigen ging ab sofort einfach dahin, wo sie sich am besten aufgehoben fühlte.

Die Baptisten begriffen dies hingegen schnell, und im Handumdrehen waren sie die Religion des Volkes. Heute gehören rund 16 Prozent der Amerikaner einer Baptistenkirche an. Das macht sie zur größten Gruppe der Protestanten in Amerika.

Unter ihnen sind die »Southern Baptists« die bei weitem stärkste Fraktion. Heute geben sie es ungern zu, aber sie sind deswegen so stark geworden, weil sie die Sklaverei mochten. Im Bürgerkrieg hielten sie konsequent zu den Südstaaten, und ihre Haltung war selbst innerhalb der Baptisten so umstritten, dass sie sich schließlich von der Mutterkirche abspalten mussten. Erst nach dem Bürgerkrieg entschuldigte sich die »Southern Baptist Convention« für die Rolle, die sie bei der Sklaverei gespielt hatte, und erklärte offiziell ihre Ablehnung von Rassismus in jeder Form.

Falls es Sie interessiert, wann genau dies passierte: nun, schon etwa 130 Jahre nach dem Bürgerkrieg!

Vor diesem Hintergrund ist es nicht verwunderlich, dass die »Southern Baptists« selbst in den USA einen schlechten Ruf haben: Im Norden gelten sie als verrückte Fanatiker, die aber leider großen Einfluss auf eine Menge Wähler im Süden haben.

Ihre Methoden und ihr politisches Engagement sind heute noch so extrem und kämpferisch wie damals: Linke Politiker werden regelmäßig als gottlos beschimpft und ihre Politik als anti-christlich und anti-amerikanisch zugleich – was für sie dasselbe ist. Die christlichen Fernsehshows in Amerika leben zu einem erheblichen Teil von einem Baptisten-Publikum. Ein Teil des Kalküls hinter dem radikal-konservativen Nachrichtensender Fox News liegt darin, dass man genau dieses Publikum erreichen will.

Ich erinnere mich an die Welle der Empörung, die durch Deutschland rollte, als vor ein paar Jahren einige konservativ-christliche Gruppen in den USA während der Amtszeit eines wohlwollenden George W. Bush versucht haben, die Schöpfungsgeschichte als Bestandteil des Unterrichts in die Schulen zu bringen. Ihr Trick: Sie benannten sie kurzerhand um in »Intelligent Design« und behaupteten, es sei doch eine seriöse wissenschaftliche Frage herauszufinden, ob hinter der Schöpfung des Universums eine höhere Intelligenz stecke. Dieser Ansatz sei der Evolutionstheorie gleichwertig, die ja in der Schule gelehrt werde. Also müssten auch ihre Thesen im Unterricht behandelt werden.

Meine deutschen Freunde fragten mich besorgt, ob die Amis nun endgültig zu durchgeknallten religiösen Fanatikern mutiert seien, wenn sie anfingen, allen Ernstes solchen Unsinn in der Schule zu lehren. Es war schon eine merkwürdige Frage aus dem Munde eines Deutschen – erst meine zaghafte Nachfrage erinnerte sie daran, dass genau dies hierzulande längst gang und gäbe ist. Irgendwie hatten sie völlig vergessen, dass deutschen Kindern schon seit eh und je die Schöpfungsgeschichte in der Schule beigebracht wird, und zwar im Religionsunterricht.

Der neue Ansatz der amerikanischen Kirchen, eine alternative Theorie zur Entstehung des Lebens anzubieten, war gar nicht so aussichtslos, wie es sich anhört: Es gibt ja keinen Grund, warum die Wissenschaft sich nicht mit der Frage beschäftigen sollte, ob eine höhere Intelligenz die Evolution in Schwung gebracht hat. Die Wissenschaft ist doch dazu da, scheinbar unlösbaren Fragen auf den Grund zu gehen, oder nicht?

Der Fall ging bis vor den Obersten Gerichtshof, der schon mehrfach zugunsten der Kirchen entschieden hatte. Dort erlitten die Fundamentalisten diesmal aber eine herbe Niederlage: Die Idee, dass ein Gott hinter der Entstehung des Universums stecke, sei keine Theorie, wurde ihnen beschieden, weil ihr überzeugende Beweise fehlten. Sie sei erst mal bloß eine Hypothese und könne daher nicht als Bestandteil der modernen Wissenschaft angesehen werden.

Ganz Amerika atmete auf: Gott sei Dank, ein Grundpfeiler der Demokratie – die Trennung zwischen Kirche und Staat – wurde noch einmal vor dem Einsturz bewahrt.

Es ist ein merkwürdiger Spagat, auf den sich die USA einlassen: Auf der einen Seite das von allen geschätzte Prinzip »Trennung von Kirche und Staat«, auf der anderen Seite ein höchst religiöses Volk, das von seinen politischen Führern verlangt, ebenso religiös zu sein.

Ist Amerika also nun ein religiöser Staat oder nicht?

Viele konservative Christen behaupten: Aber sicher, Amerika wurde schließlich von Christen gegründet und war von Anfang an ein christlicher Staat.

Da ist auch was dran.

Vor Gericht und bei der Amtseinführung von Politikern schwört man noch auf die Bibel; Kirchen sind von Steuern befreit und erhalten dadurch Vorteile vom Staat eingeräumt, von denen andere Organisationen nur träumen können; auf unseren Dollarscheinen stehen die Worte »In God We Trust« – »Auf Gott vertrauen wir«. Selbst die Unabhängigkeitserklärung bezieht sich auf Gott.

Unsere Geschichte ist eine lange Reihe von Glaubensbewegungen. Die so genannten »Awakenings« oder »Revivals« – »Erweckungen« – schwappen regelmäßig in großen Wellen über das ganze Land und verschwinden dann wieder. Schon in den Kolonien des 17. Jahrhunderts wurden sie nicht von humorlosen Reformern oder verkopften Theologen ausgelöst, sondern von feurigen Entertainern, die ihre Zuhörer kannten und ohne Umschweife direkt an ihr Herz und ihr Gefühl appellierten. Ihre Botschaft war zutiefst intim: Sie aktivierten alle latenten, tief sitzenden Gefühle der Schuld, der Angst und der Sehnsucht nach Sinn und führten die Gläubigen an einem herrlichen, feierlichen, emotionsgeladenen Abend zur spirituellen Erlösung.

Das ist seither die Grundlage für den Erfolg der Religion in Amerika: eine persönliche, emotionale Erfüllung, wie in einer betörenden verbotenen Liebesaffäre. Das charismatische Predigen auf Feldern und in Zelten vor Tausenden von Zuhörern wurde zu einem Massenphänomen. Und wenn es mal verschwand, konnte man darauf wetten, dass es kurz darauf wiederkehrte. Mit jeder neuen Welle sprossen neue Kirchen: die Methodisten, die Kongregationalisten, die Presbyterianer, dann die Mormonen, die Zeugen Jehovas, die Sieben-Tage-Adventisten und viele mehr. Wie Pilze nach dem Regen.

Heute geht es weiter, nicht mehr in Zelten, sondern in Arenen und vor allem im Fernsehen. Nach den sehr materialistischen und säkularisierten 1960ern und 70ern war zu erwarten, dass eine weitere Welle der religiösen Erweckung über uns hinwegrollen würde: Diese begann dann auch in den 1980ern und hat vermutlich ihren Höhepunkt unter George W. Bush erreicht. Seit dem kurzen Aufflackern der Tea Party gibt es jedoch deutliche Zeichen, dass der Einfluss der konservativen Christen in der Politik inzwischen wieder abnimmt.

Amerika hat aber auch eine ganz andere Seite. Hier herrscht die Meinung vor: Das amerikanische Volk mag ja religiös sein, doch der amerikanische Staat ist es keineswegs.

Da ist auch was dran.

Immerhin waren die frömmelnden Puritaner längst Geschichte, als Amerika fast 200 Jahre später gegründet wurde. Die Gründerväter selbst waren keine richtigen Christen, sondern quasi Atheisten, und hätten sehr wohl eine strenge Trennung zwischen Kirche und Staat angeordnet. Und diese Sache mit »In God We Trust« auf den Dollarscheinen: Das wurde erst im Kalten Krieg unter dem gläubigen Eisenhower eingeführt.

Was die Gründerväter wirklich glaubten, wissen wir nicht. Sie gingen in die Kirche – das war damals gesellschaftliches Pflichtprogramm. Die meisten von ihnen scheinen aber auch aufrichtig geglaubt zu haben – an was auch immer. Nur ein Einziger von ihnen, der populäre revolutionäre Propagandist Thomas Paine, kritisierte das Christentum öffentlich als Werkzeug der Obrigkeit zur Manipulation des Volkes, als Unsinn und Aberglaube. So schnell wurde ein Star dann noch nie fallen gelassen, und er starb verarmt wenige Jahre später. Kein Wunder, dass andere Politiker mit ihren innersten Gedanken über Gott und den Glauben eher hinter dem Berg hielten.

Doch als wahre Kinder der Aufklärung und Intellektuelle des 18. Jahrhunderts waren mehrere Gründerväter stark vom »Deismus« geprägt. »Deisten« glauben zwar an Gott, haben sich aber innerlich von jeglicher organisierten Form von Religion entfernt. Sie beteten weniger »Jesus« an als eine allgemeine, undefinierbare kosmische Macht.

Der Deismus betrachtet die verschiedenen Religionen einfach als Parteien mit eigenen Interessen. Selbstverständlich hat ein Gott oder mindestens eine höhere Macht die Welt erschaffen, wie auch sonst? Atheismus konnten sie sich damals noch nicht so recht vorstellen. Aber sie hielten es mit Lessing (der vermutlich auch ein halber Deist war) und dessen Ringparabel: Wenn die Christen, die Moslems und Juden die Wahrheit für sich beanspruchen, dann besitzen alle Religionen einen Teil der Wahrheit, mehr aber auch nicht. Ihr Gottesbegriff war reduziert auf das Wesentliche.

Den Einfluss der Deisten sieht man sogar in der von Thomas Jefferson verfassten Unabhängigkeitserklärung: Denn darin schreibt er nicht von »Gott«, sondern vom »Gott der Natur« und vom »Schöpfer«:

»Wir halten diese Wahrheiten für selbstverständlich: dass alle Menschen gleich geschaffen sind; dass sie von ihrem Schöpfer mit gewissen unabdingbaren Rechten ausgestattet sind, darunter das Recht auf Leben und Freiheit sowie das Streben nach Glück.«

Der Deismus ist die andere Seite unseres Erbes: Wer heute in Amerika von religiöser Toleranz spricht, aber auch, wer versucht, Wissenschaft und Glaube zu vereinbaren, indem er sich vorstellt, dass die Evolution möglicherweise von einer übergeordneten Macht in die Wege geleitet wurde, steht in der Tradition des Deismus.

Es war übrigens besagter Thomas Jefferson, der die Formulierung »Trennung von Kirche und Staat« erfand, die von uns als Grundpfeiler der Demokratie angesehen wird und von der jeder gute Amerikaner glaubt, dass sie in der Verfassung verankert ist.

Leider ist sie es nicht. Das ist das Problem.

Erst vier Jahre nach der Unterzeichnung der Verfassung formulierte der Kongress in einem Zusatzartikel, das so genannte »Establishment«-Verbot. Diese Klausel wird oft mit der »Trennung von Kirche und Staat« verwechselt, besagt jedoch lediglich, dass der Staat keine Kirche »etablieren«, also dass es in den USA keine Staatskirche geben darf. Seitdem verging kein Tag, ohne dass man darüber stritt, was das zum Teufel bedeutet.

Erst 1833 – über 50 Jahre nach der Staatsgründung – wurden sämtliche Kirchen in allen Bundesstaaten vom Staat getrennt, sodass es keine Staatskirchen mehr gab. Bis dahin hatten die einzelnen Bundesstaaten sogar Kirchensteuer erhoben. Erst in den letzten Jahrzehnten hat man das gemeinsame Gebet in der Schule verboten und Aushänge der Zehn Gebote aus staatlichen Gerichten verbannt. Doch ständig tauchen neue nervige Detailfragen auf, wie: Darf der Staat einer Kirche Steuerfreiheit gewähren? Darf Santa Claus in staatlich finanzierten Kindertagesstätten eigentlich Geschenke verteilen? Ganz zu schweigen von der Frage, woher der Staat überhaupt das Recht nimmt, Weihnachten zum offiziellen Feiertag zu erklären!

Die »Anti-Establishment«-Klausel verbietet allerdings nicht, dass ein Politiker sich von seinem persönlichen Glauben leiten lässt und dies auch lang und breit kundtut. Das bleibt jedem Politiker selbst überlassen – bzw. den Wählern, die mal sehr gläubige Präsidenten wählen und mal nicht, je nach religiösem Wellengang.

Auf der einen Seite hatten wir John F. Kennedy, der bereits vor der Wahl klarmachte, dass er zwar gläubig sei, aber dass sein Glaube im Amt nichts zu suchen habe. Einige religiöse Würdenträger hatten Bedenken geäußert, dass ein katholischer Präsident sich von den Vorgaben des Papstes beeinflussen lassen könnte. In einer Rede vor protestantischen Pastoren versicherte er: »Ich glaube an ein Amerika, wo die Trennung zwischen Kirche und Staat absolut ist«, und er gab ein spektakuläres Versprechen: »Egal, welche Frage auf mich als Präsidenten zukommt, ob Familienplanung, Scheidung, Zensur, Glücksspiel oder ein anderes Thema, ich werde meine Entscheidung im Interesse der Nation treffen, unabhängig von jeder religiösen Vorgabe. Keine Macht oder Drohung könnte mich davon abhalten. Doch sollte die Zeit kommen, wenn das Amt des Präsidenten von mir verlangt, entweder mein Gewissen oder das Interesse der Nation zu verraten, dann würde ich mein Amt niederlegen.«

Auf der anderen Seite gibt es Politiker wie den ebenfalls katholischen Präsidentschaftskandidaten von 2012, Rick Santorum, der, ganz Staatsmann, zum Thema Kennedy-Rede äußerte: »Ich muss kotzen, wenn ich so was höre. Was für ein Land ist es, in dem nur Menschen, die nicht glauben, in der Politik etwas zu sagen haben? Jeder Amerikaner sollte kotzen wollen, wenn die Regierung gläubigen Menschen Vorschriften macht, welche Werte sie haben müssen, wenn sie in die Politik gehen wollen.«

Für seine drastischen Worte musste er sich später entschuldigen, aber er tat den Wählern auch einen Gefallen damit: Durch den Vergleich von Kennedys eleganter Rede mit Santorums dumpfer Rumpöbelei hatte man gleich einen prima Eindruck davon gewonnen, was für einen Präsidenten Amerika mit ihm bekommen würde – und ließ ihn bald darauf fallen.

Das Lustige ist, dass das »Establishment«-Verbot im Grunde gar nichts mit Politik zu tun hat, sondern mit Kapitalismus: Die Klausel bedeutet nur, dass der Staat keine Kirche über die andere stellen darf. Religion in Amerika findet ja auf dem freien Markt statt; sie ist ein Produkt genau wie ein Staubsauger, Unterwäsche oder ein »Root Beer-Float« mit zwei Bällchen Vanilleeis und Sahne obendrauf.

Dem »Establishment«-Verbot ist es zu verdanken, dass über 300 anerkannte Religionen vom Katholizismus bis zum Druidismus in den USA praktiziert werden, in Tausenden von Varianten und über 335.000 einzelnen Gemeinden. Rund 44 Prozent aller Amerikaner wechseln ihre Religion mindestens einmal im Leben: eine Kirche für jede Laune, mehr Glaubensrichtungen als Fernsehkanäle. Das ist in Europa, wo die meisten Länder noch inoffiziell das Modell der Staatskirche pflegen, undenkbar.

Wenn wir vor dem Müsliregal im Supermarkt stehen, wollen wir eine große Auswahl, und wenn wir vor der Frage des Glaubens stehen, die ja nicht weniger wichtig ist als ein gutes Frühstück, wollen wir sie auch. Und weil der Staat keine bestimmte Religion vorzieht, unterstützt oder schützt, steht es jedem frei, seine eigene Kirche zu gründen, und es steht jeder Kirche frei, mit den anderen so hart zu konkurrieren, wie sie nur kann. Dank des »Establishment«-Verbots ist Religion tatsächlich ein Markt, und zwar ein riesiger, und jeder Prediger ein kleiner Unternehmer, der ein Stück vom Kuchen will, und zwar ein so großes Stück wie möglich.

Während sich in Deutschland die zwei großen Kirchen auf das Finanzamt verlassen können, das für sie Kirchensteuer eintreibt, sind unsere Kirchen auf sich allein gestellt. Sitzen wir zu Hause vor dem Fernseher, wenn die Kollekte umgeht, kriegt der Pastor von uns keinen Cent. Hat er uns nichts zu bieten – an Erlösung, an Buße, an Witz, an Emotionen, an Einsicht oder eindringlichen Botschaften –, dann muss er sich einen Job bei Walmart suchen wie jeder andere auch. Der Konkurrenzkampf unter unseren Kirchen ist geradezu – teuflisch.

Allerdings ist es nicht überall so, wie man es aufgrund von Medienberichten über reiche TV-Prediger meinen könnte: Die durchschnittliche Gemeinde ist mit rund 75 Frommen sehr klein, und der durchschnittliche Pfarrer verdient nur 31.000 Dollar im Jahr. Doch für richtig gute Prediger ist die Verdienstskala nach oben offen.

Etwa 1.300 Kirchen in Amerika haben eine wöchentliche Besucherzahl von über 2.000 Gläubigen – in einem einzigen Gebäude. Eine solche »Megachurch« ist keine Kirche mehr, sondern vielmehr eine überdachte Arena mit anhängigem Unternehmen, und ein typischer Gottesdienst beginnt mit einem Rockkonzert inklusive Lightshow, Trockeneisnebel und Tanzfläche. Genau wie bei einem Konzert sehen die meisten Besucher den Prediger auch nur auf der großen Leinwand.

Was eine Megakirche ausmacht, ist nicht nur die Größe, sondern auch die Professionalität. Sie buhlen miteinander um Gläubige mit der Botschaft, sie seien moderner, spaßiger, interessanter und böten auch mehr Möglichkeiten für persönliches Engagement. Mit ihren Shows und ihrer erstklassigen Rockmusik konkurrieren sie nicht nur mit anderen Kirchen, sondern auch mit Kino, Fernsehen, der PlayStation und dem Internet. Sie nutzen Umfragen, um ihre Werbung und ihre Veranstaltungen zu optimieren. Man sagt, viele »Megachurches« hätten sich das Einzelhandelsprinzip von Walmart abgeguckt: Der Kunde wird als Suchender begriffen. Er sucht etwas, das ihm gefällt, das er braucht, aber von dem er noch nicht weiß, was es ist. »Megachurches« versuchen, ihm das zu bieten: Nicht nur in der Predigt, auch in der Gemeinschaft, mit dem Familienprogramm und ihren Sozialdiensten.

Eine gute »Megachurch« hat bis zu 250 Vollzeitmitarbeiter. Die Pfarrer sehen sich als CEOs und sind auch genauso reich, zum Teil deswegen, weil sie als Kirche keine Steuer zahlen müssen.

Die größte »Megachurch« Amerikas ist die »Lakewood Church« in Houston, Texas. Die Kirche bietet mittwochs, freitags und sonntags Gottesdienste für Kinder, Jugendliche, junge Menschen, die gerade die Uni hinter sich haben und denen der »Ernst des Lebens« bevorsteht, Erwachsene. Und das Ganze dann gleich noch mal auf Spanisch. Es werden auch Bibelgruppen angeboten und Bibelcamps sowie Treffs für Menschen mit speziellen Problemen wie einer Sucht oder einem Trauma.

Der beliebte Prediger von Lakewood, Joel Osteen, predigt ungern über so was wie Sünde, spricht dafür aber umso mehr über Liebe, die Kraft des positiven Denkens und »prosperity theology« – »Wohlstandstheologie«. Das ist der durch und durch amerikanische Glaube, dass Gott den frommen und fleißigen Gläubigen belohnt, und zwar hier auf Erden mit finanziellem Erfolg. Auf den 16.800 Plätzen der »Lakewood Church« sitzen durchschnittlich 43.500 Besucher pro Woche.

»Prosperity theology« ist für Amerikaner nichts Verwerfliches und auch nichts Neues – schon die Puritaner glaubten, dass Gott gute Menschen belohnt. Allerdings belohnt er natürlich einige mehr als andere …

Von der ersten religiösen Welle an – das erste »great awakening« genannt – fanden talentierte freiberufliche Prediger reichlich Zuspruch, und sie lernten schnell, in Zelten und in Stadien eine gute Show hinzulegen. Das Fernsehen revolutionierte den Beruf nochmals und machte ihn hundertmal lukrativer, auch für einige weniger charismatische Prediger.

Wir Amerikaner finden nichts Merkwürdiges daran, einem Prediger im Fernsehen Geld zu schicken. Meine Freunde in Deutschland sind entsetzt, wenn sie das hören, und glauben, es handle sich dabei um schutz- und mittellose alte Damen, die schamlos ausgenutzt wie in Trance den letzten Dollar unter der Matratze hervorkramen. Wir Amerikaner gehen davon aus, dass auch alte Damen nicht dumm sind, sonst wären sie wahrscheinlich nicht so alt geworden, und wenn sie gern stundenlang einem Prediger zuhören, sollten sie auch mal dafür bezahlen, wie für jeden anderen Dienst auch. Und wenn ich ehrlich bin: Wenn ich Geld ausgebe für einen Hamburger, der kaum Nährwert hat, oder für einen groß beworbenen Film, der sich als Flop entpuppt, oder eben für einen Fernsehprediger, der mir hilft, wieder einen gewissen Sinn in meinem harten Leben zu sehen –

also dass der Prediger dann dadurch reich wird, das bedauere ich am wenigsten.

Der wichtigste und zugleich ehrgeizigste Vorreiter in Sachen TV-Predigten war der berüchtigte Oral Roberts.

Der Sohn eines bettelarmen Wanderpredigers und einer Cherokee-Indianerin verdiente seine Brötchen als Prediger und Glaubensheiler wie sein Vater, aber eher schlecht als recht. 1947 las er zufällig in der Bibel. »Ich wünsche dir in allen Dingen *prosperity*« stand da: »Prosperity« bedeutet »Wohlstand« oder »Reichtum« (das konnte nur in Amerika passieren: In der deutschen Übersetzung steht anstelle von »prosperity« nur, dass es einem »gut gehen« soll). Es war für ihn eine Erleuchtung. Plötzlich ergab alles einen Sinn – natürlich wünscht uns Gott Wohlstand. Warum sollte Gott wollen, dass es uns dreckig geht?

Am nächsten Tag, so behauptete er später, kaufte er sich einen Buick.

Er begann, alles anders zu machen. Mehr Show, mehr Power, mehr Zuversicht. Und: Radio. Bald war er überall bekannt. Er machte Touren, die er Kreuzzüge nannte. Bis in die 1980er wurde er so zum erfolgreichsten Glaubensheiler der USA. Er ging auf über 300 »Heilungs-Kreuzzüge«, legte über zwei Millionen Menschen die Hände auf und verdiente 120 Millionen Dollar im Jahr. 1954 brachte er als einer der Ersten seine Heilungs-Show ins Fernsehen, und von da an ging es erst recht los. 80 Prozent der amerikanischen Fernsehzuschauer konnte er nun potentiell erreichen. Auf dem Höhepunkt seiner Karriere beschäftigte er 2.300 Angestellte und gründete eine eigene Universität mit einer 270 Meter hohen Jesus-Statue auf ihrem Gelände.

Es ging ihm gut, genau wie Gott es wollte. Er liebte italienische Seidenanzüge, Brillantringe und goldene Armbänder, Halleluja! (Seine Publicity-Abteilung hat die Schmuckstücke übrigens auf seinen Autogrammfotos fleißig wegretuschiert.)

Doch das reichte ihm nicht.

1987, nachdem er schon Dinge getan hatte, die sich

kein anderer Fernsehprediger getraut hätte, ging er einen Schritt weiter. Vielleicht einen Schritt zu weit.

Während er bei einer TV-Predigt zu Spenden aufrief, gab er vor laufender Kamera unter Tränen seine jüngste Vision bekannt: Gott habe ihm eröffnet, dass er ihn »nach Hause holen« würde, wenn er nicht innerhalb von zwei Monaten acht Millionen Dollar an Spenden einnehmen würde.

Eine solche Unverschämtheit hat selbst meine Landsleute schockiert. Wollte er mit Selbstmord drohen? Wollte er seine Anhänger erpressen? Es gab einen Aufschrei der Empörung, und gleichzeitig wurde Roberts in Comedy-Sendungen und in öffentlichen Kommentaren mit mehr Hohn und Spott überschüttet, als ein normaler Mensch überleben würde.

Zwei Monate später hatte er über neun Millionen eingenommen.

Roberts' wohlgewählte Behauptung, Gott werde ihn »nach Hause holen«, wenn seine Zuschauer nicht mit der Kohle rüberkämen, war in ihrer Dreistigkeit atemberaubend. Und zugleich zutiefst amerikanisch. Er verband geschickt die drei Dinge, die wir am meisten lieben: Glaube, Kapitalismus und große Ideen.

Die meisten Menschen würden sich solch eine Frechheit niemals erlauben. Roberts aber dachte dabei an ein bestimmtes Motto, das er sein Leben lang vor Augen hatte. Es war nicht der Bibelvers, der ihn viele Jahre vorher inspiriert hatte, es stammte von einem Amerikaner, einem Star des »Gilded Age«: dem Architekten Daniel Burnham. Er war unter anderem der Chefarchitekt der Weltausstellung »World Columbian Fair« in Chicago, wo die Welt zum ersten Mal Klapperschlangenöl kennenlernen durfte. Burnham hatte einen Lieblingsspruch, und eben diesen liebte auch Oral Roberts: »Mach keine kleinen Pläne hier.«

Religion in Amerika ist ein Spielplatz jenseits der Vernunft. Das ist der Grund, warum Europäer Amerika nie verstehen werden: Sie sind einfach zu vernünftig. Aber das geht, ehrlich gesagt, auch vielen Amerikanern so.

Wer meine Landsleute besser verstehen will, sollte mal einen Blick auf meine ehemalige Kirche, die Mormonen, werfen.

Die »Kirche Jesu Christi der Heiligen der Letzten Tage« ist die amerikanischste aller Kirchen, weil sie es geschafft hat, sämtliche Eigenschaften, die Amerika ausmachen, in eine Religion umzusetzen. Genau wie die katholische Kirche mit ihrem starken Obrigkeitsglauben das feudale Europa widerspiegelt, spiegeln die Mormonen die demokratischen USA wider.

Wie alle Amerikaner sind die Mormonen extrem pragmatisch – auch was das Übersinnliche angeht. Während europäische Theologen sich in lange, nicht überzeugende, undurchsichtige Theorien verwickeln, um jungfräuliche Geburt, Dreieinigkeit und andere Widersprüche der Bibel zu erklären, geht die Mormonenkirche da ganz praktisch ran.

Zum Beispiel folgendes Problem: Wenn man sich, um in den Himmel zu kommen, taufen lassen muss, wie es im Neuen Testament steht, was ist dann mit den Abermillionen Menschen auf der Welt, die nie die Möglichkeit dazu hatten? Ist das nicht etwas unfair von Gott?

Anstatt lange drumherum zu schwafeln, gab der Gründer Joseph Smith, immerhin ein Prophet, die Frage an Gott weiter und bekam auch gleich die Antwort: Nach dem Tod, aber noch vor dem Jüngsten Gericht, befindet sich unsere Seele in einer Art spirituellem Wartesaal. Dort bekommen diejenigen, die niemals vom wahren Glauben gehört haben, noch einmal die Möglichkeit, von Christus zu erfahren und ihn anzunehmen oder abzulehnen.

Aber wie lassen sie sich dann taufen? Sie haben ja keinen Körper mehr.

Auch kein Problem. In ihren Tempeln (die anders sind als ihre Kirchen) lassen sich die Mormonen stellvertretend für die Verstorbenen taufen. Die Verstorbenen können dann in der Geisterwelt die Taufe annehmen oder ablehnen. Das hat zu einem gigantischen Projekt geführt, das unverändert andauert: Jeder Mormone ist angehalten, die Namen seiner verstorbenen Vorfahren einzuschicken, damit man sie im Tempel stellvertretend taufen kann.

Mancher Katholik, der fest an Transsubstantiation, Jungfrauengeburt und das priesterliche Zölibat glaubt, mag über solch verrückte mormonische Ideen lachen, aber seit über hundert Jahren betreiben die Mormonen ein riesiges weltweites genealogisches Forschungsnetz, das seinesgleichen sucht und auch regelmäßig von nicht-mormonischen Wissenschaftlern für akademische Zwecke genutzt wird. Während andere Kirchen jahrtausendelang irgendwelche theologischen Prinzipien diskutieren, packen die Mormonen die heißen Themen an.

Sogar das amerikanische »positive Denken« ist in der mormonischen Theologie zu Hause.

Laut der Lehre des »vorirdischen Daseins« lebten alle Menschen schon lange vor ihrer Geburt als geistige Individuen im Himmel. Als Gott die Erde erschuf, rief er uns alle zu einem großen Rat zusammen und stellte uns vor die Wahl, auf Erden zu leben oder eben nicht.

Es war keine leichte Entscheidung: Wer auf die Welt käme, würde so unangenehme Dinge wie »Leiden«, »Tod« und »Desillusionierung« erleben – all das wäre für unsere spirituelle Entwicklung leider notwendig, sorry. Rund ein Drittel seiner geistigen Kinder lehnten das Vorhaben rundweg ab. Die anderen zwei Drittel ... sind wir.

Mit anderen Worten: Jeder, der sich hier auf Erden befindet, ist hier, weil er es wollte. Das macht es den Mormonen besonders schwer zu meckern. Ein Mormone kann niemals sagen: »He, dieses Leben habe ich mir nicht ausgesucht.« Die speziellen Umstände hat er sich vielleicht tatsächlich nicht ausgesucht, aber er wusste, was er tat. Das vermittelt einem eine ganz andere, sehr positivistische – man kann auch sagen: amerikanische – Perspektive auf das Leben.

23

Wir haben ein Monster erschaffen

*W*ürden Sie jemanden in das wichtigste politische Amt der Welt wählen, der, zu seinen politischen Ansichten befragt, antwortet:

»Die Klimaerwärmung? Reines Voodoo, Betrug, Verarschung.«

Oder: »Homosexualität ist eine Sünde, doch Gebet kann sie heilen.«

Oder: »Der Mensch ist dazu bestimmt, sich über das gesamte Sonnensystem zu verbreiten und darüber hinaus ins ganze Universum.«

Oder: »Wenn man Kinder gegen Krankheiten impft, führt das zu geistiger Behinderung.«

Oder: »Jeder, der sagt, Amerikaner sollen auf die Uni gehen, ist nichts weiter als ein Snob.«

Oder: »Es geht um Sex. Alles dreht sich um Sex. Woodstock war die große amerikanische Orgie, und die demokratische Partei will Washington zu einem neuen Woodstock machen. Wer für sexuelle Freiheit steht, steht auf der Seite der Bösen.«

Nein?

Wir würden es tun.

All diese Aussagen stammen von amerikanischen Präsidentschaftskandidaten des Jahres 2012, und sie haben nicht dazu geführt, dass man sie ausgelacht hat, sondern dass sie ernst genommen wurden.

Dabei ist es niemandem verborgen geblieben, dass es auch andere Themen gibt: Unruhen in Nahost, Finanzkrise in Europa, die wachsende Ungleichheit zwischen Arm und Reich in Amerika. Will man aber Präsident der USA werden, muss man den Wählern erst mal beweisen, dass man genauso durchgedreht ist wie sie.

Lange ist mir völlig entgangen, dass die bizarren Formen, die der amerikanische Wahlkampf annimmt, die Völker anderer Länder regelmäßig in Angst und Schrecken versetzen. Dann kam ich nach Deutschland.

Es waren die 1980er. Ronald Reagan hatte gerade die Präsidentschaftswahl gewonnen. Mir war das relativ egal. Viele Linke hatten sich zu Hause aufgeregt, aber ich war jung und dachte mir nicht viel dabei. Außerdem kannte ich seine Filme und war froh, dass er in ein anderes Metier gewechselt war.

Die Deutschen sahen das nicht so. Ein Gespräch mit der großen Schwester meiner deutschen Freundin ist mir heute noch ins Hirn gebrannt:

»Seid ihr von allen guten Geistern verlassen?«, fragte sie mich, ehrlich entrüstet und mit einem leichten Anflug von Panik. »Wie könnt ihr einen Schauspieler zum mächtigsten Mann der Welt wählen? Ihr fallt wohl auf jeden Schwachsinn rein. Und in seinem Alter! Mit 70! Was passiert, wenn er senil wird und auf den roten Knopf drückt? Ich glaub, ich spinne! Es gab eine Zeit, da haben wir zu euch aufgeschaut, ihr wart ein Ideal für uns – und jetzt? Ein seniler Schauspieler am roten Knopf! Ist das für euch alles nur ein Spiel?«

Wenn ich an diese Szene denke, höre ich wieder die Angst in ihrer Stimme – die hilflose Angst. In dem Moment begriff ich etwas, das ich zu Hause in Amerika vermutlich nie verstanden hätte. Es geht gar nicht darum, dass die Europäer markige Schauspieler, fundamentalistische Christen oder schießwütige Schönheitsköniginnen aus Alaska nicht so putzig finden wie wir, sondern dass wir Amerikaner die Entscheidung über unseren Präsidenten alleine treffen – der Rest der Welt dann jedoch auch mit ihm leben muss.

Dafür gibt es auch etwas, das wiederum Europäer grundsätzlich falsch verstehen: Es stimmt nicht, dass all das bei uns neu ist. Es war schon immer so. Stehen die Präsidentschaftswahlen vor der Tür, herrscht Hochsaison im Irrenhaus.

Der zweimalige Kandidat Henry B. Krajewski beispielsweise stand für kostenlose Milch in der Schule, ein Jahr ohne Steuern für Menschen mit niedrigem Einkommen und mehr Bier für arme Männer. Er war Farmer und versuchte bis 1966 zweimal ins Präsidentenamt zu kommen, stets mit einem echten Schwein unter dem Arm, seinem Markenzeichen. Das Schwein, sagte er, quieke für die Gerechtigkeit; er wolle keinen Schweinehandel in Washington. Spenden für seinen Wahlkampf sammelte er, indem er eine Polka-Platte aufnahm, die ziemlich populär wurde: »Hey, Krajewski!«

Homer Tomlinson dagegen versprach, Kirche und Staat zu vereinen, einen Minister für Rechtschaffenheit und Bibelgläubigkeit zu ernennen und statt Steuern den Zehnten einzuführen. Tomlinson war Bischof, wenn auch nur nach eigenen Angaben, und Gründer der »Church of God«. Sein Plan bestand darin, das Himmelreich Gottes auf Erden zu gründen, indem Mitglieder seiner Kirche sämtliche Führungspositionen der Welt besetzen. Zu diesem Zweck kandidierte er bis zu seinem Tod 1969 viermal als Kandidat seiner »Theocratic Party« für das Amt des Präsidenten. Als er 1964 nur 24 Stimmen erhielt, ergriff er die Flucht nach vorn, ging auf Weltreise und krönte sich auf einem Klapp-Thron unterwegs zum König von Belgien und Äthiopien, Zar von Russland und endlich, in Jerusalem, zum »König der Welt«.

Nur ein sehr tolerantes Land würde einen Vampir zum Präsidenten wählen, und Amerika ist ein tolerantes Land, also war es nur logisch, dass der Profi-Catcher Jonathon »The Impaler« Sharkey bis jetzt zweimal versucht hat, Präsident zu werden. Ja, Sharkey ist Vampir. Er trinkt das Blut seiner Freundinnen und versuchte sogar einmal, eine Vampirkolonie in Tennessee zu gründen. Wer aber glaubt, dass Vampire eher links stehen – sie gehören immerhin zu einer Minderheit –, ist falsch informiert, denn Sharkey hat im Wahlkampf 2008 damit gedroht, seinen Gegner George W. Bush zu pfählen und zu köpfen, weil dieser für seinen Geschmack nicht weit genug rechts stand und auch ansonsten viel zu zimperlich war.

Für Lar Daly als Präsident hätte ich gern gestimmt, wenn auch nur deswegen, weil solche Hartnäckigkeit wie die seine belohnt werden sollte. Nur leider war er vor meiner Zeit. Die Sprüche, die Lar Daly von sich gab, waren unübertroffen. Er trug gern ein Uncle-Sam-Kostüm in den Farben Rot, Weiß und Blau und fuhr durch Chicago in einem LKW mit Lautsprecher drauf, aus dem er gegen Kommunisten wetterte. Er glaubte, dass jeder, der vor Gericht sein verfassungsmäßiges Recht zu schweigen in Anspruch nehme, in den Knast müsse; dass man Drogendealern ja sieben Tage geben könne, die Stadt zu verlassen, und sie dann erschießen solle, wenn sie der Aufforderung nicht nachgekommen seien; er bat Präsident Harry Truman darum, im ersten amerikanischen Flugzeug sitzen zu dürfen, das über Moskau flog, damit er eine Atombombe auf den Kreml schmeißen könne. Sein Motto »America First – or Death« (auf Deutsch in etwa: »Amerika, Amerika über alles … bis zum Tod!«) steht heute noch für einen verrückten Patriotismus, der außer Kontrolle geraten ist. In den 1930ern fing er an, für jedes erdenkliche Amt zu kandidieren, das ihm nur einfiel. Er wollte Bürgermeister, Gouverneur, Senator und sogar Präsident werden, und das mehrmals, mal für die Republikaner, mal für die Demokraten, was sich gerade so ergab. Obwohl er nie auch nur eine einzige Wahl gewann, hörte er doch nie auf.

Wenn Sie jetzt Bedenken haben, dass wir Amerikaner die Politik nur noch als Witz verstehen, sage ich: Ja, das stimmt. Und wenn es nicht witzig genug ist, machen wir es witziger.

Lange bevor der Schauspieler Ronald Reagan es mit Erfolg probierte, versuchte sich der beliebte Komiker Pat Paulsen schon als Präsidentschaftskandidat. Er machte nur einen Fehler: Er war zu bescheiden. Sein Wahlkampfmotto war: »Just a common, ordinary, simple savior of America's destiny« (»Nur ein einfacher, gewöhnlicher, ganz normaler Retter von Amerikas Schicksal«), und seine Reaktion auf Kritik lautete generell: »Picky, picky, picky!« (»Sie sind aber pingelig!«) Dabei hatte er manchmal echt den Durchblick: »All the problems we face in the United States today can be traced to an unenlightened immigration policy on the part of the American Indian.« (»Sämtliche Probleme, mit denen wir uns in Amerika heute herumschlagen, gehen auf die nicht durchdachte Immigrationspolitik der Indianer zurück.«) Trotzdem konnte er während seiner insgesamt sechs Anläufe einige Erfolge verbuchen: Bei den Vorwahlen in North Dakota 1992 wurde er Zweiter nach George W. Bush.

Pat Paulsen weilt leider nicht mehr unter uns, aber es gibt einen Trost: Wenn wir Witzkandidaten vermissen, steht es uns frei, in letzter Sekunde welche zu erfinden. Amerikaner dürfen nämlich auf den Wahlzettel, falls ihnen die Namen dort nicht zusagen, einen x-beliebigen anderen Namen schreiben. So kommt es, dass Mickey Mouse an mehr Wahlkämpfen teilgenommen hat als jeder lebende Mitbewerber. Auch Alfred E. Newman, das Maskottchen des *Mad Magazin* sowie der Rocksänger Joe Walsh von den Eagles und, auf Betreiben von Michael Moore, ein Ficus benjamina haben ein aufregendes politisches Leben geführt, von dem sie erst hinterher erfahren haben.

Natürlich wissen auch Amerikaner, dass ein fiktives Tierchen wie Mickey Mouse niemals ein Amt antreten kann, egal, wie viele Stimmen es bekommt. Eine Lösung für dieses nicht unerhebliche Problem haben die Einwohner des kleinen Dorfs Rabbit Hash (»Hasengeschnetzeltes«) in Kentucky gefunden. Wenn es um das Amt des Ehrenbürgermeisters geht, wählen sie jedes Jahr ein echtes Tier, am liebsten einen Hund, ins Amt: 1998 war es Goofy, 2004 Junior, und seit 2008 hat Lucy Lou, ein Border Collie, die Ehre.

Die politische Atmosphäre in Amerika heute ist außergewöhnlich giftig. Der rechte Nachrichtensender Fox News scheut vor keiner Verleumdung, keinem bösen Gerücht, keiner cleveren Wortverdrehung, Übertreibung oder Halbwahrheit zurück, um die Linken schlecht dastehen zu lassen, und die rechten Parteien ziehen mit. In automatischen Anrufen bei potentiellen Wählern machen sie ihren Gegnern die schlimmsten Vorwürfe: Obama & Co. seien Kommunisten, Sozialisten, mit Hitler gleichzusetzen, Anti-Amerikaner, betrieben heimlich den Untergang der Mittelklasse, der Farmer, Amerikas als Weltmacht, beförderten mit Absicht Terrorismus und Verbrechen, führten Krieg gegen das Christentum, gegen Weihnachten, gegen das einfache Volk. Der rechte Radiokommentator Rush Limbaugh beschimpfte eine Studentin, die sich an einer Uni für die Pille auf Krankenschein aussprach, als Hure und Schlampe. Der Fox-News-Kommentator Bill O'Reilly nannte Leute, die gegen die republikanische Partei protestierten, »Terroristen«, und ein Fox-News-Blogger betitelte Anti-Kriegs-Demonstranten als »arbeitslose, anti-amerikanische, ahnungslose, übelriechende, verblödete Verräter«.

All das schreit zum Himmel, stimmt. Was nicht stimmt, ist: dass es zum ersten Mal passiert. Wo denken Sie hin! Amerikanische Politiker haben schon immer nach Kräften vom Leder gezogen.

Benjamin Ryan Tillman war ein derartiger Rassist und vermutlich auch ein Mörder, dass ihn die (weißen) Wähler nach dem Bürgerkrieg prompt zum Gouverneur von South Carolina und später zum Senator machten. Er punktete besonders mit Sprüchen wie: »Wir müssen wohl tausend Nigger töten, bis sie wieder wissen, wo sie hingehören.« Als er damit drohte, dem Präsidenten eine Heugabel in den Arsch zu rammen, wurde er nicht etwa zurechtgewiesen, sondern bekam den liebevollen Spitznamen »Pitchfork Ben«.

2009 regten sich viele auf, als Obama aufgrund seiner Gesundheitsreform mit Hitler verglichen wurde. Sie hatten wohl nicht verstanden, dass der Vergleich eine Ehre ist, denn damit reihte sich Obama in eine ganze Phalanx anderer großer und beliebter Politiker ein: John F. Kennedy, Lyndon B. Johnson und Bill Clinton wurden alle aufgrund ihrer Sozialpolitik mit Hitler verglichen. Richard Nixon bekam die Auszeichnung wegen seiner Propaganda-Techniken und George W. Bush, weil er in Afghanistan und im Irak einmarschiert war.

Hätte es Hitler schon im 18. Jahrhundert gegeben, hätten sich auch sämtliche Gründerväter den Vergleich gegenseitig an den Kopf geschmissen. Dafür warf der sechste Präsident der USA, John Quincy Adams, im Wahlkampf Andrew Jackson Mord, Genozid und Ehebruch vor. Jackson feuerte zurück: Adams hätte als Zuhälter dem russischen Zar junge Mädchen zugeführt und auf Kosten des Steuerzahlers das Weiße Haus mit verruchten Glücksspielgerätschaften vollgestellt. Die »Glücksspielgerätschaften« entpuppten sich als ein Schachbrett und ein Billardtisch, aber Andrew Jackson wurde zum siebten Präsidenten gewählt.

Selbst der noble Geist Thomas Jefferson machte mit. Als er einmal Hilfe gegen seinen einstigen Freund und damaligen politischen Gegenspieler John Adams brauchte, wurde er auf einen besonders schmierigen Journalisten und Flugblatt-Schreiberling aufmerksam. James T. Callender war ein Profi-Verleumder, der sich auf anonyme, brutale Attacken voller Übertreibungen, Falschdarstellungen und Beleidigungen gegen Politiker, auch gegen die verehrten, noch aktiven Gründerväter, spezialisiert hatte. Jefferson sprach mit ihm, und prompt erschien ein Flugblatt, auf dem John Adams Korruption vorgeworfen wurde und das diesem so sehr zusetzte, dass er Callender umgehend wegen Verleumdung anzeigte. Callender wanderte in den Knast und blieb da, solange Adams Präsident war.

Als er allerdings rauskam, ging er schnurstracks zu Jefferson und verlangte seine Belohnung: Ein Posten zum Beispiel wäre doch nett. Jefferson hatte sich zwar dazu erniedrigt, Callenders Dienste in Anspruch zu nehmen, aber einer Erpressung würde er sich niemals beugen. Er schmiss Callender raus, und es kam, wie es kommen musste: Bald schon erschienen Flugblätter, die genüsslich pikante Details über Jeffersons Affäre mit seiner Sklavin Sally Hemings und ihre gemeinsamen Kinder verbreiteten.

Doch meine Lieblingsanekdote über Politik-unter-der-Gürtellinie aus der Zeit der Gründerväter stammt von einer »Gründermutter«:

Schon vor Gründung der USA griff Lady Francis Berkeley, Ehefrau des angefeindeten Gouverneurs von Virginia, kreativ in den politischen Wirrwarr ein, indem sie den städtischen Henker zu den Feinden ihres Mannes schickte, um morgens vor ihren Häusern auf sie zu warten, als ob sie Kriminelle wären.

Was sie möglicherweise auch waren. Amerika besitzt ja eine lange und ehrwürdige Tradition von kriminellen Amtsträgern.

Der spätere kalifornische Kongressabgeordnete Philemon Thomas Herbert wurde schon 1844 von der Uni in Alabama verwiesen, weil er einen anderen Studenten mit einem Messer erstochen hatte. In echte Schwierigkeiten aber geriet er, nachdem er bereits Kongressabgeordneter war und in einem Hotel einem besonders unangenehmen Kellner begegnete. Sie kennen diese Typen: Sie als Gast kommen um 11 Uhr morgens besoffen in den Frühstückraum, und der Kellner zieht ein Gesicht, weil das Frühstück um 11 Uhr doch schon nicht mehr serviert wird. Sie beschimpfen den Kerl, der als irischer Einwanderer nun wirklich nicht in der Position ist, anderen Menschen Vorschriften zu machen, und er bringt dann auch Frühstück, aber es ist alles nicht so, wie Sie es bestellt haben. Was bleibt Ihnen in einer solchen Situation dann anderes übrig, als Ihre Pistole rauszuholen und dem Iren in die Brust zu schießen?

Vor Gericht wurde Herbert für unschuldig befunden.

Philip Barton Key wiederum war ein renommierter Staatsanwalt, als er die schöne junge Frau des Senators Daniel Edgar Sickles kennenlernte. Senator Sickles war als übler Hund bekannt: Er stand schon wegen Unterschlagung vor Gericht, reiste zu einer Audienz bei Queen Victoria einst mit einer bekannten Prostituierten an und lehnte es als guter amerikanischer Diplomat in England rundweg ab, am Unabhängigkeitstag auf die Gesundheit der Königin zu trinken.

Als Sickles die Affäre entdeckte, konfrontierte er seine Ehefrau mit dem Vorwurf. Diese gab unumwunden alles zu. Es war auch halb so schlimm, er hatte ja ohnehin längst bessere Unterhaltung anderswo gefunden. Der Fehler war allerdings, dass die Ehefrau ihren Liebhaber Key nicht informierte, dass er sich vielleicht besser ein Weilchen nicht blicken lassen solle. Als dieser nichtsahnend auf einer Party im Hause Sickles auftauchte, hatte dieser natürlich keine andere Wahl, als ihn zu verprügeln und mit drei verschiedenen Pistolen zu durchlöchern. Das hätte eigentlich das Ende seiner politischen Karriere bedeuten müssen, aber Sickles war, wie gesagt, ein gerissener Hund und erfinderisch dazu: Vor Gericht plädierte er – zum ersten Mal in der amerikanischen Geschichte – auf vorübergehende Unzurechnungsfähigkeit. Er wurde freigesprochen und setzte sein altes Leben fort. Wie man sieht, ist in Amerika weder Mord noch Wahnsinn ein Hindernis für eine politische Karriere.

Doch Sie sollen jetzt nicht denken, dass amerikanische Politiker alles Mörder oder Verrückte sind. Nein, nein, viele sind einfach nur korrupt.

Als Obama zum Präsidenten gewählt wurde, musste er sein Mandat als Senator in Chicago aufgeben. Die Verantwortung, seinen Platz neu zu besetzen, oblag dem Gouverneur von Illinois, dem Demokraten Rod Blagojevich. Der war nicht auf den Kopf gefallen. Prompt rief er eine Auktion aus: Der Höchstbietende könne das Amt haben. Interessierten sagte er am Telefon: »Das ist ein fucking wertvolles Ding, so'n Ding gibt's nicht umsonst.« Unter den Forderungen, die er an Interessierte stellte, waren: eine beratende Position bei einer Stiftung oder Ähnlichem mit einem wuchtigen Jahresgehalt; ein hoch dotierter Posten in einem Gremium bei einem großen Unternehmen für seine Frau; einen Diplomaten- oder Kabinettsposten für sich selbst, sowie gern auch Wahlkampfspenden in bar.

Als er aufflog, war die Nation schockiert über solch eine Unverschämtheit und blanke Gier, und man fragte sich, ob es so was in der Politik öfter gebe. Ja, was glauben Sie denn? Sind wir hier in Chicago, Illinois, oder nicht? Als Blagojevich dabei war, Obamas Amt zu versteigern, saß sein Vorgänger schon wegen Unterschlagung und Annahme von Bestechungsgeldern im Gefängnis. Eine Universitäts-Studie schätzte, dass seit 1970 etwa 1.000 Amtsträger in Illinois wegen Korruption verurteilt wurden.

Es stimmt: Die amerikanische Politik ist unberechenbar, korrupt, vergiftet und außer Kontrolle geraten.

Wir sind so. Wir wissen sogar, warum: Unsere Gründerväter sind schuld, natürlich.

Der kitschige, aber höchst kluge Horrorfilm *Frankenstein* aus dem Jahr 1931 handelt bekanntlich von dem Wissenschaftler Dr. Frankenstein, der zu weit geht: Er erschafft Leben.

Das ist eine große Leistung, aber wie alle großen Errungenschaften der Menschheit, von der Erfindung des Faustkeils über die Atombombe bis hin zu Windows Vista, hat sie zwei Seiten: Sie ist Segen und Fluch zugleich. Einem künstlichen, leblosen Körper gottgleich Leben einzuhauchen, ist zwar eine wissenschaftliche Sensation, aber es könnte eben auch eine Tür zu allerhand Schrecken und Leid aufstoßen, wie die Erfindung der Atombombe oder der Gentechnik. Denn wir Menschen können zwar Dinge erfinden, die die Welt verändern, aber nie garantieren, was dabei herauskommt.

Was im Film dabei herauskommt, ist ein zerstörerisches,

unkontrollierbares Ungeheuer, das annähernd so aussieht wie Boris Karloff: Frankensteins »Monster«. Der Moment der Erkenntnis kommt, als Dr. Waldman zu Dr. Frankenstein den unsterblich gewordenen Satz spricht:

»You've created a monster« – »Du hast ein Ungeheuer erschaffen!«

Diese Szene ist so überkandidelt wie unvergesslich und hat obendrein offenbar in der amerikanischen Psyche einen Nerv getroffen, denn der Spruch »I've created a monster« ist seitdem im englischsprachigen Raum zu einem beliebten geflügelten Wort geworden, das bei jeder sich bietenden Gelegenheit eingesetzt wird: »Mein Sohn ist in die Pubertät gekommen – I've created a monster!« – »Ich habe meiner Tochter geholfen, den Führerschein zu machen – I've created a monster!«

Das Monster, das wir erschaffen haben – das ist Amerika selbst.

Die Idee, aus den 13 englischen Kolonien in Nordamerika einen selbständigen Staat zu machen, kam langsam auf und war für die meisten im Jahre 1776 eher befremdlich. Die Kolonisten, ob Quäker oder Puritaner, ob Plantagenbesitzer oder »indentured servants«, waren ja damals schließlich samt und sonders Untertanen der britischen Krone. Anfangs ging der Streit mit der Heimat bloß darum, einer Steuererhöhung zu trotzen. Dann wollten die Kolonien gar keine Steuern mehr zahlen, wenn sie keine Vertreter im Parlament hätten. Dann, aus rein unerfindlichen Gründen, war der König ein Tyrann, ein Menschenfeind, ein richtiger Arsch und eine perverse Sau und hatte kein Recht, über aufrechte Amerikaner zu herrschen, und schon marschierten britische Soldaten durch die Straßen. Darauf gab es selbstverständlich nur eine Antwort: Man organisierte eigene Bürgerwehren. Irgendwann schaffte es dann die kleine undisziplinierte Armee tatsächlich, die große Profi-Armee der Briten zu schlagen, und plötzlich hatten wir den Salat: Wir waren frei.

Die führenden Köpfe der 13 Kolonien zählten zu einem ganz bestimmten Menschenschlag. Zumeist handelte es sich um Plantagenbesitzer im europäischen Stil; sie lebten vom Land, das von Sklaven und Dienern zu niedrigen Löhnen bestellt wurde. Sie hatten viel Zeit und Muße, sich weiterzubilden und Gedanken über Glück und Freiheit, Gleichheit und Menschenrechte zu machen und auch darüber, was die richtige Staatsform sein könnte, ohne dass es viel mit der schnöden Realität zu tun haben musste. So kam es, dass die Vorstellungen, die sich Benjamin Franklin, George Washington, Thomas Jefferson und die anderen von der Demokratie machten, recht idealistisch ausfielen.

In etwa so stellten sie sich die Sache vor:

Während im adligen Europa die reiche Obrigkeit die Regierung stellte, weil sie adlig geboren war, sollte es in Amerika natürlich ganz anders sein: Die reiche Obrigkeit würde die Regierung stellen, weil die arbeitende Bevölkerung es so wollte und sie wählen würde. Wer sonst war schließlich so gebildet und weise wie Washington, Jefferson & Co.? Sie waren ja auch die Einzigen, die nicht arbeiten mussten und überhaupt die Zeit dazu hatten, sich kluge Gedanken zu machen. Sie zogen nicht eine Sekunde lang in Betracht, dass irgendwer eine andere Obrigkeit vorziehen würde.

Sie irrten sich.

Schon bei den ersten Wahlen tauchten im Kongress und in anderen politischen Ämtern wie aus dem Nichts recht unangenehme Menschen auf – Menschen ohne ausreichende Bildung, ohne Manieren und ohne Geschmack, Menschen, die ein Jefferson oder Washington niemals zu sich nach Hause einladen würde. Es handelte sich um Grobiane, Polemiker, Demagogen, Populisten, Stars, Opportunisten und Großmäuler. Kurzum: den Pöbel.

»Die Tinte auf der Unabhängigkeitserklärung war kaum trocken, als schon viele Revolutionsführer Zweifel darüber äußerten, ob ihre Hoffnungen überhaupt realisierbar wären«, schrieb Gordon Wood in *The Radicalism of the Ameri-*

can Revolution. »Das amerikanische Volk schien die Tugenden gar nicht zu besitzen, die für eine Republik notwendig waren!«

Die Magenschmerzen der Gründerväter wurden nicht geringer, als die Europäer begannen, Amerika mit Hohn und Spott zu überziehen und sein baldiges Ende vorherzusagen, wie … na ja, eigentlich ähnlich wie heute. Selbst der preußische König Friedrich der Große, den gegenseitiger Respekt und eine Brieffreundschaft mit George Washington verband, bemerkte einmal einem amerikanischen Diplomaten gegenüber, Amerika, wie jede demokratische Republik, müsse irgendwann im Chaos versinken, denn nur ein aufgeklärter Herrscher könne dauerhaft für Ruhe und Ordnung sorgen.

Vielleicht hatte er recht. Waren die Unterklassen überhaupt in der Lage, sich auf intelligente und verantwortliche Weise politisch zu beteiligen? Sie waren ungebildet, uninformiert und alles andere als selbstlos. »Die große Masse der Menschen ist weder weise noch gut«, beobachtete der Gründervater John Jay.

Mit Erschrecken nahmen die Gründerväter zur Kenntnis, wie jeder seine eigenen Interessen über die Interessen des Ganzen stellte. Wer hätte das gedacht? Der Schuster in Boston wählte nicht den weisen, selbstlosen und politikerfahrenen Gelehrten ins Amt, sondern den Schuster – oder jeden, der zwar von Außenpolitik und Wirtschaft keine Ahnung hatte, dafür aber niedrige Steuern für Schuster durchsetzen wollte. Der religiöse Fanatiker wählte einen religiösen Fanatiker, der Rassist wählte den Rassisten, die Minderheit wählte jemanden aus der Minderheit.

Ironischerweise war die Anzahl der reichen, intellektuellen Plantagenbesitzer, die gern andere reiche, intellektuelle Plantagenbesitzer wählen würden, relativ klein. Die ach so noblen Gründerväter mussten auf schmerzhafte Weise erkennen, dass eine Demokratie ohne Populismus, Opportunismus, Lug und Trug, Korruption, gegenseitige Beschimpfung, falsche Versprechen und die Dummheit der Wähler gar nicht möglich war.

Wie sie nun die Demokratie beibehalten und trotzdem einen funktionierenden Staat aufbauen könnten, war das große Rätsel, dass sie zu lösen hatten. Staatenbau ist noch heute ein Fach, in dem recht wenige Menschen Erfahrung haben, und schon die Gründerväter wussten, dass jede kleine Entscheidung später große Auswirkungen haben könnte.

Zum Beispiel die Frage, ob Politiker für ihre Arbeit bezahlt werden sollten.

Wenn ein Präsident keine Besoldung bekam, was bis dahin üblich war, würden sich nur reiche Menschen eine politische Aufgabe leisten können. Das war eine attraktive Idee, denn reiche Menschen waren meist auch gebildet, und wer umsonst Politik macht, tut es nicht aus Eigeninteresse, sondern aus Altruismus und Patriotismus.

Der Selfmademan Benjamin Franklin glaubte: »Wenn eine Regierung ihre Beamten für ihre Arbeit entlohnt, würden sich die falsche Art Menschen zum politischen Leben hingezogen fühlen.«

Andererseits – was ist das für eine Demokratie, in der nur reiche Menschen das Sagen haben? Also entschlossen sie sich, politische Ämter zu besolden. Und Benjamin Franklins Vorhersage bewahrheitete sich sofort: überall Pöbel.

Ein weiteres Problem war das mit den Lobbyisten.

Wenn kein Schuster auf dem Stimmzettel stand und die Schuster niedrige Steuern wollten, griffen sie zu einem anderen Mittel: Lobbyisten.

Es ist erstaunlich, wie schnell der Beruf des Lobbyisten entstand – quasi Hand in Hand mit der Demokratie. Die Verfassung wurde 1788 unterschrieben. Das erste Gesetz, das sich mit »Interessenverbänden« beschäftigte, wurde schon im nächsten Jahr nachgeschoben.

Als die ersten Lobbygruppen auftauchten, wurde sofort klar, welche Gefahr sie für die Demokratie darstellten:

Mächtige »Interessenverbände« wären in der Lage, durch Druck auf Politiker die Politik zu ihren Zwecken zu missbrauchen.

Eine Lösung wäre gewesen, Lobbyisten zu verbieten. Aber was ist das für eine Demokratie, die freien Wählern verbietet, ihren Volksvertretern die Meinung zu sagen?

Also machte man das genaue Gegenteil. Man ermutigte das Volk, so viele Lobbyisten nach Washington zu schicken wie möglich. Ein genialer Schachzug: Denn wenn alle Gruppen durch Lobbyisten vertreten werden, bekommt kein einzelner Interessenverband den Vorzug. Erst wenn alle in der Demokratie gegeneinander um die eigenen Vorteile kämpfen, herrscht überall Demokratie.

Der allererste Zusatzartikel zur Verfassung behandelt die Religions-, Presse- und Versammlungsfreiheit und lautet: »Der Kongress darf kein Gesetz erlassen, das die Einführung einer Staatsreligion zum Gegenstand hat, die freie Religionsausübung verbietet, die Rede- oder Pressefreiheit oder das Recht des Volkes einschränkt, sich friedlich zu versammeln und die Regierung um die Beseitigung von Missständen zu ersuchen.«

Das Letztere – »die Regierung um die Beseitigung von Missständen zu ersuchen« – ist die Lobbyisten-Freiheit.

Zwischen 1837 und 1838 etwa wurden 130.000 Gesuche vor den Kongress gebracht, die sämtlich das Ende der Sklaverei verlangten. Der Gesuche waren so viele, und sie waren so nervig, dass der Kongress dem schließlich einen Riegel vorschob: Es wurden keine Anti-Sklaverei-Gesuche mehr zugelassen, und basta. (Nun, was Lobbyarbeit nicht leisten kann, das schafft auf jeden Fall ein Bürgerkrieg.)

Heute arbeiten zwischen 12.000 und 14.000 offiziell registrierte Lobbyisten in Washington, und viele weitere, die nicht registriert sind, und natürlich gibt es noch mehr, die in den einzelnen Bundesstaaten ihr Glück versuchen. Sie geben für ihre Arbeit zwischen zwei und drei Milliarden Dollar im Jahr aus.

Heute wie damals ist es sprichwörtlich, dass Lobbyisten der Tod der Demokratie sind. Vor unserem inneren Auge sehen wir fette grinsende Männer in Stretch-Limos mit Zigarren im Mundwinkel, Aktentaschen voller Geld und schamlosen Gesetzesvorschlägen, die Millionen von Menschen das Leben schwermachen, dafür aber den Tabak-, Öl- und Waffenriesen eine Menge Steuern sparen würden. Niemand spricht es aus, dass auch Greenpeace und Bürgerrechtsgruppen wie die ACLU, Vertreter der Interessen von Indianern, Anti-Rassismus-Gruppen, Gesundheits-Gruppen, Behindertenvertretungen, Bildungsverbände, Krebsforschungsgruppen, Anti-Atomkraft-Gruppen, Anti-Waffenbesitz-Gruppen, Friedensforscher, Anti-Abtreibungs- und Pro-Abtreibungs-Gruppen alle ihre Lobbyisten in Washington haben.

Niemand gibt es zu, weil das Wort so dreckig klingt, aber Lobbyismus ist ein so wichtiger Teil der amerikanischen Demokratie wie die Religions-, Versammlungs- und Pressefreiheit.

Das einzige wichtige Recht eines jeden Amerikaners, das nicht in der Verfassung steht, ist das Recht, gegen die Regierung zu rebellieren.

Genau genommen besitzen wir dieses Recht gar nicht. Aber keiner hat uns das gesagt. Im Gegenteil, das Allererste, was ein Kind in der Schule lernt, ist: Wird die Regierung zum Tyrannen, ist Rebellion eine mutige und rechtschaffene Handlung. Lehrer sagen es nicht mit diesen Worten, aber es steckt schon in unserer Geschichte: Als England sich im 18. Jahrhundert aufgrund diverser Kriege mal wieder verschuldet hatte und dringend Geld brauchte, um das Loch im Haushalt zu stopfen, fiel ihm auf: Unseren amerikanischen Kolonien geht es inzwischen gar nicht schlecht, aber sie zahlen Steuern wie vor hundert Jahren. Das heißt, so gut wie gar keine. Man könnte ja mal freundlich anfragen ... Das stimmte auch: Die Steuern in den Kolonien waren im Vergleich zu den Steuern in England recht niedrig. Fast sogar fair. Also wurden sie erhöht.

Was dann folgte, war die erste Lektion über die andersartige Mentalität der Amerikaner. Sie hätten sagen können: Na ja, eigentlich vernünftig, England ist immerhin unsere Heimat, und die teuren englischen Kriege brachten ja auch für uns Vorteile; außerdem ist die Steuererhöhung gar nicht so hoch, im Großen und Ganzen, also sollten wir vernünftig sein und sie zahlen. Mein Gott, es sind bloß Steuern. Stattdessen erkannten wir auf einmal, dass der englische König ein Tyrann, ja der Teufel persönlich war, dass noch nie ein Volk so ungerecht behandelt wurde wie wir Amerikaner, und überhaupt, wo blieb die Demokratie?

Der Streit gipfelte in der »Boston Tea Party«: Eines Nachts verkleideten sich einige Bostoner als Indianer, schlichen sich auf einen britischen Frachter und warfen die ganze Ladung Tee ins Hafenbecken. Es war der erste wirklich aufregende Akt der Rebellion und der Auftakt zum Unabhängigkeitskrieg, und heute wird jedem Kind in der Schule diese Geschichte in schillerndsten Farben ausgemalt. Da ist es nicht verwunderlich, wenn sie auch mal Lust haben, das Gleiche zu tun. Vor allem, wenn es um Steuern geht.

Nach dem Unabhängigkeitskrieg war der blutjunge neue Staat natürlich bankrott. Man dachte nach und dachte nach und kam auf keine bessere Lösung, um das Loch im Haushalt zu stopfen, als ... na ja, Steuern zu erhöhen. In Massachusetts sagte sich Daniel Shays, ehemaliger Soldat im Unabhängigkeitskrieg: »Dafür habe ich nicht gekämpft«, nahm das Gewehr in die Hand und begann mit rund 1.000 Gleichgesinnten, Gerichtsgebäude zu belagern. Er hörte auch nicht auf, bis es zu einem Kampf mit der Regierung kam, bei dem vier Menschen starben und Shays selbst flüchten musste. Das war 1786, noch bevor die USA offiziell überhaupt existierten, und es sollte für lange Jahre nicht die letzte Steuerrebellion bleiben. So war es nur logisch, dass sich die populäre Protestbewegung der Mittelklasse gegen zu hohe Steuern, die 2009 in Boston entstand, die »Tea Party« nannte.

Wenn Amerikaner über das »big government« klagen, scheinen sie über einen zu großen Sozialstaat zu sprechen, aber in Wahrheit meckern sie über Steuern. Es ist ihnen im Grunde völlig egal, wen die Steuern am schlimmsten treffen: Als Bush den Steuersatz für Reiche kürzte, wurde er darin vor allem von Amerikanern der Mittelklasse unterstützt, die überhaupt keine Vorteile davon hatten. Wir wollen einfach weniger Steuern, und gut ist.

Nicht alle der fast 40 Rebellionen in den USA kreisen indes um Steuern. Rebellion ist nur eine Art, Politik von unten zu betreiben, und tja, was soll ich sagen, Amerikaner betreiben gern Politik von unten.

Der Bürgerkrieg war ein Aufstand gegen die vermeintliche Beschneidung der Rechte der Südstaaten durch die Bundesregierung. Der Terrorist John Brown hat mit seinem Anschlag maßgeblich dazu beigetragen, dass die Südstaaten sich vom Norden lossagten und der Bürgerkrieg begann. Die Hippie-Bewegung war ein Aufstand gegen den Vietnamkrieg und sexuelle Zurückhaltung. Und vergessen Sie nicht die Bürgerrechtler im Süden, die den Job machten, den die Regierung anscheinend nicht erledigen wollte. Als Rick Perry, der Präsidentschaftskandidat und Gouverneur von Texas, 2011 damit drohte, dass Texas sich von Amerika absetzen könnte, wurde er in der Presse als Verrückter abgestempelt. Man vergaß dabei, dass Texas nur zu Amerika gehörte, weil es sich schon mal von Mexiko losgesagt hatte, und heute noch sind die Texaner stolz auf ihre Traditionen.

Selbst die Prohibition wurde nicht eingeführt, weil irgendwelche Politiker mal eine gute Idee hatten. Sie kam, weil das amerikanische Volk – na ja, immerhin ein Teil des amerikanischen Volkes, vor allem der weibliche – konsequent und energisch dafür kämpfte, und zwar fast hundert Jahre lang.

Die Bewegung hatte zwischendurch auch ihre Heiligen. Carrie A. Nation war eine davon. Sie war zwei Meter groß, und Fotos zeigen eine Frau mit einem Kinn wie ein Bulldozer und stechenden Augen, die dem gewalttätigsten Säufer eine Heidenangst vor Gott und dem Teufel einjagen könnten. Sie selbst nannte sich die »Bulldogge Gottes«: »Ich laufe zu Füßen Jesu und belle alles an, was ihm nicht gefällt.«

Ihren Kreuzzeug zur Unterstützung der Prohibitions-Gesetze in Kansas startete sie ganz legal. Ihre Gruppe suchte sich eine Kneipe aus, man stellte sich davor und sang antialkoholische Hymnen. Das brachte herzlich wenig. Eines Nachts hatte sie dann eine Vision, dass Gott sie unterstützen würde, wenn sie ein bisschen weiterginge. Das nächste Mal brachte sie Steine mit. Sie schlug in Dobson's Saloon Fenster ein, zerbrach Flaschen und rief: »Männer, ich bin gekommen, um euch vor dem Schicksal des Säufers zu bewahren!«

Wie das manchmal in Amerika so ist, kam ihr die allerbeste Idee allerdings erst durch einen Witz. Irgendwann bemerkte ihr Mann, dass sie noch effektiver wäre, wenn sie eine Axt benutzen würde. »Etwas Vernünftigeres habe ich aus deinem Munde nicht gehört, seit ich dich geheiratet habe«, sagte Nation. Fortan ging sie mit der Axt in die Kneipe und haute damit alles kurz und klein. Zwischen 1900 und 1910 wurde sie 30-mal verhaftet für das, was sie »hatchetations« – »Axtierungen« – nannte.

Die Prohibitons-Bewegung hat noch viele weitere Methoden des modernen Lobbyismus hervorgebracht. Ab 1893 schickte die »Anti-Saloon League« eine starke und gutbezahlte Lobby nach Washington, die Kneipen anzeigte, die gesetzlich festgelegte Öffnungszeiten missachteten oder Alkohol an Jugendliche und Frauen ausschenkten; sie gründete sogar einen eigenen Verlag, die »American Issue Publishing Company« in Westerville, Ohio, mit 200 Mitarbeitern und Druckerpressen, die 24 Stunden am Tag liefen. Der Verlag druckte und verschickte so viele Anti-Alkohol-Broschüren – über 40 Tonnen im Monat –, dass das kleine Städtchen allein dafür ein eigenes Postamt bekam.

1920 gab die Regierung endlich klein bei.

Die Amerikaner reagierten prompt. Alkohol besorgte man sich ab sofort in der Apotheke – die Branche wuchs wie verrückt – oder beim Winzer, der auf Traubensaft mit Gärungsanleitung auf dem Etikett umgestellt hatte. Bis 1925 gab es allein in New York City zwischen 30.000 und 100.000 »speakeasys« – Clubs, die illegal Alkohol ausschenkten –, und Al Capone war bald Chef des Alkoholschmuggels von Kanada bis Florida. Als am St. Valentins Tag 1929 sieben Gangster in einer Lagerhalle in Chicago von Al Capones Leuten niedergemäht wurden, war es nur noch eine Frage der Zeit. 1933 hob Roosevelt das Gesetz auf und seufzte, nachdem er unterschrieben hatte: »Jetzt wäre ein guter Moment für ein Bier.« Am selben Tag noch schickte die von einem deutschen Einwanderer gegründete Brauerei Anheuser-Busch eine Kutsche mit einer Kiste Budweiser-Bier ins Weiße Haus.

Die Durchsetzung der Prohibition hatte fast 100 Jahre gedauert, ihre Abschaffung nur 13. Meine deutschen Freunde sagen oft, sie hätten das Gefühl, wir Amerikaner seien nicht so politisch veranlagt wie die Europäer. Dieser Eindruck entsteht vielleicht, weil niemand in Amerika Karl Marx zitiert oder sonst den ganzen Tag lang von »den Rechten« und »den Linken« redet. Aber das Gegenteil ist wahr: Amerikanische Politik ist Politik von unten.

Es gibt kaum einen Spruch in Amerika, der so heilig ist wie dieser: »Kind, auch du kannst Präsident werden, wenn du groß bist.«

Wenn man bedenkt, wie viel Geld man braucht, um das Präsidentenamt anzustreben (bisher hat niemand so viel ausgegeben wie Barack Obama 2008 mit knapp 750 Millionen Dollar an Spenden), gibt es tatsächlich erstaunlich viele Präsidenten, die aus einfachen Verhältnissen stammen – mindestens ein Drittel. Eisenhower, Nixon und Clinton stammen aus den unteren Schichten, Andrew Johnson war Sohn einer alleinerziehenden Mutter und wurde häufig als »white trash« beschimpft, Lincoln wuchs in einer Blockhütte auf.

Es hat zwar noch nie einen jüdischen, muslimischen, japanischen, Latino- oder weiblichen Präsidenten gegeben, dafür war Nixon Quäker, Franklin D. Roosevelt saß im Rollstuhl, und vom überzeugten Junggesellen James Buchanan (1791 bis 1868) heißt es, dass er möglicherweise der erste schwule Präsident gewesen sei.

Generell ist die Rolle, die Geld und Religion bei der Auswahl unserer Präsidenten spielen, weniger groß als gedacht. Obwohl es sehr reiche Präsidenten gab (George Washington war sicher der reichste), fällt auf, dass die Kandidaten mit dem größten persönlichen Vermögen meist scheitern: zum Beispiel Ross Perot (3,5 Milliarden Dollar), John Kerry (240 Millionen Dollar) und Al Gore (100 Millionen Dollar).

In den letzten paar Jahrzehnten war die Religiosität des Kandidaten zwar sehr wichtig, davor allerdings nicht so sehr – fast ein Viertel unserer Präsidenten gehörte wohl keiner Kirche an, und bei den ersten war es eher wichtig, dass sie Freimaurer waren. Obwohl es Kandidaten wie George W. Bush nur mit Hilfe von konservativen Christen ins Amt geschafft haben, wollten die Amerikaner noch nie einen Prediger wählen, obwohl sie mehrfach die Gelegenheit dazu hatten.

Europa erschrickt, wenn ein Schauspieler, ein Profi-Catcher oder ein General eines schönen Tages beschließt, plötzlich Politiker zu werden – und es auch schafft. Wir nicht. Wir finden eher, dass jeder normale Bürger die Verpflichtung hat, nach Washington zu gehen und denen da oben mal zu zeigen, wo es langgeht.

Meine große Schwester auch.

Sie hatte keinerlei politische Erfahrung, als sie sich 1968 sagte: »Ich gehe in die Politik.«

Es standen gerade einige Änderungen für die Verfassung des Bundesstaates Hawaii an, und jede Gemeinde musste einen Vertreter zur »Convention« schicken. Sie war zwar erst zwei Jahre in Hawaii, trotzdem meldete sie sich und brachte sich selbst die Kunst des Wahlkampfes bei.

Und sie gewann die Wahl. In den kommenden Jahren folgte ein weiteres Amt in Hawaiis Repräsentantenhaus. Dann wollte sie weitermarschieren, stieß aber auf Patsy Mink.

Dieser Name ist noch immer in mein Hirn eingebrannt. Heute blicke ich mit Respekt und Bewunderung auf sie zurück: Sie war die erste weibliche Politikerin im Hawaii'schen Repräsentantenhaus und die erste asiatisch-stämmige Kongressabgeordnete dazu und wurde für insgesamt 12 Amtszeiten ins Repräsentantenhaus gewählt, das letzte Mal gar, nachdem sie schon tot war. (Es war zu spät, sie vom Wahlzettel zu entfernen. Sie gewann ...)

Damals aber war sie die meistgehasste Politikerin für meine Familie, denn sie war die Erzfeindin meiner Schwester. Es gab kein Abendessen bei uns zu Hause, bei dem ihr Name nicht mit Empörung erwähnt wurde. Das Wichtigste an Patsy Mink: Sie war Japanerin, und es gibt auf Hawaii sehr viele Japaner. Schon deshalb galt sie als unbesiegbar.

Nicht aber für meine Schwester. Fast ein Jahr lang kämpfte sie und stellte leider am Ende fest: Die Mink war tatsächlich unbesiegbar. Die politische Karriere meiner Schwester war vorbei.

Woran ich mich noch lebhaft erinnere, ist ihr Wahlkampf. Sie besaß keinerlei Erfahrung und auch keinen Wahlkampfmanager, dafür aber sprudelte sie über vor Ideen, und ich glaube, die Menschen in Hawaii hatten so was noch nie gesehen.

Sie mobilisierte die ganze Familie. Morgens, im Berufsverkehr, stand am Rand des Pali Highways, der Autobahn über die Pali-Berge, meine Mutter mit einem Schild, auf dem zu lesen war: »Mütter für Diana!« Ein Stückchen weiter stand Diana mit ihren zwei riesigen dänischen Doggen und dem Schild: »Hunde wählen Diana!« Später wurde das

System noch weiter ausgebaut: Zuerst kamen meine kleine Schwester und ich, dann Mom, dann Diana.

Später folgte der geniale Spruch: »Diana Cares« – »Diana kümmert sich«. Der Slogan kam auf Plakate, T-Shirts, Autos und in Fenster. Dann hatte jemand die Idee, oben auf das Auto einen riesigen Aufsatz aus Holz zu montieren, mit Dianas Gesicht und besagtem Spruch drauf, und dieser Wagen fuhr überall herum. Überall. Er war orange. Ich wurde damit zur Schule gefahren. Wir fuhren in die Kirche damit. Auch mein Onkel, ein Cartoonzeichner, wurde mit einbezogen. Er entwarf das Gesicht oben auf dem Wagen und auch Cartoons, die gegen Bezahlung als politische Werbung in den Zeitungen auf der Cartoon-Seite platziert wurden: meine Schwester als Comic-Heldin, voller Selbstironie.

Ich lernte eine Menge über politische Wahlkämpfe in diesen Jahren. Alles Sachen, die ich nicht lernen wollte: Nach der Schule musste ich Briefumschläge »stopfen«. Es dauerte Stunden, und ich entwickelte ein System, das ich noch heute im Schlaf beherrsche: Einen ganzen Stapel Flyer falten, dann stapeln, dann in die Briefumschläge damit, dann die Adressen drauf. Es war Fließbandarbeit, und meine einzige Motivation war: Wenn ich rechtzeitig fertig werde, kann ich meine Sitcom gucken. Dann aber kam regelmäßig die Ankündigung: Es gibt noch einen Stapel Flyer ohne Adressen, die müssen wir einzeln in die Briefkästen stecken. Mein Bruder fuhr den Wagen, ich lehnte mich aus dem Fenster, er fuhr nah an den Briefkasten heran, der in Amerika an der Straße steht, ich haute einen Flyer in den Briefkasten, er fuhr zum nächsten.

Bis ich nach Hause kam, war nicht nur meine Sitcom vorbei, sondern die Nachrichten auch, ja, ich hatte Glück, wenn ich noch was vom Abendessen abbekam.

Das ging jahrelang so. Irgendwann konnte ich aus einem Zimmer nebenan mitten in einem Gewirr aus Gesprächsfetzen den einzelnen Satz heraushören: »Eric kann das machen, er hat nichts zu tun.« Nur, immer wenn ich diesen

Satz hörte und flüchten wollte, waren sie schneller und fingen mich ein ...

Doch ich stand mit meiner verrückten Schwester nicht allein. Es ist nicht außergewöhnlich, dass sich eine ganz normale Familie bei Wohltätigkeitsveranstaltungen, in Lobbyorganisationen wie der Tea Party oder auch bei »Occupy Wall Street«, in Kirchen, Schulen oder Clubs politisch oder sozial engagiert. Politik in Amerika funktioniert genau wie Religion oder Wirtschaft, es gilt: do-it-yourself.

Da ist es kein Wunder, dass man uns manchmal anguckt und ein Monster mit mehr Glück als Verstand sieht.

24

Wir lieben unser Land

*W*issen Sie noch, wo sich folgender Krieg abspielte?

Er fand in einem fernen Land statt, das unter der grausamen Herrschaft einer fremden Macht litt; anfangs kämpften amerikanische Truppen Seite an Seite mit den Rebellen, wurden als Befreier gefeiert, und voreilig gaben sie alsbald das siegreiche Ende des Krieges bekannt. Dann wendete sich das Blatt, sie wurden als feindliche Besatzungsmacht gesehen und mussten danach viele Jahre lang gegen die Rebellen kämpfen, bis das Land endlich wieder einigermaßen zur Ruhe kam. Während des Kampfes wandten die Amerikaner umstrittene und grausame Verhörtechniken an, die teilweise noch aus den Zeiten der Inquisition stammten und die selbst viele Amerikaner angewidert als Folter bezeichneten; je länger sich der Konflikt hinzog, desto mehr Grausamkeiten kamen ans Licht, und der moralische Status der USA in den Augen der Weltöffentlichkeit litt zusehends.

Richtig geraten! Es war natürlich der philippinisch-amerikanische Krieg von 1899 bis 1902 unter Präsident William McKinley.

Wie so oft zuvor und danach begann er als Befreiungs-Aktion: Die Philippinen stöhnten unter ihren spanischen Kolonialherren, und wir befanden uns sowieso gerade im Krieg mit Spanien. Also, was sollte der Geiz, kämpften wir eben Seite an Seite mit den philippinischen Rebellen! So gelang es mit vereinten Kräften, die Spanier rauszuschmeißen. Dann wollten wir aber plötzlich nicht mehr weg: Wir hatten es bis dahin schon geschafft, uns das Herzstück des nordamerikanischen Kontinents unter den Nagel zu reißen, und in der amerikanischen Öffentlichkeit glaubte man euphorisch, dass es jetzt immer so weitergehen würde: Wir wollten immer mehr! Also dachten wir daran, auch die Philippinen zu amerikanisieren. Nur mit den philippinischen Rebellen, unseren Verbündeten, war das so nicht abgesprochen, und nun befanden wir uns plötzlich mit ihnen im Krieg. Nach vielen Jahren des zermürbenden Guerillakampfes, in dem die Gräueltaten auf beiden Seiten sich häuften, schafften wir es endlich, die Rebellen zu besiegen und regierten auf den Philippinen bis 1946. Da hatte der Imperialismus endgültig seinen schönen Schein verloren, und wir entließen die Philippinen in die Unabhängigkeit.

Haben wir etwas daraus gelernt?

Nein. Wieso auch?

Wenn man alle militärischen Auseinandersetzungen mit anderen Ländern und Völkern zusammenzählt, in die Amerika verwickelt war, kommt man neben den 12 »richtigen« Kriegen auf mehr als 320 militärische Konflikte in rund 220 Jahren: von den Gefechten mit karibischen Piraten im 18. Jahrhundert über den nie erklärten Seekrieg gegen Frankreich 1798 und pazifistische Militäraktionen wie die Luftbrücke nach Berlin oder auch nicht offiziell genehmigte Aktionen wie den Putsch in Hawaii bis hin zu über 60 einzelnen Militäreinsätzen – Friedensmissionen im ehemaligen Jugoslawien, in Liberia, Ruanda, Bosnien, Haiti, Somalia, im Irak und in Ost-Timor – allein unter Präsident Clinton. Dazu kommen noch die vielen Fälle, in denen wir Rebellen oder Alliierten Geld und Waffen zugesteckt oder die CIA bzw. andere Organisationen sich heimlich eingeschaltet haben.

Es scheint fast, dass Amerika nichts anderes will, als sich in die Angelegenheiten anderer Länder einzumischen – und das am liebsten mit gezogener Waffe. Man könnte meinen, wir mögen das einfach. Man könnte glauben, wir lieben den Krieg.

Möglich wäre es: Krieg war immer gut zu uns.

Sicher, es gab genug Kriege, die Katastrophen waren, wie in Vietnam oder im Irak oder auf den Philippinen. Das waren aber nicht die entscheidenden. Diese nämlich waren in der Tat gut für uns – so gut, dass ein Krieg für uns vielleicht zwar grausam, unberechenbar und unmenschlich ist, aber letztendlich einen Versuch wert.

Der Ausgang unseres ersten Krieges, des Unabhängigkeitskrieges gegen England, hing lange Zeit am seidenen Faden. Wir hätten ihn nie gewonnen, wenn die Franzosen uns nicht zur Hilfe gekommen wären; und auch nicht, wenn England seine Kolonien nur ein klein wenig wichtiger gewesen wären. Dass wir aber tatsächlich siegten, ermöglichte uns die Unabhängigkeit und verhalf uns zu einem eigenen Staat, der heute der mächtigste der Welt ist. Es hat sich gelohnt!

Als der Süden sich vom Norden lossagte, begann der verheerendste Krieg unserer Geschichte. Wenn wir am Anfang des Krieges gewusst hätten, welchen Preis wir zahlen würden, hätten wir es vermutlich nie getan. Heute gäbe es eben zwei Staaten, wo es jetzt einen gibt, vielleicht sogar mehr, und es wären wahrscheinlich kleine, strukturschwache Staaten, eine Art Balkan auf dem nordamerikanischen Kontinent. Dass Amerika heute stark, erfolgreich und geeint ist, verdanken wir der halben Million Opfer des Krieges. Heute glauben die meisten Amerikaner deshalb: Es hat sich gelohnt.

Der Zweite Weltkrieg war für uns ein Zweifrontenkrieg: in Europa und im Pazifik. Wir wollten keinen Krieg, und wir bekamen zwei. Heute gibt es die Nazis nicht mehr, Deutschland und Japan sind demokratisch und starke Wirtschaftspartner, und wir sind eine Supermacht. Es hat sich gelohnt.

Einige unserer stolzesten Momente sind mit Krieg verbunden. Die Generation meines Vaters, die im Zweiten Weltkrieg gedient hat, nennen wir »The Great Generation«.

Niemand weiß heute mehr, warum George Washington im Unabhängigkeitskrieg den Fluss Delaware überquerte und zu was das geführt hat, aber jeder kennt das heroische Gemälde, in dem er stolz und aufrecht im Boot steht, und der Spruch »crossing the Delaware« hat für uns den gleichen epischen, schicksalsschwangeren Klang wie der Ausdruck »den Rubikon überqueren«.

Deshalb wird in den USA immer wieder Krieg aufs Neue in Betracht gezogen und erwogen, egal, wie der letzte ausgegangen ist. Heute, nach der Irak-Erfahrung, gibt es in Amerika vermutlich mehr Pazifisten als Kriegstreiber, doch das kann sich jederzeit ändern, denn tief im Herzen wissen wir: Krieg kann sich auch lohnen. Deshalb erschrecken meine deutschen Freunde so, wenn ich über das Für und Wider eines Krieges diskutieren will: »Wie kannst du einen Krieg überhaupt in Betracht ziehen?«, höre ich immer wieder. »Ihr redet ja, als ob das eine Option wäre. Habt ihr nichts aus der Vergangenheit gelernt? Wisst ihr denn nicht, was Krieg bedeutet?«

Doch, doch, wir wissen, was Krieg bedeutet, aber für uns bedeutet er etwas anderes als für euch.

Warum die Europäer uns Amerikaner öfter für bizarre, irrationale Hampelmänner halten, habe ich erst begriffen, als ich im Fernsehen die Amtseinführung von Angela Merkel sah.

Frau Merkel ging im Bundestag auf das Podium, aber nicht ganz bis zum Pult, sondern in eine Art Ecke zwischen den ganzen langweiligen blauen Bürostühlen. Irgendein Typ hielt ihr den Text vor die Nase, sie las den Eid ab, und schon war es vorbei.

Wo blieb das Gebet eines bekannten, beliebten Pastors, das den Segen Gottes für das Land erbat? Das Gedicht von Deutschlands beliebtestem Nationaldichter, der eine friedliche Welt angesichts deutscher Gerechtigkeit und Ideale besingt? Wo blieb die Big Band, wo waren die Paraden, das

Konfetti? Die Zeremonie fand nicht einmal vor einer jubelnden, fähnchenschwenkenden Menge statt. Es war ... so normal. Eine ganz normale Amtshandlung.

In dem Moment habe ich verstanden, wie anders wir Amerikaner wirklich sind. Bei uns muss nicht nur alles eine Nummer größer sein, nein, es steckt was anderes dahinter.

Amerika ist gar kein Staat, es ist eine Religion.

Das Kongressgebäude ist unser Obertempel, und die ganzen anderen klassizistischen Gebäude, das Weiße Haus, die Denkmäler und Gerichtsgebäude – Washington, D.C., verfügt über mehr weiße Säulen als ganz Griechenland über griechische Tempel –, all das gehört zum Tempelbezirk. Wir haben mystische Symbole: Auf unseren Dollarscheinen tummeln sich geheimnisvolle Zeichen, die kein Mensch versteht, und das große Siegel der Vereinigten Staaten zieren die lateinischen Sprüche »Novus Ordo Seclorum« und »Annuit Coeptis« – »Neue Ordnung der Zeiten« bzw. »Er betrachtet unser Unternehmen mit Wohlwollen«, wobei »er« natürlich keinen Geringeren als Gott meint.

Unsere wichtigsten Feiertage, der Unabhängigkeitstag am 4. Juli und Thanksgiving, werden so feierlich wie Weihnachten begangen.

Wir haben ein Glaubensbekenntnis. Nach dem Zweiten Weltkrieg wurde ein Eid auf die Fahne eingeführt, den alle Kinder in der Schule wiederholen sollten; dieser »Pledge of Allegiance« wurde 1954 sogar noch dahingehend überarbeitet, dass »Gott« darin Amerika unter seinen besonderen Schutz stellt: »Ich schwöre Treue auf die Fahne der Vereinigten Staaten von Amerika und die Republik, für die sie steht, eine Nation unter Gott, unteilbar, mit Freiheit und Gerechtigkeit für alle.«

Über unsere wichtigsten Präsidenten schreibt man keine Biographien, sondern Hagiographien, eine Ehre, die in anderen Ländern nur Diktatoren oder Heiligen zuteil wird: Wir erzählen gerne Geschichten aus der Kindheit von George Washington (der »niemals log«, selbst wenn er einen Apfel klaute) und von Abraham Lincoln (der in einer Blockhütte am Ende der Welt aufwuchs). Von Adenauer und Bismarck habe ich solche Geschichten nie gehört, höchstens von Jesus, der in einem Stall geboren wurde und als Junge im Tempel mit den Gelehrten stritt, bevor er groß rauskam.

Wir haben sogar Märtyrer: Ein Großteil der Verehrung für Lincoln und Kennedy beruht auf ihrem gewaltsamen Tod.

Und das ist nicht alles.

Ich kenne kein Land, das die eigene Verfassung so hochhält wie Amerika. Ich habe noch nie von jemandem in Deutschland gehört, der in seiner Tasche eine Mini-Kopie des Grundgesetzes mit sich herumträgt, damit er es bei Meinungsverschiedenheiten mit der Polizei zücken kann. Ich wäre überrascht, wenn meine deutschen Freunde mir sagen könnten, in welchen Artikeln des Grundgesetzes das Recht auf Meinungs- und Glaubensfreiheit steht. Die meisten US-Bürger könnten es. Bei uns gibt es Geschäfte, die zur Erbauung ihrer Kunden gern in Newslettern, online oder im Schaufenster ein »Zitat der Woche« anbieten – aus der Verfassung natürlich. Für uns wurde diese Schrift von weisen Männern verfasst, die keine Fehler machten und alle nur denkbaren Schwierigkeiten vorhersahen; sie ist heilig und unfehlbar, die Verfassung ist für uns … mein Gott, sie ist unsere Bibel!

Wenn er sich bedroht fühlt, wenn er Missstände wittert, greift der Amerikaner sofort zur Verfassung. Sagt man: »He, hältst du es wirklich für vernünftig, eine geladene Pistole mit dir herumzutragen?« oder: »Du kannst doch nicht in einer öffentlichen Rede Juden als ›kikes‹ und Schwarze als ›niggers‹ bezeichnen, das ist verletzend«, erwidert man: »Es steht in der Verfassung, dass ich das darf«, und schon dreht sich die Diskussion nicht mehr ums persönliche Verhalten, sondern um einen politischen Grundsatz. Wenn ein 13-jähriges Mädchen Widerrede gibt und von der Mutter aufs Zimmer geschickt wird, schreit es: »Ich kann sagen, was ich will! Es ist ein freies Land – es steht in der Verfassung.« Na gut, das Mädchen kommt nicht weit damit, aber versuchen muss sie es mindestens.

Unser Glaube an die Verfassung ist zuweilen irrrational: Wir denken wirklich, dass sämtliche politischen Probleme durch die richtige Interpretation der Verfassung gelöst werden können, ebenso wie ein fundamentalistischer Christ glaubt, die Bibel sei wortwörtlich auszulegen und liefere auch heute die einzig gültige Antwort auf alle Fragen. Auf die Idee kann man nur kommen, wenn man annimmt, dass die Gründerväter bei ihrem Tun wohl von Gott geleitet wurden. Und genau das glauben viele meiner Landsleute, auch wenn sie es nie so ausdrücken würden.

Der Soziologe Robert Bellah beschrieb 1967 die amerikanische Demokratie als eine »Zivilreligion« und argumentierte, dass die Amerikaner ihre tief verwurzelte Religiosität einfach auf ihr Land übertragen und dadurch einen Glauben der amerikanischen Nation erschaffen haben.

Das hat Folgen, von denen der Rest der Welt nichts ahnt: Wir sind dadurch viel inniger und emotionaler mit dem System »Demokratie« verbunden, als die meisten Nicht-Amerikaner angesichts ihrer nüchternen Staatsgebilde sich das vorstellen können. Wir identifizieren uns tatsächlich mit so einer trockenen Materie wie unserer Staatsform. Wie sich das für eine anständige Religion gehört, sehen wir Demokratie sogar in einem endzeitlichen Kontext: Wir glauben, dass irgendwann die ganze Welt demokratisch werden wird und erst dann die ganze Menschheit glücklich und harmonisch zusammenleben kann. Da wir die Ersten waren, die nach den alten Griechen wieder damit angefangen haben, sehen wir es demzufolge als unsere heilige Pflicht, die Demokratie weiter zu verbreiten. Lachen Sie nicht, es stimmt.

Na ja, nicht immer. Manchmal wollen wir der Welt die Demokratie bringen, manchmal kann die Welt uns am Arsch lecken. Aber im Wesentlichen stimmt es: Wir glauben an unsere Nation.

Und genau wie bei jedem richtigen Glauben gibt es einen unlösbaren theologischen Streit, der so alt ist wie Amerika selbst: Sollen wir die restliche Welt nun vor sich selbst retten oder lieber zum Teufel fahren lassen?

Ich als Amerikaner muss hier mal ein Geständnis machen: Es ist schon merkwürdig, aus einem Land zu stammen, das von religiösen Fanatikern gegründet wurde. Wir ganz normalen Amis versuchen, diese Tatsache kleinzureden. Wir sprechen von »den« Puritanern und stellen sie als kleine Gruppe dar, die heute völlig vergessen ist. Dass wir zu einem erheblichen Teil auch heute noch so denken, wie sie gedacht haben, ziehen wir gar nicht mehr in Betracht, aber es stimmt.

Dieser tiefe Glaube, dass Amerika in einer vom rechten Weg abgekommenen Welt eine besondere Verantwortung trägt, wurde schon 1630, bevor es die USA überhaupt gab, auf einem Schiff mitten auf dem Atlantik geboren. Glaubensstifter war ein Mann, der heute so gut wie vergessen ist: John Winthrop, ein Puritaner. Der deutschstämmige Satiriker H.L. Mencken beschrieb den Puritanismus einmal treffend als »das beunruhigende Gefühl, dass irgendwo irgendwer möglicherweise gerade Spaß haben könnte«. Doch Amerika schuldet den Puritanern viel mehr als nur ihre berühmte Prüderie.

Ein Puritaner war kein verinnerlichter Grübler, der aufgrund irgendwelcher eingebildeten Sünden demütig nach persönlicher Erlösung strebte, sondern jemand, der tatkräftig das Reich Gottes auf Erden aufbauen wollte und bereit war, sich den Weg freizuschießen, sollte er auf Widerstand stoßen.

Als ihre Pläne in England immer wieder misslangen, blieb vielen von ihnen nur noch die Auswanderung. 1630 war ein Jahr, in dem die Welt kopfstand. In Deutschland wütete der Dreißigjährige Krieg, und in Frankreich stand König Ludwig XIII. völlig unter dem Einfluss von Kardinal Richelieu. Es war das Jahr, in dem rund 100 Puritaner in die »Arabella«

stiegen und sich auf den Weg in die kürzlich gegründete »Massachusetts Bay Colony« machten.

Auf der Überfahrt wandte sich ihr Anführer, der Anwalt und Prediger John Winthrop, an seine Mitstreiter. Seine Rede wurde aufgeschrieben. Darin erinnerte er seine puritanischen Brüder, worum es ihnen mit diesem heiligen Vorhaben ging: nicht darum, Geld zu verdienen, nicht darum, in Freiheit zu leben, sondern darum, eine neue Welt aufzubauen. Eine Welt, die Gott gefällt, angefangen bei einer Stadt, die nach göttlichen Prinzipien funktioniert, welche der Teufel aus Europa natürlich längst getilgt hatte. Es ging um nichts weniger als den perfekten Gottesstaat. Rechtschaffen, tadellos, gottesfürchtig und von Gott gesegnet.

Und sie wollten es nicht nur für sich erreichen – nein, sie wollten der ganzen Welt zeigen, dass es möglich war; sie wollten der gesamten Christenheit ein leuchtendes Beispiel sein. Damit die Welt es ihnen irgendwann nachmachen konnte. Und wenn nicht, auch gut, dann würden sie mit ihrem Tun bei Gott immerhin ein gutes Wörtchen für den Rest der Welt einlegen.

Diese utopische, leicht größenwahnsinnige Rede ist heute vergessen, nur ein einziger Satz daraus taucht immer wieder auf – er ist noch heute ein Teil von uns. Winthrop nahm ihn aus der Bergpredigt: »Ihr seid das Licht der Welt. Es kann die Stadt, die auf einem Berge liegt, nicht verborgen bleiben.«

Immer wieder greifen unsere Präsidenten darauf zurück: Kennedy und Reagan beschworen das Bild: Wir Amerikaner sollen ein leuchtendes Beispiel sein, eine Stadt auf dem Hügel, weithin sichtbar. Auch wenn man es nicht immer wieder hervorkramen würde, das »City on the Hill«-Sinnbild steckt uns im Hinterkopf, wie ein Stein im Schuh, wie ein alter Traum, wie ein Versprechen. Das ist das Sendungsbewusstsein, mit dem jeder Amerikaner geboren wird und das er selbst kaum wahrnimmt (der Rest der Welt aber schon).

Dies ist der Grund, warum jeder amerikanische Präsident automatisch, ohne dass jemand ihn darum bittet, das Gefühl hat, er müsse nicht nur mit unseren Problemen zurechtkommen, sondern auch mit denen der restlichen Welt. Auch wenn er sich gerade mal in Missouri auskennt. Geht es um Aufstände in der arabischen Welt, um Bürgerkrieg in Afrika, um Diktatoren mit Atomwaffen in Asien oder darum, Europa vom Faschismus zu befreien, der Amerikaner denkt: Wenn wir es nicht tun, wird es niemand machen.

Ich kenne kein anderes Land, das automatisch so eine internationale Verantwortung verspürt. Seit 1945 sind in Deutschland die Zeiten des »Am deutschen Wesen soll die Welt genesen« zumindest für die nächsten paar Generationen vorbei. Kein Bundeskanzler setzt sich zum Ziel, Frieden in den Nahen Osten zu bringen. Frieden in Brüssel ist schon genug. Bei uns ist das anders. »The City on the Hill« ist unser Fluch und unser Segen. Wenn wir international nichts tun, gibt es einen Aufschrei: Warum tut der Ami nichts? Wenn wir etwas tun, gibt es einen Aufschrei: Muss der Ami sich wieder als Weltpolizei aufspielen? Dieses Problem haben nur die USA, und wir haben es uns selbst aufgebürdet.

»The City on the Hill« hat seit damals immer wieder neue Gestalt angenommen. Die Puritaner selbst sahen sich als die neuen Israeliten. Genau wie Gott diese unter Moses aus der ägyptischen Gefangenschaft in das verheißene Land führte, so wurden die Puritaner aus der Alten Welt in die Neue Welt gebracht.

Das große Siegel der Vereinigten Staaten, das auch die Dollarscheine ziert, zeigt eine Pyramide, in deren Spitze ein leuchtendes Auge schwebt: Das Auge Gottes, der über uns wacht. Manche sagen, die Pyramide sei unfertig (die Spitze fehlt) und das Auge darüber schaue herab mit der Aufforderung im Blick, das neue Zeitalter, das große Werk der Demokratie nämlich, zu vollenden. Dieses Bild war damals nicht der einzige Vorschlag gewesen. Als man sich über das Staatssiegel Gedanken machte, schlug Benjamin Franklin ein Bild von Moses vor, wie er für das auserwählte Volk das Rote Meer teilt, das gleichzeitig den Pharao verschluckt, versehen mit dem Spruch: »Rebellion gegen Tyrannen ist Gehorsam gegen Gott.« Thomas Jefferson dachte da etwas »grafischer«: Er wollte nur ein Bild von den Kindern Israels in der Wildnis, die tagsüber einer Wolke folgen, nachts einer Säule aus Feuer. Wie man sieht, war Amerika von Anfang an nicht nur irgendein Kontinent, der zufällig genau dann auftauchte, als man ihn brauchte, sondern ein von Gott gesegneter mythischer Ort.

Allerdings nahmen die Puritaner an, das Land nur behalten zu dürfen, wenn sie gegen ihren »covenant«, ihren Bund mit Gott, nicht verstießen. Auch heute geistert uns die Idee eines »covenants« irgendwo im Hinterkopf herum: Wenn wir so leben, wie Gott es von uns erwartet, wird er uns segnen. Wenn nicht, dann nicht.

Eigentlich logisch.

Politiker der konservativen Christen im Süden und Westen der USA würden es nie öffentlich zugeben, aber genau darum geht es in den so genannten »culture wars«: Die Homo-Ehe, Abtreibung, Promiskuität ... all diese Dinge, die in den letzten Jahren auf scheinbar irrationale Weise in der Politik so wichtig geworden sind, brechen den »covenant«. Das macht einigen Menschen Angst: Gott könnte Amerika daraufhin fallen lassen, wer weiß, vielleicht hat er es schon getan?

Wenn der verrückte Prediger Fred Phelps mit seinen Anhängern auftaucht und Schilder schwenkt, auf denen steht: »God Hates Fags« – »Gott hasst Schwule« –, tut er das höchstwahrscheinlich, weil er Angst hat, dass Gott uns verlässt. Als TV-Prediger wie Pat Robertson und Jerry Falwell die Angriffe vom 11. September diskutierten und zu dem Schluss kamen, dass die Gründe für solche Attacken bei den Verfehlungen der Bürgerrechtler, Neo-Heiden, Abtreibungsbefürworter und Feministen zu suchen seien, meinten sie damit: Wir Amerikaner haben den Bund mit Gott gebrochen.

Abgesehen von durchgedrehten TV-Predigern kann ich schon verstehen, wie manche meiner Landsleute auf die Idee kommen, dass Gott eine besondere Beziehung zu unserem Land hat. Bis die Vereinigten Staaten zu dem wurden, was sie heute sind, mussten eine Menge sehr seltsamer Zufälle zusammenkommen – so viele, dass man daran zweifeln könnte, dass es Zufälle sind:

Das Land musste riesengroß sein, nur so konnte eine Supermacht entstehen. Wer hätte gedacht, dass genau so ein Land vor den Augen Europas versteckt bleiben würde, bis die Puritaner es so dringend brauchten? Das Land musste »leer« sein oder mindestens mussten die bisherigen Einwohner zu wenige sein, um sich gegen die Neuankömmlingen behaupten zu können – so war das bei den Israeliten in Kanaan, so war das auch in der Neuen Welt. Auch der rasche Bevölkerungszuwachs verdankte sich einigen glücklichen Zufällen: Wäre es Europa im 19. Jahrhundert nicht so schlecht gegangen, wären die Europäer nicht in Scharen nach Amerika geströmt. Wäre kein Gold in Kalifornien entdeckt worden, wäre es heute noch eine Wüste. Und so weiter und so fort.

Doch der letzte Beweis, dass Gott auf unserer Seite sein musste, war der Unabhängigkeitskrieg. England war das mächtigste Land der Welt, gegen das sich nicht mal Frankreich behaupten konnte. Wir waren eine Handvoll Kolonien ohne richtige Armee und ohne viel Erfahrung in Sachen Krieg. Eigentlich hatten wir keine Chance. Aber zum Glück war England auf merkwürdige Weise abgelenkt und erklärte den Krieg nicht zur Priorität. Wichtiger waren seine Machtspielchen mit Frankreich, und überhaupt, niemand hatte die Weitsicht zu erkennen, wie wichtig Amerika eines Tages werden würde. Ganz zu schweigen natürlich davon, dass King George III. verrückt war. Fünfzig Jahre früher oder später hätte es anders ausgehen können.

Das sind eine Menge Zufälle.

Da kann ich den braven, gläubigen Menschen aus Kansas

schon verstehen, wenn er glaubt, Gott selbst habe uns dieses Land geschenkt. Nicht weil wir besonders brav waren, sondern damit wir der ganzen Welt (demokratietechnisch) den Weg weisen können. Mitten im Unabhängigkeitskrieg, 1777, jubelte der Prediger Abraham Ketelas: »Würden die Prinzipien der Kolonien von der ganzen Menschheit angenommen und praktiziert, würden sie ein Tal der Tränen in Gottes eigenes Paradies verwandeln. Die Sache der amerikanischen Revolution ist eine Sache der Wahrheit gegen Irrtum und Falschheit – mit anderen Worten: Es ist eine Sache des Himmels gegen die Hölle.«

Im imperialistischen 19. Jahrhundert sprach man dann nicht mehr vom »covenant«, dafür umso häufiger vom »Manifest Destiny«. 1839 verfasste der Journalist John L. O'Sullivan eine Reihe von politischen Kommentaren, in denen er verlangte, dass Oregon den Briten und Texas den Mexikanern gefälligst abgenommen werden sollte, damit Amerika sich endlich von Küste zu Küste erstrecken könne. Dies sei das natürliche Schicksal Amerikas, sein »Manifest Destiny«.

Der Begriff kam zur richtigen Zeit. Mit dem Bau der transkontinentalen Eisenbahn ergriff eine betörende Begeisterung das Land – eine Begeisterung für das Potential, das in der eigenen Größe steckte. Gesagt, getan. Wir holten die Nordwestecke, das »Oregon Territory«, mehr oder weniger friedlich von den Briten, dann Texas von den Mexikanern mit Gewalt. Nun hatten wir beide Küsten und fast alles dazwischen, aber wir waren immer noch nicht satt. Als Kuba um seine Unabhängigkeit von Spanien kämpfte, stand Amerika ihm zur Seite – und nachdem Spanien fort war, marschierten wir ein. Spanien ließ auch andere Kolonien fallen bei seiner übereilten Flucht vom amerikanischen Kontinent, und wir waren da, um die Philippinen, Guam und Puerto Rico einzusammeln. Dann kauften wir gleich noch einen Teil der karibischen Virgin Islands von Dänemark und Alaska von Russland.

Heute ist »Manifest Destiny« Schnee von gestern, ein böser Traum. Seitdem ist Imperialismus ein Tabu. Nicht aber die ältere Idee dahinter, dass wir Amerikaner der Welt gegenüber eine spezielle Verantwortung haben. Ich verrate Ihnen jetzt mal ein Geheimnis; wir reden sonst nicht drüber, da es etwas arrogant rüberkommen könnte: Noch heute steht die »City on the Hill«-Idee hinter jedem unserer Versuche, Demokratie in der Welt zu etablieren. Der größte Teil unserer Außenpolitik, ob wirtschaftlich, diplomatisch, entwicklungshilfetechnisch oder militärisch, hat, Hand aufs Herz, die Ausbreitung der Demokratie auf der ganzen Welt zum übergeordneten, langfristigen Ziel. Wir haben irgendwie den Eindruck, mit dieser Aufgabe betraut worden zu sein. Sie wurde auch immer wieder neu formuliert. Herman Melville beispielsweise, Autor von *Moby Dick*, beschrieb Amerika 1850 in seinem Roman *White Jacket* als »… das Israel unserer Zeit. Gott und die Menschheit erwarten große Dinge von uns.«

Wenn ich heute, nach dem katastrophalen Irak-Krieg, mit meinen deutschen Freunden über »City on the Hill« oder gar von »Verantwortung« spreche, ernte ich Gelächter. Wie soll es auch anders sein?

Doch es erklärt vielleicht ein wenig das Mysterium, warum George W. Bush überhaupt im Irak einmarschiert ist. Die meisten Menschen sind davon überzeugt, es war des Öls wegen, aber die USA beziehen nur 9 Prozent ihres Öls aus dem Nahen Osten (Saudi Arabien und Kuwait) und kein Öl – weder heute noch gestern – aus dem Irak. Das meiste Öl kommt bekanntlich aus Texas – genau wie Bush.

Viele Menschen machen uns Amis den gemeinen Vorwurf, dass wir immer alles nur des Geldes wegen tun, und es gibt einen einfachen Grund dafür: Das meiste, was wir tun, tun wir tatsächlich des Geldes wegen. So ist es verständlich, wenn Amerika-Kritiker nicht in der Lage sind, darüber hinaus weitere Gründe zu sehen. Es gibt sie aber immer, diese anderen Gründe: Kaum ein Volk ist so grundsätzlich idealistisch wie die Amerikaner, für die Demokratie eine Religion ist, und unsere Präsidenten sind sich vom ersten Tag an, wenn sie das Weiße Haus betreten, der historischen Bedeutung ihres Amtes bewusst. Den amerikanischen Idealismus zu unterschätzen bedeutet: Amerika unterschätzen.

Warum Bush unbedingt in den Irak einmarschieren wollte – da gibt es eine Menge Theorien. Eine besagt, er wollte seinen Vater rächen und dessen Schmach vergessen machen. Vielleicht ist was dran. Immerhin musste George W. Bush einst zusehen, wie sein Vater als Präsident von Saddam Hussein an der Nase herumgeführt und das ganze Land dadurch gedemütigt wurde.

Ich halte etwas anderes für wichtiger: Nach dem 11. September wurden die so genannten »Neoconservatives« immer einflussreicher, auch unter den Beratern des Präsidenten, und ihre außenpolitischen Ideen waren stark von der »City on the Hill«-Idee beeinflusst: dass Amerika eine Verantwortung habe, die Welt vor Katastrophen und Schurken, vor Achsen des Bösen und ähnlichem Gezücht zu schützen und die Demokratie zu verbreiten. Und wäre das nicht DIE Gelegenheit, gleich auch den Nahost-Konflikt zu lösen, Herr Präsident?

Ich kann mir gut vorstellen, dass George W. Bush sich fragte, was wohl passieren würde, wenn im Nahen Osten neben Israel ein zweiter demokratischer Staat existierte. Und wenn er den Anstoß dazu gegeben hätte. Würde es die Region stabilisieren? Würde es andere arabische Staaten dazu ermuntern, Demokratie auch mal auszuprobieren?

Das sind Vorstellungen, die für einen neo-puritanischen Präsidenten mit göttlichem Sendungsbewusstsein eine große Versuchung darstellen würden.

Doch dies ist nur die eine Seite der Medaille. Viele Amerikaner fragen sich genau wie der Rest der Welt: Wieso zum Teufel sollen wir eigentlich überall eingreifen?

Schon die Gräueltaten des Krieges auf den Philippinen

riefen eine Gegenreaktion vor: Eine Gruppe prominenter Meinungsführer gründete die »American Anti-Imperialist League«, um dem imperialistischen Wahnsinn ein Ende zu bereiten und die Annektion der Philippinen zu verhindern. Zu deren Mitgliedern zählten berühmte Autoren wie Mark Twain und Ambrose Bierce, der ehemalige Präsident Grover Cleveland und der megareiche »Captain of Industry« Andrew Carnegie. Sie argumentierten, dass der Grundsatz der USA, der schon aus der Unabhängigkeitserklärung hervorginge, doch gerade der sei, dass ein Volk nicht ohne seine eigene Zustimmung regiert werden könne. Schockiert und verwundert fragten sie sich, wie die Realität ihres Staates sich so weit von seinem Ideal hatte entfernen können.

Das Gegenteil von Imperialismus heißt bei uns »Isolationismus«. Das bedeutet nicht nur, dass wir uns nicht in die Angelegenheiten anderer einmischen sollten, sondern geht noch einen Schritt weiter und heißt: »Wir Amis brauchen euch alle nicht.«

Stimmt ja auch, eigentlich. Hatten wir nicht genau deswegen die Alte Welt verlassen?

Wenn ich mit meinen deutschen Freunden über Amerika diskutiere, fassen sie sich an den Kopf. Sie verstehen nicht, warum wir so sind, wie wir sind. Es stimmt auch, zugegeben: Wir sind nicht wie die Europäer.

Wir sind weniger bürgerlich, weniger dezent, weniger anständig, und noch weniger vernünftig. Wir wollen mehr, wir greifen nach mehr, wir haben dumme Ideen und lernen nicht daraus, wenn wir auf die Schnauze fallen. Was meine Freunde wirklich wissen wollen und sich nicht zu fragen trauen, ist: Warum könnt ihr nicht mehr sein wie wir?

Warum könnt ihr die Todesstrafe nicht so sehen wie wir? Warum könnt ihr nicht sachlicher und rationaler sein, wenn es um Politik geht? Warum müsst ihr euch überall einmischen? Warum nehmt ihr euch nicht ein Beispiel an uns?

Was die Europäer nicht verstehen: Das Letzte, was wir

wollen, ist – so sein wie Europa. Wir sind ja gerade deswegen Amerikaner geworden, um anders sein zu dürfen. Deswegen haben wir uns unter Einsatz unseres Lebens 1776 von der Alten Welt getrennt. Wir hatten kein Problem damit, das Kind mit dem Bade auszuschütten: Nicht nur den Feudalismus haben wir durch Demokratie ersetzt – wir haben auch gleich begeistert die wohlanständige europäische Ordnung durch die Bereitschaft zu Risiko, zu radikalem Neuanfang und wilden Experimenten abgelöst. Und wir haben es nie bereut.

Europa, das muss jetzt mal gesagt werden, taugt ja nun auch nicht in jeder Hinsicht als natürliches Vorbild. Stimmt schon, unsere Wirtschaft wird immer wieder von Krisen geschüttelt, aber dann schauen wir nach Europa, sehen, wie in der Alten Welt angesichts der Griechenland-Krise heillose Verwirrung ausbricht, und denken uns: lieber kurz geschüttelt als lange rumgeeiert. Die Europäer sind – ein anderes Beispiel – wiederum sehr stolz darauf, dass sie im Gegensatz zu uns ab und zu eine nackte Brust im Fernsehen sehen können, und das nicht nur heimlich im Hotel, aber ich muss leider sagen, das macht ihre Fernsehserien auch nicht besser.

Ehrlich gesagt, was den Bruch mit Europa angeht, haben uns die Deutschen selbst eine Weile als perfektes Feindbild gedient, von dem wir uns prima abheben konnten. Im Ersten Weltkrieg blickte man auf den wohl verrückt gewordenen Kaiser Wilhelm II. und war mit einem dämonischen Bild des tyrannischen Feudalismus konfrontiert, der die Freiheit des Individuums mit Füßen tritt. Konservative Prediger sahen im Ersten Weltkrieg die Bestätigung dessen, was sie immer vorhergesagt hatten: Wer die traditionellen, »von Gott gegebenen« amerikanischen Werte über Bord wirft und die Wirren der Moderne zur Tür hereinlässt, endet in Chaos und Untergang. Sie hatten da noch keine Ahnung, dass all ihre Vorurteile gegenüber Europa im Zweiten Weltkrieg auf noch drastischere Art und Weise bestätigt werden sollten. Und selbst das war nicht alles: Die Gottlosigkeit, Unterdrückung und autokratische Tyrannei wurde unter Stalin noch weiter gesteigert. Große Teile Europas haben die Demokratie erst im 20. Jahrhundert eingeführt; selbst Frankreich schaffte es nicht, eine anständige, von funktionierender Volksherrschaft gekrönte Revolution hinzulegen (und ist trotzdem heute noch so stolz darauf, dass selbst die meisten Deutschen denken, wir Amis hätten es den Franzosen nachgemacht und nicht umgekehrt). Was hat dieser Kontinent nur mit seiner Sehnsucht nach allmächtiger Obrigkeit? Immer wenn Europa mal rumexperimentiert, endet es im Totalitarismus.

So ist es gar nicht sehr verwunderlich, wenn unsere Politiker sich gegenseitig gern aufs Butterbrot schmieren, zu »europäisch« zu sein, wie der Präsidentschaftskandidat Mitt Romney, der 2011 Obama vorwarf, Amerika wohl in einen Sozialstaat europäischen Stils verwandeln zu wollen: Damit werde er »den Geist Amerikas vergiften«.

Nein, nein, wir sehen keinen Grund, den Europäern nachzueifern. Sie und das ganze restliche Pack in der UNO und in Den Haag und auf den Klimakonferenzen, das sich den ganzen Tag lang Märchen erzählt, können uns gestohlen bleiben.

So in etwa denken sehr viele Amerikaner. Muss ich zugeben.

Beispielsweise auch 2012 der Präsidentschaftskandidat Ron Paul. Seine Popularität gründete allein im Isolationismus. Er war nicht nur dafür, dass wir unsere Streitkräfte aus der arabischen Welt sowie allen anderen Orten in Übersee abziehen, er ging noch weiter: Kein Geld mehr an Israel (das machte ihn besonders in manchen Ecken populär), kein Geld an Entwicklungsländer, kein Geld an unsere so genannten Verbündeten im Kampf gegen den Terror. Er war auch gegen jede Beteiligung an der UNO, am Internationalen Gerichtshof, der NATO und der World Trade Organisation.

Schon im Unabhängigkeitskrieg war Isolationismus sehr beliebt: Wenn wir Europa den Rücken zukehren, dann sollten wir es auch richtig machen und gar nichts mehr mit ihm zu tun haben. Erst als uns dämmerte, dass wir den Krieg gegen England möglicherweise verlieren könnten, willigte der Kongress in eine Allianz mit Frankreich ein, und nur deshalb haben wir den Krieg schließlich auch gewonnen. Seitdem schwingen Politiker auf Wählerfang gern große Reden darüber, dass wir von anderen Staaten unabhängig bleiben sollten, aber sie wissen, wenn sie ein Amt antreten, werden sie anders handeln müssen. Auch George W. Bush verdankte seine Popularität übrigens zum Teil seinem Isolationismus – der bis zum 11. September dauerte.

Die Idee des Isolationismus war in Amerika so beliebt, dass wir uns deswegen beinahe nicht an den beiden Weltkriegen beteiligt hätten.

Als Europa 1914 begann, sich selbst zu zerfleischen, wollten sich die meisten Amerikaner da raushalten. Nur die Politiker fragten sich, was dann aus der Wirtschaft werden würde, wenn die Alte Welt tatsächlich den Bach runterginge. Als dann der Zweite Weltkrieg startete, musste Roosevelt dem Volk immer wieder versichern, dass wir uns keinesfalls erneut einmischen würden. Der Kongress erließ sogar den »Neutrality Act«, um uns um jeden Preis daran zu hindern. Erst der Angriff der Japaner auf Pearl Harbor änderte alles, und der Briten-Freund Roosevelt war frei, in den Krieg zu ziehen. Hätte Japan Hawaii nicht angegriffen, hätten die Nazis in Europa womöglich heute noch das Sagen.

Durch den Zweiten Weltkrieg ist dem Isolationismus-Argument schon ein herber Schlag versetzt worden.

Heute, wenn mal wieder ein arabisches Land ein anderes arabisches Land überfällt, melden sich sofort beide Seiten zu Wort: Einerseits haben wir sicher wirtschaftliche Interessen dort sowie eine moralische Verantwortung, irgendetwas zu tun; andererseits kontern die Isolationisten: Das ist nicht unser Bier, denkt an Vietnam: Es kann auch schiefgehen.

Und dann folgt das Schlag-mich-tot-Argument: Was wäre, wenn wir in Europa nicht eingegriffen hätten?

Es ist schwer, diesem Argument zu widersprechen.

25

Werden wir fallen?

Wir haben auch noch etwas anderes von den Puritanern geerbt.

Manche nennen es blinden Eifer, Fanatismus, Größenwahn, ja Verrücktheit. Ich nenne es Sehnsucht.

Diese Puritaner waren eine seltsam widersprüchliche Erscheinung.

Einerseits suchten sie religiöse Freiheit, andererseits verboten sie andere Glaubensrichtungen. Einerseits stellten sie die Bibel über alles, andererseits gründeten sie Städte und Universitäten wie Harvard und machten den Schulbesuch für jedes Kind zur Pflicht, lange bevor so etwas in Europa eingeführt wurde.

Sie hatten keinen Humor und wenig Verständnis für Muße, und immer wenn es so aussah, als ob der Spaß am Leben überhandnehmen könnte, wurde mal wieder Glücksspiel, Theater oder Weihnachten verboten – in extremen Fällen sogar der Maibaum. Mit Alkohol allerdings hatten die meisten Gemeinden kein Problem (nur mit dem Suff), und selbst beim Thema Sex waren sie recht fortschrittlich: Er wurde nicht, wie bei den gottlosen Katholiken, nur zum Zweck der Reproduktion empfohlen, sondern durchaus auch zum Zwecke des Genusses. Manche Gemeinden gingen so weit, dass man dort eine Frau, die ihren ehelichen Pflichten nicht nachkommen wollte, vor den Kadi bringen konnte. In mindestens einem Fall kam es dazu, dass ein Exkommunikationsverfahren gegen einen zu leidenschaftslosen Ehepartner eingeleitet wurde. Dieser war übrigens ein Mann.

Die Probleme kamen, als die Puritaner versuchten, ihre Theorien in die Praxis umzusetzen. Die Realität kann manchmal so bockig sein.

Diese Menschen waren politische Amateure. Sie hatten keine Erfahrung darin, einen Staat aufzubauen. Dass sie es trotzdem versuchten, ist ein Zeichen von Mut. Oder Größenwahn. Aber sie hatten einen guten Plan: Beim Aufbau ihres Staates verließen sie sich darauf, dass alles schon klappen würde, solange sie sich an das Wort Gottes hielten. In der Theorie hört sich das gut an – wer ist weiser als Gott? Nur in der Praxis ergaben sich immer wieder nervige Detailfragen, deren Beantwortung allein anhand der Interpretation von Bibelstellen immer schwieriger wurden.

Zum Beispiel die der religiösen Freiheit.

Hier in der neuen Welt wollten die Puritaner Gott endlich so dienen, wie er es wollte, und selbst ein Kind konnte sehen, dass Gott nur so angebetet werden wollte, wie die Puritaner es taten. Dann tauchten die Quäker auf. Die ebenso in der Neuen Welt ihre Freiheit suchten. Die Puritaner mussten unvermittelt eine Grundsatzentscheidung treffen: zwischen religiöser Toleranz und der Reinheit der Gesellschaft. Beides ging nicht. Sie entschieden sich für die Reinheit und verbannten andere Religionen.

Die Krise ließ nicht lange auf sich warten.

Man kann nicht behaupten, dass die Puritaner rassistisch waren. Indianer speisten zu besonderen Gelegenheiten am Tisch des puritanischen Gouverneurs und übernachteten auch gelegentlich auf seinem Hof. Man machte sich sogar recht moderne Gedanken über die Gleichberechtigung von Weißen und Indianern, die fast skurrile Ausmaße annahmen. Als Gesetze erlassen wurden, die den Verkauf von Alkohol an Indianer verboten, protestierten manche Puritaner: Da alle Menschen in Gottes Augen gleich seien, dürfe doch niemand den einen den Genuss erlauben und anderen dagegen nicht. Von Zeit zu Zeit gab es Streitigkeiten über Land, aber letztendlich waren diese Probleme lösbar: Es gab ja noch Land genug.

Dann kam die Sache mit den Pequot.

Die Pequot-Indianer hatten ein Auge auf das regionale Monopol im lukrativen Pelzhandel geworfen. Benachbarte Stämme in Connecticut und Massachusetts verfolgten genau den gleichen Plan. Zu diesem Zweck griffen sie einander gern an und verbündeten sich bei Bedarf auch mit den Holländern oder Engländern.

1636 wurden ein puritanischer Händler namens John Oldham und mehrere seiner Crewmitglieder von Indianern getötet. Was wirklich passiert war, weiß heute keiner mehr. Vielleicht war es eine besonders harte Verhandlungstaktik, vielleicht hatten die Täter Oldham mit jemandem verwechselt. Die Puritaner jedenfalls schickten eine Strafexpedition los, angeführt vom ehemaligen Gouverneur John Endecott. Man kann sagen, dass er ein wenig übertrieb. Zuerst auf Block Island, wo man die Mörder vermutete, dann im Dorf der Pequot, die angeblich mit den Mördern gemeinsame Sache machten, konnten die Indianer noch rechtzeitig fliehen. Weil er niemanden zu fassen bekam, den er vor Gericht zerren konnte, entschied sich Endecott deshalb, ein Zeichen zu setzen und brannte einfach alles nieder: Dörfer, Kanus, Vorratslager.

Damit begann der »Pequot War«, der vier Jahre dauerte. Als Endecotts Wüten bekannt wurde, hagelte es Proteste: Er sei zu weit gegangen, das würde Folgen nach sich ziehen, und dazu kam es dann auch. Die Vergeltung der Pequot führte zu weiteren Strafexpeditionen, Sie wissen, wie das geht. Die sich daraus ergebenden wechselnden Allianzen der diversen Stämme und Kolonien waren so kompliziert und hatten so blutige Konsequenzen wie die Allianzen des Dreißigjährigen Krieges, der zur selben Zeit in Europa wütete. Am Ende hatten die Pequot das Nachsehen.

Bis zu 1.500 von ihnen starben. Allerdings hatte es sowieso kaum mehr von ihnen gegeben. Der kleine Stamm wurde so gut wie ausgemerzt. Hunderte von Jahren galten sie als ausgestorben, erst heute sind sie wieder da – in Connecticut betreiben sie ein sehr lukratives Casino mit angeschlossenem Pequot-Museum, wo auch die Nachfahren der Puritaner herzlich willkommen geheißen werden, solange sie ihr Geld dort lassen.

Was hätten die Puritaner tun sollen? Die andere Wange hinhalten? Das klingt ja gut, aber der perfekte Gottesstaat würde nicht lange überleben, wenn jeder dahergelaufene Indianerstamm ihre Leute nach Lust und Laune ermordete. Nein, man musste ein Zeichen setzen.

Doch irgendwie blieb dieses mulmige Gefühl, dass irgendwas gerade begonnen hatte zu bröckeln.

Mary Dyer wuchs als Puritanerin auf, trat aber auf einer Reise nach England zum Quäkertum über. Als sie hörte, dass ihr neuer Glaube in ihrer Heimat Massachusetts verboten wurde, kehrte sie umgehend zurück. In Boston kam es, wie es kommen musste: Freundlich wurde sie empfangen, höflich über das Quäker-Verbot aufgeklärt und aus der Stadt gejagt.

Entweder war die Dame jedoch schwerhörig, stur oder einfach noch fanatischer als die Puritaner, denn sie kehrte zurück. Immer wieder. Sie machte kein großes Aufsehen, sie tauchte nur auf – in mehreren Städten, bis sie sich wohl an die diversen Knastaufenthalte gewöhnt hatte.

Ihr Fehler war, dreimal zur »Massachusetts Bay Colony« zurückzukehren. Beim dritten Mal wurde sie gehängt.

Niemand wollte sie umbringen, ehrlich. Immer wieder bekam sie Gelegenheit, das Gesetz zu befolgen und einfach zu verschwinden. Doch Mary Dyer war eine stahlharte Frau. Selbst auf dem Weg zum Galgen, als ihr nochmals angeboten wurde, die Stadt einfach zu verlassen, war ihre Antwort: »Ich bin gekommen, um Blutschuld von euch zu nehmen, mit der Bitte, dass ihr das falsche und ungerechte Gesetz gegen unschuldige Diener des Herrn aufhebt. Nein, Mann, jetzt kehre ich nicht mehr um.«

Was hätte man machen können? Die Puritaner wollten ja den perfekten Gottesstaat aufbauen, das war der ganze Sinn der Sache. Wenn sich andere Glaubensrichtungen einschlichen, dann ging das nicht. Bald war man ein Staat wie alle anderen auch, kompromittiert und korrumpiert. Irgendwann musste man konsequent sein und auch harte Entscheidungen fällen.

Aber irgendwie war der Himmel noch weiter weg als vorher.

Das Städtchen Salem – nach dem hebräischen Wort für Frieden (»Schalom«) – war die erste Niederlassung der Puritaner, aber 1692 neben Boston erst ein Dorf. Das war das Jahr, in dem zwei junge Mädchen mit unerklärlichen Anfällen zum Arzt geschickt wurden.

Was heißt Anfälle? Sie schrien, warfen mit Gegenständen, stießen seltsame Geräusche aus, verkrochen sich unter Tische und verbogen ihre Körper auf unnatürliche Weise. Sie klagten, es fühle sich an wie tausend Nadeln unter der Haut. Möglicherweise war es eine Mutterkornvergiftung, doch das ist nur eine Theorie. Meine Erklärung: Sie waren unausstehliche kleine Zicken. Die Ärzte damals konnten keine Krankheit finden und kamen zu der einzig logischen Schlussfolgerung: Es konnte bloß der Teufel dahinterstecken. Um mit ihrer Diagnose ganz sicherzugehen, baten sie die Mädchen um ihre Meinung, und diese bestätigten die Vermutung.

Nicht nur das. Sie nannten auch gleich die Namen dreier Hexen im Dorf: Eine 39-jährige Obdachlose, die bettelnd von Tür zu Tür zog und gern unvermittelt Drohungen ausstieß; eine reiche, kranke Witwe, die kürzlich einen Taugenichts geheiratet und sich seitdem in sinnlose Rechtsstreitigkeiten im Dorf verstrickt hatte, und Tituba, eine schwarze oder vielleicht auch indianische Haussklavin. Alle drei Frauen kamen vor Gericht.

Die Prozesse müssen sehr unterhaltsam gewesen sein. Als die »Hexen« vorgeführt wurden, wiegten sich ihre Opfer in Schmerzen und Angst hin und her und warfen sich auf den Boden. Die Nachbarn erzählten wilde Geschichten von nächtlichen Besenritten durch die Luft. Der Ehemann einer der Damen erwähnte ein teuflisches Mal auf ihrem Körper, und die sechsjährige Tochter der Hexe beschrieb, wie die Mama einmal mit dem Teufel rumgemacht habe. Entweder waren die Damen tatsächlich Hexen oder extrem unbeliebt.

Eine der Frauen starb im Gefängnis. Eine weitere wurde aufgehängt. Aus völlig unerfindlichen Gründen – wer weiß, vielleicht durch schwarze Magie – wurde Tituba indes freigelassen und ward nie wieder gesehen.

Das war erst der Anfang. Ein Schneeballeffekt wurde ausgelöst. Ähnlich wie bei den Missbrauchsprozessen aufgrund »verdrängter Erinnerung« in den 1990er Jahren trauten sich nun immer mehr traumatisierte Opfer von Hexerei in die Öffentlichkeit. Bis zum Mai des folgenden Jahres wurden mehr als 150 Menschen verhaftet, 29 wurden der Hexerei für schuldig befunden. Von diesen wurden 14 Frauen und 5 Männer erhängt. Ein Mann war besonders stur und weigerte sich penetrant, sich vor Gericht zu äußern. Um eine Aussage zu erzwingen, wurde er unter schwere Steine gelegt. Ob er in letzter Sekunde dann doch reden wollte, wissen wir nicht, denn er wurde zermalmt.

Heute, in unserer aufgeklärten, wissenschaftlich orientierten Gesellschaft, fragt man mit Erstaunen: »Ist denn niemandem aufgefallen, wie unsinnig das alles war?«

Die Antwort ist: Doch!

Schon während der Prozesse hat man sich gefragt, was man hier denn eigentlich tue. Besonders das Mittel der »spectral evidence« – »Beweise durch den Geist« – wurde angeprangert. Das war die rechtlich völlig unbedenkliche Praxis, die Träume der Opfer vor Gericht als Beweis zuzulassen. Selbst der berühmte Puritaner Increase Mather schrieb: »Besser, es kommen zehn der Hexerei Verdächtige davon, als dass auch nur ein Unschuldiger verurteilt wird.«

Doch die meisten konnten erst wieder klar denken, nachdem die Prozesse vorbei waren. 1695 schrieb der Quäker Thomas Maule ein Buch, in dem er die Hexenprozesse kritisierte. Er wurde 12 Monate ins Gefängnis gesteckt, dann aber doch freigesprochen. Bis er rauskam, waren auch die meisten Puritaner der Meinung, dass sie wohl etwas über die Stränge geschlagen hatten. Ein Fastentag für die Opfer wurde ausgerufen. Man ging systematisch daran, die Beschuldigten, die noch lebten, freizusprechen. Diverse hitzköpfige Prediger, die involviert waren, gaben sich nun zerknirscht. Eines der selbsterklärten Opfer vermeintlicher Hexerei, Ann Putnam Jr., bat 1706 öffentlich um Entschuldigung. Die Kolonie zahlte Kompensation an die Überlebenden und deren Familien aus.

Irgendetwas war schiefgegangen mit dem perfekten Gottesstaat, der »City on the Hill«. Es hätte so schön sein können, aber irgendwann war alles außer Kontrolle geraten. Wäre das Experiment gelungen, wenn man nicht versucht hätte, die Indianer zu bestrafen? Oder wenn man die Quäker in Ruhe gelassen hätte?

Oder wäre es auch dann schiefgegangen?

Seit einigen Jahren geht in Amerika der Begriff des »nation building« um. Gemeint ist der (Wieder-)Aufbau eines ausländischen Staatswesens, zum Beispiel in Deutschland nach dem Zweiten Weltkrieg, in Afghanistan oder im Irak, aber auch in afrikanischen Staaten. In Amerika selbst fing das »nation building« mit den Puritanern an.

Ihr Experiment, aus dem Nichts einen idealen Staat zu errichten, war bis dahin ohne Beispiel. Die Staaten in Europa waren ja seit Jahrtausenden in aller Ruhe gewachsen. Immer wieder mal mussten sich Europäer mit regionalen politischen Problemen beschäftigen, aber eher selten mit der grundsätzlichen Frage: »Wie baue ich einen Staat auf? Wer ist der Chef hier? Und warum?« Die Puritaner schon. Dennoch legten sie los und erfanden ganz nebenbei die gute alte amerikanische Methode des »try and error«.

Damit etablierten sie eine Tradition, die in Amerika seither kontinuierlich fortgeführt wird. Den Gründervätern über 150 Jahre später ging es längst nicht mehr um einen Gottesstaat, sie wollten eine moderne Demokratie ins Leben rufen. Doch 1776, nach dem Unabhängigkeitskrieg, mussten auch sie die Frage: »Was gehört denn jetzt nun zu einem Staat?« in Windeseile beantworten. Seitdem wird sie immer wieder aufs Neue gestellt: in den Zusatzartikeln zur Verfassung, im Rahmen der Entscheidungen des Obersten Gerichtshofes, in jedem Wahlkampf. Ja, auch dort. Denn wir wissen aus Erfahrung, dass alles an einem Staat Verhandlungssache ist.

Muss ein christlicher Staat die Ehe als Bund zwischen Mann und Frau definieren, oder gehen die Freiheit und Gleichheit von Minderheiten vor? Darf ein unparteiischer Staat einigen Bürgern Steuern aus der Tasche ziehen, um anderen Bürgern damit unter die Arme zu greifen, oder überschreitet er damit seine Kompetenzen? Muss ein demokratischer Staat, der auf der Idee der Freiheit beruht, eingreifen, wenn ein Tyrann in einem anderen Staat seine Bürger misshandelt? Oder muss man die Freiheit des anderen Staates, zu tun, was er für richtig hält, respektieren?

Meine deutschen Freunde halten uns Amerikaner eher nicht für übermäßig politisch interessierte Typen. Als Beweis dient Hollywood: Actionfilme, Western, Science-Fiction, Thriller und romantische Komödien, wohin man schaut. Wo bleibt der Problemfilm, wo das politisch bewusste Sozialdrama?

Es handelt sich um ein Missverständnis. Amerikanisches Kino ist durch und durch politisch, aber wir beschäftigen uns nicht mit sozialen Fragen, sondern mit der Frage des »nation buildings«.

Denken Sie nur an den Action-Thriller *Staatsfeind Nr. 1* mit Will Smith: Hinter den ganzen Autoverfolgungsjagden, Schlägereien und Spionagetricks steckt die Frage: Wann schlägt die technologisch effiziente Verbrechensbekämpfung in einen Überwachungsstaat um?

In der actionreichen Sci-Fi-Fernsehserie *Battlestar Galactica* werden in einer Raumschiff-Kolonie sämtliche möglichen Staatsformen ausprobiert (zählen Sie mal mit!), inklusive aller nur jeweils denkbaren Schwächen und Krisen und vor allem auch unter Berücksichtigung der Frage: Wann kann man einem erklärten Erzfeind vertrauen, wenn er einem zusichert, er habe sich geläutert und wolle jetzt gemeinsame Sache machen? Die Antworten sind verblüffend …

Actionfilme wie *Die Hard* oder die moderne Western-Serie *Justified* werfen immer wieder die Frage auf, wann ein Rechtssystem funktioniert und wann es versagt. Wenn ein Actionheld »die Regeln bricht« und »im Alleingang« mit »zweifelhaften Methoden« die Schurken zur Strecke bringt, obwohl sein Chef ihn immer wieder davon abhalten will, wird uns die Hilflosigkeit des eigenen Systems vor Augen geführt. Sind wir als Rechtsstaat zu schwach geworden? Überfordern wir unsere Beamten, die ihre Arbeit machen wollen, mit zu vielen Auflagen? Ist unser Land überzivilisiert und hilflos?

Wird Amerika fallen?

Ich bin immer wieder überrascht, dass diese Fragen in Europa kaum gestellt werden.

Als 2002 die Entführung und der Mord am jungen Jakob von Metzler in den Medien für Aufregung sorgten, fiel mir etwas Merkwürdiges auf. Der Entführer Magnus Gäfgen wurde von der Polizei vernommen, dabei wurde ihm massive Gewalt angedroht, wenn er nicht verrate, wo er den Jungen gefangen halte. Gäfgen verriet das Versteck. Das sollte Konsequenzen haben: Selbst die Androhung von Gewalt wird in Deutschland als eine Art Folter angesehen, was ja verboten ist, und Polizeipräsident Wolfgang Daschner wurde später dafür vor Gericht zu einer Geldstrafe verurteilt.

Daschner schuldig zu sprechen, obwohl sein Handeln erfolgreich war (wenn es auch dem Opfer nicht mehr half), war natürlich paradox, und viele Deutsche haben es auch so empfunden. Aber nicht sehr viele. Die Diskussion, ob man das mit dem Folterverbot nicht ein wenig übertreibe, fand kaum einen Widerhall in den Schlagzeilen, die sich schon am nächsten Tag wieder den üblichen Skandalen wie Dienstwagenaffären widmeten.

In Amerika wären dafür Köpfe gerollt. Politische Karrieren wären zu Ende gewesen, Parteien hätten ihre Programme umgebaut, Gesetze wären im Kongress eingebracht worden, die mehr Folter auf Polizeistationen erlaubt hätten, Gegendemonstranten wären aufmarschiert.

In Deutschland ist dieses Thema abgeschlossen. Man nimmt das Widersprüchliche schmerzhaft wahr und macht weiter. Das gibt es nur in einem Staat, in dem die schwierigen Fragen schon beantwortet sind. Ich muss sagen: Alle Achtung.

Wir in Amerika haben die »richtigen« Antworten auf diese Fragen noch lange nicht gefunden. Das Paradoxon, dass Folter Leben retten kann und trotzdem verboten werden muss, wollen viele Amerikaner nicht akzeptieren. Deshalb wird es in Blogs, Zeitungen, im Fernsehen und in der Popkultur immer wieder diskutiert: Zum Bespiel in der Folter- und Spionageserie *24*. Gewalt ist das »nation building«-Thema der Filmkultur schlechthin.

Der altehrwürdige Filmklassiker *High Noon* gilt geradezu als Symbol amerikanischer Gewaltbereitschaft: Der Cowboy greift gleich zur Waffe, Kompromisse kennt er nicht, die Amerikaner sind nicht fähig zu diskutieren, sie können immer nur schießen, sie kennen es nicht anders. Wenn eine Zeitung *High Noon* titelt, weiß man: Es knallt gleich.

Der Film selbst ist das genaue Gegenteil. Die ganze Zeit über wird nur diskutiert.

Gary Cooper spielt einen ehemaligen Marshall, der auf die Ankunft eines Schurken wartet, der ihm im Gerichtssaal ewige Rache schwor und sein Versprechen nun in die Tat umsetzen will. Das Problem: Cooper hat gerade die schöne

Quäkerin Grace Kelly geheiratet und ihren Glauben angenommen. Er ist Pazifist geworden.

Weil er nicht kämpfen kann, wird er vermutlich vom Bösewicht umgepustet werden. Die Städter sind ängstlich, werden ihm nicht zur Seite stehen und raten ihm zu gehen. Das würde ihm vielleicht das Leben retten, dann jedoch wäre die Stadt selbst in Gefahr.

Der ganze Film ist ein einziger Dialog über Angst, Mut und Verantwortung: Soll Cooper bleiben und wahrscheinlich sterben? Zur Waffe greifen, seine Prinzipien verraten und die Welt vom Bösen befreien? Auch wenn er von den Bürgern, die er ja beschützen will, keine Hilfe und keinen Dank erwarten kann?

High Noon kam 1952 heraus und wurde von dem aus Österreich geflohenen Juden Fred Zinnemann gedreht. Genau wie Amerika als Weltpolizist kurz davor mitgeholfen hatte, die Nazis zu besiegen, hat jetzt »Weltpolizist« Gary Cooper die Verpflichtung zu kämpfen. Und er weiß, er wird dafür keine Lorbeeren ernten. Soll er sich »City on the Hill«-mäßig einmischen, oder soll er Isolationist bleiben und den Problemen der Welt, die er vermutlich sowieso nicht lösen kann, den Rücken kehren und wegfahren? Ignorieren, dass die Probleme ihn höchstwahrscheinlich immer wieder einholen werden?

All dies ist nach wie vor, wenn man ehrlich ist, eine offene Frage, und genau aus diesem Grund wird bei uns immer noch über Grundsätze gestritten. Selbst wenn wir unsere Lektion gelernt haben, wird weiter diskutiert: Diesmal könnte es ja anders kommen, oder? Wir misstrauen Pauschalurteilen. Vietnam war eine Katastrophe, der Zweite Weltkrieg war für uns ein Erfolg – aber es hätte beides auch anders ausgehen können. Jede neue Situation ist einzigartig und nicht einfach eine Wiederholung der Geschichte, weil wir uns einzigartig finden und nicht bloß als Neuauflage unserer Urgroßeltern sehen. In diesem Sinne denken wir wie ... na ja, eigentlich genau wie unsere Urgroßeltern.

Seit den Zeiten der Puritaner hat jeder Amerikaner die Pflicht, unseren Staat immer wieder neu zu erschaffen. Deswegen die ständige Diskussion in unserer Popkultur, wie denn unser Land aussehen soll; deshalb die vielen Utopien, die vielen Träumer, die vielen Verrückten in der Politik, die vielen neuen Ideen, die Hybris: Von Geburt an weiß jeder Ami, auch sein Leben ist ein Experiment.

Ich denke oft an die Frage, die mein Vater am Esstisch gerne aufbrachte: Wird Amerika fallen?

Es ist eine seltsame Frage. Ich habe nie gehört, dass ein Franzose, Kanadier oder Chinese sich dergleichen fragt. Ich habe oft gehört, wie die Deutschen zum Beispiel überlegen: »Ob wir die D-Mark wiederkriegen?« Oder: »Was passiert, wenn diese Griechen nicht zur Vernunft kommen?« Ja, auch dieses Thema kann ich mir an deutschen Esstischen vorstellen. Aber: »Wird Deutschland untergehen?« Das eher nicht.

Dabei war es kein Spleen meines Vaters. Wir alle stellen uns diese Frage. Und zwar seit über 200 Jahren, fast tagtäglich.

Mal ist die Bedrohung mystischer Art, wie in den »culture wars«, wenn konservative Christen befürchten, Amerika hätte seinen Bund mit Gott gebrochen. Mal ist sie ökonomischer Natur: Was passiert, wenn China reicher wird als wir? Wie hoch können die Haushaltsschulden eigentlich noch steigen, bis der Staat zusammenbricht? Was, wenn die Mittelklasse ganz verschwindet? Liebt uns die Welt da draußen eigentlich noch mehr, als sie uns hasst? Oder politischer: Wenn wir sehen, wie polarisiert und verzwickt die Beziehungen zwischen Republikanern und Demokraten im Kongress sind, ahnen wir, dass jede Seite bereit wäre, das ganze Land zum Teufel fahren zu lassen, nur damit sie recht behält.

Manchmal erlangt die Furcht vor dem Fall ein nahezu episches, weltgeschichtliches Flair. Nach den Attacken vom 11. September war auch ich von einer ausweglosen schwarzen Angst erfüllt, und ich dachte: Die Barbaren stehen vor den Toren und sind entschlossener, stärker, gewalttätiger als wir – wir sind zu schwach, zu eigensüchtig, zu zerstritten, um sie zu bekämpfen; sie werden wachsen, sie werden immer wieder angreifen, bis irgendwann in zwei oder drei Generationen meine Heimat verschwunden ist und die Terroristen und Mörder von heute als Freiheitskämpfer, Märtyrer und Staatsgründer gefeiert werden.

So was kann passieren. Die Wahrheit ist: Jedes Land verschwindet irgendwann, das wird auch den Vereinigten Staaten geschehen. Eines Tages wird womöglich der Klimawandel seinen Tribut fordern, und unsere Kornkammer wird langsam schrumpfen. Eines Tages wird unser Reich vielleicht zu groß und bevölkert sein, um alle Einwohner angemessen versorgen zu können, und es wird kollabieren wie Cahokia. Oder es wird etwas anderes, völlig Unerwartetes geschehen wie 2001.

Es ist komisch, was man findet, wenn man in der Geschichte des eigenen Landes herumwühlt. Sehr viel Dreck, sehr viele erschreckende Überraschungen, mit denen man nicht gerechnet hatte. Als Kind war ich pikiert zu erfahren, dass meine Kirche tatsächlich einmal Vielweiberei praktizierte. Als Erwachsener hatte ich immer noch keine Ahnung davon, dass der Ku-Klux-Klan es tatsächlich schaffte, 100 Jahre lang die Verfassung zu untergraben, und dass Politiker das zuließen.

Wie anders wir wirklich sind, verstehe ich erst, seit ich nun schon so viele Jahre in Deutschland lebe. Hier läuft alles etwas glatter als in den USA. Das Sozialsystem ist besser, die starke Wirtschaft ist geregelter und stabiler. Es ist schön, in einem Staat zu leben, wo Politik ohne jede Hysterie diskutiert werden kann, ja, wo es zum schlechten Ton gehört, ein Staatsoberhaupt als »Hitler« zu beschimpfen (das darf man in Europa nur, wenn man Grieche ist). Es ist schön, zu Gast bei Leuten zu sein, die seit Jahrzehnten keine größeren Bombardierungen anderer Länder vorgenommen haben und diese relativ friedliche Außenpolitik wohl auch noch einige Jahre weiter beibehalten werden. (Es sei denn, die Griechen wollen es so!)

Das allgemeine Lebensgefühl in einer politisch so korrekten Nation ist angenehm beruhigend. Neulich wurde ich kurz aufgeschreckt, als plötzlich der Bundespräsident zurücktrat, nachdem er monatelang von hochinvestigativen Journalisten belagert worden war. Irgendwann war die Aufregung so groß geworden, dass ich einen Freund fragte, was der gute Mann denn verbrochen habe. »Irgendwie hat er, glaube ich, bei einem Freund übernachtet, der eine Villa besitzt. Dazu muss man aber sagen, es war eine sehr schöne Villa.«

Ich war schockiert, peinlich berührt und desillusioniert: So wenig haben die Deutschen zu bieten? Mein Gott, sogar die Korruption in Deutschland ist irgendwie anständig.

Der erste US-Präsident, den ich als Junge bewusst wahrgenommen habe, Richard Nixon, hatte heimliche Bombardierungen von Kambodscha angeordnet, seinen politischen Feinden illegal nachspioniert und den Kongress darüber belogen, bevor er zurücktrat. Sein Vizepräsident Spiro Agnew musste zugeben, jahrelang Bestechungsgelder angenommen zu haben, bevor er ebenfalls zurücktrat und eine Viertelmillion Dollar zurückzahlen musste. Es ist immer noch unklar, welchen Dreck Bill Clinton am Stecken hat: Zwischen zwielichtigen Immobiliendeals, dem mysteriösen Selbstmord eines seiner Berater und der Tatsache, dass er am letzten Tag seiner Amtszeit einen bekannten verurteilten Finanzkriminellen begnadigt hat, muss noch irgendwas höchst Illegales verborgen sein, aber niemand kann herausfinden, was es ist. Ob Barack Obama die Inneneinrichtung von Warren Buffetts Privatjet oder von Filmproduzent Jeffrey Katzenbergs Hollywoodvilla kennt? Wir werden es nie erfahren, weil es unsere Journalisten nicht interessiert. Sie warten ab, bis Obama jemanden schwängert, um Milliarden betrügt oder ermordet. Das ist eine echte Story.

Die Europäer mit ihren abgesicherten Verhältnissen und ohne den ständigen Ehrgeiz, die Welt zu ändern, werden durch unseren wahllosen Aktionismus regelmäßig aufgeschreckt. Sie entdecken die Risse in unserem Staatsgefüge, groß wie die Spalten, die sich bei einem Erdbeben unter den Füßen auftun, und sie denken: »Hoppla, das war's. Das hält keine Gesellschaft aus.«

Doch gerade von solchen Brüchen leben wir. Sie zeigen uns, dass eben nicht alles geregelt ist, dass es Raum für Änderungen gibt, dass alles im Fluss ist und nichts in Stein gemeißelt – dass ein Leben, wie wir es uns vorstellen, möglich ist. Sie sind unser »Treibstoff«.

Das amerikanische Auf und Ab, das Schlingern von Erdbeben zu Erdbeben, ob zu Hause oder international, gehört zu uns wie Sarah Palin und Mickey Mouse. All die Unbotmäßigkeiten, die Europa regelmäßig aufschrecken – uns auch, gelegentlich –, sind Zeichen, dass Amerika sich nicht geändert hat. Es experimentiert, genau wie immer, hemmungslos rum. Das ist kein Indiz dafür, dass das System nervös wird und zugrunde geht, sondern eher umgekehrt: dass es bestens funktioniert, unverschämt laut zwar, ratternd, zischend und geifernd wie eine alte, eigenwillige, klapprige Dampfmaschine, aber zäh wie eh und je.

Die Frage: »Wird Amerika fallen?« ist die falsche Frage. Irgendwann fällt alles. Die wirklich interessante Frage lautet: Ist Amerika noch Amerika?

Das ist es. Die Idioten von *Fox News* beweisen es. Die bizarren Sprüche unserer Präsidentschaftskandidaten beweisen es. Die große, beängstigende und einzigartige Veränderung, die Amerika heute durchmacht, ohne dass jemand weiß, wo das alles hinführt, beweist es.

Die unwiderstehliche Arroganz, die man sonst nur von Teenagern kennt, die Unbekümmertheit, die Vitalität des Unfertigen, der unbändige Drang zur Veränderung, die Neugier, die verbietet, dass man eine Gesellschaft, einen Trend, eine Wissenschaft für abgeschlossen hält, die Freiheit zu spinnen, der Raum zum Ausprobieren, die innere Verpflichtung, zu einer Idee niemals »Nein« zu sagen – all das beweist es.

Ich kann verstehen, dass das den Europäern Angst macht.

Denn es stimmt: Wir sind tatsächlich durchgeknallt. Wir halten uns für größer und stärker, als wir sind, legen uns selbst ständig Fallstricke, wissen oft genug nicht, wann wir aufhören sollten, und lassen uns vom Rest der Welt nichts erzählen, selbst wenn er recht hat. Wir wissen, dass unsere Dummheiten nicht zu zählen sind.

Und dennoch fehlt mir etwas, wenn ich nicht zu Hause bin.

Unser Anfang in der Neuen Welt war nicht bloß ein Bruch mit dem Lauf der Geschichte. Unser Heil suchten wir im Sturz kopfüber in die Zukunft, und dort fanden wir es auch. Wir gehen immer wieder neu aus der Kollision, dem Kampf, der Änderung hervor, und wir zahlen den Preis: Unsicherheit. Irrationalität. Drama. Overkill.

Aber wir kriegen auch was dafür. Es ist die heiße, irrationale Liebe zu einem Staat, die Amerika ausmacht, und das Gefühl: Er gehört dir, du hast die Pflicht, etwas daraus zu machen, egal, wer du bist. Los jetzt! Und wir folgen diesem Gefühl, die Begabten wie die Bekloppten. Deshalb bringen wir so viel Schreckliches und so viel Schönes hervor.

Das liebe ich einfach. Und ich weiß:

Amerika wird erst an dem Tag fallen, an dem die Amerikaner nicht mehr an ihr Land glauben. Denn es ist nicht nur ein Staat.

Es ist ein Zustand.

An dieser Stelle muss mal gesagt werden, dass viele Deutsche den Eindruck haben, dass wir Amerikaner viel patriotischer sind, als eigentlich notwendig ist, und es gibt einen Grund dafür: Wir sind viel patriotischer, als eigentlich notwendig ist! Manchmal sind wir es selbst dann, wenn wir es gar nicht sein wollen. Zum Beispiel, wenn die National-hymne einsetzt.

Wie die Deutschen singen auch wir nur eine Strophe – nicht, weil die anderen verboten, sondern weil sie langweilig sind. Selbst die Strophe, die wir singen, ist in ihrem Patriotismus ein wenig peinlich. Sie endet ja mit dem überheblichen Satz: »The land of the free and the home of the brave« – »Land der Freien und Heimat der Tapferen«. Schon 1986 hat die Popkünstlerin Laurie Anderson in dem Film *Home of the Brave* diese Zeilen demontiert: »Land of the free and the home of the brave?«, singt sie – »Ha!« Weil … na ja, manchmal ist es so, oft aber auch nicht.

Dennoch treibt uns die erste Strophe regelmäßig Tränen in die Augen. Es liegt an der Geschichte hinter dem Text.

Das Lied, das wir heute *The Star-Spangled Banner* nennen, war ursprünglich ein Gedicht mit dem Titel *Defence of Fort McHenry* und wurde 1814 von dem sonst unbekannten Dichter Francis Scott Key verfasst.

Das war das Jahr, in dem die Briten ein letztes Mal versuchten, Amerika zurückzuerobern. Um ehrlich zu sein, hatten eigentlich wir 1812 den Krieg mit ihnen angefangen, und es sah auch zunächst ganz gut aus, denn die Briten kämpften gerade in Europa gegen Napoleon und konnten kaum was unternehmen, als wir in Kanada einmarschierten. Als sie dann aber doch merkten, was wir angestellt hatten, wurde es böse. Mit ihrer kampferprobten, höchst professionellen Armee walzten sie uns gleich in mehreren Schlachten nieder. Und nachdem sie Kanada zurückerobert hatten, marschierten sie weiter über die Grenze. Sie waren unaufhaltsam. Zu unserer Schande nahmen sie 1814 die Hauptstadt Washington, D.C., ein und brannten tatsächlich das Weiße Haus nieder. Das war richtig gemein, und langsam dämmerte es uns, dass es diesmal ernst werden könnte: Es bestand die reale Gefahr, unseren jungen, selbst gebastelten Staat wieder zu verlieren.

Francis Scott Key war ein junger amerikanischer Anwalt.

Mit einer weißen Fahne bestieg er in diplomatischer Mission ein britisches Schiff vor Baltimore. Es ging um einen Gefangenenaustausch. Die Verhandlungen ließen sich gut an, aber in der Nacht wurde er auf dem Schiff festgehalten, denn die Briten griffen gerade die Stadt an.

Umgeben von Briten schaute er zu, wie sie die Festung vor Baltimore, Fort McHenry, bombardierten. Im Schein der Flammen konnte er immer wieder erkennen, dass die amerikanische Fahne noch über dem Fort wehte, aber spät in der Nacht wurde es zu dunkel, und er wusste nicht mehr, ob das Fort noch stand.

Erst am Morgen sah er, dass die Flagge noch da war. Da setzte er sich hin und schrieb sein Gedicht über das »mit Sternen bestreute Banner« – die damalige Fahne mit 15 Sternen und 15 Streifen – auf die Rückseite eines Briefes.

Die meisten Amerikaner heute wissen nicht viel von diesem Krieg. Er ist ja nicht unbedingt eine unserer Sternstunden. Ich selbst hatte nur flüchtig in der Schule davon gehört, und die nackten Details über das Abfackeln des Weißen Hauses erfuhr ich erst von einem Kanadier, der erstaunlicherweise wirklich eine Menge darüber wusste.

Aber wir kennen die Geschichte von Francis Scott Key und der Fahne: Weht sie noch? Es war schon damals, vor 200 Jahren, genau die gleiche Frage, die mein Vater uns Kindern auch am Esstisch vorsetzte: Wird unser Land fallen? Wird es überleben?

Die letzte Zeile mit »Freiheit« und »Tapferkeit« kennt man auch außerhalb der USA, aber ich verrate Ihnen ein Geheimnis: Es ist die vorletzte Zeile, die uns jedes Mal packt, wenn wir sie bei politischen Veranstaltungen oder beim Anfang eines jeden Baseballspiels hören:

»Könnt ihr mir sagen, ob das Star-Spangled Banner noch weht?«

NACHWORT

Wir wissen, wie weit es mit der Zivilisation her ist

Die Marx Brothers, geboren in New York als Kinder einer Deutschen und eines Franzosen, begannen ihre Bühnenkarriere als Sänger (»Die sechs Maskottchen«) und entwickelten bald ein Faible für die Komödie. Als Hollywood sie entdeckte, stiegen sie zu den wichtigsten Comedians des Landes auf und drehten 13 Filme, ausnahmslos Klassiker. Alle laufen in etwa nach dem gleichen Muster ab:

Zuerst gerät eine wichtige und angesehene Institution in Gefahr. In *The Big Store* droht einem prächtigen Kaufhaus die Schließung; in *A Day at the Races* hat ein Liebespaar seine ganzen Ersparnisse in ein Rennpferd gesteckt, das nicht rennen kann; in *Duck Soup* steht gleich das ganze Land Freedonia auf der Kippe.

Diese respektierte und etwas biedere Institution »in Gefahr« steht natürlich für das gesamte bürgerliche Establishment – und das hat auch ein Gesicht: das von Margaret Dumont nämlich. Niemand vertritt das amerikanische Ideal der biederen, vernünftigen, zivilisierten und auch prüden Gesellschaft besser als diese etwas einfallslose, dafür aber mit viel Geld, gesellschaftlichem Ansehen, einem Gespür für Moral und Anstand sowie einem ausladenden Busen gesegnete Wuchtbrumme.

Die arme Margaret Dumont. Denn genau diese tadellosen Eigenschaften prädestinieren sie leider dafür, fertiggemacht zu werden.

Und die Marx Brothers machen sie fertig. Darum geht es im Film. In jedem einzelnen. Sie zertrümmern alles: den

Anstand, den Ruf, das Geschäft, den Plot. Im Moment der Krise, wenn man einen kühlen Kopf bewahren soll und Erfahrung, Effizienz und Können gefragt ist, schlagen die Marx Brothers ein wie eine Bombe.

Es ist wunderbar, mit anzusehen, wie diese reiche Frau aus der Crème de la Crème der Gesellschaft, sowie ihre Freunde aus der Crème de la Crème, in Wirklichkeit selbst Philister und Windeier, an der Nase herumgeführt werden. Die Marx Brothers geben sich als gutbürgerliche Helden aus, sind aber in Wahrheit Clowns, Quacksalber, Diebe, Hochstapler, Heiratsschwindler, Trickbetrüger und überhaupt Menschen ohne Anstand, Moral oder irgendeine gesellschaftlich relevante Fähigkeit (von gelegentlichem Harfenspiel einmal abgesehen). Kriminelle also. Es ist erstaunlich, wie sehr die Amerikaner diese Gauner lieben.

Eigentlich wollen wir ja vernünftig sein. Wir respektieren Recht und Ordnung, sonst wären wir auch nicht so prüde. Auch wir möchten am liebsten all die Margaret Dumonts da oben als Gönner gewinnen und endlich in Luxus leben (die Gute erlebt ja auch immer ein Happy End); aber im Geheimen verachten wir all das Zeugs und sind froh, wenn es in Stücke fliegt, einschließlich Ruf und Selbstachtung. Und wir genießen es, Zeuge zu sein, wie die bürgerliche Gesellschaft in ihrer Selbstverliebtheit nach allen Regeln der Kunst zerpflückt wird. Wir lieben dieses Chaos, das die Marx Brothers verkörpern und das Menschen wie Stanley, Roberts und Brinkley erst möglich machte.

Wer diesen inneren Zwiespalt begreifen will, der uns auch heute noch beherrscht, der sollte sich einen Film von den Marx Brothers anschauen. Sie haben es am besten verstanden: Selbst wenn die Welt in Scherben fällt – es ist alles nur ein Spiel.

Im Grunde gibt es zwei Arten von Amerikanern: die Margaret Dumonts und die Grouchos/Chicos/Harpos. Und die meisten von uns haben ein wenig von beidem.

DANKSAGUNG

*S*o ein Buch zu schreiben, freut einen besonders, weil es die fantastische Gelegenheit bietet, sich lauter Werke vorzuknöpfen, zu denen man sonst nie die Zeit findet. Bei den großartigen Historikern, Journalisten und anderen Autoren, auf deren Recherche und Beobachtungsgabe ich schamlos zurückgegriffen habe, möchte ich mich herzlich bedanken.

Und nicht nur bei denen: Auch den namenlosen Autoren zahlreicher wissenschaftlicher Studien, journalistischer Berichte sowie von Artikeln etwa auf Wikipedia und anderen Webseiten schulde ich Dank, auch in den Fällen, in denen ihr Beitrag zu klein war, um eine namentliche Erwähnung im Text zu rechtfertigen.

Einige Bücher, die ich besonders gut fand, möchte ich an dieser Stelle als Empfehlung zum Weiterlesen nennen:

Keiner kommt um den Vater der Amerika-Basher herum: Der Klassiker von Howard Zinn ist vielleicht ein wenig polemisch, aber immer noch hochinteressant: *A People's History of the United States*. Ebenso gestrickt sind *Nickel and Dimed* von Barbara Ehrenreich über die Armut der »working poor« und *The Redneck Manifesto* von Jim Goad über Amerikas weiße Unterschicht »white trash«; dazu passt gut *Richistan* von Robert Frank über Amerikas neue Reiche; alles über das Klapperschlangenöl von heute erfahren Sie in *Natural Causes* von Dan Hurley.

Die zwei besten Bücher über die »culture wars« und den derzeitigen Rechtsruck sind aus linker Perspektive: *What's the Matter with Kansas?* von Thomas Frank und aus konservativer Perspektive: *The Truth About Conservative Christians* von Andrew Greeley und Michael Hout.

Über die altehrwürdigen amerikanischen Traditionen des Glücksspieles und des Betrugs siehe: *The Big Con* von David W. Maurer, *Card Sharps and Bucket Shops* von Ann Fabian und *People of Chance* von John M. Findlay. George H. Devol heuerte schon mit 10 Jahren auf einem Mississippi-Dampfer an und schrieb 1887 ein interessantes Buch über seine Abenteuer als Profispieler, nachdem er im hohen Alter endlich mit dem Spielen Schluss machte: *Forty Years A Gambler on the Mississippi*.

Zum Thema Wilder Westen sind *Red Blood and Black Ink* sowie *Cowboy Culture*, beide von David Dary, zu empfehlen; der Klassiker über die transkontinentale Eisenbahn ist *Nothing Like It in the World* von Stephen E. Ambrose.

Den Mythos Amerika beschreiben sehr gut Jim Cullen in *The American Dream*, Richard T. Hughes in *Myths America Lives By* und (etwas akademischer) Godfrey Hodgson in *The Myth of American Exceptionalism*. Sehr amüsant im Vergleich dazu ist der entsetzte Bericht des frühen deutschen Auswanderers Gottlieb Mittelberger mit dem Titel *Reise nach Pennsylvanien* aus dem Jahre 1750, aber auch der des Russen Alexander Borisovich Lakier, der 1859 Nordamerika bereiste und daraufhin *The Travel Through North American States, Canada and Cuba* schrieb. Der vermutlich intelligenteste Analytiker der amerikanischen Seele ist allerdings immer noch Alexis de Tocqueville, von dem man eigentlich bedenkenlos alles lesen kann.

Niemand kann Amerika verstehen, ohne seine wirtschaftliche Entwicklung zu betrachten – einen wirklich spannenden Überblick dazu bietet das großartige *An Empire of Wealth* von John Steele Gordon; einer meiner Lieblingshistoriker, die die innere Wildnis Amerikas verstanden haben, ist Walter A. McDougall – seine Bücher *Freedom Just Around the Corner, Throes of Democracy, Let the Sea Make a Noise* und, über den Imperialismus, *Promised Land,*

Crusader State kann ich alle uneingeschränkt empfehlen; auch Joseph J. Ellis schreibt genial über die Gründerväter in: *American Creation* und *Founding Brothers*; das beste Buch, das jemals über den amerikanischen Unabhängigkeitskrieg verfasst wurde, ist *The Radicalism of the American Revolution* von Gordon S. Wood.

Zwei Sammlungen mit Aussagen von Zeitzeugen ergänzen diese Werke sehr schön: *Witnessing America* von Noel Rae und *Letters of the Century* von Lisa Grunwald. Nicht zu vergessen die herzzerreißenden Original-Reportagen von flüchtigen Sklaven in *The Underground Railroad* von William Still, der die »Untergrundbahn« mit aufbaute.

Am meisten aber verdanke ich – neben meinem engagierten Textredakteur und dem Team bei Bastei Lübbe – meiner Co-Autorin und geliebten Lebenspartnerin Astrid Ule, deren Idee dieses Buch war. Eines Tages meinte sie: »Immer wenn es um Kritik an deiner Heimat geht, versuchst du alles zu rechtfertigen, als ob jede Kritik ein persönlicher Angriff auf dich wäre. Wann antwortest du ehrlich auf die Fragen, die die Deutschen zu Amerika haben?«

»Schreib mir die Fragen auf, und ich gebe ehrliche Antworten«, antwortete ich. Zehn Minuten später lag vor mir eine Liste mit rund 30 Fragen über meine Heimat, die allesamt ein wenig unangenehm waren …

In diesem Buch finden Sie die Antworten.

Danke an alle, die es möglich gemacht haben!

Eric T. Hansen
Berlin, Mai 2012

I understand only railstation – was Sie schon immer über Amerika wissen wollten (oder auch nicht)

John Madison/Bettina Madison
AND GOOD IS
Amerikanische Seltsamkeiten aus einheimischer Perspektive
Aus dem amerikanischen Englisch von
Petra Trinkaus
288 Seiten
ISBN 978-3-404-60009-0

Amerika. Unendliche Weiten, Hollywood-Stars und leckere Steaks direkt vom Grill. Oder vielleicht eher laute Horden Verrückter, merkwürdige Politiker und vor Fett triefendes Fast Food? Wie ist es denn nun wirklich, das Land der unbegrenzten Möglichkeiten? John Madison und seine deutsche Frau Bettina kennen Land und Leute. Sie wissen genau, warum Amerika das beste Dritte-Welt-Land der Erde und den Amerikanern ihr Präsident immer ziemlich egal ist, wie man einen Hot Dog isst, ohne sich vollends zuzukleckern, und vieles mehr. Und sie zeigen uns Deutschen, dass Amerika und seine Bewohner doch ganz schön anders sind, als wir uns das so vorstellen …

Bastei Lübbe Taschenbuch

Werden Sie Teil der Bastei Lübbe Familie

- Lernen Sie Autoren, Verlagsmitarbeiter und andere Leser/innen kennen
- Lesen, hören und rezensieren Sie Bücher und Hörbücher noch vor Erscheinen
- Nehmen Sie an exklusiven Verlosungen teil und gewinnen Sie Buchpakete, signierte Exemplare oder ein Meet & Greet mit unseren Autoren

Willkommen in unserer Welt:

 www.luebbe.de

 www.facebook.com/BasteiLuebbe

 www.twitter.com/bastei_luebbe

 www.youtube.com/BasteiLuebbe